中国电信运营企业成本管理的理论与实践

韦秀长　著

中国财经出版传媒集团
中国财政经济出版社

图书在版编目（CIP）数据

中国电信运营企业成本管理的理论与实践／韦秀长著．—北京：中国财政经济出版社，2017.3
ISBN 978-7-5095-6553-7

Ⅰ．①中…　Ⅱ．①韦…　Ⅲ．①电信-邮电企业-企业管理-成本管理-中国　Ⅳ．①F632.4

中国版本图书馆 CIP 数据核字（2015）第 320478 号

责任编辑：樊清玉　　　　责任校对：李　丽
封面设计：刘宏伟　　　　版式设计：康普宝蓝

中国财政经济出版社 出版
URL：http：//ckfz.cfeph.cn
E-mail：ckfz@cfeph.cn

社址：北京市海淀区阜成路甲 28 号　邮政编码：100142
营销中心电话：88190406
天猫网店：中国财政经济出版社旗舰店
网址：https：//zgczjjcbs.tmall.com
北京财经印刷厂印刷　各地新华书店经销
880×1230 毫米　32 开　11.625 印张　300 000 字
2017 年 4 月第 1 版　2017 年 4 月北京第 1 次印刷
印数：1—4 000　定价：36.00 元
ISBN 978-7-5095-6553-7/F·5279
（图书出现印装问题，本社负责调换）
本社质量投诉电话：010-88190744
打击盗版举报热线：010-88190492、QQ：634579818

序一

电信运营企业[①]既是传统实体经济领域的重要一环，也日益面临移动互联网经济的深度冲击和颠覆；既有典型的国有企业属性，又有强烈的非国有参与和混合所有制改革预期；既被外部非利益相关者视为寡头垄断企业，内部竞争又不可开交极其惨烈。

在这样的产业和组织环境下，成本管理往往表现出很强的多维性。以利润导向、精益管理为特征的静态成本管理；以过程管理、作业价值为特征的动态成本管理；以价值链经营、开放柔性为特征的战略成本管理。

传统上，由于相对封闭的产业环境和丰富的人口红利，电信运营企业对于"收入"这一面相对依赖，成本管理只不过是适应全球化进程中的"英式下午茶"——并非必需。而随着时间的推移，电信运营企业快速进入一个复杂多变、实时多维、开放包容、跨界融合的竞争空间中，引发了全行业的市场饱和、收入滞涨、盈利下滑，从价值增长的视角来说，"成本"这一面的重要性与日俱增。

作者认为，在电信运营企业利润不断摊薄的情况下，如何从

---

① 电信运营企业：指拥有完整基础电信网络，提供基础电信业务和增值电信业务（包括互联网接入）的运营企业，区别于电信设备制造商和信息及服务提供商。本书中随后提及的电信运营企业、电信企业、电信运营商表达的是同一个概念。

成本管理的视角切入，全局性地整合公司内部资源和能力，对外部竞争作出适时、灵活、动态的反应，牵引业务发展和价值增长方向，既是电信运营企业现实面临的重要课题，也是未来培植长期竞争优势的重要选择。并试图立足我国电信运营企业成本管理的现状，结合理论演绎、比较研究、实证研究以及深度案例研究，对微观企业如何系统实施成本管理路径和创新成本管理体系作一些探索性研究。

其研究贡献主要如下：

1. 对应企业价值成长困局，系统性提出成本管理的方向和转型路径。

基于对电信行业全视角和结构性的分析，提出目前电信运营企业价值成长面临四大核心困局：收入增长和利润提升的盈利困局、日趋激烈失衡的行业竞争困局、可持续发展的资源能力困局和移动互联网的颠覆和替代困局。并呼应电信运营企业成本管理的三大方向：从内涵上，是收入最大化逻辑的收入创造能力，成本最小化逻辑的成本管理能力；从时空上，是全过程、全方位和前瞻性、战略性的成本管理能力；从外延上，是立足企业进行竞争和价值链延伸的成本管理能力。本书围绕价值管理瓶颈和成本管理方向逐次、渐第展开，从理论、产业、行业、企业等不同维度，提出电信企业实施成本管理转型的路径，为中国三大电信运营商[①]突破成本管理的瓶颈，实现企业价值增值提供有益借鉴。

2. 结合价值与成本两个领域，提出基于价值的成本管理研究框架。

价值管理和成本管理两个领域的理论研究人数众多，结合两者的研究也涉猎甚广，本书的创新之处在于结合理论研究和实务

① 笔者按：中国三大电信运营商是指中国电信集团公司（以下简称“中国电信”）、中国移动通信集团公司（以下简称“中国移动”）、中国联合网络通信集团有限公司（以下简称“中国联通”）。

管理经验，提出基于行业特性的三层研究框架：以静态价值成本为显微镜，喻示着精细控制、精准投放、精益管理，对应微观的、内涵层面的成本管理方向；以动态价值成本为透视镜，喻示着成本管理是一座桥梁，起着对外联系和对接的作用，对应中观的、外延层面的成本管理方向；以战略价值成本为望远镜，喻示着成本管理必须高瞻远瞩、长远视角，对应着宏观的、时空层面的成本管理方向。通过理论框架的牵引，对具有体系性、穿透性、适应性的成本管理体系的构建起到奠基作用。

3. 深度透析三大运营商财务数据，构建电信企业成本管理逻辑框架体系。

全面审视三大运营商业务发展、收入增长、资源能力和盈利结构背后的成本动因、趋势和逻辑，提出其成本管理须破除传统管理手段，视野、定位、架构、方法都需要体系性重构，并构建一个围绕价值管理的双层逻辑框架体系。

外层是从公司战略、财务体系到管理系统的决策层大循环体系：第一，战略管理指引公司价值管理的方向，将成本信息置于战略管理的广泛空间，从战略的高度对企业成本结构和成本行为进行全面了解、控制与改善，以寻求持续竞争优势的战略成本管理过程；第二，财务体系决定价值管理的能力，从财务定位、机制体制、管理授权以及一系列工具方法的组合应用，寻求企业成本转型组织柔性层面的解决路径；第三，管理系统支撑价值管理的实现，精益管理的核心是量化管理，以精确的数据和事实为驱动，构建起成本管理的大数据和小颗粒的信息基础。

内层是从发现价值、牵引价值到锁定价值的运作层小循环体系：通过预算管理、权责体系建设发现价值；通过价值链、作业成本等策略工具牵引价值方向；通过绩效考核、业绩评价体系锁定价值。

4. 探求构建电信运营企业全要素的价值管理体系。

目前，价值的创造与实现已经受到越来越多企业领导者的高度关注，成为了企业追求的战略目标。文章提出，电信运营企业全要素价值管理体系指导思想是以公司基础管理流程为管理手段，重新整合各项流程与公司资产负债、现金流量、损益状况的内在联动关系，实现由财务报表出发对公司各个工作内容的逆向追溯和实时监控。从梳理再造流程、优化责权体系、聚焦价值重点、强化运行机制四个方面阐述电信运营企业实施全要素价值管理体系，验证了全要素价值管理体系指导思想的现实价值。

5. 剖析中国联通成本管理的实践案例，为其他电信运营企业的创新成本管理模式提供经验借鉴。

通过对中国联通在一体化精准投资管理、全过程的建设维护管理、全生命周期产品管理、强化资产经营、细化行政综合管理、深化新技术应用以及优化人力资源管理等方面先进经验和做法的介绍，探究了中国联通新型成本管理实践案例。同时，系统探讨了中国联通与中国电信深度合作运营的实践，案例结果证实了新型成本管理体系实施的有效性，为在中国电信、中国移动优化成本管理模式提供经验借鉴。

6. 探求移动互联网时代下电信运营企业价值与成本管理的持续创新，提出了中国电信运营企业成本管理的前瞻性思考。

“十三五”规划单列《拓展网络经济空间》一个篇章，明确提出要实施网络强国战略，加快建设数字中国，推动信息技术与经济社会发展深度融合，加快推动信息经济发展壮大。十二届全国人大三次会议也正式提出“互联网+”的概念。如何运用“互联网+”手段与工具，创新商业模式、服务模式、管理模式，提升电信企业的价值创造能力、运营效率、有效降低成本。通过BAT企业的价值管理案例，对未来电信运营企业与移动互联网的企业的跨界合作提出了可操作的路径设计。对中国联通的平台战略、“沃易购”垂直电商平台、内部电子商城、沃传媒中国电信的“号码百事通”运行模式进行了研究，提出了国内电信运营企业成本管理的前瞻性思考。

韦秀长博士是我亲带学生之一，身处电信运营深度变革和移动互联网经济极速发展的两大领域中心。本书是其思想的结晶、实践的真知、学习的成果，无疑是一部兼具思想性与实践性、现实性与前瞻性的学术专著。

当然，目前电信运营企业的成本管理研究，因其具有很强的专业性，没有成熟和公认的研究成果，本书只是在理论研究和实践探索方面做了一些初步尝试，必然存在着局限性，有待后续进行更进一步的研究和优化。

是为序。

中国工程院院士　杨善林教授

序二

随着2015年两会上被纳入国家战略，“互联网+”裹挟着对传统经济领域的格局重塑和产业变革的创新引领目的，以前所未有的速度席卷而来。

与此同时，互联网经济目前在整个经济当中只占7%的比例，意味着其对新行业、新业态的催生刚刚开始，未来仍具有极大的想象空间。

可以预见，“互联网+”在未来的某一天，终将如会计一般，渗透进实体经济的每一个角落、每一个触角、每一个细胞。同时，“互联网+”也为会计行业带来新的可能：收入、利润、成本这些价值判断将逐渐模糊，“互联网+会计”不仅是对方兴未艾的会计信息化的升华，是会计职能和定位的重构基础，是大数据、云会计、财务共享等创新概念的核心依托，必然也是未来会计基本假设发生重要变革的外生力量。

在企业层面，要为适应“互联网+会计”时代的新要求做好调整与准备。既要充分认识“互联网+会计”时代的商业模式、思维模式及数据处理模式的大变革，在管理模式、经营理念、组织架构等方面作出调整与准备，又要充分发挥互联网在信息交换、数据汇总、集成管控等方面的优势，在会计岗位设置、会计职能定位等方面作出调整与准备，使管理会计的职能得到充分发挥，让企业财务部门更有效地参与分析决策、进行内部控制。

就电信运营企业而言，“互联网+”对管理会计体系至少有四个方向的影响：第一，伴随着信息经济时代产业边界的模糊和颠覆，通信行业成本管理也更多呈现开放、柔性和系统属性，更多地在时间和空间上得到广域辐射，必须实现内部管理与外部价值延伸以及短期管理与未来价值管理的两个穿透；第二，互联网金融、大数据和云服务渗透进传统通信行业，彻底颠覆原有物流、信息流、资金流体系，构建新的实时的一体整合、无缝连接、即时决策、共享平台体系，带来效率提升和成本节约；第三，在互联网经济下，“免费”成为一种重要的盈利模式，成本管理不仅有“边际”、“机会”或者“战略”的延伸，同时还有“共享”的概念，企业内部、企业之间甚至行业之间的边界模糊化，成本和收益计量面临新的环境；第四，成本管理表现出前所未有的多维性。

2014 年《超体》《星际穿越》两部大片，教会了我们如何通过多维视角观察世界，“互联网+”使企业成本管理理念发生了本质的变化，从局限于企业内部的、封闭的、静态的企业成本管理理念转向一种开放、系统、动态的企业成本管理理念，动态的竞争环境和跨界的竞争状态颠覆了企业成本管理的内涵，逼迫企业基于未来竞争优势视角来审视成本管理的平衡性和长期性，从而发展出全新的价值成本概念，此时的成本管理具有前所未有的前瞻性、整合性、系统性、适应性和风险性特征。

韦秀长博士是全国会计领军人才培养工程（企业类）首期班学员，也是其中的优秀学员代表之一，在通信行业有丰富的经验积淀。非常欣慰看到他能够从实务领域演化出来的关于“互联网+会计”的系统、全面、富有探索和创新的理论演绎。会计前沿领域的研究，首先需要少数站在思想风口的引领者的颠覆和创新，然后有一批嗅觉灵敏的跟随者的前瞻思考和探索，才能引发整个生态变革和重构。正是基于这一系列因素的累积，我相信，在不久的将来，会计基本准则、会计标准体系和配套机制、会计相关法律法规制度都会面临重新修订甚至推倒重来的可能，在企业层面，要为全面迎接“互联网+”大会计时代的新常态做好充足准备，紧跟“互联网+”的发展，在思维模式、治理结构、管理体系、信息系统等层面作出调整和重构。

虽然秀长博士的这种探索目前看来还有许多需要进一步深化之处，但这种探索、钻研精神，值得肯定。

本人基于对全国会计领军人才的了解和深厚感情，特别是秀长博士关于“互联网+会计”的深入思考具有前瞻性，从信息化维度提出会计将面临颠覆性革命，值得一读，愿意为序。

刘玉廷教授

目录

第 1 章　绪论

中国电信运营企业在 1994 年经由行政手段打破垄断，引入竞争机制，迄今经历了二十余年竞争态势和格局的大范围演化。2008 年我国基础电信市场全面对外资开放，电信运营企业不仅需要面对国内市场的激烈竞争，还要应对来自国外企业的冲击，几乎同一时间，移动互联网的跨界蚕食和虚拟运营领域的全面开放，使得电信企业面临更加严峻复杂的内外生态竞争环境，而“互联网 +”的产业广度融合趋势为处于信息化价值链核心地位的电信运营商创造了广阔的外延发展空间。全球经济一体化和跨界竞争的趋势下，如何应对复杂性成本管理环境、塑造系统性成本管理理念、构建模块化成本管理体系、实施动态性成本管理方案，打造核心竞争力与可持续发展能力，成为电信运营企业生存发展的关键。

本章基于对电信行业全视角和结构性的分析，提炼出价值成长的四大困局：收入增长和利润提升的盈利困局、日趋激烈失衡的行业竞争困局、可持续发展的资源能力困局和移动互联网的颠覆和替代困局。同时，提出了如何从成本管理的视角切入，立足成本管理的内涵、时空、外延三个方向进行分析的要点。从内涵上，是收入最大化逻辑的收入创造能力，成本最小化逻辑的成本管理能力；从时空上，是全过程、全方位和前瞻性、战略性的成本管理能力；从外延上，是立足企业进行竞争和价值链延伸的成本管理能力。这三个方向，既是电信运营企业现实面临的重要课题，也是未来培植长期竞争优势的重要路径。以此为基础，构建完整的研究方法和内容框架。

1.1 研究背景及意义

1.1.1 研究背景

我国《国民经济和社会发展第十二个五年规划纲要》中明确提出要培育发展战略性新兴产业，并将新一代信息技术产业确立为七大战略性新兴产业之一，加以重点推进。新一代信息技术产业包括下一代信息网络、电子信息核心基础产业、高端软件及新兴信息服务业三个重点领域，其中新一代移动通信、下一代互联网、三网融合、物联网和云计算等是与电信业密切相关的重点发展方向。

在移动互联网时代，互联网正在成为“连接一切、聚合天下”的中心。2015 年 3 月，李克强总理在政府工作报告中明确提出将“互联网 +”作为国家层面的发展战略。“互联网 +”代表一种新的经济形态，将互联网的创新成果深度融合于经济社会各领域之中，提升实体经济的创新力和生产力，形成更广泛的以互联网为基础设施和实现工具的经济发展新常态。在中国经济升级换代的关键时段，“互联网 +”成为重要的驱动力，成为大众创新、万众创业的最大风口。面对互联网，顺势而为是新的战略选择，快速反应、及时调整是生存的根本。互联网和各个产业的跨界融合，使互联网已经不再是一个行业，传统企业的概念也越来越模糊。“互联网 +”将深刻地影响与改变着传统行业的运作模式，未来的企业要么是互联网企业，要么是互联网化了的企业。跨界与融合、虚与实、开放与协作、线上与线下的深度融合已成为“互联网 +”时代的主要特征。

作为全面支撑经济社会发展的战略性、基础性和先导性行业，电信运营企业具有创新速度快、通用性广、渗透力强的特点，是经济增长的“倍增器”、发展方式的“转换器”和产业升级的“助推器”。中国各大电信运营商已经构建了自己的产业价值链，并在此基础上进行了一些电信商业运营模式创新的实践。虽然这种实践取得了一定的成绩，但是和发达国家优秀电信运营商相比较，我国企业在成本管理、协调管理产业价值链的各环节关系、充分发挥企业凝聚力等方面还存在诸多问题。同时，作为移动互联网借以存在的基础信息传输平台，其产业形态、商业模式、价值观念乃至生态环境最容易遭受颠覆和革命，未来生存和成长空间具有极大的不确定性。

近年来，随着电信市场的进一步饱和，电信业务增长空间急剧缩小，企业效益、价值的增长陷入了困境，收入的增长进入了阶段性瓶颈期，增速不断减缓，已经无法有效拉动企业效益的增长。同时，行业自身发展，在营改增、实名制、销售费用压降等外因催化作用下，快速进入增速换挡期，结束了连续三年高于 GDP 的增长速度，这一下降状态隐含着更大的行业隐忧：实体经济加速互联网化，电信行业更多的是被管道化的担忧而不是分享政策红利的喜悦；信息和数据消费爆发式增长，带来的是行业发展模式和结构转型的阵痛。

成本资源消耗在市场竞争、服务完善、企业战略转型等增量因素作用下，上升似乎无法避免。因此，如何在电信运营企业利润不断摊薄的情况下，从成本管理的视角实现电信企业价值增值，保持强劲的财务竞争力，并保证企业的可持续增长，成为所有电信运营企业面临的重要问题。

（1）收入增长和利润提升的盈利困局

2008 年 5 月 24 日，工业和信息化部（以下简称“工信部”）、国家发展和改革委员会以及财政部联合发布了《关于深化电信体制改革的通告》（以下简称《通告》）。《通告》称：鼓励中国电信收购中国联通CDMA网[①]（包括资产和用户），中国联通与中国网通[②]合并，中国卫通[③]的基础电信业务并入中国电信，中国铁通并入中国移动。这标志着中国电信业第三次重组正式拉开帷幕。

2009年1月7日，工信部发放3G[④]牌照，中国移动获得TD-SCDMA牌照，中国联通和中国电信分别获得WCDMA和CDMA2000牌照。经过全面整合，中国电信市场形成了中国电信、中国移动和中国联通3家组成的“固网+移动”全业务运营新格局，形成了中国电信、中国移动、中国联通三足鼎立的新局面。2013年12月4日，工信部正式向三大运营商发布TD-LTE 4G[⑤]牌照。2015年2月27日，向中国电信和中国联通发放FDD-LTE经营许可，宣告着4G时代的全新竞争态势已然形成。经过多轮重组，三大电信运营商都已成为具有全业务经营权的运营企业，电信运营商希望在信息服务领域找到新的利润增长点，但是，随着信息通信业在全球范围内发生的广泛而深刻的变革，传统语音市场逐渐趋于饱和，电信企业的利润空间正在不断缩小。

首先，由于市场趋于饱和，电信业务低端化趋势日益明显。自2014年以来，我国通信行业增长速度低于GDP增长，业务总量与收入增速差距拉大。据工信部统计，2015年电信业务收入完成11251.4亿元，按可比口径测算同比增长0.8%[⑥]，比上年

① CDMA（Code Division Multiple Access），码分多址，一种通用的移动通信技术，主要运用于美国、日本、韩国和中国。

② 中国网通：中国网络通信集团有限公司。

③ 中国卫通：中国卫星通信集团有限公司。

④ 3G：the Third Generation，即第三代移动通信系统，其基本划分标准为信号传输速率。童晓渝：《第五代媒体原理》，人民邮电出版社2006年版。

⑤ 4G：the Fourth Generation，即第四代移动通信系统。相较于传统通信技术，其最明显的优势在于通话质量及数据通信速度。主流技术标准有TD-LTE和FDD-LTE两种。百度百科。

⑥ 按可比口径是扣除“营改增”对电信业务收入的影响而测算。

回落 2.8 个百分点。电信业务总量完成 23141.7 亿元，同比增长 27.5%，比上年提高 12 个百分点。电信业务总量与电信业务收入增长的剪刀差由 2012 年的 1.8 个百分点持续拉大至 26.7 个百分点。电信综合价格指数同比下降 23.5%①。通信资费的下降是我国通信行业增长下降的主要原因之一。一方面，低端用户的大量涌入迅速降低了运营商的每用户平均收入（Average Revenue Per User，ARPU），很难保证业务收入的增长与用户规模增长保持同步，即“增量不增收”问题；另一方面，对于基础电信运营商而言，低端用户的涌入大大提高了用户维系成本，造成了很大的资金压力和利润压力。

其次，国内电信市场的竞争异常激烈，国内三家运营商的盈利能力差距仍然巨大，没有显著变化。2014 年度，中国联通和中国电信主营收入净利润率分别为 4.17% 和 6.16%，而中国移动为 15.59%，2015 年，三大运营商的收入净利润率分别为 3.98%、5.83% 和 16.22%②，扣除 2015 年三大运营企业同中国铁塔股份有限公司（以下简称“中国铁塔”）的一次性交易收益，则行业收入净利润率由 2014 年的 10.67% 降到 2015 年的 8.2%，整体行业利润呈现逐步走低趋势。电信运营商要想在激烈的竞争中谋求一席发展之地，就必须能够准确科学地分析不同业务的盈利状况，提高企业价值链中所有环节效益，最终实现超越对手的利润指标。而企业的成本管理正是提高企业竞争力，增加企业利润的关键环节。

再次，行业自身发展的周期性，在营改增、实名制、销售费用压降等外因催化作用下，快速进入增速换挡期，结束了连续三年高于 GDP 的增长速度，2014 年首次出现全行业的负增长，主营业务收入从 2012 年的 9.0% 和 2013 年的 8.7% 快速滑落到仅

① 根据工信部公布统计数据计算。

② 三大运营企业收入净利润率数据根据其公开年报推算。

有-1.2%，移动业务净增用户也从2012年的11900万户和2013年的11100万户下滑到2014年的5482万户。2015年，主营业务收入同比增长0.8%（同比口径下降2.4%），移动业务净增用户1964万户①，呈继续下滑趋势。这状态隐含着更大的行业隐忧：实体经济加速互联网化，电信行业更多的是被管道化的担忧而不是分享政策红利的喜悦；信息和数据消费爆发式增长，带来的是行业发展模式和结构转型的阵痛。2015年，增速换挡、结构调整、政策消化的“三期叠加”的发展特性仍在延续。为适应“营改增”、销售费用压降、用户实名制等外部政策变化的新常态，电信运营商应更加注重发展质量和可持续性的内涵式增长模式，杜绝无效发展、减少低效发展、推动高效发展，改善成本结构，大幅提升营销效益。

最后，以移动互联网和物联网为代表的信息技术发展日新月异，各种新技术新业务层出不穷，信息产业价值链各方相互渗透，新的市场格局正在悄然改变，导致语音业务发展速度大幅减缓，传统电信服务价值下降，Voip及深圳市腾讯计算机有限公司（以下简称“腾讯”）等互联网公司的即时通信等新技术大量分流电信企业传统语音、短信、彩信等业务，传统现金流业务盈利水平日渐下滑，电信企业的竞争日趋转向于信息服务，全球电信行业的微利甚至亏损时代席卷全球，对电信企业的经营模式与发展方式带来严峻挑战。与此同时，我们观察到BAT②等互联网巨头盈利能力在持续增长：腾讯2015年收入1028.6亿元人民币，相较2014年增长30%，全年净利润288亿元，同比增长21%，净利率为28%。阿里巴巴集团控股有限公司（以下简称“阿里巴巴”）2015年收入948.1亿元人民币，相较2014年增长

① 根据三大运营商公开财报数据及网络信息推算。

② B = Baidu（百度）；A = Alibaba（阿里巴巴）；T = Tencent（腾讯），BAT公司是对三者的统称。

33.2%，全年净利润 566.8 亿元，同比增长 100.4%，净利率为 59.8%。百度 2015 年收入 666.8 亿元人民币，相较 2014 年增长 35.3%，全年净利润 337.5 亿元，同比增长 155.1%，净利率为 50.6%。因此，我国电信运营商传统的依靠用户数量扩张拉动收入、利润高速增长的模式已经面临严峻的挑战，如何从现有用户身上挖潜，依靠电信企业技术创新、业务创新、管理创新（包括成本管理模式创新）、营销创新等方式来引导“消费积聚”和“消费升级”，从而实现电信企业的利润增长乃至可持续增长将是本书研究的主要问题。

（2）日趋激烈失衡的行业竞争困局

目前，三大电信运营商提供的产品和服务的主体基本同质，这也造成了电信企业日趋激烈失衡的行业竞争格局，这具体表现在三大电信运营商提供的产品类型、品牌功能以及服务对象等方面的同质性。

根据 2010 年、2013 年、2014 年和 2015 年三家电信运营商的用户结构变化数据[①]显示，我国电信业在 3G 时代“三足鼎立”的格局日益明显，而随着技术演进到 4G 时代，竞争态势也在发生着翻天覆地的变化。如表 1-1 所示。

3G 时代，由于中国移动的 3G 网络是独自承建的 TD-SCDMA 网络，相对封闭，产业链支持程度、用户体验等都不如意，导致其经历了较长时间的“不能承受之重”，用户发展、收入增长和盈利水平都受到了较大冲击，被竞争对手局部实现了三分天下有其一的目标。到了 4G 时代，中国移动重新拾回发展信心，一是不遗余力加快 4G 网络建设，到 2015 年底累计建成基站 140 万个，成为全球规模最大的 4G 网络；二是实施大规模网络改造，建立了 4G 网络管理体系及端到端质量优化体系，推动优化力量

① 数据来源于工信部 2010 年、2013 年、2014 年和 2015 年年报。

表 1-1　我国三家电信运营企业各业务用户数比较　单位：万户

年份	单位	移动用户净增	移动用户总数	3G 用户净增①	3G 用户总数	4G 用户净增②	4G 用户总数	宽带用户净增③	宽带用户总数
2010	中国移动	6142	59869	—	2070			187	984
	中国电信	3053	9289	822	1229			1175	6927
	中国联通	2259	16192		1274			766	4217
2013	中国移动	5670	78120	10325	19111			91	1137
	中国电信	1859	16693	1942	8790			1203	11289
	中国联通	3636	25974	4379	10836			571	6421
2014	中国移动	3938	82058	5385	24496	8923	8923	-103	1034
	中国电信	-51	16642	329	9119	806	806	847	12136
	中国联通	965	26940	523	11359	1405	1405	392	6813
2015	中国移动	1948	84005			22101	31023		5503
	中国电信	1261	17903			4099	4905	1075	13211
	中国联通	-1427	25231			3011	4416	389	7202

转向 4G；三是 4G 客户一年净增 22101 万户，创造了国内移动通信发展史上月均客户增长的新纪录。

全业务运营以来，中国电信的移动业务发展迅猛。移动用户总数呈现出规模化发展态势，其中 2015 年底 4G 业务用户达到 4905 万户，移动业务用户累计到达 17903 万户。同时，中国电信利用其原有的固网和宽带网络优势，深化融合经营，大力推进移动业务与宽带、固话、综合信息应用等业务的深度融合，以统一

① 中国移动、中国电信 3G 用户数取自工信部报表，中国联通 3G 用户数取自经分系统，2015 年起三大运营商不再单独披露 3G 用户数。

② 中国移动 2014 年、2015 年 4G 用户数均为网络用户口径；中国电信和中国联通 2014 年 4G 用户数为套餐口径，2015 年为网络用户口径。

③ 中国移动、中国电信、中国联通宽带用户数取自工信部报表。中国移动 2015 年上市公司收购铁通资产，将其宽带用户纳入上市公司对外披露。

账号、时长共享、应用整合等手段扩大销售，以融合套餐营销为主，辅以向中高端倾斜的补贴政策和终端策略，引导低端用户向高端转移，使得中国电信得以稳定提升用户价值，增强用户黏性，促进了用户数量和业务收入的增长。

中国联通3G业务和宽带业务增长显著。在固网业务方面，中国联通同中国电信处境相同，宽带用户数增长较快，但固话用户仍在迅速流失。中国联通充分发挥了已经成熟的WCDMA（宽带码分多址）产业链优势，在3G领域的业务拓展带动了公司整体经营业绩的提高，充分利用开放的合作环境，推出大量3G定制终端，并以合约模式成功引入iPhone，在国内掀起iPhone热潮，大大增加了用户黏性。

目前，三家运营商都在大力推进4G投资，同时致力于将4G业务与其他业务融合，以带动公司提升整体绩效。2010年，中国移动、中国电信和中国联通占据3G用户市场份额分别为45.2%、26.9%和27.9%，占据移动用户市场份额分别为70.1%、10.9%和19.0%，2015年，中国移动4G用户独占鳌头，仅两年时间4G用户数就达到了31023万亿户，将另两家运营商远远甩在身后，中国移动、中国电信和中国联通占据移动用户市场份额分别为66.1%、14.1%和19.8%，3G时代逐步走低的市场份额被有效遏制。而在固网业务方面，中国电信和中国联通则显示出强大优势，几乎瓜分了全部固网业务市场，但两家又同时遭受到固定电话用户流失的困扰。因此，中国电信和中国联通都将业绩提升寄希望于4G业务和宽带业务的发展、新业务的创新（如IPTV、信息化行业应用），利用移动和固网宽带的差异化融合优势增加用户黏性，带动全业务发展。而中国移动面对来自另外两家运营商的4G业务与固网业务融合创新应用所带来的竞争压力，必须探索出一条能够充分利用其巨大移动业务优势的4G业务发展模式。因此，4G发展有限的发展窗口期需要有效的资源保障，电信企业简单的粗放式发展模式必须向精细化、集约式管理模式转化。

(3) 可持续发展的资源能力困局

成本管理理论随着社会生产力的不断发展而逐步形成和完善，中国的电信运营企业随着市场经济的发展与完善，垄断局面被打破，市场化、国际化进程加快，电信企业间的竞争日趋激烈。在激烈的竞争中管理者认识到，要在竞争中取胜，低成本是一个重要的武器，而要做到低成本，进行有效的成本管理是一个重要的途径。

利润最大化的基本途径有三种：第一，成本不变，增加收入。一是加快业务发展，扩大用户规模，增加收入；二是，做好增值业务的开发与推广，增加户均贡献，增加收入，同时减少收入的跑冒滴漏。第二，收入不变，减少成本：如减少坏账，控制费用支出等。第三，扩大规模，开发培育新的收入增长点超过新增成本。可见，利润的增加是因为收入的增加和成本的降低这两个因素共同作用的结果。

在收入方面，随着行业普及率的不断攀升，电信企业新增客户空间在不断缩小；移动互联网广泛兴起后，运营商面临的竞争格局已经由原来的行业内部竞争延伸至跨行业竞争，而虚拟运营商的引入又将给运营商的业务发展带来更大的不确定性；受到移动互联网替代效应影响，运营商原来利润较为丰厚的语音、短彩信等传统业务面临下行的压力，流量等新兴业务一时间很难弥补传统业务下滑留下的缺口。

在成本方面，流量业务高速发展对网络承载能力提出更高要求，电信企业投资需求居高不下；随着资产规模的不断攀升，以资产类成本为主的刚性成本日益增长；由于市场竞争的压力，营销成本管控面临较大压力，营销成本不断攀升；各大电信企业均处于发展转型期，各类资源的配置压力相应增大。

在增收乏力、成本高企的困境下，原有的既定成本管理模式已经难以维系，如果不做出改变，电信企业的盈利空间将会不断被挤压和蚕食。在国内外竞争激烈的环境下，电信企业要提高企业的经济效益实现可持续发展的长远目标，必须打造低成本、高效率的运营体系，实施有效成本管理是关键手段之一。企业成本降低、效益产出能力的提升，将会推动盈利能力的提高，而盈利能力的稳步改善是电信企业持续经营和规模发展的基础、员工薪酬水平提升的前提。

（4）移动互联网的颠覆和替代困局

互联网与移动通信构成了新世纪电信业发展的两大动力，是发展最迅速、创新最活跃的两大领域。移动互联网已经成为全球最活跃、最具潜力的产业领域，已将信息通信业带入一个新的快速发展通道。第三方 OTT① 应用越来越丰富，电信运营商面临着被管道化、边缘化的风险。与此同时，产业加速走向融合化，不仅通信业、互联网产业、传媒业相互交织渗透，而且传统的制造业、销售业、服务业乃至交通运输业，都在信息技术的影响下悄然发生变革，并催生许多新业态，培育出许多新模式。

根据中国互联网络信息中心的统计数据显示，截至 2015 年年底，中国互联网用户规模达到 6.88 亿，其中手机网民规模达到 6.20 亿，互联网普及率为 50.3%，较 2014 年底提升 2.4 个百分点（取自第 37 次中国互联网络发展状况统计报告）。互联网以搭建运营生态式“普通用户免费，企业用户收费（如广告）；基础业务免费，增值服务收费（如数字虚拟商品）”的商业模式促进了互联网应用的高速发展，一批互联网业务如即时通信、SNS 等在短时间内发展的用户数与传统电信用户数相当。截至 2015 年底，我国微信用户数 6.97 亿，同比增长 39%，即时通信

① OTT 是“Over The Top”的缩写，是指通过互联网向用户提供各种应用服务。这种应用和目前运营商所提供的通信业务不同，它仅利用运营商的网络，而服务由运营商之外的第三方提供。目前，典型的 OTT 业务有互联网电视业务，苹果应用商店等。

已成为第一大上网应用，在网民中的使用率继续上升，达到90.7%，全部手机端的即时通信使用率89.9%，微信、QQ等OTT应用，已经对电信传统话音、短信业务形成巨大冲击，移动互联网业务对传统电信业务收入的分流进一步加剧。同时，由于其随身、随时、拥有社交属性和可以提供用户位置的特点，即时通信逐渐从以前单一的通信工具演变成支付、游戏、O2O等高附加值业务的用户入口，以其庞大的用户基数为其他服务提供了巨大的潜在商业价值，导致用户对移动通信的流量需求爆发式增长，对电信企业流量经营带来机遇的同时，也对网络投资带来压力。

在互联网应用发展的过程中，电信运营企业局部被边缘化，如果只提供基本的流量运营，则会沦为事实上的管道，既难以在巨量的用户规模中获益，也无法实现自身的品牌及业务扩张。移动互联网既给传统商业模式带来全新影响，又对传统的成本管理模式带来冲击，在移动互联网的冲击下，我国电信运营商传统的依靠用户数量扩张拉动收入、推动利润高速增长的模式已经面临严峻的挑战。积极推进商业模式创新，实现开放共赢，必须探索建立一体化产品创新体系，研究与互联网企业的竞合关系，应对OTT挑战；借助PC互联网向移动互联网的转型，坚持开放共赢，在各领域拓展产业合作范围，结合市场发展需要，推出差异化竞争优势的融合新产品。所以，如何从现有用户身上挖潜，依靠业务创新、营销创新、运营模式创新、管理创新等方式来引导“消费积聚”和“消费升级”，从而实现产业的可持续增长将是运营商未来需要面临的主要问题。

1.1.2 研究意义

成本管理是企业管理中的永恒主题，电信企业技术持续演进对传统成本管理提出了严峻挑战，实务中的许多问题需要加以研究和探索。在市场经济环境下，电信企业成本管理工作受到了前所未有的高度重视，在企业管理中扮演着越来越重要的角色。但我们在长期的成本管理实践中逐渐发现，传统的成本管理方法、手段并不能完全满足电信企业成本管理的需要，主要表现为将成本管理的重心着眼于一时一事，不能从系统最优的角度考虑问题，从而导致企业的整体成本费用居高不下。因此，电信企业迫切需要更新成本管理观念，找到一条有助于加强成本管理的新路，用先进的理论指导企业的成本管理实践。目前针对电信企业成本管理的研究并不丰富，因此这一课题的研究具有重要的现实意义。

（1）突破盈利困局实现电信企业健康良性发展

电信企业成本管理是指将电信企业在生产经营过程中发生的成本和费用，通过预测、决策、核算、分析、控制、考核、审计等一系列的科学管理工作，以使其降低，提高企业的经济效益。其目的在于组织和动员全体员工在保证产品质量的前提下，最大限度地挖掘降低成本的潜力，达到以最小的生产耗费取得最大的生产成果，保证企业财务目标的实现。电信企业的可持续发展，一方面取决于其基于收入最大化的收入创造能力，另一方面则取决于其成本最小化的成本管理能力。从电信企业可持续发展能力培育的角度来看，忽视对成本管理能力的培育，则相当于单纯重视“收入最大化”的条件，而忽略了对“成本最小化”的管理过程。本书通过成本管理方法和决策的研究，探究电信企业突破盈利困局实现可持续发展的内在动力。

（2）平衡不同竞争时期规模增长与绩效提升的战略需要

当前，移动互联网给传统商业模式带来颠覆性影响，移动互联网跨越了产业之间、产业链上下游之间的壁垒，让互联网公司、消费电子公司、电信企业、服务与应用提供商、终端厂商甚至芯片厂商之间形成相互融合、渗透乃至替代式的竞争，电信业务经营日益面临被“管道化”、“边缘化”的严峻挑战。同时 4G 时代移动互联网也对传统管理模式带来巨大冲击，移动互联网的显著特征是开放、透明、共享、即时，这就要求电信企业加快推进体制机制改革，建立面向移动互联网的一体化运营管理模式，推动公司体制机制、业务模式、商业模式、管理模式的变革。

就电信企业的成本管理而言，应从空间上拓宽电信企业的成本管理范围，将成本管理的对象从单纯地关注企业内部的单项成本费用支出活动，延伸到全面的、全过程的业务活动；从时间上延伸电信企业成本管理的范围，即从战略的高度上对成本费用支出进行前瞻性的管理。从电信企业整体层面来审视各项成本费用支出活动并进行系统分析，可以区分出其增值业务和非增值业务，在此基础上探析其业务价值链上的战略性环节与关键价值部分，通过加大对战略性环节和关键价值部分的投入和持续改进，就可以构建电信企业的持续竞争优势。这样，全面且深入发掘电信企业发生各种成本费用的支出动因，通过控制支出动因来管理成本费用，就为提高电信企业成本管理水平和绩效增长指明了战略方向。

（3）提高电信运营企业可持续竞争能力

企业成本水平的高低，对产品的价格影响很大。若企业的成本水平较低，产品价格就可以定得较低；若成本水平较高，低价格就会使企业处于不利的境地。通过有效的成本管理活动，可以降低企业的成本水平，提高企业在市场中的竞争能力。在经济全球化条件下，企业要在激烈的竞争中取胜，就必须在成本上下功夫。只有成本较低，才能在竞争中处于有利的地位。在激烈的市场竞争中，有时为了竞争的需要，企业可采取降价的策略。在残酷的价格战中，竞争的双方都要以较低的价格来占领市场份额，以期压倒对方。在这种价格战中，最终能够取胜的一方，应当是产品成本较低的企业。若企业的成本水平较低，降价就有了可靠的保证，否则，降价就会使企业亏损，直至在竞争中败下阵来。电信企业成本管理的实施，将有效地激励和推动公司的各级单位、部门和员工，积极引入先进的经营管理理念和成本管理思想，广泛开展学习交流，热情投入组织学习和创新，取得和保持持续竞争优势地位。所以，从这个角度出发，做好电信企业的成本管理工作十分必要。

总之，成本是客观存在的，只能进行合理控制，不能完全消除。成本管理和控制是相对的，只有在保证收益、支持企业战略发展的情况下，有效地管理成本，将成本控制到最低才是有意义的，而非单纯的降低成本。本研究将进一步拓展电信企业成本管理的研究空间，有助于创新电信企业的成本管理体系框架，提出电信企业成本管理的运作机制，充分发挥理论对实践的指导意义。

1.2　研究方法

理论来源于实践，又用于指导实践，本书在研究过程中，以理论与实践相结合为宗旨，从总结梳理前人的优秀研究成果，到发掘论文切入点、形成创新点，主要采用规范研究和实证研究相结合的方法展开研究。具体阐述如下：

1. 采用归纳综合、比较分析方法

同其他任何研究一样，本书也只是在前人已有研究成果上进一步的推进。归纳法的用处在于可以对广泛收集的文献资料，就某个具体问题的认识进行概括和总结，以形成比较全面的认识，得出相对准确的结论。本书的第二章采用规范研究与比较分析的方法，对国内外成本管理的研究进行综述；本书的第三章运用比较分析的方法，对中国电信、中国移动、中国联通的成本管理模式进行比较分析；本书的第四章运用比较分析和归纳综合的研究方法对电信企业成本管理创新体系建设进行研究。

2. 案例研究和实地调查法相结合

本书的第五章运用案例研究和实地调查法探析中国联通实施成本管理的实践案例，笔者在研究中注意结合企业管理中的实际案例，以掌握的第一手资料，增加本研究的说服力。依据本章的研究结论，探讨将中国联通实施成本管理的做法和经验进行延伸应用的可能性。

3. 专家访谈法

为了使本书的研究更具实践意义，在成稿过程中曾多次与中国电信、中国移动、中国联通的相关管理者、长期从事电信企业成本管理科研研究的教授学者们座谈交流，听取专家给予的建议，在此基础上进一步开阔思路、深入研究，使书稿更趋完善。

1.3 研究的基本内容及框架

1.3.1 研究内容

本研究共 7 章，主要内容如下：

第 1 章为绪论。该章主要就本书研究背景进行阐述、概要介绍本书研究的意义、研究的主要内容和框架及采用的研究方法。

第 2 章为文献综述与理论框架。该章主要就价值管理、成本管理理论发展，成本管理的国内外研究状况进行系统论述，提出基于价值的成本管理研究框架。

第 3 章为电信运营企业成本管理现状及转型研究。该章主要针对电信企业成本结构与成本特性、电信企业发展战略与成本管理、国内外电信企业的成本管理模式以及电信企业成本管理转型进行分析。

第 4 章为电信运营企业成本管理创新体系框架。主要结合三大运营商的实践经验，针对创新成本管理体系的逻辑框架、价值决策路径、价值运行路径进行探索研究。

第 5 章为中国联通成本管理实践案例。主要围绕中国联通全要素价值管理框架，就中国联通以价值为导向的一体化精准投资管理、全过程的建设维护管理、全生命周期的产品管理、强化资产运营、细化行政综合管理、深化新技术应用、优化人力资源配置管理、深度合作运营等八个方面成本管理的实践案例进行论述，依据其合理性和先进性，探析中国联通成本管理的实践经验应用于其他电信企业的可行性。

第 6 章为移动互联网时代电信企业成本管理的持续创新。主要对移动互联网时代的特征及电信企业面临的挑战进行分析，同时对 BAT 企业的成长及价值管理案例进行分析，最后介绍中国联通的平台战略，在平台战略思想打造的外部垂直电商平台“沃易购”、服务于内部的电子商城、基于“三网整合”三屏互动的“沃传媒”方面进行的探索。对中国电信在移动联网时代的“号码百事通”商业模式进行剖析。

第 7 章为本书的主要结论、研究的局限及展望。

1.3.2　研究框架

本书研究框架的主体部分，如图 1－1 所示：

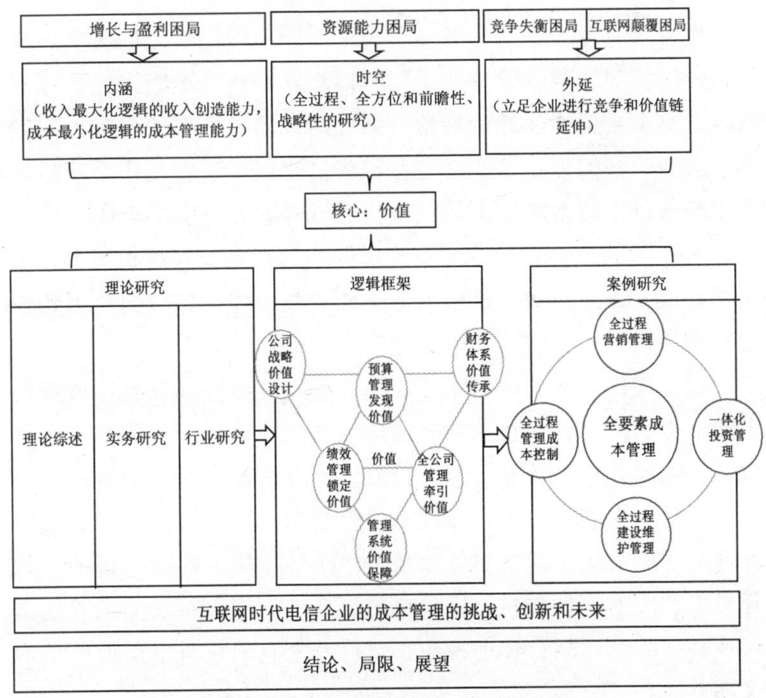

图 1－1　电信企业成本管理研究框架

第 2 章　文献综述与理论框架

“价值”可能是企业管理中包容性与可塑性最强的概念，它渗透进各管理领域和流派的理论核心，被塑造出丰富内涵并呈现不同形态，毫无疑问，企业是以价值为中枢构建可持续竞争和能力体系的。

发端于企业，经由学者经典理论演绎和咨询机构的大范围推广，价值管理和成本管理在不同时期相互影响、不断渗透并相互融合，本章希望能从理论视角，结合两者动态演变的进程，归纳出一般性的框架体系。本书更愿意将价值成本管理视作企业达成持续经营目标的策略性工具，价值管理规制和牵引了企业“应该往哪里去”的方向，无论经营管理者、股东还是利益相关者，都能顺着这一方向找到自己所处地位和利益；成本管理则是可赖以更好地寻找到企业“应该怎么走”的方法。

顺着理论演变的逻辑路径，结合资本、经济以及实体形态的变迁，提出基于行业特性的三层研究框架：以静态价值成本为显微镜，喻示着精细控制、精准投放、精益管理，对应微观的、内涵层面的成本管理方向；以动态价值成本为透视镜，喻示着成本管理是一座桥梁，起着对外联系和对接的作用，对应中观的、外延层面的成本管理方向；以战略价值成本为望远镜，喻示着成本管理必须高瞻远瞩、长远视角，对应着宏观的、时空层面的成本管理方向。

2.1　价值管理理论发展

随着经济全球化加剧、信息化社会的进一步发展，如何提升企业价值并将其转换为企业竞争的相对优势，已成为二十一世纪企业发展的关键问题。自 20 世纪初期 Fisher（1906）提出资本价值理论以来，价值管理思想就逐步开始发展，并逐渐成为西方及我国企业管理应用的重要模式。

2.1.1　价值管理相关定义与内涵

20 世纪初 Fisher（1906）的资本价值理论是价值管理的雏形，把企业当作是能产生未来已知、确定收益流量的投资资本，企业资本的机会成本就是市场决定的无风险利率，企业的价值就是依照该利率贴现的未来收益的现值。在这种确定性情况下，企业利润最大化准则与企业价值最大化准则是一致的。Fisher 价值评估模型用现在的眼光来看，确实很简单，但模型里所孕育的思想精髓正是现代教科书价值评估技术发展的基础，也为价值评估理论思想演绎指明了方向。

20 世纪 40 年代美国通用电气（GE）的价值工程（Value Engineering）（L. D. Miles）为代表，发展出一套具备很强实用性和可操作性的节约资源、提高效用、降低成本的价值分析方法。价值工程把价值定义为："对象所具有的功能与获得该功能的全部费用之比"，即 $V = F/C$。式中，V 为价值，F 为功能，C 为成本。这一方法由于简便易行、行之有效，引起了世界各国的普遍重视，50 年代日本和联邦德国学习、引进并得到广泛应用。

严谨意义上的价值管理的概念由美国学者 Modigliani 和 Miller 于《资本成本、公司融资和投资理论》（1958）中首次提出，文中定义：公司价值包括股票市场价值和债务市场价值两部分，对于任何一个公司 j，假设 $E(x_j)$ 为该公司的所有资产的期望收益，S_j 为该公司普通股市场价值，D_j 为债务市场价值，p 为期望值的市场资本化率，则企业价值 V_j 可以表达为：$V_j = S_j + D_j = E(x_j)/p$。随后二人发表的公司所得税条件下的 MM 修正模型（1963），补充并完善了价值理论，由此诞生了所谓的价值管理。

此后诸多学者均对价值管理提出了自己的定义，如 Alfred Rappaport（1986）从财务和经营视角对价值增长进行分析，提出股东价值的管理思想；Copeland（1990）提出了扩大股东价值的方法和途径，构造了基于价值评估的管理体系。另一些具有代表性的定义观点有：Arnold（1998）认为："价值管理是一种以股东价值最大化为目标的管理方法，公司的目标、战略、程序、分析技术、绩效措施和企业文化都是为股东价值最大化这一客观目标服务的"；Condon 与 Gold stein（1998）认为："价值管理是一种管理思想，通过利用各种分析工具和运行程序为股东创造价值"；Ronte 与 Marsh（1999）认为："价值管理是一种管理架构，通过评价、管理等企业活动为股东创造长期超额价值"；Boulos、Haspeslagh 和 Noda（2001）认为："价值管理是从目标设立制度与架构的设计、策略规划、营运过程到人力资源的薪酬制度设计的全过程"；Anne Ameeles（2002）认为："价值管理是一种用来整合企业资源、活动以实现企业组织既定目标的管理工具、管理装置、管理控制系统，它通过把企业资源合理的分配到最有价值的投资上尽可能多地创造财富，实现股东价值最大化。"

由此可看出，理论界对于价值管理定义的意见并不统一，而对价值管理范围的界定也存在争议，总结来说，可以分为从结果来界定、从程序来界定、从结果和程序两方面综合来界定三种，唐勇军（2007）认为，"价值管理既是一种思想，企业一贯持有和指导管理实践的价值观念和框架体系，又是一种工具，以企业价值为核心，用'价值创造'的理念引导企业资源和权力配置活动的一种控制系统和管理模式"；汤谷良等（2003）将价值管理的目标定义为"创造价值，实现价值的增长"，认为其是"在公司经营管理和财务管理中遵循价值理念，依据价值增长规则和规律，探索价值创造的运行模式和管理技术，从而连接战略并应用于所有对企业价值有影响的各个因素和整个经营过程中的一种决策与控制制度”。笔者认为，价值管理可视为以提升企业价值为目标，引导企业资源配置合理性的一系列创造财富的方法和管理模式的总称。

企业价值的驱动因素是价值管理研究的重要一环，也是价值管理的内涵，在 MM 价值评估模型中，企业预期盈利按照风险折现率折现的现值被用作是价值的度量维度；Alfred Rappaport（1986）提出企业价值的七大驱动因素：销售增长率、销售利润率、所得税率、固定资本增长率、营运资本增长率、现金流量时间分布和加权资本成本。之后诸多学者还提出了利益相关者关系、公司利润预期、企业社会责任声誉等更多企业价值驱动因素。而在价值驱动因素的确认上，汤谷良等（2003）提出有四个关键点，第一，“价值驱动因素应与整个企业的价值创造直接联系起来”；第二，“企业从价值驱动因素的角度，确定价值化指标，将战略转化为长期指标与短期指标、财务指标与非财务指标、一级目标和次级目标等”；第三，“企业总部应该有总部的价值驱动因素，每个业务单位都应该有各自的关键价值驱动因素和 KPI”；第四，“注意关键价值驱动因素的时间、空间上的平衡”。

2.1.2 价值管理理论演变

企业价值管理理论的发展，一定程度上受到企业经营目标变化的影响。关于企业经营目标的变化问题，翁世淳（2010）认为，企业经营目标问题的争论主要集中在以下两个方面：一是关于企业经营目标的服务对象争论，即企业究竟为谁创造价值？二是关于企业经营目标的性质争论，即创造价值或价值最大化究竟是偏重于数量的增长还是质量的提高？

（1）价值管理理论的发展

由问题“企业究竟为谁创造价值及创造价值或价值最大化究

竟是偏重于数量的增长还是质量的提高”这两个问题所衍生出价值管理理论路径的变迁。即股东价值管理——利益相关者价值管理——市值管理三个阶段。

①股东价值管理阶段。股东价值管理理论诞生于20世纪80年代后期，当时资本市场频繁发生公司控制权接管交易，委托—代理理论同时也对其发展奠定基础。在此期间，一批学者将MM理论与战略评估引入到股东价值管理研究中。

股东价值管理理论的两个前提条件，分别为公司行为的价值思想定位基础，超过资本成本的收益结果才能被认为创造价值。首先，Copeland（1990）认为，价值思想定位指的是管理层关心股东价值创造的程度，并将价值思想定位延伸到公司首席执行官的思维和行为方面。其次，Alfred Rappaport（1986）从会计方法、机会成本、货币时间价值总结了会计收益指标的缺陷，认为“与公司内在价值相联系的经济利润指标才能反映公司股东价值创造”，这一内在价值则根据MM定理用折现未来现金流量来衡量。

基于此，产生了由Alfred Rappaport创造并被LEK公司采纳应用的最大化股东价值（SVA）模式、由Finegan提出并被Stern Stewart公司推广应用的经济增加值（EVA）模式、由Copeland提出并被Mckinsey Co. 应用Mckinsey模式三种。

但由于股东价值管理理论所依据的经济价值评估仍然建立在滞后性财务指标上，本质上并没有摆脱传统会计观念的束缚。在这种忽略客户需求片面强调现金流量生产能力的管理思想指导下往往会出现投资不足、增加股东支出和过度使用资产等问题，从而减少公司剩余收入而影响企业价值Wallace（1997），因此，这一理论发展陷入了困境。

②利益相关者价值管理阶段。20世纪90年代，财富分配不均、公司诈骗丑闻频发的背景下，利益相关者理论模式出现，相关学者普遍认为，企业决策应该是平衡所有利益相关者的利益，

而不仅仅是最大化股东的利益。如何平衡利益相关者们相互矛盾的利益，并对企业的社会责任进行合理的评价，就成为了这一理论研究的核心问题。

Clarkson（1995）认为，不同资源禀赋的企业可以采用相应的管理战略，并提出了利益相关者战略管理模式（RDAP 模式），此模式的缺陷在于没有说明对不同类型利益相关者应当采用何种战略；Jawahar 和 Mclaughlin 提出了基于企业生命周期的利益相关者管理战略，构建出按照企业生命周期和企业利益相关者类型两个维度的管理战略矩阵，该模式是对 RDAP 模式的发展；D. Wheeler 与 M. Sillanpaa（1997）则提出管理者与利益相关者共同就其关系进行诊断、对话和审计。

③市值管理阶段。Lougee and Wallace（2008）提出，随着利益相关者价值管理理论在竞争中越来越优于股东价值管理理论，社会责任正在成为最大化公司长期价值的工具。Jensen（2001）对利益相关者价值管理理论重新解构，并提出“进步价值最大化和进步利益相关者理论”，该理论提出了“利润预期下的长期市场价值”，认为“当经济中的所有公司企图最大化自身公司总价值时，社会福利也达到最大”。这一理论的提出使得价值管理理论的研究重心从价值创造、价值实现转向了价值经营。

当研究的重心转移到价值经营后，先后兴起了从公司（微观）、市场（中观）和政府（宏观）三个层次展开的市值管理研究，分别为：基于预期的市值管理理论（Expectations—Based Management，EBM）、社会责任投资理论和宏观市值管理理论。

（2）价值管理基本框架

价值管理由于理论基础不一，且随着企业的不同而有所差异。根据 Ittner & Larcke（2001）提出的基本框架，一般由六个基本步骤构成：第一，“选择能提高股东价值的具体内部目标”；第二，“选择与赢得既选目标相一致的战略和组织设计”；第三，“在既定组织战略和组织设计下，确认能在经营中创造价值的特定业绩变量”；第四，“在以价值动因分析确认不同优先级的基础之上，制定行动计划，选择业绩计量指标，设定针对性目标”；第五，“评价行动计划是否成功实施，并执行组织和管理业绩评价”；第六，“根据结果及时评价组织内部目标、战略、计划和控制系统的有效性，并在必要时加以修改”。对此框架的第一个步骤进行完善，“选择能提高企业价值的具体内部目标”，就形成了普适的价值管理基本框架。

(3) 价值管理理论启示

价值管理理论从明确提出到目前已经历了五十几个年头，纵观其发展趋势，Ittner & Larcker 上提出了三个西方未来的研究方向，分别是：研究动机和假说发展、样本选择、概念衡量和模型设定。笔者结合部分学者的研究，针对企业的生存环境思考国内价值管理理论的未来发展趋势。

第一，未来价值管理目标将呈现多样化趋势。鉴于利益相关者价值管理发展日益战胜股东价值管理，对于价值管理目标的界定将不再是单一的股东价值最大化，但对于单一企业来说，多元化的价值管理目标又是不切实际和难以操作平衡的，王秀华(2011) 认为，价值管理理论必须要适应所有权多样化的需要，摒弃单一的股东价值最大化目标导向，发展出更具兼容性的利益相关者价值最大化的多样化目标导向。因此可以预见，不同行业、不同企业价值管理目标的发展，将呈现出多样化。

第二，对利益相关者价值的归属和计量问题的研究也将是价值管理理论发展的趋势之一。如果不能较为准确地计量利益相关者的价值，无法评价这一目标，那么价值管理理论利益相关者模式的研究就将停滞不前。

2.2 成本管理理论发展

成本是决定一个企业盈利能力和市场竞争力的关键要素之一，因而成本管理成为企业管理的核心问题。在粗放管理模式下，企业的成本意识淡薄，成本管理思想模糊。自泰勒的科学管理理论提出以来，成本管理进入科学管理阶段。二次世界大战结束后，跨国集团的出现和运筹学、系统工程、计算机等学科的知识和工具应用于成本管理之中，Miles（1951）提出了价值分析的思想，Armand Vallin Feigenbaum（1958）提出了质量成本的概念。20 世纪 70 年代后随着市场环境的变化和信息网络技术的发展，成本管理理论开始跨出单一企业，向供应链成本管理方向发展。并相继提出了准时生产方式（JIT）①、全面质量管理（TQC）、作业成本管理（ABC）、战略成本管理（SCM）等成本管理的方法与技术。从成本管理的发展趋势上看，未来的成本管理更将趋向战略化、系统化、精细化和信息化等方向发展。

2.2.1　成本管理相关定义与内涵

美国学者 Charles T. Horngren 教授在《成本与管理会计》中指出“成本管理是企业管理者在满足顾客需求的同时，又持续地降低和控制成本的行动”。余秉坚（1999）在《中国会计百科全书》中指出“成本管理是企业生产经营过程中各项成本核算、分析、决策和控制等一系列科学管理行为的总称”。

结合国内外研究者的相关定义，可以给成本管理下一个基本定义：成本管理是指企业通过预测、决策、核算、分析、控制、考核等工作，对企业在市场调查、设计、生产、销售以及产品回收等各个环节发生的各种支出进行管理和控制，以降低成本支出，提高企业整体竞争力的活动，主要包括成本预测、成本决策、成本计划、成本控制、成本考核、成本分析、风险成本和责

① 准时生产方式（Just In Time，简称 JIT），又称作无库存生产方式（stockless production），零库存（zero inventories），一个流（one - piece flow）或者超级市场生产方式（supermarket production），是日本丰田汽车公司在 20 世纪 60 年代实行的一种生产方式，即将必要的零件以必要的数量在必要的时间送到生产线，并且只将所需要的零件、只以所需要的数量、只在正好需要的时间送到生产。

任成本管理等。

2.2.2 成本管理理论演变

一般认为，成本管理理论经历了四个发展阶段：经验管理阶段、科学管理阶段、发展成熟阶段和现代管理阶段。

第一阶段，20 世纪 20 年代以前的经验管理阶段。这一阶段，英国工业革命基本完成，机器生产代替了手工劳动，出现了大量企业。随着企业的增多，市场竞争越来越激烈。为了在市场竞争中取得优势地位，企业对成本的关注力度逐步提高。这一阶段的成本管理对象主要是生产成本和销售成本，依靠传统经验通过事后核算和分析进行，尚未形成一定的理论体系。

第二阶段，20 世纪 20 年代至 40 年代的科学管理阶段。此阶段的典型标志是 Frederick Winslow Taylor 科学管理理论的出现。随着工业化生产的发展，企业的成本管理重心从事后核算与控制向事中控制转移。企业成本管理方法体系中引入了预算控制、标准成本（Standard Cost）和差异分析（Variance Analysis）等与科学管理相联系的理论。并且，30 年代，标准成本计算与财务成本核算方法结合，形成了标准成本会计制度。这一阶段，企业的成本管理实践中有了一定的理论指导，将事中控制与事后核算结合，生产效率得到了极大提高，降低了成本。

第三阶段，20 世纪 40 年代至 70 年代的发展成熟阶段。第二次世界大战结束后，科技迅猛发展，企业规模日益扩大，跨国集团大量涌现，运筹学、系统工程、决策论等各种科技成就开始在成本管理中得到广泛应用。成本管理理论中相继形成了价值分析 Miles（1951）、质量成本 Armand Vallin Feigenbaum（1958）等概念。成本管理重点逐渐从产品生产过程扩展到产品的整个生命周期，产品生命周期成本计算与管理成为研究的焦点，其应用范围逐渐从军事工业转向民用工业。这一阶段的成本管理方法主要有目标成本计算法、变动成本计算法、责任成本核算以及质量成本核算等。

第四阶段，20 世纪 70 年代至今的现代成本管理阶段。这一阶段，经济全球化的发展，使得企业面临的竞争更加激烈。信息技术广泛应用于企业管理实践中，内外部环境的变化使得传统成本管理方法已不能满足市场竞争的要求。约束理论、敏捷制造、柔性制造、精益生产等先进的管理理论相继出现，准时生产方式（JIT）、全面质量管理（TQC）、作业成本管理（ABC）、战略成本管理（SCM）、全面成本管理（TCM）等成本管理方法和技术相继形成并得到运用。各种管理理论和方法的出现，极大地丰富了成本管理的内涵，为企业适应全球化、信息化的市场环境提供了条件。

2.2.3　成本管理方法

随着经济的发展和市场环境的变化，成本管理也在不断地丰富着自己的内涵和体系，以适应企业不断变化发展着的内外部环境。在上述分析的基础上，主要对作业成本管理、战略成本管理、目标成本管理、标准成本管理和质量成本管理五种成本管理方法进行介绍。

（1）目标成本管理

德鲁克（P. Drucker）在 20 世纪 50 年代出版的《管理实务》一书中提出了目标成本管理（Target Cost Management）的概念，其基本含义是：企业根据竞争性市场价格确定产品或服务的期望成本，从而获取期望利润，表达公式是：目标成本 = 竞争性市场价格 - 期望利润。为了将成本降至目标成本，企业可以通过两种途径：一是通过应用先进的生产技术，提高生产效率，与此同时结合运用先进的成本管理方法，从而降低企业产品的成本；二是企业通过改善和提高自身的价值链，从原材料供应商到销售商进行组织再造，降低企业的组织成本。

目标成本管理是目标管理和成本管理相结合的成本管理方

式，是降低企业的成本，提高企业竞争力的重要手段。目标成本管理在通过确定竞争性市场价格和期望利润以得到目标成本之后，需要通过成本企划、价值工程等方法来实现。

（2）标准成本管理

标准成本管理是在泰勒的生产过程标准化思想的影响下，于20世纪20年代在美国产生的，是泰勒科学管理思想在成本控制中的具体表现。所谓标准成本，就是经过准确的调查、分析和技术测定而制定的，用来评价实际成本和衡量工作效率的一种预计成本。标准成本管理是指用标准成本与实际成本相比较，及时记录和分析差异，以衡量生产工作效率高低的一种成本计算方法，它是为了克服实际成本不能及时提供有效的成本控制信息的缺点而产生的，是一种将成本计算和成本控制相结合，由制定标准成本、计算和分析成本差异、处理成本差异三个环节组成的完整的成本管理系统。

标准成本制定的准确性对标准成本管理的实施效果关系极大，标准成本管理是对成本进行计划和控制的有效工具，是引导管理者不断改进成本的指示器。

（3）质量成本管理

20世纪50年代初，通用电气公司质量管理专家菲根·鲍姆（A. V Feigenbaum）主张把质量预防费用和检验费用与产品不符合要求所造成的厂内/厂外损失一起加以考虑，首先提出质量成本的概念，得到了西方国家的普遍重视。随后，J. M. Juran“矿中黄金”理论的提出，使质量成本理论更趋完善。质量成本主要包括预防成本、检验成本、内部缺陷成本、外部缺陷成本、外部质量保证成本以及对于低质量所发生的机会成本。质量成本管理作为企业成本管理活动的一部分，也包括成本预测和决策、成本核算、成本控制、成本分析与考核等内容。质量成本控制就是在质量成本决策和成本计划的基础上，对质量成本形成的全过程（包括设计、生产到使用）进行有效监督，以及时发现问题、纠正偏差，达到不断降低质量成本的目的。

（4）作业成本管理

斯托布斯（G. J. staubus）教授 1971 年在《作业成本计算和投入产出会计》一书中，提出了“作业”、“作业会计”及“作业投入产出系统”等概念。作业成本管理（Activity - Based Cost Management，简称 ABC）是一种基于产品或服务对作业的消耗而导致资源消耗从而将成本分配至产品或服务中去的成本核算方法。这种成本核算方法的前提是：企业的产品或服务由作业完成，对作业的需求而耗用的资源产生了成本。资源被分配给作业，然后作业被分配给耗用它们的成本对象。作业成本法确认了成本动因与作业间的非正式关系。作业成本管理将企业视为一系列的作业组成的作业链，产品成本实际上就是制造和运送产品所需全部作业消耗的资源成本之总和。以作业为中心，首先对企业的资源成本进行分配，在此基础上对作业成本进行分配，确定成本的对象。通过对成本动因的确定，评价作业的业绩。作业成本管理有助于减少由于传统成本分配导致的成本扭曲，为企业提供了更加真实和丰富的产品成本信息，这样就可以更加准确地得到产品盈利能力信息和与定价、客户市场及资本支出等战略决策的相关信息。

（5）战略成本管理

战略成本管理通过对战略空间、过程和业绩的关注，将成本信息贯穿于整个管理循环过程中，寻求长久的竞争优势。战略成本管理的主要模式是桑克模型（Shank model），主要内容包括价值链分析、战略定位和战略成本动因三个方面：

价值链分析是指任何一种产品都需要经过不同的相互联系的作业环节，从最开始的原料选购、产品生产、产品销售到最后的产品到达消费者等各个环节，构成了一个完整的作业链过程。整个价值链既是产品生产的过程，也是价值增值的过程。价值链分析的目的是对每一生产环节进行研究分析，降低企业每个环节的生产成本，从而从总体上降低企业的成本，提高企业竞争力。

战略定位是指企业在分析自身的内外部经营环境，研究宏观市场环境、行业环境、竞争对手的整体竞争策略的基础上，确定适合企业发展的成本领先策略或差异化策略，为企业制定相关的成本管理方案。

成本动因是指导致成本发生的因素，每一个创造价值的活动都有一组独特的成本动因。获得竞争优势的第一步，便是识别企业或组织的核心成本动因。战略成本动因主要包括四个部分：作业基础的成本动因、数量基础的成本动因、结构性的成本动因和执行性的成本动因。作业基础的成本动因是在详细的生产层次上制定的，它与特定的生产作业（或者服务中的作业）相联系，如机器准备、产品检查、材料处理等。数量基础的成本动因是指在一个总体水平上制定的，如产出水平、产品数量或者生产中所耗直接工时数。结构性和执行性成本动因包括影响成本动因与总成本间关系的战略性、生产性决策。

2.2.4 国内外成本管理趋势研究

成本管理不仅在理论研究领域受到各类学者的热衷，学者们也致力于在实证方面对各类理论进行佐证，并借助案例实证的方式对理论进行修正甚至提出新的管理思路和方法。

（1）国外成本管理研究

根据 Azzouz E（2012）的问卷调查，作业成本法的实施与使用该成本法的公司规模呈现正相关关系，且能给公司带来更好的绩效；另两名研究成本管理方法与企业绩效的学者 Adam Z，Jacobs F（2006），通过对 457 家建立质量标杆管理的制造企业绩效的研究，认为质量标杆管理促进了企业产品质量的提高，而这又会改进相对成本，且有利于提高企业盈利能力。

另有学者将管理会计实务与方法进行整合，Anne L，Van V，Dirks P（2008）结合企业战略与绩效评价系统的设计，力求寻找差异化、低成本与联合生产战略的同效率、顾客、财务导向业绩评价之间的关系；Yasemin Z，Ada E（2010）通过采用中小企业案例研究，二人在产品实施阶段运用目标成本法对成本进行管理，将目标成本与质量功能调度、价值工程整合进行研究。

（2）国内成本管理研究

我国国内学者研究成本管理应用状况的方法同国外相似，主要是问卷调查与案例分析法，胡奕明（2001）通过文献研究法，统计分析了 1985 年至 1999 年相关先进企业的成本管理方法，结果表明我国企业中 85.19% 运用了目标成本法，而作业成本法的企业仅 3% 左右；南京大学会计学系课题组（2001）问卷调查我国企业对标准成本法、计划成本法、目标成本法的运用，结果显示比例分别为 18.1%、38.9%、51.4%，不足的是调查中未设计战略成本法、价值链成本法等新方法；杨继良（2005）通过整理、综述美英澳等国家关于作业成本法应用状况的调查报告，梳理了作业成本法的兴起、高潮、成熟的发展过程；乐艳芬（2005）认为，我国企业对现代成本管理方法的应用处于初级阶段；熊焰韧等（2009）通过调查国内 133 家制造企业作业成本法的运用状况，了解到作业管理理念虽已被部分企业吸收，但作业成本法的实际运用仍处于上升阶段；卢馨等（2014）通过对 2005 年至 2011 年进行公开媒体报告和文献资料研究，统计分析 202 个有效样本，认为我国企业的成本管理仍存在先进成本管理方法应用不够广泛、企业对成本管理方法的补充使用缺乏重视、部分企业全员成本管理意识薄弱、成本降低手段落后等问题。

（3）价值成本管理研究

目前为止对成本管理的研究，适应现代企业管理方法的大部分集中在战略成本管理和价值链成本管理上，而提出成本管理基于价值管理基础的学者声音并不响亮，聂永刚等（2004）提出“只要是为了创造并实现价值而发生的成本都是必要的，否则发生的成本就是不必要的”这一论点，认为现代企业应“树立为顾客创造价值的管理理念，将产品生命周期成本融入企业的价值管理活动中"，并提出"作业流程的改善和价值链优化是成本管理的核心"；余恕莲等（2007）认为，只有以成本管理为纽带贯穿始终，以成本的研究为基础，价值管理研究框架才是完整的，同时提出价值管理框架下的成本管理才是价值管理的核心内容；他们还同时归纳了价值管理框架下的微观成本管理体系与宏观成本管理体系，较为系统性地提出了价值管理与成本管理的关系并予以研究。不足的是，他们定义的企业价值等同于股东价值，未考虑利益相关者价值的作用；汤谷良等（2003）对 VBM（Value - Based Management）特征进行归纳和总结，提出了价值管理框架内财务管理流程梳理、模式再造的主张，认为"构建企业价值型财务管理模式，必须始终以价值最大化为最终目标，涵盖企业长远发展战略，同时尽可能地量化财务战略，是财务管理理念、财务管理方式、财务管理流程进行整体的再造和有序梳理"，文章立足于财务分析工具在企业管理中的扩张，但并未对价值管理下的成本管理作专门详细的研究和描述。

可见目前基于价值的成本管理研究并不完善，同时还缺乏实证研究与佐证，研究主要关注作业成本法、生命周期成本等方面，"本土化"的价值成本管理研究理论更是为数不多。

2.3 价值成本管理理论发展

2.3.1 价值管理与成本管理的关系

价值管理和成本管理两个领域的理论研究汗牛充栋，结合两者的研究也涉猎甚广。一般认为，价值管理的目的是为了提升企业价值，而成本管理的直接目的虽然是为了节约成本，但最终目的也是为了提升企业价值，可以说：成本管理是价值管理的手段之一，价值管理是成本管理的目的之一。

聂永刚 & 张晶（2004）认为，"价值观念是现代成本管理的基础，离开价值谈成本管理，也就失去了成本管理的意义”，他们提出，“为顾客创造价值，实现企业价值最大化，是现代企业经营的目标，企业要创造价值，实现价值增值，就要付出一定的代价即发生成本。以价值管理为基础，在为顾客创造价值，实现企业价值的同时，努力降低成本，获得产品差异化优势和成本领先的地位，提升企业的竞争力以获得优势，是现代企业成本管理值得探索的重要课题。”

陈良华（2002）将价值管理视为“泛会计”，从价值管理新视角，提出构建价值管理为核心内容的泛会计的必要性。价值管理的实质是杨纪琬和阎达五教授所提出“会计管理”概念的内在核心，只是它更加明确地指出会计管理的本质特征。用价值管理作为“会计管理”的内核，可以用“价值”视角有效地区分其他管理行为，可以将传统的财务会计、管理会计、公司理财、内部控制设计等内容有效地“捏合”在“价值管理”概念下，也可以明确地划分清楚“会计管理”的界限。

本书更愿意将价值成本管理视作企业达成持续经营目标所借助的策略性工具，价值管理规制和牵引了企业“应该往哪里去”的方向，无论经营管理者、股东还是利益相关者，都能顺着这一方向找到自己所处地位和利益；成本管理则是可赖以更好地寻找到企业“应该怎么走”的方法。

2.3.2　价值成本管理的演变

西方价值管理的演进历史表明，价值管理的形成、发展和成熟与其所处的经济环境和资本变迁密切相关。工业经济时代，资本最初是企业经营获取利润盈余的堆积，逐渐累加形成产业资本，产业资本家受特定历史条件和地位局限，偏重短期价值，基于利润最大化的价值管理理念历经百年的筛选、洗涤和演变，在微观企业实务领域长期扮演着绝对主角地位，此时成本管理是封闭的、静态的、结果导向的；产业资本冗余后会向上升级，资本投向其他领域，形成投资资本，投资家眼光更为长远，对价值的追求延伸到未来自由现金流量和剩余收益等层面，推动20世纪80年代后价值管理（VBM）理论的广泛发展和应用，涌现出一系列相关理论观念和实务方法，相应的，成本管理的过程和动态属性逐步显现并发展成熟；当投资资本累计到一定程度，一部分资本会进一步升级为金融资本，变成更广泛经济领域的资本，金融家嗅觉更为敏锐，伴随着信息经济时代产业边界的模糊和颠覆，价值管理更多地在空间上得到广域辐射，由此产生价值链和价值网的概念，而成本管理也更多呈现开放、柔性和系统属性，上升到战略成本层面。

（1）基于静态、结果视角的价值成本管理

工业化时代兴起的大规模制造和科学管理方法，发达资本制度环境下的企业效率和价值溢出，激发企业对于成本控制和利润能力的关注热情，正是源于企业层面的不断尝试和创新探索，才催生出初始形态的价值管理的蓬勃发展。

静态结果视角下的价值成本管理以Fisher（1906）的资本价值理论和40年代美国通用电气的价值工程为代表，由此延伸出一套简便易行、行之有效的价值分析方法，并被企业广泛应用。

这一时期的价值管理具有几个典型特征：第一，是实用型、工具型的价值分析方法，聚焦某一价值节点进行自发性的管理技术变革创新；第二，更多脱胎于企业实践，是内生性的、基于微观的方法论的价值管理；第三，以“利润最大化”为价值中枢。

通过成本管理获取竞争优势在20世纪60年代是通过现代化大规模生产制造实现的，20世纪80年代，开始注重成本在节约的基础上提升产品质量（穆林娟，贾琦，2012）。在此之前的成本管理一直被冠以“传统”名义，是“生产导向性”的，成本管理的对象主要是企业内部生产制造过程，很多情况下表现为“成本维持”和“成本改善”两种形式。标准成本、目标成本、质量成本、边际成本等等成本控制方法不断扩张并丰富内涵，关联延伸出一系列资产定价、投资融资、资本结构、价值评估、业绩评价和股利分配等财务管理方法。

此时的价值管理拘泥于经济价值创造的工具性测量和管理，成本管理是结果导向、报表导向和利润导向的，一般被冠以“对前瞻性信息、无形资产信息以及非财务信息等披露不足，偏重短期盈利表现，容易诱发利润操纵或盈余管理，采用单一财务指标评价，难以引导企业长期平衡发展和可持续战略增长”的缺陷。但不可否认，尽管存在理论上的各种局限，但在实务界仍然占据最广泛应用空间，表现出巨大适应性和旺盛生命力。

(2) 基于动态、过程视角的价值成本管理

与资本经营、多元化、并购重组、国际化浪潮相伴相生，企业的外部化、范围经济特征日益显现，这一时期的价值管理在理论和实践应用上向纵深发展，成本管理也从传统的注重以财务导向的决策分析和预算控制，转变为强调利益相关者价值创造的多元动因的确认、计量以及管理。

20 世纪 50 年代，美国学者 Modigliani 和 Miller 针对费舍理论中的缺陷，第一次系统地把不确定性引入到企业价值评估的理论体系之中，为价值管理理论发展奠定了基础。1986 年，Alfred Rappaport 提出公司价值等于未来自由现金流量的现值，确定了以自由现金流量为基础的企业价值评估方法。

然而，未来现金流量的折现方法在实务中因其操作困难，实务界需要更加简单的方法来引导价值管理实践，由此引发大量咨询公司和企业的不断尝试和探索，将价值理念贯穿于企业的经营与管理当中，使之成为企业各项活动或决策的指导。在实践方面，一些咨询公司如麦肯锡（Mckinsey & Company）、波士顿（BCG）、普华永道（Price Waterhouse Coopers）等对价值管理的推广应用相对较早。

1989 年 Finegan 提出了“经济增加值”（EVA）概念，并经斯图尔特咨询公司的 Joel Stern 和 Bennett Stewart 宣传推广后，这

一建立在剩余收益基础上的指标引起了人们的广泛关注。在此基础上，后期不断延伸出市场增加值（MVA，Market Value Added，斯图尔特咨询公司）、现金增加值（CVA，Cash Value Added，Erik Ottosson & Fredik Weissenrieder，1996）、投资现金流回报（CFROI，波士顿咨询）等概念。

在 VBM 框架下，成本管理更多具有了动态和过程的属性，是在面临复杂内外环境基础上，对传统成本管理叠加了“时间”维度的改进和再造。此时，企业成本管理的关键不再仅仅局限于公司产品和市场的结构，而在于对市场趋势的适应性和对变化的顾客需求的反应能力。具备很强动态成本管理能力的企业，能够使它们的资源和能力随时间变化而改变，并且能利用新的市场机会来创造竞争优势的新源泉。这一期间，准时生产方式（JIT）、全面质量管理（TQC）、作业成本管理（ABC）、全面成本管理（Total Cost Management，TCM）等成本管理方法和技术相继形成并得到运用，各种管理理论和方法的出现，极大地丰富了成本管理的内涵，为企业适应全球化、信息化的市场环境提供了条件。

（3）基于战略、柔性视角的价值成本管理

有两种交互的力量促成传统的企业和产业边界被彻底打破。一是企业之间不断强化的合作、集聚、联盟、融合属性，延伸出迈克尔·波特在 1985 年所提出的价值链概念。二是移动互联网正带动产业边界逐渐由清晰转向模糊，行业壁垒以外的“门口的野蛮人”（布莱恩·伯勒，1990）不断跨界渗透，企业的存在不完全是为节约交易成本而存在，更多地表现为整个经济网络的一个节点，延伸出 Adrian Slywotzky 在《利润区》中提出的价值网的概念。

这一时期的价值成本管理主要叠加了空间维度。企业价值的概念不再局限于企业内部组织，已扩展到企业外部整个供应链甚至整个生态圈上，而成本管理更多赋予了战略的、基于未来竞争优势构建的预期。

价值链主要包括企业内部价值链、竞争对手价值链和行业价值链三部分。内部价值链管理主要解决降低企业内部成本问题，如管理成本、生产成本、储存成本等；竞争对手价值链管理主要解决企业的竞争优势问题，即企业与相同地位的竞争对手相比，如何提高竞争力；行业价值链管理主要解决企业的产业定位问题，如产业进入和退出、纵向整合，即企业究竟应该在整个纵向价值链中占据多长。

价值链理论使企业管理理念发生了较大的变化，从局限于企业内部的、封闭的、静态的企业成本管理理念转向一种开放、系统、动态的企业成本管理理念。

2.4　价值成本管理理论框架

我们至少可以从三个层面观察并归纳演绎价值管理理论发展态势：价值管理视角从内涵、时间、空间等维度出发延伸出适应内外环境变化的框架图景；价值管理内容经由企业生存发展的目标、动因、逻辑、机理等不断丰富和扩张；价值管理空间随企业业务结构、管理层级、企业边界、竞争状态、产业融合渗透的变化而呈现多样性和复杂性。

与此呼应，成本管理理念的形成和发展，成本管理模式的创新和变革也经历了从传统到现代、从简单到复杂不断螺旋式发展的阶段。以利润导向、精益管理为特征的静态成本管理；以过程管理、作业价值为特征的动态成本管理；以价值链经营、开放柔性为特征的战略成本管理。

笔者结合价值成本管理的相关理论研究，针对电信企业的成本管理概括归纳出一套基于价值的成本管理理论框架。

2.4.1　基于价值的成本管理理论框架

基于不同的成本管理方法覆盖的宏观与微观、涉及的全局与局部、表象与动因、企业内外因素、颗粒度的粗细等，本书将针对电信企业的基于价值的成本管理框架概括总结为：以静态价值成本方法为显微镜，以动态价值成本方法为透视镜，以战略价值成本方法为望远镜，构建具有战略性、外延性、协同性、穿透性、全局性、结构性的成本管理体系。该成本管理体系应包含位于框架基础的目标成本管理与成本预算管理，位于框架中坚的成本动因及作业成本分析，位于框架上层的战略成本管理与价值链成本管理三个模块。框架详见图 2－1。

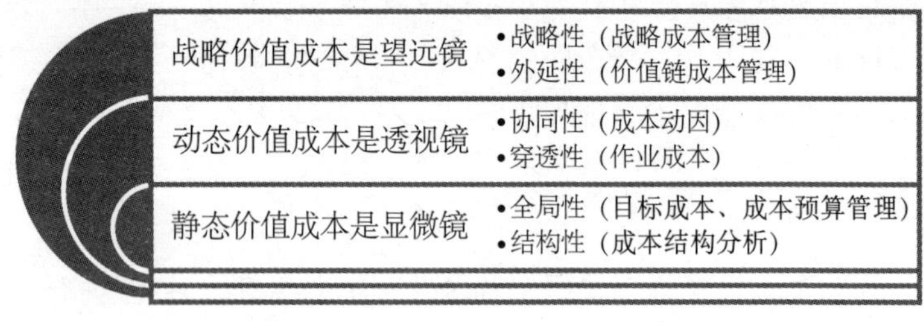

图 2－1　基于价值的成本管理框架

2.4.2　静态价值成本是显微镜

现代电信企业成本管理的要求之一即为精细化，将静态价值成本喻为显微镜，是由于显微镜喻示着精细控制、精准投放、精益管理。由于现在电信行业成本管理性态发生了根本性变化，原有的大颗粒度、粗线条的管理方式已不适应精益管理和精准投放的需要，现有环境下要求的成本管理是多维度的、细节性的、精确投放的、全过程的穿透性的管理；对电信运营商而言，这个精细化且全过程的管理，大到总部省地市区县、分产品、分项目、分类别的管理，中到分渠道、分细分市场、分存量增量、分运营阶段的评价，最后小到对最小经济责任单元/岗位/人员的评价。

对静态价值成本的管理涉及成本全局观下的目标管理和成本预算管理，成本结构观的成本结构分析。

（1）目标成本管理

根据德鲁克对目标管理的定义，企业根据竞争性市场价格确定产品或服务的期望成本，从而获取期望利润，表达公式如下：

目标成本 = 竞争性市场价格 - 期望利润

为了将成本降至目标成本，企业可以通过两种途径：一是通过应用先进的生产技术，提高生产效率，与此同时结合运用先进的成本管理方法，从而降低企业产品的成本；二是企业通过改善和提高自身的价值链，从原材料供应商到销售商进行组织再造，降低企业的组织成本。

（2）成本预算管理

对成本的预算管理是企业财务预算管理的一个模块，而财务预算管理是企业全面预算管理的一个方面，重点落脚于对财务成本的预算管理。企业预算管理理论于 19 世纪末开始崭露头角，经历了发展初期的计划协调为重阶段，实践全面预算管理阶段，战略预算管理的成熟阶段，现已成为大部分现代企业管理的重要管理方法。

（3）成本结构分析

成本结构分析一般指为了降低生产成本，对产品的成本结构进行分析的一种方法，在实践中也可用于对企业成本结构的分析，目的是为了了解成本构成，俗称“钱花到哪里去了”，以及各结构成本的变化情况，达到成本管理的最终目的。

2.4.3　动态价值成本是透视镜

这里的动态价值成本，是企业在成本管理中对成本牵引力的挖掘，也即对成本动因的管理及其对成本控制作用的管理。

电信运营商行业竞争瞬息万变，这种快速的变化给企业的生存和发展带来了巨大的压力，这就要求电信企业的成本管理要透视其本质，透视镜喻示着成本管理是一座桥梁，起着对外联系和对接的作用。成本管理不仅是简单的成本控制或者是最小化成本概念，必须要包含以下两个内涵：一是收入最大化前提下的收入创造能力，成本最优化前提下的成本管理能力；二是必须寻找成本控制与模式优化之间的内在逻辑，发挥成本管理在业务发展模式、营销模式和盈利模式三个方向上的聚合和牵引能力，因此，成本的动因管理、作业成本管理显得尤为重要。

（1）成本动因理论

美国学者罗曼诺曾指出，成本动因表示某一特定作业与一系列成本之间的因果关系。而成本动因的研究，也是成本管理的核心内容，其经历了“成本是业务量的函数”、“成本是作业的函数”及“成本是战略的函数”的认识观念的转变。成本动因研究的发展也随着社会生产力的发展和环境变化逐步提高，由最早的统计关联的成本动因发展到逻辑因果性的成本动因，最终到目前的因果与社会统计相结合的成本动因，逐步推动成本管理理论的发展。

（2）作业成本理论

作业成本管理是一种基于产品或服务对作业的消耗而导致资源消耗从而将成本分配至产品或服务中去的成本核算方法。这种核算方法确认了成本动因与作业间的非正式关系，将企业视为一系列的作业组成的作业链，产品成本实际上就是制造和运送产品所需全部作业消耗的资源成本之总和。该方法有助于减少由于传统成本分配导致的成本扭曲，为企业提供了更加真实和丰富的产品成本信息。

成本动因理论也是作业成本理论的研究基础，在作业成本法下，成本的分配着眼于成本的来源，这种将成本的分配与促使成本产生的原因联系起来，按成本产生的原因进行成本控制、汇集和分配，并在此基础上进行管理分析和决策的方法的前提，正是成本动因的存在。

2.4.4 战略价值成本是望远镜

这里的战略价值成本，是指与企业战略紧密相关的、不局限于企业内部成本的、不局限于短期成本的与价值链密切相关的成本。

电信运营商不仅面临行业内部的竞争，还需要应对虚拟运营商的强势进攻，这种情况下对自身的成本管理需具备“千里眼”功能，望远镜正好喻示着成本管理必须高瞻远瞩。成本管理因此必须实现两个穿透：一是空间上的穿透，即内部管理与外部价值延伸的穿透；二是时间上的穿透，即短期管理与未来价值管理的穿透。因此在这一环节下，重点聚焦战略成本管理和价值链管理两个理论层面。

（1）战略成本管理

战略成本管理（SCM）的概念在 20 世纪 80 年代由英国学者西蒙提出，是成本管理与战略管理相结合的产物，以战略的眼光从成本的源头识别成本驱动因素，通过对战略空间、过程和业绩的关注，将成本信息贯穿于战略管理整个循环过程中，对价值链进行成本管理，为战略管理的每一个关键步骤提供战略性成本信息。战略成本管理与传统成本相比，具有全面性、长期性、重大性、外延性和抗争性。

目前战略成本管理的主要模式是桑克模式（Shankmodel），主要内容包括价值链分析、战略定位和战略成本动因三个方面。

战略成本管理虽经历了实践的检验，且在成本管理的理论研究上越来越受欢迎，但在实践案例上，仍存在着部分缺陷，包括：方法本身存在的理论局限，导致战略成本管理方法在实际操作中存在困难；战略成本管理实证存在短期行为；战略成本计划缺乏科学性、严肃性；战略成本管理工作缺乏全员意识（樊慧智，2013）。

（2）价值链成本管理

哈佛商学院教授迈克尔 · 波特 1985 年提出价值链理论，他认为，“每一个企业都是在设计、生产、销售、发送和辅助其产品的过程中进行种种活动的集合体。所有这些活动可以用一个价值链来表明。”

基于价值链理论，价值链管理即为对企业价值链的计划、协调、分析和控制，使企业各个环节的工作形成相互关联的整体。价值链成本管理，则应包含两个方面，其一，核心企业的成本管理要为价值链构建和优化服务，同时考虑价值链联盟企业的利益；其二，核心企业成本管理需要与价值链联盟企业进行合作和沟通。因此，这一成本管理的主体是核心企业，而不是整个价值链联盟。

价值链成本管理具有很强的外延性，并以提升企业竞争优势为目的。一般步骤通常为：确立价值链产品成本观念，企业价值链的识别，价值链分析，成本动因分析，价值链的重构与优化。

第 3 章　电信运营企业成本管理现状及转型研究

由于市场成熟度不断提高和通信资费水平持续下降，通信运营商普遍面临获取新增市场份额难度增大，利润空间不断萎缩，创利能力难以保持的问题。继续采取“拼成本资源”和“价格竞争”等粗放的竞争手段进行市场竞争，必然陷于被动局面。本章结合电信运营企业成本结构与特性分析，提出创新管理手段，通过超出竞争对手的资源使用水平和效率来获取竞争优势是电信企业成本管理转型的动因，并提供了国外电信行业战略转型和价值成长路径的案例。

3.1　电信运营企业成本结构与成本特性分析

3.1.1　电信运营企业成本结构与成本特性

为持续挖掘成本效益空间，提高企业成本管理水平，首先应按成本的驱动因素对成本加以科学分类，以便根据不同成本特性制定相应的控制目标和措施，通过不断控制与完善，寻求降低成本以获得长期竞争优势的战略途径。

就电信企业而言，从广义看，所有可以导致经济利益流出企业的行为（不包括向所有者分配利润），或者说消耗收入的行为都属于成本资源耗费，此外，电信企业的成本还应包括已投入资产的沉没成本、人力资源成本，即：如何有效盘活现有资产，优化布局，提升资产产能与效能，如何“以人为本”，最大限度地激励队伍的积极性，提升人力资源价值，值得深入探讨。

从狭义看，电信企业成本包括折旧摊销、财务费用、网间结算支出、营销费用、人工成本、网运成本、业务及其他管理费用、其他业务支出、资产减值准备等，从广义看，则是运营成本的概念，包括了 sp/cp 结算支出、营业外收支等。如图 3－1 所示。

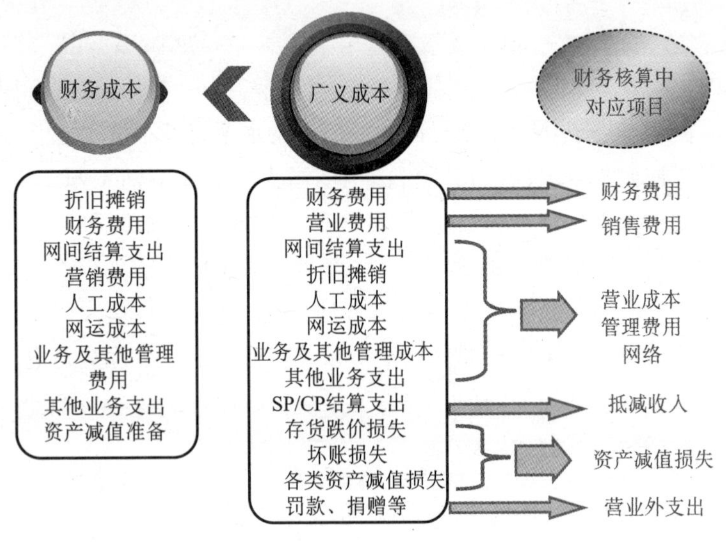

图 3－1　电信运营企业成本构成

根据成本驱动因素、性态、形成的环节与控制属性，基于不同的需求和目的，可对电信企业成本费用进行不同的维度分类：对控制成本分析挖潜而言，可划分为固定成本与变动成本；对成本核算而言，可划分为直接成本与间接成本；对管理主体责任而言，可划分为可控成本与非可控制成本。如图 3－2 所示。

同时，可以按成本驱动因素分为以下几大类：

（1）受网络规模驱动的相对固定成本：包括折旧、财务费用、修理及运行维护费、线路租赁、设备租赁、基站租赁及水电

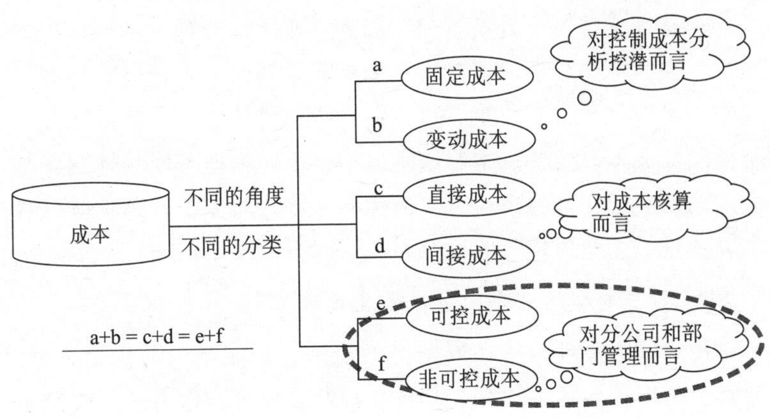

图 3－2 电信运营企业成本的一般分类

费等。该类成本由于受到网络规模扩大的驱动而增长，因此控制的重点应前移到网络投资的规划设计环节。

（2）受收入规模驱动的弹性增长成本：包括网间结算支出成本、营销成本（如渠道费用、客户服务成本、用户维系成本、用户获取成本、客户接入成本、终端补贴等）、坏账损失等。该类成本对收入拉动起着重要的作用，因此控制的重心应放在对产品、对客户群以及对营销渠道的投入产出研究。

（3）酌量性成本：受公司业务发展与管理方向的考量，投量与投放可酌量控制的成本，如广告宣传费、研究与开发费、业务招待费等。

（4）受内部管理驱动的考核约束成本：包括其他经营和管理成本，如办公和营业水电费、房屋租赁费、车辆使用费、办公费、会议费等，存货跌价损失以及资产减值损失。该类成本主要是运营管理成本，主要通过合理控制管理人员规模、强化细节管理、规范费用开支标准等方法来加以控制。

（5）受国家相关法规影响的社会责任成本：包括各类税金和规费、人工成本等，该类成本主要通过科学的筹划予以合理保障。

为持续挖掘成本效益空间，提高企业成本管理水平，根据对成本管控的不同需要，可以进一步将成本划分为固定成本与弹性成本、付现与非付现成本、可控成本与不可控成本、区域性成本与全网性成本、责任成本与统筹成本，以便根据不同特性制定相应的控制目标和措施，通过不断控制、修正与完善，寻求降低成本以获得长期竞争优势的途径。

3.1.2 传统电信运营企业成本管理方法

传统成本管理是指在成本方面指挥和控制组织的协调活动，通常包括成本核算、预算、分析、控制等内容。作为企业管理重要一环的成本管理水平的高低，不仅体现着一个企业整体管理水平的高低，而且影响着企业在市场上的核心竞争力，因此分析传统成本管理利弊以及发展趋势，对企业降低成本，增强核心竞争力有很大的现实意义。

（1）在成本核算方面：成本核算是企业成本管理的核心与关键，由于电信企业存在规模经济性，各个产品和业务之间存在着大量的共用成本，因此业务量和网络利用对单位成本的影响较大。但传统的成本核算沿用财政部统一的成本核算科目和方法，成本项目分类较为简单粗放：成本核算按项目分为营业成本、营业税金及附加、营业费用、管理费用、财务费用、资产减值损失等，没有区分成本责任归属，不能有效划分作业价值；成本核算按专业线分为移动、宽带、固话等，无法实现单项产品成本的核算，因此无法为产品定价提供可靠依据。此外，在核算的工具上，传统的财务核算通常使用专门的财务核算软件，没有实现公司各类资源管理系统的有效整合，财务信息与资源信息脱离现象严重，一方面影响核算效率，另一方面影响核算准确性。

（2）在成本预算方面：在计划经济下，企业以安全生产为关注焦点，编制生产、技术、财务计划。由于产品、设备、材料和人力的价格和供求数量由宏观主体确定，企业的成本与利润是确定的，因而不注重成本效益。生产与技术的计划，在市场经济下仅仅反映了企业管理活动的部分，价格由市场确定，并且企业的经营行为依赖于对市场信息的拥有度，因而，生产与技术的计划并不能成为企业预算的全部。在转轨期，我国企业作为市场经济中自负盈亏的经济主体在不断转换经营机制，许多企业开始实行目标利润——目标成本管理，企业对未来经济的预测由计划转变为预算。虽然目标利润——目标成本管理推动了企业经营思想和管理方法的转变，但他们是一种比较粗放的预算定时方法，在具体实行过程中，企业只注重利润指标，而对资金的使用效率、资产质量等方面没有给予足够的重视。

（3）在成本分析方面：成本分析是成本管理的一个重要环节，传统的成本分析受核算和预算的限制，更多局限于事后的成本报表分析，反映成本计划的执行或完成情况。然而我们进行成本分析目的不单在于揭示实际成本与预算成本的差异，更重要的是通过了解成本形成的过程及成本发生的前因后果，更好地进行成本控制，希望通过成本测算和分析，为产品资费套餐的设计、代理佣金标准的制定等经营决策或投资决策提供可靠依据。传统成本管理方法的概念架构受财务会计报告系统和周期的驱动，成本管理不能反映业务和资产的全生命周期，成本信息不能随时提供经营过程中各作业环节所发生的成本，以及每个环节成本发生的前因后果，成本管理信息缺乏动态性，因此，管理人员无法从中获得成本改善的信息和机会。

3.2　电信运营企业发展战略与成本管理分析

3.2.1　电信企业的成本管理要与企业战略相适应

成本是多种成本动因共同作用的结果，不同的战略措施对成本动因的影响各不相同，有可能引起不同成本费用完全相反方向的变动，为了避免冲突，所采取的各种战略举措要相互协调平衡。因此企业的成本管理要以战略为核心展开，企业发展阶段不同，其目标和战略重点也不同，所要求的管理战略也不同，成本管理措施的构造与选择要与企业的发展阶段相适应。有效的成本管理方法是那些融入到各部门的业务管理和业务活动过程之中的方法措施，只有将成本管理的理念、方法、规则、制度融入到业务管理和业务过程之中，融入到企业各成员的头脑之中，才有可能真正行之有效。

3.2.2 电信运营企业的发展战略分析

电信行业发展的目标是要实现电信市场的充分竞争，为电信用户提供普遍服务。作为支撑经济社会发展的战略性、基础性和先导性行业，电信业具有创新速度快、通用性广、渗透力强的特点。世界各国为加快经济复苏并重建国家竞争力，纷纷加快科技创新与产业革命步伐，将构建下一代国家信息基础设施作为发展重点和优先领域，力图抢占后金融危机时代的经济、技术制高点。全球电信运营企业竞争激烈，技术和商业模式创新已扩展到各个领域。

在新一代信息技术不断革新的基础上，通过政府放松管制与企业创新管理，引导电信产业长期稳定健康发展。但是目前出现的新的产业融合，改变了各产业原有的市场结构和竞争格局，促进了各产业企业间的竞争合作关系。以产业链为中心的发展模式实质上是一种自有的最有效整合，并且对电信运营商提出了更高的要求。传统的电信业是一个完整的纵向产业链条，上游是设备制造业，下游是内容/应用信息服务业，基础电信运营商是产业链条上的核心力量。电信业的竞争实质上是一种资源的竞争，在传统语音为主导的电信时代，电信运营商之间的竞争主要体现在网络资源和用户资源的竞争，但在以宽带或者无线高速传输为基础的电信时代，电信运营商仅仅依赖于这两种资源已经无法适应新形势下的业务发展。

随着信息技术的变革演进，电信产业范围已经有了很大的拓展，电信产业价值链加入了内容服务提供商、分销商、虚拟运营商、娱乐服务提供商等参与者，形成包括基础电信、增值电信、设备制造、系统集成、内容提供、应用服务在内的更加广泛紧密的产业价值链。张鸿（2010）出版了专著《产业价值链整合视角下电信商业运营模式创新》，对电信产业价值链进行了介绍，对新型价值链下的电信商业运营模式创新进行了思考。电信产业价值链经历了从“三段式”结构、“延长”多段式价值链到 3G 网状价值链的演进历程，电信产业价值链的演变表现在价值创造主体的多样化、网络伙伴关系的紧密化以及收益机制的复杂化，其演变受到市场竞争、客户需求、业务发展等内部因素和技术进步、政府管制等外部因素的驱动，对电信企业经营环境、经营战略、盈利模式、营销模式、客户关系带来革命性变化。

据工信部发布的 2015 年全年电信业统计公报显示，2015 年我国全行业实现电信业务收入 11251.4 亿元，同比下跌 2.4%，完成电信固定资产投资 4539.1 亿元，同比增长 13.7%。数据显示，2015 年我国电信业务收入中，移动通信业务收入 8307.6 亿元，下跌 3.4%，占电信业务收入的比重下降到 73.8%；固定通信业务收入 2943.8 亿元，增长 0.07%。电信业务收入中，非话音业务收入 6584.7 亿元，增长 0.67%，占电信业务收入比重上升至 58.5%；话音业务收入 4667 亿元，下跌 6.66%。电信业务收入中，增值电信业务收入 1954.4 亿元，下跌 15.3%。总体看来，电信企业的收入结构和电信市场结构正在发生着四个明显的变化。如图 3-3 所示。

国内电信运营商全业务竞争日益加剧，电信运营商价值链“围墙花园”早已被打破，特别是进入移动互联网时代以来，电信产业链开始发生变革，电信运营商不再是业务运营的唯一主体，各企业纷纷涉足终端操作系统的开发，并在采取“业务+终端”的模式争夺市场份额，以图在未来的发展中占据有利地位。如图 3-4 所示。

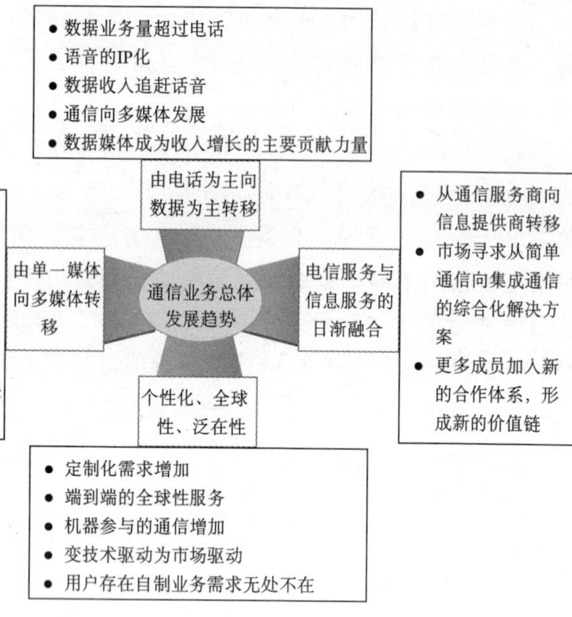

图 3－3　通信业务总体发展趋势

（来源：www. cctl. cn）

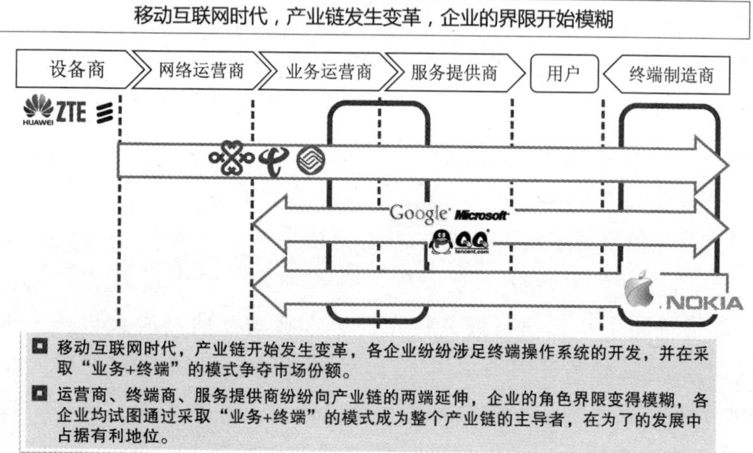

图 3－4　移动互联网产业链变革

在移动互联网时代，业务的吸引力发生转移，移动互联网对运营商业务产生冲击，大量分流电信运营商传统话音和短信业务，创新型业务层出不穷。在网络方面，电信运营商的管道化日趋明显，话语权丢失，沦为“哑管道”。网络压力不断加大，固定互联网“增量不增收”趋势明显，电信运营商的竞争已不仅是电信运营商的竞争，而逐渐演变成电信行业的竞争。如何促进和适应产业价值链的变化，改变电信运营商的地位，将是未来电信企业调整业务发展模式的关键。技术发展、市场竞争、客户需求三方面的驱动力使得电信企业战略转型成为必然，电信企业必须在市场的发展中重新定位自己，以创新、开放、融合的心态，加快转型，树立“利益共享”的观念，寻求各方力量的合作，创新商业模式、重塑价值创造方式才能获得持续发展的核心能力。

何瑛（2011）对电信行业转型从三个角度进行了界定：第一，从产业角度看，就是从传统的语音通信转变为信息通信，即ICT 行业。第二，从价值创造角度看，电信产业价值链条转变成电信价值网络。第三，从企业角度看，传统的网络运营正在转变为综合信息服务提供商。电信企业转型，其本质就是对公司赖以实现持续增长的商业模式进行创新，从而使企业获取长期竞争优势和实现可持续发展。

3.3 国内电信运营企业成本管理转型分析

3.3.1 电信运营企业战略转型与财务管理转型

从目前电信业的发展来看，技术、竞争、需求三方面的驱动力已经使得转型成为其发展的必然。技术的飞速发展使转型成为可能，为转型提供了保障；竞争的日益加剧和客户需求的多样化转变使得转型成为必然，推动战略转型的进程。电信企业转型可以从三个角度界定：一是从产业角度看，2G 是一个以经营语音产品为主的模式，而 3/4G 是一个以经营信息服务、信息产品为主的模式，也就是说通信产业正在从传统的语音通信转变为信息通信；二是从价值创造角度看，如果说 2G 的价值创造模式是一个链条状的话，那么 3/4G 的价值创造模式是网络状的，其最重要的特点就是以合作为主的业务提供模式，竞争形态由一种价值链之间的竞争，转变成一种企业生态系统竞争；三是从企业角度看，传统的网络运营商正在转变为综合信息服务提供商。可见电信企业转型，其本质就是转变公司实现持续增长的商业模式，即公司的获利模式。在电信企业转型过程中，业务创新是根本，网络创新是基础，管理创新是保证。由技术和业务转型带来的管理转型，对财务管理的价值管理能力、业务支撑能力和精细化管理能力提出了更高要求。

所谓财务转型就是指从传统的核算型、管理型向战略型转变。战略型财务是一种面向战略，以战略为核心的财务管理过程，从核算为重点向资源整合、决策支持和价值管理转变：

一是在提升价值创造能力方面，把财务工作的重点转移到计划、预算、预测、决策、控制、分析等方面来，着重关注业务方面更有附加值的活动，充分发挥财务在决策支撑、资源保障、价值创造、风险防范等作用，引领企业资源配置，带动企业管理变革，为创造企业价值服务。

二是在提高决策支撑能力方面，可以将会计基础核算等低附加值的作业趋于集中，以保证企业快速发展所需要的信息及时准确，巩固财务会计的基础；将财务分析工作渗透到最小的业务单元，打通自上而下的管控渠道，提升分析评价能力，对决策发挥有效的支持作用。

三是在提升风险管控能力方面，完善以风险管理为导向的内部控制体系建设，通过风险预警、风险应对、管理报告，以及审计、税务、资金管理等手段来管理流程，并把风险控制在合理的范围内。

四是在提升资源配置能力方面，通过开展全面预算管理、资金集中管理、财务信息化、内部控制建设、财务信息化等财务管理体系建设，促进财务在企业信息链中的位置从末端转向前端，与业务体系的关系更加紧密，财务信息的关注点也从汇总过去转向面对未来，有效发挥财务对规范企业管理、优化资源配置、防范财务风险、提升经营绩效的促进作用。

上述能力的提升关键在于财务人员的知识结构要从单一型向复合型转变，同时通过建立与财务管理高度融合的、充分开放的现代企业资源信息管理系统，提高管理效率，实现财务转型目标。

3.3.2　电信运营企业实施成本管理转型的必要性

按照邓正红（2011）“成本软实力”的理论，成本是对生产要素耗费的量度，属于硬实力范畴，成本改善、成本优化体现的是企业软实力，换言之，将企业软实力应用到成本管理上，就是促使成本持续得到控制、优化、改善和创新，形成成本优势，增强成本竞争力。成本是硬实力，改善成本靠软实力，将软实力融入成本硬实力中，就形成一种持续改善成本的力量，就是成本软实力。成本软实力不是简单的“成本 + 软实力”组合，而是将企业软实力作用到成本上产生新的价值，获取超额利润，这也是企业软实力的特性决定的。价值创新是企业软实力的最高形态，成本是支撑产品或服务价值的根本，创新价值必须从根本上实现创新，成本创新是成本软实力的最高形态。成本软实力是价值活动的内生力，其作用不只限于企业内部，对企业所处产业价值链各环节也起到协同、整合、创新的作用。“成本软实力”概念的提出，顺应了企业从硬实力竞争向软实力经营转变的要求，为企业软实力的作用发挥、企业综合价值从根本上得到提升，为企业成本管理实现突破开启了新的思路。

在当前移动互联网时代，开放、融合越来越成为发展主线，企业发展已进入合作、共赢的战略联盟时代，企业必须强化对相关利益方的协调，将供应商、生产商、销售商及其他合作伙伴等价值链上的各环节利益主体聚集在一块，通过整合各方面的核心能力，为实现共同的价值创造而齐心合力，从而最大化地发挥价值链竞争优势，持续实现各环节的成本降低和整体运营效率的提升。

国家“十二五”规划纲要明确提出加快转变经济发展方式和提升经济软实力，落实到企业中，就是要提高成本管理的软实力和价值创造能力。成本软实力重在降低、改善、创新成本，不断提升企业价值，促进企业从粗放型增长转向节约型经济、从成本优势转向技术优势，实现产业升级。基于此，三大电信运营商在发展规划中都明确提出了推进企业转型的战略部署。加快经营模式与增长方式的转变，以成本管理创新转型为突破口，提升价值创造能力已经成为我国电信企业的必然选择：

（1）电信运营企业发展与转型的要求

中国的电信运营企业经过若干年的发展已经形成移动业务和固网数据领域的规模经济，加之新业务、新应用的不断开发和推广，低成本和差异化已构成了当前企业发展的核心竞争力，而网络和业务的低边际成本性和规模经济特性，促使电信企业必须以创新为成本管理切入点，不断推进企业流程重组，建立动态竞争条件下的企业组织，不断培养和发展新型的核心竞争力，这是电信企业不断保持竞争优势的战略选择。持续的改革和日益加剧的竞争态势正在不断侵蚀着企业的盈利水平，高利润时代已经一去不复返，同时，伴随着网络投资规模的成倍扩大，电信运营商面临着成本结构转移和盈利能力提升的更大压力。谁最先实践低成本竞争战略，谁就有先入优势，这对弱势企业尤其具有战略吸引力。

①增长模式的转变提出了加强成本控制与管理的要求。近年来，电信运营商依靠客户规模增长的模式取得了巨大的经济效益

与社会效益。但在高普及率市场，面临收入增长趋势线已经破位并呈下降趋势、新产品发展需要增加成本支出、股东和资本市场需要企业保持一定的盈利水平等诸多问题，通过客户规模驱动收入增长的模式已经不能适应全业务的发展。为保持企业可持续发展并保持竞争优势，电信运营商需要从单纯的“规模增长模式”向“效率与效益增长模式”转变，也就是从增长型企业向价值型企业转变。经营模式的转变势必驱动管理转型，同时对财务成本管理的价值管理能力、战略目标实现支撑能力和精细化管理能力提出更高要求，以实现成本管理与公司成长管理日益高度融合的目标。

②电信运营企业需要价值管理思想进行日常经营与决策支撑。电信运营企业获得持续发展的根本是客户的发展与维系，电信企业规模增长是必须的，一定的经营规模是电信运营企业获得安全边际的前提，过低的增长率必然会制约电信运营企业价值创造的潜力，但目前通过价格竞争发展客户的方式归根结底是成本的竞争。企业在追求规模增长的同时必需兼顾效率和效益，尽可能以最少的资源耗费实现综合效益目标，但目前资费的降低、补贴的增加并不能有效增加客户对业务的使用量，过度使用可能会进一步压缩企业的利润空间，浪费成本支出资源。数据研究表明，人们对通信业务需求的广泛性与必要性决定了需求价格弹性很低，降价并不能有效促进收入增长。可见，电信企业内部需要精细化管理经营收入、控制经营成本、确保收入质量、实现成本结构和效益的最优化，建立内部价值链管理体系，防止价值流失，更有必要建立一套科学、合理的成本管理控制体系作为牵引，同时借助各种财务工具对市场现象进行解释与论证，特别是在战略投资、产品定价、市场定位、产品组合等方面的成本管理控制及决策提供相对准确的成本信息，提高决策的科学性、改善经营效率、获得经营成本优势。

③客户需求的多元、业务的融合及产业聚合带来的不确定性

要求通过成本控制规避风险。全业务竞争体现出客户需求多元、电信业务融合、产业发展聚合等典型特征，同时拥有各种资源的竞争者纷纷进入电信市场，电信运营商面临前所未有的竞争压力。运营商从过去靠机遇、投资和规模效应发展的阶段进入到了靠资源整合、企业创新和成本控制发展的新阶段。新的竞争环境存在众多不确定性风险，比如产业链整合、新业务研发等都需要对未知风险进行预测与控制。

面对转型期的竞争挑战，在传统业务增长乏力、客户需求以及产业环境发生重大变化的条件下，成本控制与管理水平越来越成为衡量电信运营商核心竞争力的关键要素。只有加强精细化的成本控制管理，规范成本运作，优化成本使用，企业才能在激烈的竞争中立于不败之地。

（2）满足资本市场监管要求

1997 年 10 月，中国电信（香港）有限公司（后改名为中国移动（香港）有限公司）首开先河在中国香港和美国纽约上市；2000 年 6 月，中国联通分别在中国香港和美国纽约上市，筹资 56. 53 亿美元，2002 年 10 月又在上海上市；2002 年 11 月，中国电信在中国香港和美国纽约成功上市，筹资 13 亿美元。

电信运营企业在海外上市有利于企业实施国际化战略，同时也推动了资本市场的监督。通过来自市场各个方面（交易所、证监会、审计师、律师、投资分析师、公众等等）的监督，促使企业规范经营，在为用户提供满意服务的同时，提高企业收益，通过不断完善公司治理结构和内控制度，持续强化财务管理和风险管理，实现企业的可持续发展。

（3）电信运营企业发展内在需求

对电信运营企业来说，规模增长是必须的，一定的经营规模是电信运营企业获得安全边际的前提，过低的增长率必然会制约电信运营企业价值创造的潜力。但企业在追求规模增长的同时必需兼顾效率和效益，尽可能以最少的资源耗费实现综合效益目标。企业内部需要精细化管理经营收入、控制经营成本、确保收入质量、实现成本结构和效益的最优化，建立内部价值链管理体系，防止价值流失。强化财务管理支撑企业转型的管理主线，可以有效降低电信运营企业业务转型中面临的多元化战略风险。

3.3.3　电信运营企业成本转型模式

电信运营企业需基于战略导向全面提升成本管理能力，实施“价值引导、成本管控、效益分析、优化配置”的成本管理模式，通过建立多维度的，面向本地网、专业线管理的网格化成本管理模式，梳理和明确条线和板块管理责任，不断挖掘成本空间，优化成本资源配置，提高成本效益。总体来说，成本管控转型模式主要需实现以下几个转变：

一是将成本管理从传统的核算与分析评价型向事前决策与支撑型转变，为企业的发展提供强有力的支撑。

二是成本管理方式由静态向动态转变，改变以往年初一次性配置的静态管理方式，按业务发展趋势进行动态调整和资源配置。

三是转变事后管理、事后评价的激励方式，形成定期评价、定期激励的激励机制。

四是资源配置由粗放向精细转变，改变各级资源配置的随意性和盲目性，使资源配置统一体现集约化经营的整体性战略导向要求。改变资源总量相对不足和资源利用效率不高的现象，将有限的资源投入到最能产出效益的业务领域和基层单位。通过这种模式的转变，激发基层经营单元的发展主动性，树立资源与发展正相关的观念，改变以往资源配置分配不当带来的被动局面，从制度上更好地发挥市场在资源配置中的基础性作用。

3.3.4　电信运营企业实施成本管理转型的路径

第一，优化管理模式。成本管理转型路径的第一步是模式转型，单纯集约化或分散型的管控模式各有利弊，在支撑企业战略发展上都存在不足，因此无法简单套用任何一种模式。要想实现成本控制新战略，首先就必须快速解决业务、流程、制度、规则等管理模式的转变和优化，建立和完善多维度的，适应本地网和专业线管理需求的条块结合的网格化成本管理模式。

第二，搭建管理体系。在模式转型思路引领下，构建全新的流程化管理体系，实现端到端业务全过程高效协同和集成，推进以业务环节协同、职责权限分工、制度体系统一、业务评价体系梳理为核心要素的“四维一体的流程化管理模式”建设，即以业务为核心驱动力，实现人、财、物资源的深度融合。

第三，创新管理手段。借助现代信息技术，搭建一级架构平台，实现所有层级经营活动在一个平台上运行，打破管理层级和信息逐层汇报的“金字塔模式”，实现对业务全过程直观透视。通过一级架构平台实现透视到所有经营末梢的业务流、资金流、信息流；同时还原业务本来面目，及时掌控业务异常、防范管控风险，让企业管理层真正拥有管理上的“望远镜、显微镜”。

第四，实现管理转型。通过管理模式的优化、管理手段的创新，实现业务处理信息变“人工收集”为“自动传递”，变“事后控制”为“过程实施控制”，变“事后分析”为“智能决策”。通过业务模型设计，明晰业务流程和控制逻辑，并借助信息化手段固化，实现将业务信息自动形成财务信息的全过程智能化管理，将成本管理贯穿于流程化管理所有业务环节。通过业务财务一体化，实现成本管控前移，并且伴随业务过程，及时控制，有效规避内部经营风险，支撑外部监管需求，同时流程化管理带来更有价值的信息资产，提升成本分析和配置决策能力。

3.4 国外电信运营企业价值成本管理转型分析

近年来，随着企业竞争的加剧，电信企业正在发生本质的变化，日益同质化产品和业务，传统电信市场进一步饱合，伴随着激烈残酷的价格战、用户规模的增长，话音业务支柱作用减弱，传统业务增长乏力，行业发展步入“微利”时代。同时以4G/LTE、光纤宽带为代表的新兴业务，成为电信企业主要增长点，手机已取代 PC 成为个人信息中心，移动互联网的发展达到爆发临界点，移动数据流量将保持高速增长，互联网创新商业模型对电信企业带来的新的挑战，物联网、云计算、大数据等应用和技术不断推广，手机终端厂商、互联网企业向电信行业进军，使用电信行业的构成和商业运作日趋复杂。国外各大电信运营商都敏锐地感觉到技术变革、市场竞争的压力，积极主动地把外在的压力转变为内在的动力，全力推进公司转型。

随着传统电信市场的进一步饱和，业务收入增长空间急剧缩小，企业效益、价值的增长陷入了困境，收入增长进入了“瓶颈”，增速放缓，成本资源消费在市场竞争、服务完善、企业战略转型等增量因素作用下，上升似乎无法避免，在当前市场环境下，如何推进企业的可持续增长、提升企业价值，成为电信运营商战略转型面临的重要问题。

3.4.1 美国电信运营企业战略转型路径

（1）Verizon 的战略转型

Verizon 是全球及美国第二大电信运营商，是美国最大的移动运营商，第四大有线（宽带）运营商。Verizon 集团的业务分为三部分，无线服务、企业解决方案服务、住宅及小企业服务。

在无线服务领域，3G 时代被 AT&T 赶超。2010 年底，其移动用户数为 9413.5 万户，市场份额 31.08%，Verizon 推出 LTE 商用服务。2011 年 2 月起，获取销售 iPhone 的权利。到 2014 年底，Verizon 的移动连接数达到 1.08 亿，市场份额 33.36%，领先第二名的 AT&T（31.89%）1.47 个百分点。

Verizon 较早确立了以网络为核心的业务能力转型模式，转型过程经历“提高规模 - 提升质量 - 扩展领域”的过程。如图 3 - 5 所示。

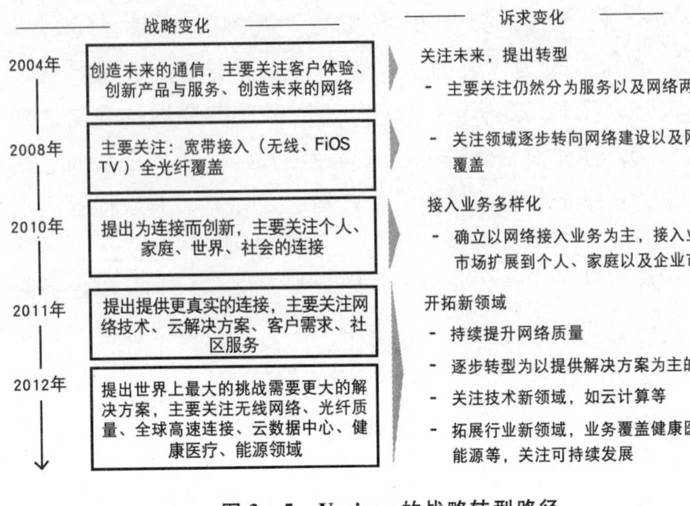

图 3－5　Verizon 的战略转型路径

Verizon 的愿景是“连接一切”，以尽可能多的方式使尽可能多的人与物能够访问连接。立足提供新型基础设施服务，聚焦核心业务的资源和能力建设，扩展商业模式和新领域，打造网络为核心的新型业务能力，实施转型。

Verizon 专注移动业务、固网业务和国际企业服务三大业务，同时关注网络能力、营销能力和创新能力三大能力。

在移动业务方面：为美国各地提供语音、数据服务和终端销售。到 2015 年第二季度，LTE 设备占比已达 73%，无线数据流量有 LTE 网络承载的比例达到 87%；2015 年第二季度，Verizon 的手机终端中，有 6160 万 4G 智能手机、1600 万非智能手机和 900 万 3G 智能手机，4G 智能手机占比为 71%。

在固网业务方面：为消费者、企业和政府客户提供服务，包括宽带、视频、企业网络解决方案、数据中心、云服务、安全、本地及长途语音服务等。2005 年，Verizon 提出基于全光纤的宽带业务品牌 FiOS；2010 年 8 月，Verizon 推出 FiOS 数字语音服务；2012 年 6 月，Verizon 发布其最新的、更快的高速互联网服务，该服务提供高达300 Mbps的下载速度和65 Mbps的上传速度；2014年底，FiOS光纤网络已覆盖近2千万美国家庭。

在国际企业服务方面：Verizon的国际业务隶属于企业解决方案服务，在全球150个国家2700多个城市提供服务。Verizon积极通过企业级网络、云计算、安全、托管服务和其他的业务解决方案，帮助企业客户适应全数字世界的挑战。

在网络能力上，Verizon积极推进LTE网络，竭力将CDMA网络的用户转移至LTE网络。2014年9月，在全美范围内推出VoLTE服务，Verizon将在2016年进行5G网络的测试，2017年正式开启5G网络的商用。2004年，Verizon启动FTTH建设，并于2004~2010年共投入230亿美元用于建设FTTH网络，在欧洲和美国的网络部署了100Gbps（千兆比特每秒）技术。

在营销能力上，Verizon的3G和4G语音/宽带数据业务定价完全相同，但其4G服务却能提供10倍于3G的速率，通过相同定价不同网速的方式来引导用户选择4G。2012年6月，Verizon在美国市场率先推出共享资费套餐，允许用户的多个设备共享套餐流量；2013年8月推出Edge分期付款计划，逐步取消终端补贴；2014年2月将其Share Everything共享套餐升级为More Everything，将套餐的数据流量免费翻番；2015年8月，Verizon又进一步简化资费套餐结构，设计成以流量为主分为S、M、L和XL四种。

在创新能力上，开放关键网络API并推出开放发展项目，以鼓励在Verizon的LTE网络上开发应用程序。建立两个LTE创新中心推动创新技术与应用，组织创业论坛为创新产品前期提供种子资金。搭建创新生态链，声称拥有87个生态链合作伙伴；开发可持续发展行业的解决方案，成立大数据分析部门和实验室。

近三年来，Verizon的无线业务收入、用户数均有显著增长，个人后付费用户的ARPU也逐年提升。2014年，Verizon完成了对Verizon无线所有权的收购，无线业务收入达到876亿元，比

2013 年增加了 8.2%，并增加了 540 万个人用户。

（2）AT&T 的战略转型

AT&T 是美国第二大无线运营商，创建于 1877 年，曾长期垄断美国长途和本地电话市场。公司有 8 个主要部门：贝尔实验室、商业市场集团、数据系统公司 、通用市场集团 、网络运营集团、网络系统集团、技术系统集团、公司国际集团。

在移动领域，3G 时期把握机遇，无线业务收入丰厚，iPhone 独家运营促使其移动收入快速增长，但到 2011 年 2 月，由于失去 iPhone 独家服务协议，收入增速放缓，利润下滑，2012、2013 和 2014 年移动收入分别同比增长 5.6%、4.7% 和 5.9%，2014 年移动利润出现下滑，同比下降 10.6%。

在固网领域，语音类业务下滑明显，宽带数据业务增长迅速。2014 年底宽带数据收入 89.6 亿美元，同比增长 4.5%；语音收入 42.04 亿美元，同比下降 13.6%。

AT&T 的战略目标：不仅仅成为世界上最成功、最好的通信服务商，还要做全美国甚至全世界最好的娱乐公司。

其战略实施要点包括：第一，打造一流无线资产。2011 年 9 月，AT&T 开始大规模投入建设 4G 网络，截至 2015 年第二季度，4G 连接数 5205 万户，同比增长 22%；第二，扩大宽带竞争力。成功收购美国卫星电视运营商 Direc TV，成为了全球最大的付费电视运营商，千兆 FTTP 业务已经扩展到全美 15 个市场；第三，引领企业业务。持续加强战略型企业业务及服务（占比由 2014 同期的 57% 扩大到增长 61%），并以战略型企业业务为核心，以业务创新及 LTE 为抓手，为全球顶级企业提供具有高移动性的云、数据、企业级网络等解决方案，积极拓展企业市场；第四，通过联盟和选择伙伴延伸增值业务。不断通过积极的资本运作和收购获得增长；第五，在数据为中心的时代，提供一流的客户体验。

2014 年，AT&T 无线业务收入 739.9 亿元，比 2013 年增长

41 亿元；无线业务用户 1.2 亿户，同比增长 1000 万户，但是 AT&T 无线业务的利润率由于移动价值分享计划的日益普及在逐渐降低。固网宽带收入及利润都在降低，传统语音和数据产品收入减少和 U－Verse（无线 WiFi 电视节目）内容成本的增加抵消了商业服务解决方案收入的增长。因此，AT&T 的价值成长之路仍然漫长而崎岖。

3.4.2　日本电信运营企业战略转型路径

（1）NTT DoCoMo 的战略转型

NTT DoCoMo 是日本最大的移动运营商，占有日本移动通信市场 43.6% 的用户份额。但是，由于主要竞争对手 Softbank 和 KDDI 的崛起，DoCoMo 的市场份额在逐年下降。

2010 年 7 月，NTT DoCoMo 发布了 2011～2020 年度的公司愿景：追求智慧创新（“Pursuring Smart Innovation：HERAT”），致力于成为以移动服务为核心的整合服务公司，通过行业和业务的融合创造新的价值。

2011 年 11 月，NTT DoCoMo 又发布了公司的 2015 中期愿景，通过具体的计划和行动将其 2020 愿景进行了细化。在上述战略愿景中，“塑造智慧生活”成为贯穿其中的主旋律。见图 3－6。

塑造智慧生活

稳步扩大覆盖与容量，提供高速移动通信服务

通过行业与业务的融合创造新的价值

利用“云”建立安全环境与客户信任，推动服务与业务创新

图 3－6　NTT DoCoMo 的战略愿景

NTT DoCoMo 的战略部署以互联网应用、内容型业务为主，面向个人消费者为主，通过“理顺组织运营体系——聚焦核心业务的资源和能力建设——之后，再扩展商业模式——再扩展新领域”的思路，逐步推动企业转型。

第一，理顺组织运营体系分层转型，根据业务创造差异化的环境。包括传统业务和新业务分离；营服部门前后台分离；营装维服属地化一体整合；随发展进一步分离业务线。

第二，聚焦核心业务的资源和能力建设。聚焦于有明显机会的八大关键领域（媒体/内容、安全、金融/支付、商务、医疗/保险、M2M、媒体/内容、环境/生态）；聚焦于“互联平台”和“互联入口”建设，互联平台重点放在了平台能力建设方面，如M2M、支付平台等，互联入口一是DoCoMo ID建设，二是客户触点建设，三是营销服务模式和体系的建设；网络基础资源和人力等资源进行持续升级和优化。

第三，扩展商业模式和新领域，开放平台、扩展数字生产领域。核心是基于其“八大领域经验和能力”，并通过ICT技术，进一步改造和升级与区域经济密切相关的领域，如物流、教育、医疗、农业、区域企业等。

依据2015中期愿景目标，DoCoMo采取四项措施尽力恢复其在移动通信领域的竞争力，并开拓新的业务领域，增长的动力主要来自全面采用智能手机和提供LTE服务。

总体来看，在移动通信业务提升竞争力的举措取得了成功，并且客户满意度也有所提升。这是新业务领域收入增长的支柱，其服务范围和用户数快速增长，LTE用户数和网络覆盖率在2014年已完成目标。

（2）Softbank的战略转型

Softbank通过多年的发展，由早期的IT与互联网公司成功转型为全业务运营商。2006年，Softbank携Yahoo！BB大举进入移动通信行业时，近一半的营收来自移动通信业务。发展到今天，Softbank集团现在只有5%不到的营收来自互联网，绝大部分营收来自移动通信业务。目前，Softbank已成长为一家大型电信公司，位居NTT DoCoMo、KDDI之后。

早在2007年，Softbank就制定了Internet Machine的战略，通过移动上网设备提高数据收入，来弥补整体收入的下滑，随着

iPhone 和 iPad 的热销，Softbank 依靠智能机不仅带来了新用户入网，还拉动了整个数据流量的使用。

2010 年 6 月，Softbank 发布了未来 30 年的战略愿景“成为世界各地人们最需要的企业集团”。见图 3－7。

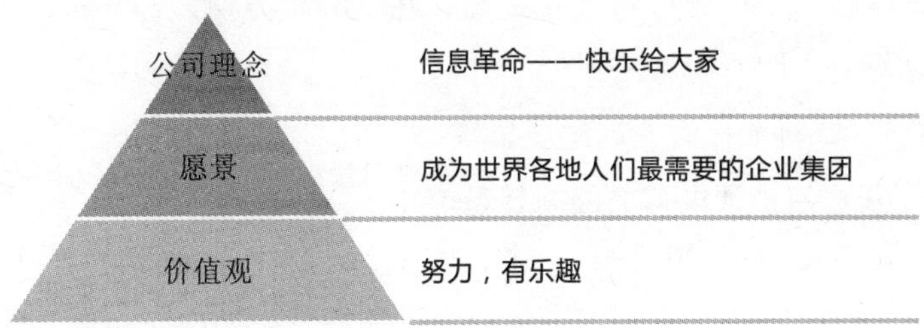

图 3－7　Softbank 的战略愿景

2015 年，Softbank 执行三大方向的中长期战略。

一是“得移动互联网得天下”。移动业务层面，成为互联网时代的领先者，涉及网络和终端、互联网业务；宽带业务层面，集团各业务横向拉通、提高效益，涉及 FMC、从网络到内容和业务提升、交叉销售；互联网业务层面，构建广泛的合作，涉及门户网站/广告、开放合作寻求新机会；固网业务层面，建设最理想的 ICT 网络，涉及企业的数据中心/云计算、企业移动应用；电子商务层面，明确创新的 IT 分销服务，涉及 SaaS、移动化。

二是“得亚洲者得天下”。在日本，移动市场上，100% 购小灵通运营商 Willcom（2010），收购日本第四大移动运营商 eAccess（2012）；互联网/宽带市场上，维持领先地位/ 整合总体优势。在中国，移动市场上，与中国移动、VDF 建联合创新中心，与印度 Bhardi 组建合资公司 BSB，并在印度投资 inmobi（全球第二大移动广告公司）；互联网市场上，投资阿里巴巴、盛大网络、人人网、PPTV 等。

三是“培育新一代互联网内容和服务”。协同效应上，与门户网站如雅虎日本、相关电信业务，以及日本和世界其他地区的内容服务提供商合作，此外还进行战略投资和结盟；新生活方式上，提供服务、内容和基础设施，使人们的生活更加丰富和愉悦。

在收入方面，Softbank 在移动通信领域及互联网领域的净销售额均逐年提升，固网通信领域的净销售额保持平稳；在用户方面，移动用户市场份额逐年提高；在 ARPU 方面，Softbank 移动与竞争对手的差距逐渐缩小。

3.4.3 欧洲电信企业战略转型路径

（1）西班牙电信的战略转型

西班牙电信 2014 年全球总收入为 503.8 亿欧元，在 Total Telecom 于 2014 年发布的全球运营商排名中列第六位，是全球最大的国际化运营商之一。

西班牙电信的愿景定位于让客户接入并畅享科技带来的最佳体验，而实现这一愿景的战略，即 2011 年推出并延续至今的 Digital Telco——数字化西班牙电信。西班牙电信希望通过通讯与数字服务的结合来重塑创新蓝本与运营模型，该战略有四大核心内涵：一是以客户体验为中心的通讯服务：积极响应无处不在、高性能、安全的端到端通讯需求；二是全球协同：努力平衡投资与盈利间的微妙关系；三是基于大数据的差异化服务：通过客户细分与差异化服务来构建良好的客户关系；四是可持续发展的商业模式：平衡客户、员工、供应商、投资者、社会间的和谐关系，促进公司的可持续发展。

为达成公司战略目标，西班牙电信提出四大战略型支柱：

拓宽新型数字业务的商用领域，刺激收入增长；

加大研发投入，积极进行技术创新，部署最新的技术，保持网络和系统的先进；

进一步精简成本，加强资本市场运作，合理进行并购与非核心资产出售；

重塑在价值链中的位置，强化在数字生态圈中的领导地位。

具体来说，其战略实施要点包括以下三大方面：

第一，企业重组谋求收入增长。将数字部门融入全部业务领域，谋求更强拉动作用。西班牙电信在 2014 年进行了大规模重组，撤掉了 2011 年 9 月应数字化战略而成立的独立数字部门，重组后，数字部门的职能更紧密地同其他部门结合，并设立首席数字官这一重要职位，这意味着西班牙电信正式将数字业务全面融入了其他业务领域，希望能够通过数字业务来带动公司整体业务收入的有效提升，经过一系列战略运作，其数字业务收入年复合增长率超过 20%。

第二，资本运作专注目标市场。西班牙电信在资本市场上动作激进，采取优势区域巩固实力、弱势区域适时退出策略。其分别收购了巴西运营商 GVT、德国 E - Plus，同时出售英国的移动子公司 O2，以及其持有的意大利电信和中国联通的股份，以保持收支平衡，同时还在西班牙市场收购了付费电视业务。这一系列交易反映出西班牙电信渴望聚焦高增长潜力市场的意图，并适时退出不占竞争优势的国家和地区。西班牙电信的巴西子公司一直是整个集团保持增长的主要来源之一，而在本土，西班牙电信 2015 年上半年的付费电视订阅量和利润均增长了两倍，强化了自身在电视、宽带、移动、固话“四合一”服务提供商的地位。

第三，数字化创新研发持续高投入，战略布局新兴领域。自 2011 年确立数字化战略以来，西班牙电信投入巨资进行科技与数字化创新研发，在国际运营商中一直名列前茅，2015 年累计投入 69.74 亿欧元用于科技创新，同比增长 13.55%，主要涵盖领域包括 5G 通信技术、大数据、物联网、云计算、流媒体、身份识别等等，同时与全球 50 多家高校建立了合作研发机制，并在全球 17 个国家和地区投资了超过 500 家上述各领域公司。

受汇率及合并报表等因素影响，西班牙电信 2012 ~ 2014 三年总收入呈下降趋势，由 2012 年的 623.6 亿欧元降至 2014 年的 503.8 亿。但服务与移动数据业务一直保持高速增长，其中 2014

年增长9.9%，在总收入中占比41%，比2013年高出3个百分点。净利润方面，较2013年下滑15亿欧元，这主要是由于委内瑞拉子公司由于汇率原因的巨额亏损（3.99亿），公司重组（4.05亿），以及对Telco S. P. A. 的估值调整（2.57亿）。但在2015年上半年，西班牙电信集团利润同比翻倍，达到36.93亿欧元，其收入增长率也从2014的7%提高到了9.5%。2014年总投资额达到94.5亿欧元，较2013年微增0.6个百分点，如不考虑购置频谱的花费，则增长了6%。西班牙电信总投资额的75%均用于研发及网络升级。

（2）英国电信的战略转型

英国电信（BT）是欧洲领先的电信业务提供商之一，BT原本是一家全业务电信运营商。2001年时出于降低负债与优化财务结构的战略考虑，BT将其移动通信部门剥离，成为单一固网运营商。

随着移动网络对固网的加速替代，BT的传统固网业务市场份额呈不断下滑趋势。在此背景下，BT发布了21世纪网络战略，并在其后的两三年内投入了200亿英镑进行网络改造，并同步进行了业务、组织及营销机制的转型。得益于21世纪网络战略的成功实施，BT的经营业绩突飞猛进，用户规模与业务收入均取得长足进步。

英国电信的愿景是利用通信的力量让世界更美好，并以此为企业带来可持续的盈利收入增长，不断拓宽和深化用户间的关系。

实现愿景主要通过三个方面的努力，即：卓越的客户服务水平，出色的成本转移手段，以及在投资领域的有效增长。

具体到业务层面，BT主要聚焦以下五个战略领域：促进超高速宽带在英国的推广；专注电视类、内容类的产品；重新发力移动与未来语音业务；加强数据中心、云等本土企业服务；努力提升全球跨国企业服务。

具体来说，其战略实施计划包括四个方面：

第一，超高速网络计划。得益于超高速网络计划，光纤业务增长迅速。BT目前已连续7个季度在新宽带客户数量上超过Sky、TalkTalk和Virgin。BT有39%的零售宽带客户正在使用光纤上网。Openreach记录显示，2015年第一季度新增光纤客户高达45.5万人，较2014同期上升了31%。

第二，正式回归移动市场，开展全业务捆绑经营。BT于年初宣布收购英国本土第三大移动运营商EE，并于2014年购买了2.6Mhz的4G频谱，正式进入阔别14年之久的消费者移动市场。BT的目标是创造移动性和未来语音的统一聚合平台，让用户能够无缝地连接高速互联网。在收购EE后的前三个月，BT已通过组合捆绑策略获得超过10万新增移动用户，与固网协同效应明显。

第三，娱乐与内容服务。BT近年来大力投资娱乐与内容服务建设，收到明显成效。2013年8月，BT创立BT Sports电视台，与天空体育联手投资30亿英镑获得英超转播权，并构建了自己的转播解说和评论员顾问团队，BT Sports目前已经拥有了超过500万用户，用户规模已足够与其竞争对手天空体育抗衡。

第四，整合与收购。BT通过一系列整合手段，全球业务收入获得持续增长。在经历2010年前的亏损后，BT通过成本控制、机构改革、更换高管等手段，全球业务收入获得持续增长，过去三年年均收入超过70亿英镑，2015年年报显示，BT的全球业务已在总收入中占比超过1/3，高达38%。

通过一系列组合运作，BT战略初见成效，在宽带与电视业务的带动下整体业绩开始抬头，在实施Better Future以来的第五个年头，英国电信2014全年业绩结果超越预期，扣除中转收入后，基本收入略微减少了0.4%，同时收益与成本转移战略，基本运营成本减少5%。EBITDA较13年增长3%，达62.71亿英镑。用户增长态势强劲，已连续5个季度实现正增长。

第4章　电信运营企业成本管理创新体系框架

本章从深度透析中国移动、中国电信和中国联通三大基础电信运营商的财务数据入手，全面审视三大电信运营商在业务发展、收入增长、资源能力和盈利结构背后的成本动因、趋势和逻辑，其如何将成本管理作为财务管理与企业价值的链接点，运用财务战略管理方法，对企业财务功能进行重新定位等话题，同时从三大运营商多年管理实践汲取和提炼的历史经验，体系性地构建一个成本管理框架，提出电信企业如何运用多维度成本管理推动企业价值不断提升的逻辑路径。

4.1　电信运营企业财务状况透析

4G的演进、移动互联网应用爆发性增长，给电信运营商带来了新一轮内生增长空间和无限想象的外延增长空间，而同时，行业自身发展逻辑，在营改增、实名制、销售费用压降等外因催化作用下，快速进入增速换挡期，结束了连续多年来高于GDP增长的速度，2014年首次出现全行业的负增长，而这一下降状态同时隐含着更大的行业隐忧：实体经济加速互联网化，电信行业更多需要面对的是被管道化的担忧而不是分享政策红利的喜悦；信息和数据消费爆发式增长，带来的是行业发展模式和结构转型的阵痛。今后的一定期间内，增速换挡、结构调整、政策消化三层叠加的发展特性仍将延续。

(1) 电信行业短期与长期盈利能力状况

三大电信运营商正经历着3G时代“一路高歌”猛进至4G时代痛苦转型的转折期，这直接反映在其财务报表数据中，2014年，三大运营商“步调一致”地结束了连续多年的快速增长，进入滞涨期：中国移动2014年营收6035亿元，同比下降3.3%，中国联通2014年营收2480亿元，同比增长1.1%，中国电信2014年营收3026亿元，同比增长1.4%。三大运营商这一年的增速不仅远低于GDP增速，也创下了竞争格局形成以来的历史新低，且这一趋势还在以显著的态势不断蔓延着，2015年运营商收入同比再次下跌了2.4%。

与此同时，后续竞争格局变化的特征体现为：第一，收入市场份额差距正在缓慢缩小，三大运营商在不同产品和业务上同时扮演着引领者、跟随者和搅局者角色，相互牵制、相互胶着，这对行业均衡格局的形成是一件好事；第二，中移动一家独大的利润格局正在逐步缩小，2014年，中国移动净利润1093亿元，同比下滑10.2%，利润份额缩小到77.4%，中国联通净利润143亿元，同比增长21%，中国电信净利润177亿元，同比增长0.8%；2015年，利润份额分别为77.95%、7.61%和14.44%。第三，伴随着收入、利润的短期财务指标能力变化，导致EBITDA率和现金流能力结构出现快速变化，2014年度中国移动自由现金流首次出现负数（负24.86亿元），这些都对电信运营商的成本管理能力和趋势带来深远性的影响。如表4-1所示。

(2) 收入增长态势决定成本战略空间

电信运营商收入趋势并不简单由竞争单一因素决定，而是受内外部多重、多维复杂因素影响，最核心的质变因素主要有三个：市场饱和导致的规模经济边界受限；市场替代导致的范围经济挤压；技术演进导致收入结构变化。

第一，市场饱和导致规模经济边界受限。全球及中国市场移

表 4－1　国内电信企业综合盈利能力分析（2013～2015 年）

项目＼单位	中国移动			中国电信			中国联通		
	2013	2014	2015	2013	2014	2015	2013	2014	2015
主营业务收入	6241	6035	5841	2985	3026	2933	2453	2480	2353
收入份额（%）	52.6	52.8	52.49	26.9	26.7	26.36	20.5	20.4	21.15
净利润	1217	1093	1085	175	177	201	118	143	106
净利润份额（%）	80.6	77.4	77.95	11.6	12.5	14.44	7.8	10.1	7.61
EBITDA	2404	2353	2400	966	949	941	840	928	875
EBITDA 率（%）	38.2	36.7	41.1	30.0	29.2	32.1	34.2	37.4	37.2

动用户普及率已趋饱和，2015 年底[①]，全球移动用户普及率 98.04%，中国市场移动用户普及率加速上升到 95.50%，国内移动市场已全面进入饱和期，存量用户争夺成为焦点，电信运营商必须从重视增量发展向增存量并重发展转型。如表 4－2 所示。

表 4－2　全球与中国市场移动用户普及和收入增幅情况

		2011 年	2012 年	2013 年	2014 年	2015 年
收入增幅%	中国	10.10	8.90	8.50	－1.60	0.80
	全球	6.61	5.03	3.60	1.98	0.97
移动用户普及率%	全球	84.50	89.18	92.95	96.23	98.04
	中国	73.60	82.50	90.80	94.50	95.50

三大运营商在 2015 年财报中，不约而同地提到了“存量竞争”，认为市场竞争在进入“存量竞争”时代，这意味着相应的市场竞争也将进一步加剧。中国移动财报显示，基础运营商以存量和流量为主的同质竞争进一步加剧，未来竞争主体将趋于多元化，市场格局更为复杂；中国联通财报显示，未来传统以用户数量为主的发展空间更窄，发展方式正从增量扩张为主转向调整存

① 数据来源：GSMA 和工信部。

量、做优增量并存；中国电信财报显示，国内通信业日趋饱和，市场竞争逐步进入存量竞争时代。

第二，市场替代导致范围经济挤压。电信运营商是移动互联网的“潜在受益者”，同时也是“现实受害者”。自微信被坊间称为“第四大运营商”起，就开始意味着 OTT 业务对电信运营商传统业务的替代已成为不可逆转的趋势，虽然运营商作为基础网络搭建者，仍然是移动通信产业链的主导者，对通讯管道具有绝对的控制权，但这一格局正随着 OTT 业务的迅速蔓延而被打破。2012 年，电信运营商短信、彩信业务量分别下降了 20%、25%，语音业务下降 5%；2015 年度，语音和短彩信等数据增值合计占总收入比例下跌到 49%，比上年同期下降超过 15 个百分点。而另据年报数据显示，中国移动 2015 年移动用户 ARPU 由 67 元跌至 61 元，剔除其他相关因素，ARPU 值跌幅仍达到 3.7%，主要是 OTT 替代加剧拖累话音收入下跌 13%、短彩信收入跌 15.8% 所致。如表 4－3 所示。

表 4－3　　　　中国电信市场收入结构变动情况

	2010 年	2013 年	2014 年	2015 年
语音	57.80%	46.80%	42%	31.6%
数据增值	27.80%	23.40%	22%	17.3%
有线宽带	12.20%	12.80%	13.20%	13.6%
流量	2.20%	17%	22.8%	27.6%

注：语音包含移动和固定语音，数据增值包含短彩信、语音增值、手机电视、IPTV、音乐等；数据来源：工信部

移动互联网手段和通信模式的创新不同程度地破坏了传统通信业务的价值链，而另一方面，移动互联网时代，产业链变革，企业的界限开始模糊，商业模式向多元化发展，丰富的盈利模式大大提升整个产业链的活力。据统计，中国企业信息支出以 11% 的年复合增长率增长，远高于全球水平；IT 支出增速是通信

支出的 3 倍。如图 4－1 所示。

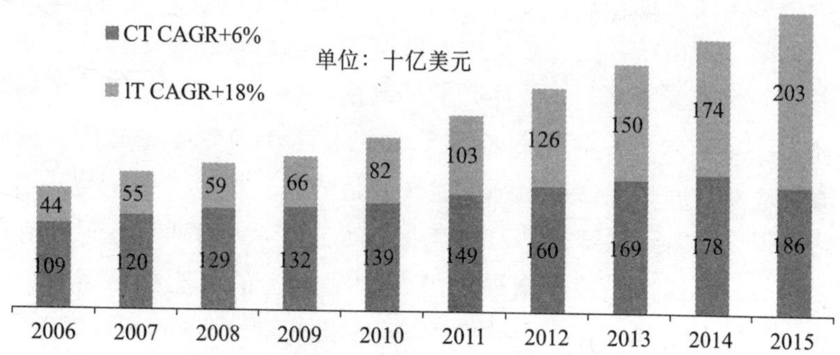

图 4－1　中国企业信息消费市场支出增长情况

电信运营企业在传统业务受到挤压的同时，面临着被“管道化”的系统性风险，运营商在基础网络通信及增值应用上的增长空间狭小，而在应用外包服务、系统集成服务、行业解决方案等巨大增量空间里的份额过低，能否分到“一杯羹”，存在很大的不确定性。如图 4－2 所示。

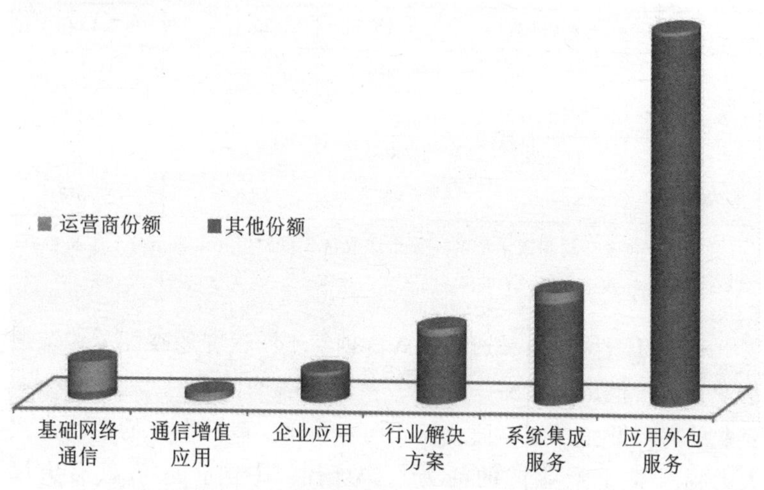

图 4－2　中国企业信息消费市场份额情况

第三，技术演进导致收入结构变化。从 2G 向 3G 再向 4G 的演进，在丰富的移动互联网应用催化作用下，带来“无上限”流量消费空间，流量成为用户刚性需求且呈现快速提升趋势，不断增长的流量需求将带来新的商业机遇及行业收入结构变化，同时，以视频业务为代表的大颗粒流量应用已成为 4G 时代核心业务和流量增长主要拉力。如图 4－3 所示。

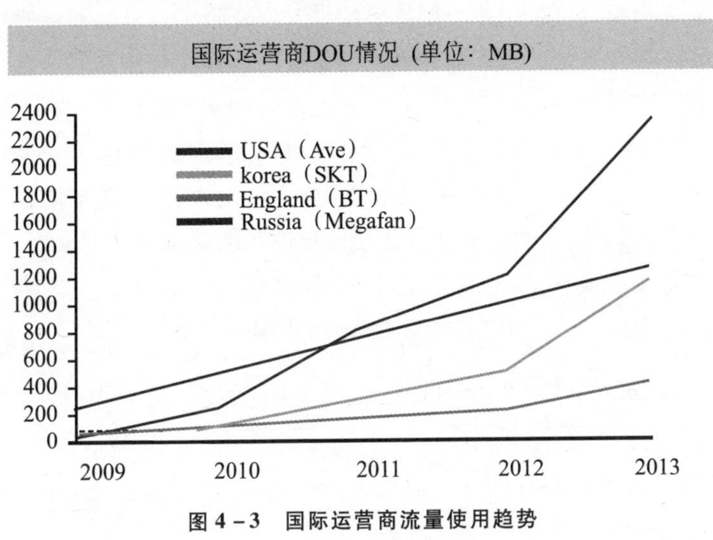

图 4－3　国际运营商流量使用趋势

从中国电信行业收入结构演变趋势看，流量收入占比已经从 2010 年度的 2.2% 快速增长到 2015 年度的 27.6%，这也部分地缓解了语音和短信业务下跌带来的收入压力。当然，在流量使用量以高数量级持续增长的同时，流量单价在不断走低，流量量收比产生“剪刀差”。根据国际电信联盟（ITU）2012 年调查结果，当时我国的移动数据流量费用占人均国民收入比重为 2.67%，在调研的 110 个国家中列 57 位，居于中间位置。而 2014 年 ITU《衡量信息社会报告》的数据显示，我国移动宽带资费下降明显，其中后付费手机宽带资费占人均国民收入的比例在 166 个国家和地区中位于 104 位。

(3) 成本结构和趋势决定成本管理空间

收入增长能力的快速下探在影响可持续盈利能力的同时，对成本结构和趋势也带来深度影响，作为电信运营商的两大核心成本，资本开支和营销成本代表了其长期战略管理空间和短期精益管理水平。

从网络成本视角看，电信运营业属于典型的重资产行业，移动宽带和固定宽带用户上网体验的提升涉及到大规模的移动宽带网络及固定宽带的投入与建设，因此电信运营商每年都需承担大量的折旧成本和网运成本。中国移动 2015 年度资本性开支 1956 亿元，比 2012 年增长了 54%，主要源于其 4G 网络的大规模投资建设。中国电信 2015 年度投资 1091 亿元，比 2012 年增长了 103%。而中国联通主要受其移动网建设和综合运营等因素影响，2014 年度投资 1339 亿元，比 2012 年度增长了 34%，投资主要倾向于 4G 网络和固定宽带。如表 4－4 所示。

表 4－4　　中国电信运营商资本性开支情况

单位 项目	中国移动				中国电信				中国联通			
	2012 年	2013 年	2014 年	2015 年	2012 年	2013 年	2014 年	2015 年	2012 年	2013 年	2014 年	2015 年
资本性开支	1274	1849	2135	1956	537	800	849	1091	998	735	835	1339
投资增收比（%）		26.18	-12.51	-9.92		19.13	4.83	-8.52		39.89	3.23	-9.48

与之相反，三大运营商 2015 年度的投资增收能力却出现了快速下降，折旧摊销和网运成本 2015 年后以双位数增长，形成明显的“剪刀差”。可以预见的是，在相当长时间内，网络成本的增长对电信运营商的盈利空间挤压效应将保持极为严峻的态势。

从营销成本视角看，受政府营销成本压降政策的刚性牵引，三大运营商的可控销售费用处于连续下降状态，2013 年，行业可控销售费用总额 2516 亿元，占营收比达到 21%；2014 年，可控销售费用下降到 2030 亿元，占收比降为 16.7%；2015 年，可控销售费用下降到 1581 亿元，占收比降为 14.1%。如表 4 – 5。

表 4 – 5　　中国电信运营商可控销售费用支出情况

亿元	2013 年		2014 年		2015 年	
	成本	占主营收入比	成本	占主营收入比	成本	占主营收入比
中国联通	737.1	30.0%	579.7	23.4%	432.8	17.2%
中国电信	595.9	19.9%	513.8	17.0%	453.8	14.80%
中国移动	1183.5	19.0%	937	15.5%	694	12.0%

运营商可控销售费用的下降主要取决于外部环境因素。2013 年 9 月工信部“实名制”、2014 年 1 月财政部“营改增”和 2014 年 7 月国资委“可控销售费用压降”三大政策性的“靴子”落地，无异于三只“黑天鹅”，引发了整个行业在竞争、发展格局和态势上的“大地震”，迫使运营商从成本管理视角，寻找业务发展模式、收入增长模式和营销效益模式三条既相互平行，又互为因果、交叉影响的内在关联效应，寻找营销成本控制与模式优化之间的内在逻辑。为此，三大运营商主要立足于三大方面的转型：一是合理规划渠道布局，提升渠道发展佣金使用效能；二是调整手机终端运营模式，降低终端补贴成本支出；三是丰富广告和服务形式，规模降低广告宣传费和客户服务成本等三个层面的成本开支，以开展渠道、终端、客户业务模式转型的方式，构建一系列机制，探索充分激发资源获利天性的新途径。

4.2　创新成本管理体系的逻辑框架

在企业的成长和发展过程中，有效地实施财务战略，保持财务状况的健康是一项永恒的课题，企业一旦陷入财务危机，从来都是祸不单行，必定会引发连锁反应，虽然财务战略不能将企业的经营灾难转化成经营成功，但是它却能够增加企业经营成功，以及增加企业获得长期生存的可能性。三大运营商成长演进路径显示其随着经济、技术和竞争环境的变化不断经历着根本性的变革，如何通过财务设计推动企业价值的不断增值，已逐步提上需要体系性思考的日程，成本管理亦迫切需要破除传统管理手段，在视野、定位、架构、运行方面都需要体系性的重构。

本章构建了一个围绕价值管理、双层逻辑的成本管理框架体系。如图 4 -4 所示。

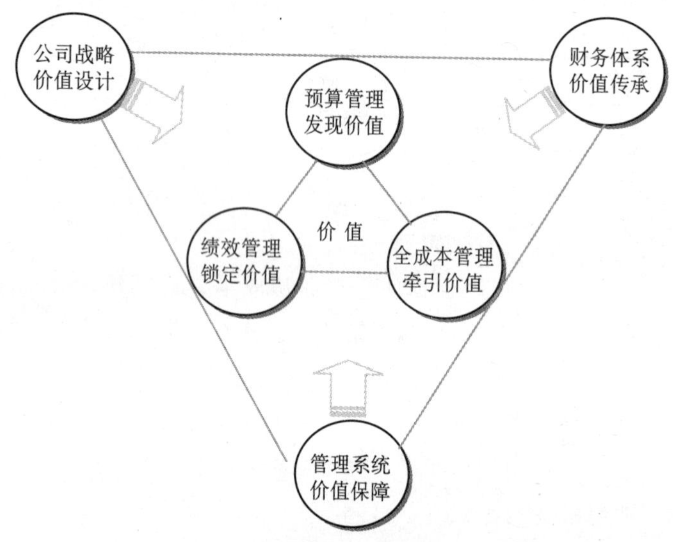

图 4 -4　电信企业成本管理逻辑框架

外层是从公司战略、财务体系到管理系统的决策层大循环体系：战略管理指引公司价值管理的方向；财务体系决定价值管理的能力；管理系统支撑价值管理的实现。

内层是从发现价值、牵引价值到锁定价值的运作层小循环体系：通过预算管理、权责体系建设发现价值；通过价值链、作业成本等策略工具牵引价值方向；通过绩效考核、业绩评价体系锁定价值。

4.3　价值决策路径

战略管理指引公司价值管理的方向：在企业战略层次开展的成本管理，实质上就是将成本信息置于战略管理的广泛空间，与影响战略的相关要素结合在一起，从战略的高度对企业成本结构和成本行为进行全面了解、控制与改善，以寻求持续竞争优势的战略成本管理过程。同时，财务不仅是战略框架体系中的重要构成部分，更扮演着组织、推行和设计的角色。如何从成本动因、成本结构和成本效能视角出发，演绎公司战略方向和战略抉择，是有着现实意义的事情。

财务体系决定价值管理的能力：在特定历史时期的特定价值成长路径中，财务必须转换角色定位，大幅提升决策支持职能。从现有的职能权重为主的模式逐步演变到财务控制和决策支持为主的模式，大幅提升财务在决策支持层面的工作权重。依据价值链运作节点，围绕利润源形成动因，财务与全价值链运作对应配置组织体系和运营机制，形成对作业链条的全流程、全系统、全闭环的管理。通过组织机构优化，实现在生产经营、网络运营、投资建设、内部控制以及财务管理职能领域的组织柔性管理。

管理系统支撑价值管理的实现：完整搭建财务决策系统架构，形成基础架构层（ESS/BSS/ERP/OSS/MSS 等）[①]、个性化应用层（营销/运维管理系统）、分析应用层（经营分析系统）三个层级的模型层，最终构建五级三维决策分析体系，从公司、区县、网格、网点、个人五个层级以及专业、客户、细分市场三个维度进行统计、分析和决策信息评估，实现营销决策、客户管

---

① 笔者按：ESS 是指电子化销售服务管理系统；BSS 是指业务支持系统；ERP 是指企业资源管理计划；OSS 是指运营支持系统；MSS 是指管理支持系统。

理、资源配置、作业管理、绩效评价、战略规划等模块的价值管理。

4.3.1 价值设计：战略规划指引成本管理的方向

价值设计环节更多地与企业战略相结合，也即描述的是公司战略及相应财务战略的内容。公司战略的选择，决定着企业财务资源配置的取向和模式，影响着企业理财活动的行为与效率，财务战略的选择必须着眼于企业发展方向和成长模式，并综合考虑企业的竞争战略、竞争行为、企业生命周期、企业资金需求等对企业生存和发展有着全局影响的关键要素。

这一部分的内容主要围绕三大运营商在3G和4G时代的战略框架和演变，将公司战略、财务管理、成本控制和价值选择有机逻辑地关联起来进行分析。

（1）三大运营商的战略路径

电信行业从1994年中国联通进入开始打破垄断，短短二十多年时间形成现有竞争格局，除了技术、政策、经济等外部环境影响，企业战略定位、规划、执行起到了至为关键的作用。新的中国移动、中国电信、中国联通分别在2008年重组后聘请国际知名咨询公司打造战略规划，并由此演变出三年、五年不等的中长期战略执行方案，足以证明其以战略规划体系牵引公司长期经营管理和竞争能力的态度和决心。下面以三大运营商2010~2015年度分两个时间段的战略规划方案为蓝本进行简要概述，分别代表了其3G和4G时代的竞争策略和优势状态。

①中国移动。从2004年开始实施战略管理至今，中国移动一直处于行业领先地位，牢牢占据着市场份额和收入第一的位置，在通信服务领域的品牌价值日益提升，创造了巨大的经济效益，其战略管理体系的建立和实施对推动企业的发展，核心竞争优势的建立，战略目标的实现都起到了重要作用，帮助其从3G技术劣势泥潭中艰难跋涉出来，并在4G时代重新焕发光芒。

第一，3G 时代的战略选择和成本策略。3G 的不对称牌照发放对于中国移动来说是不能承受之重，这一点中国移动早就了然于胸，此时唯有依赖其一贯累积的“庞大的用户基础、强大的现金流能力、完善的管理体制”这一核心竞争优势构建战略规划体系，该坚持什么，又该舍弃什么，其战略方案极富洞见性。

中国移动明确战略目标为：“铸就国际领先，以高于全球领先电信运营商的平均增长速度实现可持续发展”，继续保持较好的增长水平和发展业绩，主导行业发展方向，引领业务和服务创新，打造持续增长的创新能力和高效的运营能力，创造良好生态环境。

关键战略举措包括：立足移动优势，巩固传统市场（个人市场）；发挥规模优势，开拓新兴市场（互联网、物联网、聚合服务等）；寻求后发优势，突破短板市场（集客、家庭市场）。关键业务增长方向包括“五新”：新客户（巩固净增市场份额）、新市场（拓展集团客户、家庭客户市场）、新业务（数据业务创新，开拓物联网等新兴业务）、新服务（利用移动信息技术改造传统服务模式）、新模式（商业模式创新，如 Mobile Market 等）。

在这一时期，尽管面临移动电话普及率持续提高以及国内电信业行业竞争日趋激烈的大环境，中国移动依然在营收和利润方面保持了增长态势，2010 年分别实现 7.3% 和 3.89% 的增长率。中国移动颇为先见性的三条增长曲线中，语音和数据流量在快速切换，保持平稳态势，而行业信息化融合，为中国移动的增长提供了新的市场机会。以数据业务为例，在 2010 年，其营收首次超过 30%，达到 31.2%，按照中国移动财报的说法：“成为拉动营运收入增长的重要动力”。在两化融合的大背景下，用信息化的手段作为重要的支撑，实现传统产业结构转型和升级，转变经济发展方式，将是运营商的重要机遇和挑战。而在这一方面，我们看到中移动显然早已布局：在探索物联网应用和营销新模式、与地方政府共同推进无线城市、智能交通等多个领域，中移动在财报中的信息显示其正在努力拓展新领域和新模式。

在成本策略上，2010 年，中国移动大力推进低成本高效运营，在财务管理、网络建设、设备采购、新业务运营等各个方面，“形成了具有特色的集中管理模式”。“集中化、标准化、信息化”一直以来是其实现低成本高效运营的重要抓手，“三化”管理深入推进，低成本高效运营成效明显。2010 年，中移动在这方面又有实质性举措，比如专门成立采购部，集中采购范围进一步扩大，完成集中采购总金额较上一年度又有较大增长，采购成本大幅降低，仅 TD－SCDMA 终端价格就降低近 50%。

可以说，正是集中管理的机制和制度建设，确保了中国移动 ONE CM（一个中国移动）的顺畅运行。我们都知道，在网络建设维护、设备采购，财务管理、营销宣传、品牌推广等多个领域，中国移动多采取集采的模式，有效地实现总部与省公司的集权和分权；并在业务创新领域开创了“基地省”模式，实现对业务创新的集中管理。

一个良好运行的集中管理制度和支撑系统，确保了中国移动以低成本的高效模式运营，解决了大企业由于信息不对称、组织机构流程复杂、集权与分权有效激励不足等诸多大企业病的问题，成为中国移动低成本高效运营商的内部文化 DNA。

第二，4G 时代的战略选择和成本策略。2014 年是中国移动 4G 全面商用的开局之年，被压制了 5 年之久的一贯的信心和能量终于如火山般喷发，一系列战略组合举措收到了良好的成效：建成了 70 多万 4G 基站，销售了 1 亿部 4G 终端，发展了 9000 多万 4G 用户，公司在 TD－LTE 上的成功已足够保证公司在 4G 市场上领先优势。

但同时，其财务数据反映出公司在长期经营上也存在不小的隐忧：主营业务收入增幅大幅回落到 －3.3%，净利润下跌 10.2%，进一步打开数据，可以观察到在网络投资、营销效益和现金流量上的增长趋势。根据年报显示，网络成本方面，中国移动 2014 年折旧摊销增 11%，2015 年的折旧增幅会大于 2014 年，2014 年维修费 525 亿元，增 14%；水电费 245 亿元，增 12%；经营租赁费 172 亿元，增 18.1%，网络成本的增长趋势对盈利能力形成持续的吞噬；营销成本方面，中国移动 2014 年销售费用，包括渠道酬金、广告费等下降 17.5%，手机补贴下降 28.5%，合计压降 235 亿元，2015 年计划压降 200 亿元，压降比例超过 20%，其中手机补贴计划 170 亿元，比 2014 年的 188 亿元降 10%，营销成本压降对渠道、终端、产品乃至用户服务带来持续压力；现金流方面，2014 年自由现金流为负 25 亿元，同比降 426 亿元，出现运营以来首次负现金流状态。

这一时期的战略目标为：收入增幅力争达到行业平均水平，利润率保持同业领先水平。

战略举措主要包括：A. 全面构筑 4G 领先优势。充分利用先发优势，加大投入，全面发力，提升网络能力，加速客户发展，努力形成 4G 全面领先的发展优势。一是保持 4G 网络领先。网络领先是 4G 领先的基础，在网络规模全球最大的基础上，全面打造 4G 精品网络，进一步提升覆盖水平和质量感知。推动 LTE - Advanced 加快成熟，确保网络竞争优势，引导产业链融合发展。二是保持 4G 市场领先。创新发展模式，加快推动客户向 4G 网络迁移。引导产业链资源进一步向 4G 终端倾斜，加大公开版和全网通 4G 终端销售力度，4G 终端销量达 2 亿部。三是保持 4G 业务领先。

B. 全面推进产品创新。适应移动互联网时代要求，重塑产品理念，重构产品体系，提升产品质量，加强产品销售，积极拓展第三条增长曲线，努力扩大“两个份额”。

C. 推进运营管理方式转型，从网络、营销、服务、渠道等方面全面推进转型，着力构建面向客户的低成本高效运营体系。

D. 全面强化管理提升。一是大力强化效益观念，创造价值是企业本质。二是大力提升管理效能。持续增强营业厅、网络运维的集中化管理能力，提高营业厅价值和网络维护效率。深化集中采购和阳光采购，所有采购项目必须使用电子采购与招标投标系统，一级采购集中度达到60%以上。强化供应链管理，打造低成本、高效率、廉洁健康的供应链体系。积极筹建财务共享中心，为全集团提供集中、标准、高质高效的会计核算服务。全面优化“营改增”实施后的运营管理流程，加强和完善增值税管理体系，在合法合规的前提下降低综合税负水平。加强制度和流程建设，加快全集团标准化流程管理体系落地，推进重点流程优化工作，打造高效的运作机制。深化战略绩效管理，强化重大专项考核。

中移动在第3条曲线方面有宏伟的设想，收入结构今后肯定会进一步优化。成立咪咕公司就是在将5大基地整合起来，进行真正的公司化运作，给予他们OTT的公司机制，而且不光是做内容，还有很多应用可以做。而要做好这些事情，一是要靠业务创新，二是要靠体制创新，在机制上进行探索。

要做好数字化服务，必须探索新途径，寻找新增长点，为此中国移动已经进行了一些布局，有四个“更加注重”的说法——第一更加注重创新，在移动互联网中只有第一没有第二，跟随没有出路，而且传统运营商实际上有很多优势并未发挥出来；第二更加注重机制、体制的转变，用互联网的理念或思维去做；第三更加注重合作共赢、打造良好生态环境。只有与产业链生态环境互动才能将事情做好，其中的关键是“在合作中钱要大家赚”；第四更加注重发挥信息流、资金流、物流的综合作用，将之有机结合起来。

②中国电信。中国电信3G和4G时代的战略规划有着两个明显的演变路径：第一，以宽带为引领全面转向以4G为引领；第二，单一固网业务转向全业务综合运营。而这两个运营特征也为其战略选择提供了得天独厚的竞争优势，中国电信在成功获取移动业务牌照后，其“融合切入、捆绑销售、差异竞争”的策

略似乎显得那么顺理成章，配合其“一去两化新三者”的战略转型理念，在内忧外患双重压力下取得了长足发展，最终为其在移动通信领域争得了一席之地。

第一，3G 时代的战略选择和成本策略。2008 年 10 月 1 日，原由中国联通经营的 CDMA 网络转由中国电信经营。12 月，中国电信 189 号段正式放号，并启用“天翼”品牌，这标志着中国电信开始抢占 3G 业务市场。2009 年是中国电信全业务经营的第一年，正值全球运营商在互联网 OTT 冲击下开始出现集体走下坡路，中国电信提出新的转型理念——“新三者”[①]，同时，提出了影响未来至少十年竞争格局的差异化融合经营策略。其时，中国电信战略目标是：“成为业界领先的综合信息服务提供商”，且将其关键战略举措定义为：价值成长（收入持续增长）、信息化领先（成为国家信息化建设的重要力量）、聚焦客户（商务领航、我的 e 家成为业界政企、家庭客户第一品牌）。

为更快地抢占市场，利用电信家庭和企业用户优势（2 亿多的固话用户，4000 万宽带用户，超过 1800 万的“我的 e 家”用户），开启了“我的 e 家”全业务资费套餐，首次实现了“固话 + 宽带 + 手机”的全业务组合，利用组合牌开拓市场，提高 3G 手机用户的市场占有率，并争得一定先机。

2009 年，电信业全面进入全业务运营。中国电信落实“中高端切入，差异化经营，有效益规模发展”的移动业务发展策略，利用自身客户和多业务优势，打造具备竞争优势的融合产品和服务，落实移动和互联网融合的策略，走差异化创新道路，确保移动业务持续发展。继续坚持客户品牌经营，聚焦中高端客户，通过移动业务元素的填充，进一步丰富产品和服务内涵，并

① 笔者按：即“智能管道的主导者、综合平台的提供者、内容和应用的参与者”。针对移动互联网发展，中国电信早先成立八大基地提供内容平台，后期基于未来云计算与互联网、大数据等新技术有机结合，再开启云计算数据中心的建设。

打造具备核心竞争力的综合信息服务能力，确保公司整体健康稳定发展。

具体战略举措包括：A. 实施宽带大提速，推进网络演进；B. 深入推进集约化运维体系建设，打造精品网络；C. 健全客户服务体系，实现“两升两降”目标；D. 加强品牌业务宣传，进一步树立企业和品牌新形象；E. 统一政策标准，加快推进终端购销社会化；F. 创新合作模式，带动以移动互联网为重点的信息服务产业链。G. 加强应用合作，打造具有协同优势的行业应用价值链；H. 以四类业务为重点，打造差异化的号百服务；I. 聚焦客户需求，打造嵌入式的 ICT 专业服务；J. 创新增值业务营销模式，实现突破性增长。

总体来说，3G 时代中国电信成本处于扩张时代：

投资：2008 年，中国电信资本支出为 484.10 亿元，较 2007 年增长 4.5%，获取 3G 牌照后的 2010 年 ~2013 年，投资额度维持 800 亿元左右的高位，比单一运营固网业务时期增长近一倍。公司在投资管控方面进一步强调突出重点、优化配置的原则，进一步加大了宽带业务、增值及综合信息服务的投资力度，保持与业务发展重点、收入增长较好的匹配。

营销：保障移动、宽带及重点转型业务网络运营资源投入，加大客户拓展和维系的市场前端资源投入，进一步提升营销成本占比。营销成本向转型业务和移动业务倾斜，支持高效益地区、中高端用户和高增长高回报业务，提高营销成本使用效益。

第二，4G 时代的战略选择和成本策略。2014 年，将“新三者”战略扩展为“一去二化新三者”，通过全面深化改革和互联网化转型促动差异化发展。战略举措包括：

一是转变发展模式，加快业务规模发展。移动业务坚持差异化发展、3G/4G 协同发展、打造移动业务精品网络；宽带业务提速巩固竞争优势、加强内容应用填充、打造固移融合新融合销售模式；流量经营上前后向经营并重、注重用户体验和规模经济；

存量经营建立基于客户全生命周期的经营体系。

二是突破重点产品，塑造新型竞争优势。发挥公司在网络、数据、人才以及品牌方面的优势，树立互联网思维，开发运营差异化产品，包括网络平台类、安全类、行业信息化类、提升效率和生活品质类，为数据服务收入规模提升打下基础。

三是互联网化转型，提升企业运营能力。渠道互联网化方面，全面开展O2O运营。服务互联网化方面，加快销售服务门户整合，构建新型服务体系。网络互联网化方面，打造运管一体化网络，网络运维向网络运营转型。IT互联网化方面，加快推进集约运营。

四是全面深化改革，激发组织人员活力。基础业务领域方面，深化划小承包，打造自主经营体，全面建立倒三角服务与支撑体系，推进围绕一线的人力资源改革；新兴业务领域方面，开放合作，加快推进混合所有制改革，上下联动，促进新兴业务快速发展，建立新兴业务的人力资源新机制。

具体战略举措包括：

A. 区隔定位协同经营，以进攻型策略全力扩大移动业务规模。一是做好4G/3G区隔定位、协同发展。4G集约化营销，加快城市发展；3G标准化销售，突破农村市场。二是实施进攻型营销策略。制定语音准包月的4G资费政策；高佣金拓展转售商渠道，提供转售商专供套餐；快速推进高价值老用户有序升级，迅速切入市场。三是加快细分群体拓展。以行业应用及团购切入，拓展政企和校园客户；突出百兆光纤与智能4G深度融合，拓展家庭客户；强化主动促销，主推免费打，拦截流动人群。四是优化终端运营模式。聚焦重点机型，优化终端结构，加强集约运营；统筹价格链条，优化终端定价机制；推进终端运营社会化，降低集采占比，以直供为重点，O2O模式保障终端供应。五是主推非终端成本营销模式。从补用户向补渠道转变，提高社会渠道利润空间；严控手机补贴率，总补贴率下降但补贴面不降；

终端补贴与用户价值挂钩，与终端型号脱钩。六是打造4G高端品牌形象。充分发挥网络、终端优势，做好4G品牌传播；结合音乐、体育和旅行三大热点要素，持续深化大数据应用，开展圈子传播营销。七是准确把控营销节奏。推进友好用户体验营销，打好“热身赛”；配合4G发牌节奏，做好开局营销；按照集团统筹，强势组织“四季营销”攻势；全力抓好岁末年初营销，实现“开门红”。

B. 提升业务品质，持续巩固宽带市场领先优势。一是强化存量资源销售。宽带投资下降60%，推进存量资源挖潜和利旧盘活，FTTH/O提升至48%；梳理光资源系统，提升光资源准确率及放装能力；聚焦光小区/光楼宇整片营销，实现成片发展；加大宽带单产品发展力度。二是巩固宽带存量市场。城镇光纤主流小区全面推广100M；铜缆按最大能力提速，基本消灭4M以下速率；加快政企宽带光纤化，资源到达区光纤化率达60%；加快发展智慧家庭及政企多业务融合，高筑存量用户离网壁垒。三是全力拼抢增量市场。灵活开展内部竞标，对小区网格实施分类承包；加大外部合作力度，引进TOP10地产商等实力代理，提高分成比例；大力扩展社会渠道，积极推进异业合作，扩大销售半径，社会渠道销售占比提升至35%。四是提升宽带服务支撑能力。以互联网模式驱动流程变革，实现服务全流程透明，由用户作主，强化履约；推行四项服务承诺，建立“0”退单机制，提升装机转化率。

C. 推动流量前后向经营。立足差异化，基于客户、时间、区域、内容等多维度，持续创新流量产品，丰富流量产品体系；以4G营销为突破，推广以流量为核心的流量型套餐以及视频等大流量应用；细分客户群，持续强化流量精确营销，新入网用户流量渗透率提升至60%；强化对外合作，积极开展后向经营，针对优质热点应用，开展定向流量合作。

D. 大力拓展新兴ICT市场。聚焦智慧城市重点领域，推动资源型、应用型和服务型新兴ICT协调发展：加快发展IDC增值服务，积极拓展私有云市场；以行业微方案为武器，推动标准型应用在细分行业的规模复制；加大木本型ICT项目的资本性投入，持续提高软件收入占比；标准型和解决方案型应用双轮驱动，带动业务和收入双提升。以八大行业团队为中心，加强纵向联动，提升拓展能力，打造专业化信息应用销售团队。以亿迅公司为主体，以适度引入长期战略合作伙伴为补充，建立相对隔离的新型ICT运营机制，打造新型ICT端到端服务能力。

E. 加快网络部署。一是省市齐心、挤出投资，高速度、高质量、低成本建设具有比较优势的4G网络。综合运用多种技术手段，优化招投标方案，站点及配套造价同比下降15%；发挥4G技术优势，实现感知速率行业领先。二是坚持光铜协同，巩固宽带网络优势。全力保障高价值政企及行业客户光网投资，商务楼宇100%光纤到达，目标楼宇100%深度覆盖。

可见，中国电信自拿下移动用户牌照以来，就特别强调资源的最优配置，以及围绕资源重构而带动的一系列改革与激活，同样对其成本管理的转型带来不小的影响。

③中国联通

2009年1月7日，工业和信息化部向三家基础电信运营商发放了3G业务经营许可，中国联合网络通信集团有限公司获得了WCDMA第三代数字蜂窝移动通信业务经营许可，中国联通成为一家全国性的全业务电信运营商，并得以进入3G业务领域。

与中国网通合并完成后，中国联通积极推进内部融合与协同发展，完成了公司治理机制的完善。公司董事会进行了改组，内部组织架构进行了整合，各级管理人员全部到位。在此基础上，中国联通建立了面向个人、家庭和集团三大客户群的营销体系，实现营销资源的整合，为开展全业务运营创造了条件；组建了移动网络公司，专注于移动网络的建设与维护，以加快移动通信业务，特别是3G业务的发展；此外，积极推进网络资源、IT系统等方面的整合，逐步实现资源共享。

第一，3G 时代的战略选择和成本策略。3G 牌照发放后的 3—5 年是中国联通发展史上的重要战略机遇期，中国联通无论在网络技术或产业链成熟度上都较竞争对手有优势，但其在网络服务营销能力、资源布局能力和移动互联网开发能力上仍存在制约因素，在这一战略节点上制定一个中长期战略规划体系重要性不言而喻。

公司愿景："信息生活的创新服务领导者"，由四个核心要素构成：信息生活、创新、服务和领导者。愿景评价指标主要包括五个方面：一是领先的信息服务网络，意味着以建设领先的宽带化、融合化和智能化信息服务网络为目标，积极推进网络融合和应用平台建设，逐步形成网络资源可动态分配、网络流量可动态控制、网络安全有质量保障、网络与终端可自适应的高品质信息服务网络。二是高品质的融合业务，意味着以提供卓越的信息生活服务为目标，积极开展以融合终端为载体的一体化解决方案，实现终端融合；向客户提供"语音 + 数据 + 多媒体"等融合业务，实现业务融合；积极开展社区化内容和应用平台建设，实现基于特定业务和应用的客户融合。三是卓越的客户服务，意味着以提高客户满意度为目标，持续提升客户体验和服务感知，为客户提供卓越的信息服务，成为客户信赖和满意的信息生活伙伴。四是高效的创新能力，意味着以客户需求为导向，通过业务创新、服务创新、商业模式创新和管理创新，铸就高效的创新能力。五是信息服务的优选品牌，意味着不断提升面向信息服务的融合业务提供能力、引领创新能力和卓越服务能力，品牌价值稳步提升，成为信息服务领域的优选品牌。

战略目标："聚焦增长，提升效率，三分天下有其一"，由 5 条主线构成，包括"行业地位提升"、"核心业务领先"、"运营效率提高"、"客户体验卓越"和"创新能力突破"。A. 行业地位提升：一是收入市场份额基本实现三分天下，行业增长贡献度明显提升；二是主要业绩指标达到国际一流水平，跻身国际先进运营商行列。B. 核心业务领先：打造 3G 和宽带成为公司的两大业务发展支柱。C. 运营效率提高：一是建立统一客户界面的全业务服务体系，成为国内一站式营销服务的领先者；二是 IT 支撑实现“五统一”，即统一订购管理、统一接触界面用户流程、统一客户数据系统、统一账单、统一合同，打造国内领先的全业务 IT 支撑能力；三是实现固移网络协同与融合，建立统一的网络运营架构，网络能满足随时随地的融合通信需求；四是建立和谐团队，培育卓越人才。D. 客户体验卓越：一是 3G 无线宽带体验与客户服务领先；二是“沃”品牌市场价值稳步增长，企业品牌形象提升；三是中高端客户忠诚度显著提高；四是做国际通信服务优选伙伴。E. 创新能力突破：一是以高速数据体验和内容应用创新带动整体非话业务快速发展；二是成为国内融合业务创新的领先者；三是形成高效的创新经营机制。

战略举措：综合考虑内外部发展环境，落实“3G 领先与一体化创新战略”，实现“聚焦增长，提升效率，三分天下有其一”的战略目标，未来五年公司战略应着力推进 12 大举措，即“5 大重点业务”和“7 大关键能力”。如图 4－5 所示。

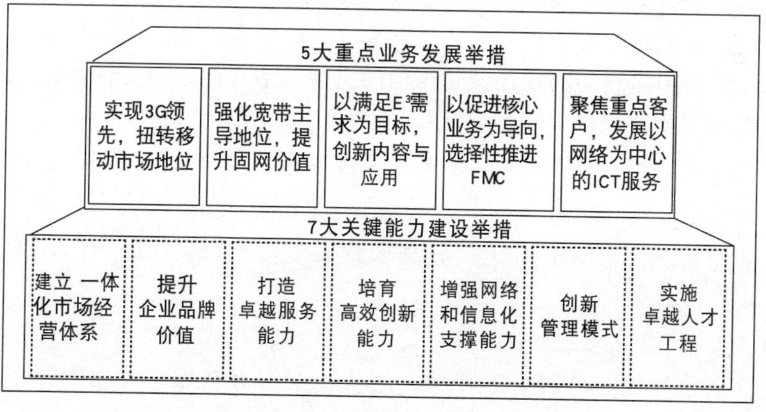

图 4－5　中国联通重点业务及关键能力

第二，4G 时代的战略选择和成本策略。4G 时代对于联通来说，面临着更加严峻的收入进入增长新常态的不适应状态：一是中国联通在 3G 市场上的成功运营经验形成路径依赖，无论观念和行动上，这难免就出现了 4G 增长远远落后于竞争对手的状况；二是投资和网络成本增长挤压盈利空间，投资增收比从 2013 年的 39.89% 大幅下降到 2014 年的 3.23%，折旧摊销和网运成本 2014 年后以双位数增长，而收入增速 2014 年滑落到 1.1%；三是营销成本大幅压降的外部压力下，2014 年度可控销售费用多压降了 37.4 亿元，营销资源的效能和对收入的拉动力正在持续衰减。迫切需要有效释放营销费用，来带动市场战略转型和业务发展模式增长结构的优化。

战略目标：深化实施“移动宽带领先与一体化创新”战略，增量收入实现“三分天下有其一”，利润保持双位数增长。

战略举措：

A. 全面落实目标网规划，加快形成 4G 时代新的核心竞争力。一是全力打造 4G/3G 一体化精品网络。落实移动宽带网络领先，快速扩大 4G 网络覆盖广度，积极建立全国品牌优势，积极推进 2G 向 3G/4G 迁移；二是加快宽带网光纤化改造和基础网能力提升。深入落实“宽带中国”战略，加快全光网络建设覆盖，重点保障移动互联网、高价值客户等业务，完善互联网网间互联架构，逐步实现区域到全国的流量疏通目标；三是深入推进集中维护管理。按照集约化运维体系建设目标，同步加快总部、省分网络运维管理改革，依托一级支撑系统，完成省级集中，同步推进总部运维机构改革，四是加快提升 IT 支撑能力。积极构建创新、开放、灵活的 IT 目标架构体系，有力支撑公司一体化创新战略转型。

B. 加快重点业务发展，全面推进经营模式转型。以集中统一运营为核心，以业务转型、运营转型为突破点，优化资源配置，深耕存量市场、拓展增量市场，有效扩大用户和收入规模，积极打造4G时代差异化的竞争新优势。一是坚持4G引领，加快移动业务的规模发展与存量迁转，依托cBSS系统，以终端、产品、合约拉动4G快速发展；加快存量用户迁移，加速提升存量用户4G终端占比；深化流量经营，严格流量价格管控，确保流量价值，力争实现流量收入占比超过50%；积极探索应用经营，与第三方应用实行开放合作，构建流量共享、OTT流量合作及后向合作新模式，实现与互联网公司的商业模式互补。二是融合与固网业务要抓住网络光纤化改造的契机，全力推进“智慧沃家”家庭客户全业务经营战略的贯彻落实，促进家庭客户固定宽带与移动宽带的协同发展。三是集团客户与创新业务要加快行业应用的培育推广，切实提升市场拓展和运营能力。以智慧城市云平台和物联网平台为基础，打造以端为载体并集成云、管、端要素的标准化行业应用产品；在物联网领域实现新的突破；以IDC和云计算业务的专业化经营为抓手，推动IDC和云计算业务的快速发展；以ICT转型为抓手，下大力气调整系统集成分子公司经营管理模式，坚持专业化经营，聚焦重点领域，打造专业能力，实现ICT业务的规模化发展。四是加快全业务集中统一运营。基于cBSS的集中统一运营是形成面向移动互联网时代差异化竞争优势的基础，要持续优化完善基于cBSS的全业务资费套餐体系，通过cBSS实现对移动（2G/3G/4G）、固网、融合全业务，个人、家庭、集团全客户群的全覆盖。

C. 提升客户服务能力，强化存量经营与维系。深化以工单为载体的大服务体系运营，实施大服务运营和纠错机制，实现端到端解决问题。依托客户感知运营平台，形成面向客户需求驱动的客户感知评价体系。持续提升热线服务能力，推进单一客户的精准主动服务支撑，完善精准主动服务场景应用。通过“搭体系、强支撑、配资源”，推进互联网服务成为挖掘、满足用户需求的重点渠道。深化服务承诺，提高客户投诉的前台一次性解决率，完善公众客户服务支撑系统和号线资源管理系统功能，保障宽带服务承诺的深入落实。

D. 深化重点领域改革，激发动力活力。以理顺和调整各类资源配置关系为抓手，敢于在增量、存量上动真格，通过改革举措的刚性执行和落地实施，促进企业动力活力的迸发。一是系统化推进人力资源改革。注重顶层设计，在人工成本总量方面，建立合理增长机制，让员工共享企业发展成果。在薪酬内部分配方面，加快解决部分一线员工薪酬偏低的问题，合理调节分配结构。在用工方面，强化用工总量和结构优化的目标管理，以提升劳动生产率、提高用工效能。二是全面推进激发基层责任单元活力改革。在更大范围、更深层次强力推进激发基层责任单元活力改革。以打造专业化、集中化、扁平化的运营管理体系为核心，以全流程贯通、多层级穿透的信息系统为支撑，以有效激励的人力资源管理机制为配套，真正把“四包一清单”透明下沉到基层，将活力激发出来。

为此，在成本管理策略上，中国联通将管理目光聚焦并依托于集中统一运营和4G引领的发展策略，全面构建精准化、精细化的投资和营销成本管控体系。主要着眼点包括：

一是深入推进投资管理体制改革。优化投资建设管理流程，建立与责任相匹配的分类授权体系，优化支撑手段，提升投资建设全过程端到端规范、透明、高效管理水平。同时，完善和强化投资评价机制，兼顾战略性投资和效益性投资。对效益性投资，以提高投资创收能力为主线，实现资源配置与规模发展效益刚性匹配，重点对投资增收比、EVA、自由现金流改善等指标进行总体评价；对战略性投资，规划一步到位，采取名单制管理，分类关联刚性条件，滚动安排实施。

二是建立全渠道预算责任体系和精细化营销资源配置机制。推进专业化运营，探索实现全业务、全客户、全渠道覆盖的预算管控，通过分渠道匹配资源，推进渠道运营管理模式创新，促进增量拓展与存量维系。同时进一步明晰总部、省、本地网的营销成本管控边界和资源配置规则，着力提升营销成本使用的有效性，确保营销资源下沉到一线。另一方面，建立营销资源动态配置机制，对收入及利润进度执行好的增配成本，执行差的减配成本，鼓励多做贡献。

三是加快深化内部商城应用。创新采购模式，构建统一的资源获取体系，通过内部商城实现资源交易的电商化、扁平化管理。建立完善内部交易运营支撑体系，统筹内部电子商务平台，实行按需自主采购，透明采购过程，推动各类成本资源向基层单位下沉，真正实现“去现金化、去行政化、去库存化”。

可见，面对既定的战略规划，中国联通在成本管理策略上以围绕价值创造这一核心主题，致力于体制机制上的创新与实践，从而实现成本管理的有效转型。

（2）战略选择对成本管理的影响

通过上述种种有关三大电信运营商不同时期的战略规划及成本策略选择的简要归纳，不难发现：如果对三家电信运营商的战略体系做一个简要梳理，可以观察到三条明显主线，喜忧参杂、纵横交错地影响着电信运营商的成本管理逻辑。

①主线一：发展环境对成本管理的外生拉动力。这第一条主线是外部环境正负叠加对运营商成本管理产生外部牵引力。从正向层面看，国家鼓励移动互联网及信息消费，“宽带中国”战略大力推广，3G 向 4G 技术的技术演进等等，对电信运营商的产业地位和外延扩张带来实质性影响，同时，也深刻地影响着运营商的投资战略和投资规模。从负向层面看，电话实名制政策的深化推动，OTT 企业和虚拟运营多维度地挤占电信市场，移动转售业务开展和民资深入参股电信行业，营销成本压降和营改增的强势推行，提速降费的持续预期等等，都深入骨髓地影响着运营商的成长能力和价值链地位，同时，也深刻影响着其发展效能和营销投放策略。如表 4 - 6 所示。

表 4－6　外部环境对成本管理的牵引力

正向影响	负向影响
互联网＋ 信息消费 宽带中国 4G 牌照	实名制 OTT 替代 虚拟运营 民营开放 成本压降 营改增 提速降费

下面聚焦内外部价值链对中国联通可选策略作深入剖析。

第一，电信行业价值链结构。企业每项生产经营都是其创造价值的经济活动，企业所有的互不相同但又相互关联的生产经营活动，构成了创造价值的一个动态过程，即价值链（Michael Porter）。根据企业与各方的关系，价值链可分为内部价值链和外部价值链，内部价值链可分为业务单元间价值链和业务单元内价值链；而外部价值链可分为卖方价值链（上游供应商价值链）、买方价值链（下游购买商价值链）、竞争对手价值链以及替代者价值链。如图 4－6 所示。

传统电信市场奉行一种"锱铢必较"的竞争策略，在电信运营价值链上呈现两种竞争态势：电信运营商之间实施以"价格战"为主导的策略手段，对每一个用户都进行"你死我活"的争夺战，从高端到低端、从已有到潜在、从优质到欠费用户，企业从不放弃固守每一寸领土，同时又时刻做好进攻的准备；电信价值链上下游环节执行的是基于个体利益为导向的"零和博弈"，电信设备制造商、电信运营商以及内容提供商之间的利益格局泾渭分明，为争夺市场主导权而展开激烈的竞争，一方的盈利或亏损对另一方的策略和行为约束微乎其微。

而企业存在两种生存和获利的基本策略选择——竞争与合

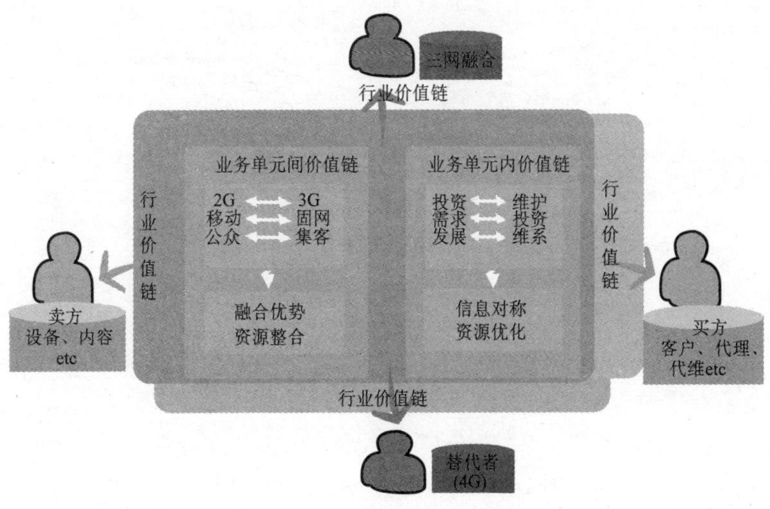

图 4－6　电信企业价值链构成情况

作。竞争策略一直主宰着战略管理理论和实际应用，看不见的竞争之手在促成企业稀缺资源的最优配置、激励创新和企业家精神、降低交易成本等方面带来了经济效率。当企业取得了有利的产业地位或集聚了可以比竞争对手提供更优产品和服务的核心能力时，就实现了这些效率或竞争优势。另一种可选择策略强调“合作”的力量，一个广泛接受的观念是，组织天生就是强调子系统之间和谐、相互依赖的协作系统，同样，企业可以通过相互获益的战略协作方式来构建相对均衡的行业格局，在日益复杂和动荡的环境中，合作可以为企业带来更高的绩效。

我们引入融合性寻租行为概念来说明企业如何组合高度的竞争与合作策略来获取经济租金。如图 4－7 所描述的，四个象限概括了寻租战略行为的特征：竞争性寻租行为、垄断寻租行为、合作寻租行为以及融合性寻租行为。竞争与合作的融合将比单独的竞争或合作带来更大的创新和获利机会，而在不同市场结构、不同产业链环节中，企业可以有效组合这些战略行为中的一种或某几种策略。

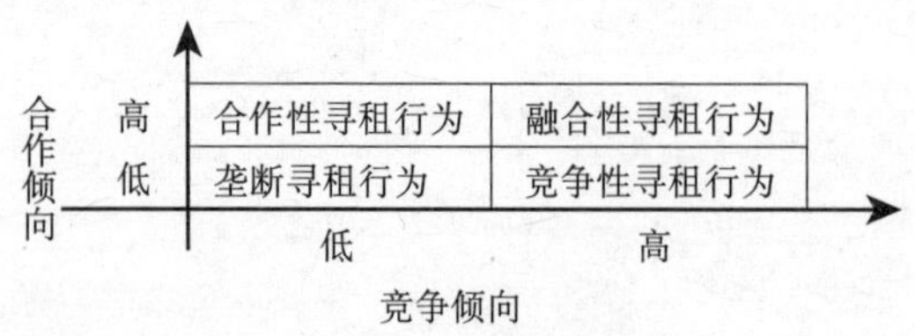

图 4－7　企业获取租金行为模型

可以比较容易地观察到传统电信企业寻求经济租金的两条演变路径：从垄断寻租跳跃性地过渡到了以过度竞争为特征的竞争性寻租行为，而不同产业价值链环节上的企业在竞争的漩涡中不断演变和分化。同样的，在企业业务单元内、业务单元间也存在“竖井式”的管理问题，争抢资源，推卸责任，事不关己，高高挂起，造成内部空耗、资源浪费。其表现特征及带来的影响。如表 4－7 所示。

表 4－7　传统电信企业价值链竞争行为分析

现行策略行为	纵向（电信运营商之间）	横向（产业价值链各环节）	内部（各业务单元内和之间）
	（过度）竞争性寻租	竞争性寻租	竞争性寻租
表征	价格战附带恶意收购、低价倾销、诋毁宣传、网间歧视定价、破坏网络设施等行为	互不了解、互不忠诚，利益分割而不是共享	各业务线之间“竖井式”管理，相互争抢用户、营销资源和人力资源
结果	盈利状况恶化、交易成本损失	盈利能力的大起大落	资源浪费，内耗严重
策略演变路径	融合性寻租（强竞争、弱合作）	融合性寻租（强合作、弱竞争）	融合性寻租（强合作、弱竞争）

第二，中国联通价值链构建路径。根据价值链基础逻辑分析，构建中国联通基于管理经验的价值链框架体系。如图 4－8 所示。

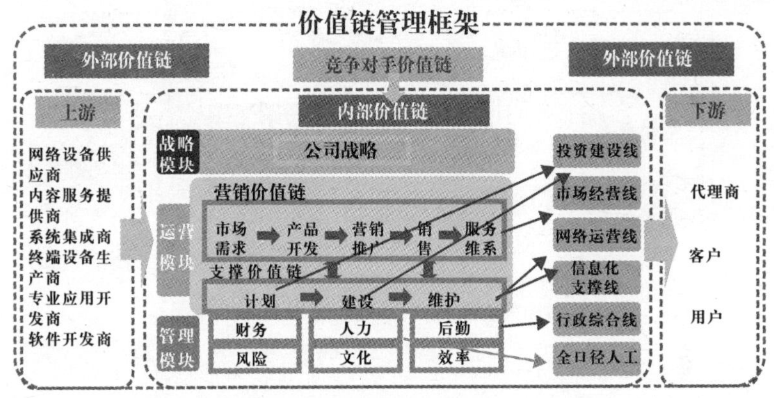

图 4－8　中国联通价值链管理框架

A. 内部价值链。业务单元间的价值链，主要是 2/3/4G、移动与固网、公众与集客之间的成本配置问题，关键在于如何通过融合效应，实现资源整合，形成全业务经营优势；业务单元内的价值链，主要在于投资与维护、需求与投资、发展与维系之间的协调，实质是信息对称、资源配置优化。对价值链各环节进行投入与产出的分析，重整价值链，消除不合理的成本因素，使产品的生产更加具有经济性。如图 4－9 所示。

B. 竞争对手价值链。竞争对手价值链主要是进入者和替代者的关系，从横向链条来看，要预先防范进入者和替代者对整个行业发展方向的影响，对不同竞争地位、不同生命周期的产品设置不同的财务战略。如图 4－10 所示。

识别竞争对手的价值链及其成本结构，将其与本公司的价值链进行比较，确定企业相对成本地位，采取具针对性的定价及成本降低措施，消除成本劣势，创造竞争优势。

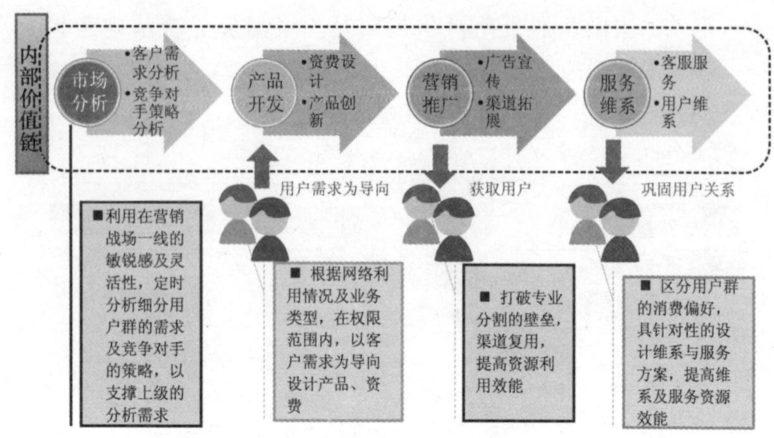

图 4－9　中国联通内部价值链

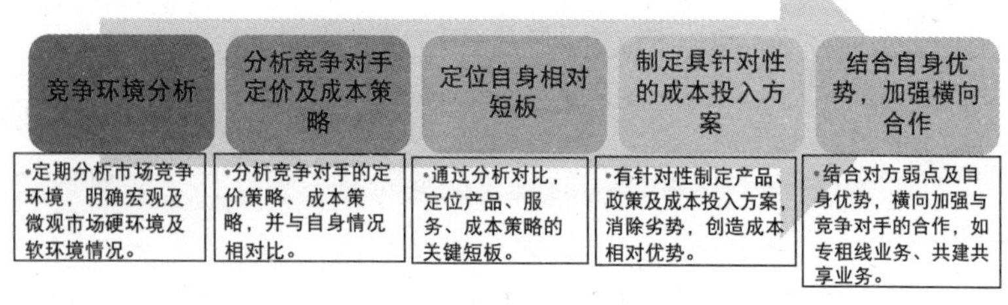

图 4－10　中国联通竞争对手价值链分析

结合自身优点横向加强与竞争对手的合作，如扩大专租线业务合作、深化并规范共建共享业务等，通过资源共享，实现价值增值。

鉴于电信运营商之间的直接竞争对手关系，“竞争”将是其主导性的寻租策略选择，在此基础上，可以在合作方式上作积极而有益的探索，本书认为，从更外延的意义看，“不打架”即是一种合作，学会在特定规则下正当运用竞争手段即可视同为合作策略，当然，也可以在特定环节上进行有限的合作尝试。

电信行业技术发展的日新月异与成本剧增使得企业面临环境

的不确定性日益加剧，企业已经到了选择更高效、更快革新和更加柔性策略的关键时刻。

首先，对于运营商来说，打破纯粹依赖外部制订显性规则力量的习性，自发形成更符合自身利益的行为规范将是立命之根本。制度环境的变迁意味着企业可以利用的政策空间已经逐步被压缩，这需要企业能有足够长远的策略性思维能力，预见到价格战的长期风险，真正确立基于未来的发展模式与经营管理机制。

其次，运营商可以将经营重点转移到差异竞争、质量竞争为主导的多元化竞争方向上来。平心乔教授所做的《电信价格》研究表明，若移动企业选择质量竞争，若市场上有三个竞争者，则模拟结果显示：随后两年内综合平均电信价格会降 25% ~ 32%，即“质量”竞争会使降价幅度减少 8 ~ 9 个百分点。对于运营商来说，至少可在以下几方面有所作为：致力于创新，加强对新技术的跟踪、研究、开发、掌握和应用能力，以客户需求为导向，不断推出新业务，建立差异化业务优势；细分用户市场，通过提供个性化特色服务，满足用户多样化的通信需求；通过提高企业的整体管理水平和运行效率，培育成本优势，增强企业综合竞争能力，通过服务质量的改善提高客户满意度，靠服务赢得用户。

再次，运营商可在局部性领域构建合作关系。在电信市场国际开放程度日益加快，网络技术更替速度日新月异的今天，运营商之间在多领域、多渠道探讨合作，加强在网络、运营、管理、服务等方面的沟通与交流，将对长期竞争力的维持起到重要的促进作用。除了现有的在互联互通、网络资源相互租用等层面保持最基本的接触之外，更可以在技术推进、用户规范等方面开拓新的合作渠道。这些合作渠道主要包括以下几方面：

首先是加强信息交流，降低欠费风险。用户恶意欠费是世界各国电信业普遍存在的现象，也是困扰中国电信运营企业的一个难题。虽然各电信企业通过积极推进 CRM 系统的建设，开始治理解决用户恶意欠费问题，但由于缺乏整个行业的共同合作，效果不尽如人意。中国电信运营企业应借鉴银行业和国际同行的成功做法，通过加强相互间的合作，交流欠费用户信息，有效抑制用户恶意欠费行为。

其次是加强新技术开发合作，降低技术风险。通信技术的日新月异一方面给运营企业带来了广阔的业务空间，同时技术更新对电信运营企业也意味着高风险。前瞻性、准确把握行业发展趋势，合作开发新技术，共同参与技术标准的制定和推广，进行联合试验是运营商降低技术风险的有效方法。中国电信运营企业应重视加强在新技术、新标准等方面的合作力度，通过相互合作，共同推进技术进步，降低风险。特别是要重视在参与新技术标准规则制定方面的合作，以进一步提高中国电信业的国际竞争实力。

最后是合作拓展海外业务，降低市场风险。在中国电信业实施国际化战略，建设国际一流电信运营企业进程中，也有一些相互合作的问题值得商榷。如在实现“走出去”战略目标中，通过相互合作，可集中优势，降低企业风险。海外的经营环境与国内有诸多不同，电信企业在拓展海外市场时面临很多不确定的市场风险，各电信企业可通过利用各自技术、业务、管理优势，在拓展海外市场时，加强合作，从而可大大降低市场风险。在全球电信业发展的过程中，行业组织在电信标准的制定、促进企业加强合作方面起着重要作用。应借鉴国际经验，充分发挥行业协会如通信协会、邮电企业协会等组织的作用，或建立一些新的行业组织，总结其他行业的成功经验，在加强企业自律、维护经营环境、促进协作沟通、化解矛盾等方面发挥更大的作用。各电信运营企业应多领域、多渠道探讨合作，加强在技术、运营、管理方面的信息交流与沟通，在竞争中合作，在合作中发展，共同繁荣中国电信市场，为国家、社会、投资者创造更大的价值，为用户提供更好的通信服务。

C. 上下游价值链。上下游价值链主要是买方卖方的关系，在纵向链条中，中国联通处于主导地位，关键是强化谈判能力，与各上下游厂商和客户建立信任关系，通过高合作攫取更多利润。

通过对上游价值链，即供应商价值链分析，目的是从战略合作角度寻求降低成本的突破点，并由此确立竞争的战略优势地位。可分三步进行，如图 4－11 所示。

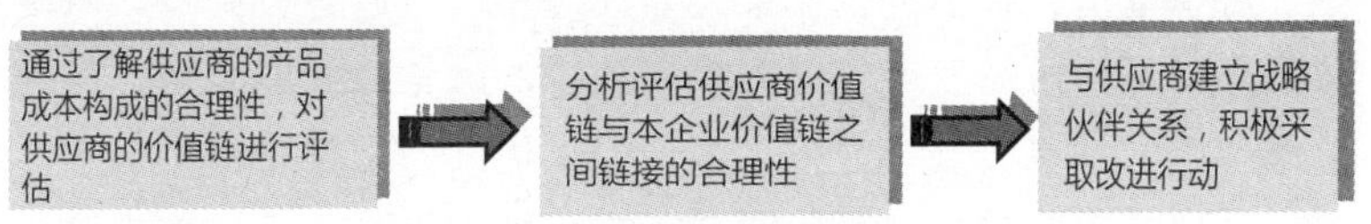

图 4－11　中国联通供应商价值链分析

通过对下游价值链分析，与代理商及客户建立战略合作关系，以形成稳定的销售渠道，扩展企业产品的市场份额，增强产品的市场竞争力，获得相对成本的降低。可分四步进行，如图 4－12 所示。

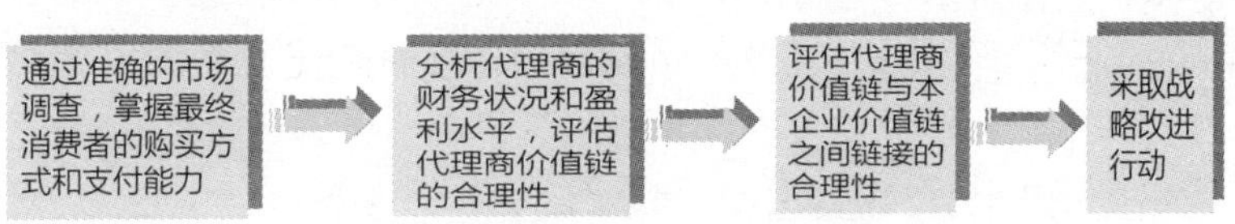

图 4－12　中国联通下游价值链分析

电信价值链之间的关系相对而言错综复杂得多，不同主体之间的利益、风险偏好各不相同，因而产生了多样的竞合格局。总体而言，强合作、弱竞争的寻租策略是维系长远纽带的根本，这需要各方打消路径依赖的顾虑，建立一种基于信任的长期互赢关系。

首要的是明确在产业中的定位。电信行业各价值链环节必须正视自身在产业中的地位，谁是行业主导者，谁是促动者和跟随者，只有分清主次，才能进行讨价还价以及利益分配。从总体看，电信行业是一个整体，一荣俱荣、一损俱损，谁都离不开谁，因此，合作才是进一步提升产业能力的更优策略选择。

其次是对未来发展模式的选择决定了合作的深度和方向。随着移动同互联网的结合，电信业的发展催生了更大的市场。王煜全（2002）指出，中国电信企业发展成败的关键将是如何实现从基础服务到应用服务再到娱乐服务的身份的连续过渡的平滑性。对于电信各价值链企业来说，关键在于协调各自利益，求大同而存小异，既对发展方向有共同敏锐的触觉，又能步调一致地把握和探索发展轨迹，为终端客户提供优质的服务。

再次是需要寻找到既能调动各方积极性又不至于过多损失自身利益的合作模式。各利益相关者的利益格局不同，市场地位迥异，在合作契合点的选择上务必有缜密的思考和安排。运营商作为行业主导者，一方面需要强调对价值链的控制，诱导合作者投入专用性资产或者签订“抵押”协议，传递一种“一旦背叛合作将带来致命性的经济打击”的信息，通过“锁定”方式来抑制其机会主义倾向，从而促成基于长期合作关系的交易契约的达成；另一方面，通过充分的信息沟通，增强未来行为的可预测性，并给予合作者更大的盈利空间，营造一种信任的良好氛围，促成相互战略反应的柔性。

下面简单列举一些可资借鉴的合作方式：

合作分成模式：解决自有投资资源无法覆盖的客户及区域。

收购兼并模式：解决战略型业务，如 ICT、IDC 业务快速扩张但资源不足问题。

BOT 模式：解决短期无法盈利但未来有较好盈利潜力项目（如政府的平安城市）的启动建设资金问题。

供应商合作模式：解决自有现金流不足与行业应用项目前期投入较大的矛盾，盘活自有业务资源。

前后向一体化模式：对于上游手机终端，试行前向一体化；

对于数据业务营销，尝试后向一体化。如图 4－13 所示。

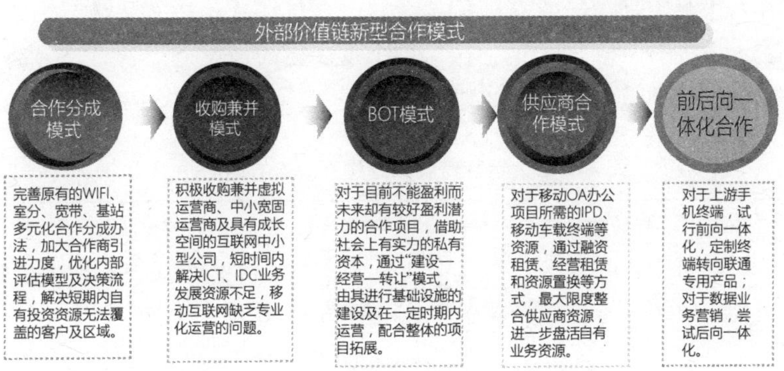

图 4－13　中国联通外部价值链合作模式

②主线二：成长能力对成本管理的内生推动力。从产品更替角度看，三大运营商在不同技术演进时代同时扮演着领导者、跟随者和搅局者的角色，不同程度地积聚了导入期、成长期和成熟期产品，这从一定程度上决定了各运营商在不同时期的资本性开支和付现成本管理策略。用产品生命周期这一独特视角来审视电信运营商的发展策略，从而指导基于未来和全过程的成本管理策略，是非常有意义的。如表 4－8 所示。

表 4－8　三大运营商各产品成长属性

	中国移动	中国电信	中国联通
2G	领导者，成熟期	旁观者，无	跟随者，成熟期
3G	搅局者，无	跟随者，成熟期	领导者，成熟期
4G	领导者，成长期	跟随者，导入期	跟随者，导入期
固网	搅局者，导入期	领导者，成熟期	跟随者，成熟期

从业务收入构成看，三大运营商的语音、流量、数据收入结构演变高度一致，语音业务受外部替代者冲击严重份额占比日渐式微；流量爆发式增长，加速传统业务替代；数据业务外部市场

机会无限，但份额仍然过低，不足以支撑行业增长。运营商市场经营策略方向上一直在往流量经营、存量经营、移动互联网经营三大方向转移，同步地，这对整个发展模式、渠道经营策略、终端补贴策略甚至盈利策略带来深刻变革。如表4－9所示。

表4－9　　三大运营商收入结构及策略方向

收入构成	目前状态	策略方向
语音收入	持续加速下跌	4G牵引、流量经营、存量经营、融合发展、移动互联网化
流量收入	爆发式增长，量收失衡	
数据收入	份额过低，增长乏力	

中国联通从2008年度融合重组以来，大致可以划分以下三个阶段的发展时期：

一是2008～2009年，融合重组阶段。该阶段的典型特征是，由于重组带来的制度、流程、组织、文化、人员和系统整合，公司价值主要体现在对资源的有效利用层面，公司财务核心诉求也在于减少投资和成本资源消耗，规避重组损耗。

二是2010～2013年，战略成长阶段。该阶段的典型特征是，3G牌照的发放，对中国联通品牌价值和企业价值带来了极大的释放和拉动作用，公司的成长发生了结构性、规模性、体系性的变化，财务战略上也采取聚焦式的密集渗透和增量投放策略，收入规模快速突破的同时，成本费用同比例大幅度增长。

三是2014年以后，持续成长阶段。公司产品线条的移动、固网业务形成相对固化的均衡发展格局，渠道结构上的自有和社会渠道齐头并进，细分市场、战略市场和新兴市场对收入贡献度大幅增强，公司全业务一体化经营范围和程度都比前期大幅提升，收入和利润的增长空间已经打开且趋于稳定，这对财务战略和成本管理的协调整合能力、学习能力及重构能力都提出了更高要求，资产经营乃至投资规模的扩张将成为战略管理的重点，现金流的充裕和充分运用上升到首要位置。

产品作为组织系统，如生物有机体一样，也经历从生到死、由盛而衰的过程，即要经历不同的阶段，有一个生命周期，学者一般将产品生命周期分为四个阶段：初创期、成长期、成熟期和衰退期。产品在不同生命周期的每个阶段都有不同的特点，有着不同的发展战略目标，决定了需要不同的财务战略与之相适应。

第一，生命周期一般财务策略：

A. 初创期财务特征及财务策略。在这一阶段市场竞争不充分、盈利水平低、品牌形象尚未树立。可以观察到两个典型财务特征。一是现金净流量为负。消费者由于不了解产品，大部分不愿放弃或改变自己以往的消费习惯，为了开拓市场，企业往往会放宽信用政策，与强烈的资金需求形成鲜明对比的是，企业筹集资金能力的有限性，但此时，企业的行业经验和管理经验还有待积累，总体价值较低，总体现金流出量大于流入量，造成资金困境。中国移动在 4G 元年首次出现现金流为负就是释放的一种强烈信号。二是经营风险大。产品以新进入者的身份进入行业，面临着巨大的进入障碍和竞争压力。该阶段需要大量的资金投放于资本性开支、广告宣传及其他营销费用。财务战略应是保持良好的资本结构，为今后的发展创造良好的信用潜力，并根据有限的资金，选择所能达到的投资规模，集中投资于一些核心业务，而不能盲目扩张。同时，还应选择投资于哪一类资产，即要选择合适的无形资产与有形资产的组合。

B. 成长期财务特征及财务策略。在该阶段，产品逐步打开市场，经营实力增强，发展迅速。一是资金短缺，但筹资能力提高。进入成长期，产品开始由小到大，销售能力强，业绩快速增长，产品经营出现利润，现金流量得到改善。但同时，竞争对手数量增加，竞争加剧。面对不断扩张的市场需求与竞争，需不断维持固定资产投入，同时投资于营运资本的现金需求猛增。然而，由于企业此时仍处于产品的市场开拓期，大量营销并没有带来大量的回款，而产品价格折扣手段频繁采用，从而形成巨大的现金缺口。二是经营风险与财务风险并存。一方面，随着企业获利能力提高，现金流持续增长，并且市场稳定，经营风险有所降低。另一方面，投资规模的扩大和网络运营成本的快速增长使企业的财务风险有所增加。

从产品核心竞争能力来看，其存在形态和产生的效用渐趋明朗并走向稳定，具有持久性特征，此阶段企业的总体战略是保持快速发展的趋势，扩充和壮大自身。企业可以借助组织内的资源，通过与关键价值增值活动进行协同，进行业务扩展、扩大的转移和内化，建立一些新的能力。正确预测产品资金需求量，保持产品快速、可持续增长。成长时期的产品也并非一帆风顺，财务政策的选择应留有余地，以应付突发事件或短时期的市场波动带来资金紧张局面。做好客户的信用资料记录，正确评估客户信用，防止信用风险的发生对企业成长的影响。保持现金流转的顺畅，加速资金周转，提高资金周转速度。提高研发费用比率，支持技术开发的资金需求，为产品持续增长提供后备力量。扩大固定资产投资比例，为产品规模扩张提供物质基础。并尤其注意要防止在资源的配置上由于盲目扩张带来的风险。

C. 成熟期财务特征及财务策略。进入成熟期，产品已经渐趋稳定，走上了正规化的轨道，产品进入经营的黄金时期。一是正的现金净流量。该阶段，一方面销售仍在增长，但增长速度缓慢，市场份额稳定，资金周转率较高。另一方面，此时的新增固定资产投资并不多，前两个阶段产生的应收账款大量收回，因此企业有较多的现金流入量，现金净流量表现为正。二是经营风险显著降低。成熟期产品的显著特征是出现了巨大的剩余生产能力，销售额高且利润空间稳定，产品市场相对比较稳定，企业经营风险逐步降低。三是利润能充分转化为现金。企业此时融资机会与渠道多，有足够的实力进行对外借款，而且能充分利用负债的杠杆达到节税和提高自有资本报酬率。因此，这一阶段企业利润转化为现金的程度较高。

在投资方面，处于成熟阶段的产品在多元化扩张中，不仅要以有形资产对外投资，更要注重无形资产的对外投资。因为无形资产一旦被发展出来，其效用只会受市场潜在规模，而非其本身使用的限制。在前面发展过程中形成的良好信用、管理能力、技术等无形资产比有形资产具有更高的投资回报。在利润分配方面，由于此时有大量的现金赢余，企业会采取高股利分配政策。度过成熟期的顶峰阶段后，产品的销售由正增长向负增长转变，销售量下降，必然引起单位固定成本的增加，同时，价格也在不断下降。成本的上升和价格的下降，造成利润的快速下降。为此，企业必须加强成本管理，实现低成本效益运营，提高业务量，降低固定成本和变动成本，保持成本领先。

D. 衰退期财务特征及财务策略。在这一阶段，产品走向衰老和消亡。一是利润大幅降低，现金流减少。产品的生命周期到了衰退期，最显著的特征是市场对产品的需求逐渐萎缩，产品供大于求的状况日趋严重，获利水平不断下降，高额固定成本将很快使公司陷入严重的亏损境地。二是财务风险突出。产品业务萎缩，利润降低，为维持生存，只能保持一定成本勉强度日。在投资方面，由于此时需要尽量减少现金流出，增加现金流入，因此会把重点放在节约成本上，采取精简机构、盘活现有存量资产等手段，把资源集中于主导业务，以延长其退出市场的时间。

第二，中国联通产品与客户生命周期策略。结合产品不同生命周期需要，在产品设计、销售、服务等全销售流程中，渗透差异化财务管理策略。如图 4 – 14 所示。

推行客户全生命周期价值管理和差异化投入策略，根据对客户价值的判断，实施差异化的不同阶段投入策略，改变以往只重“一头一尾”（拓展和挽留）的做法，重视客户在网期间的服务和忠诚度培养。如图 4 – 15 所示。

大众用户：一年以上移动用户根据网龄实施 20% ~100% 的

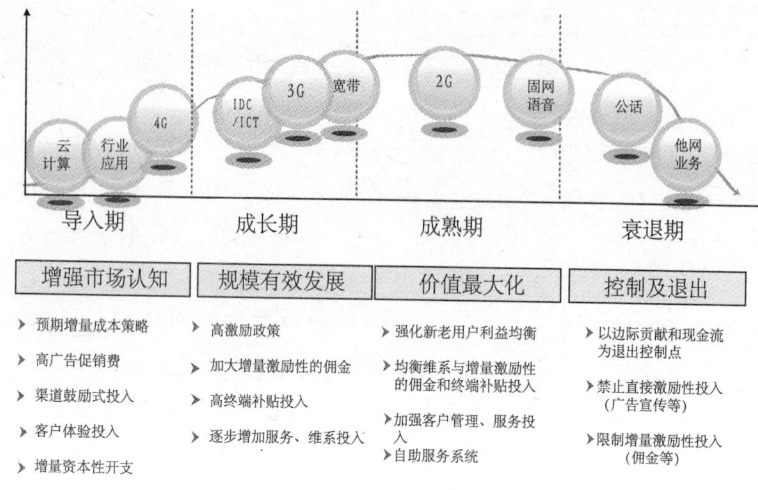

图 4－14　中国联通产品寿命周期的经营策略

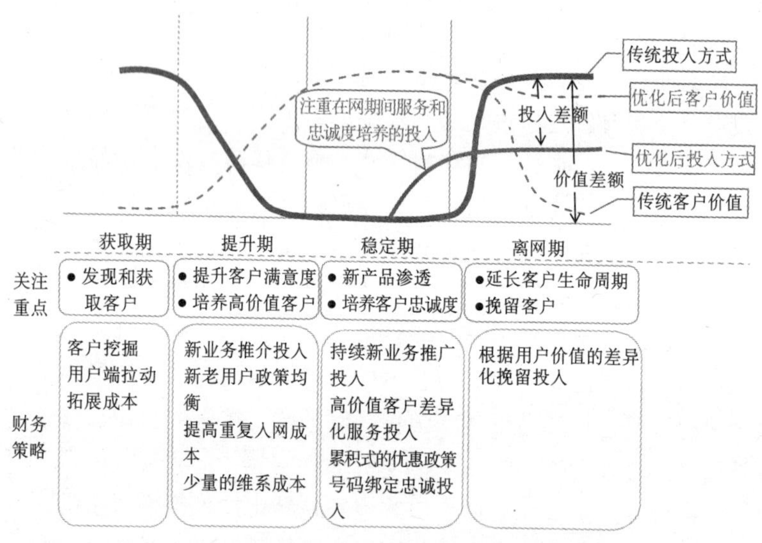

图 4－15　中国联通不同产品寿命周期的财务策略

分层增量积分网龄计划；

战略用户：长网龄高贡献用户关怀计划、iPhone 用户全周期关怀计划、会员用户合约期关怀计划，转变投入节奏，拉长用户生命周期，提升营销成本效能；

战略市场：大客户、商企客户、校园客户维系前移，通过多维度、多层级沟通服务机制，培养客户忠诚度；根据客户贡献和欠费情况分级服务；

创新模式：探索并推广与外部价值链互为资源的维系模式。

③主线三：效益策略选择对公司价值的影响。正是基于企业发展环境和成长能力两个核心因素的考虑，如何构建战略体系和选择效益策略成为影响公司可持续发展的决定性因素。对于中国联通来说，影响公司价值提升至少来源于战略选择、模式选择和管理选择三个层面，见图4-16。

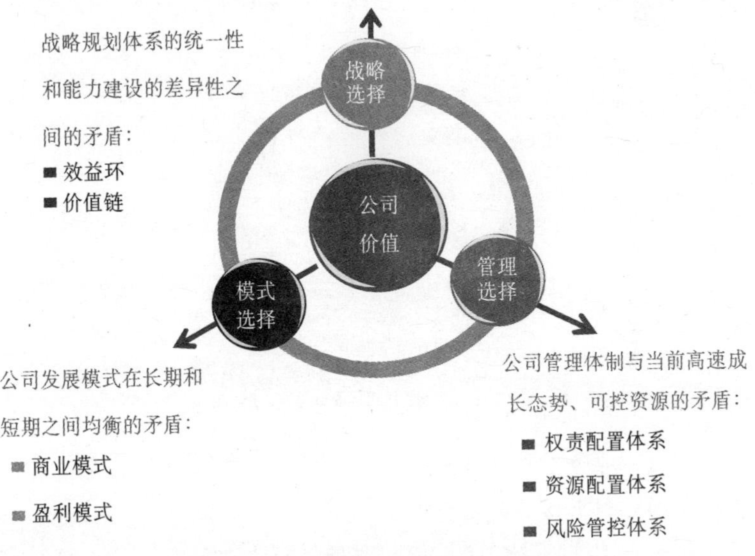

图4-16　中国联通效益策略选择

在战略选择方面，需要遵循企业效益循环要求，选择合适的企业发展战略、成本管理战略，基于企业内外部价值链分析，拟定竞合策略；在模式选择方面，基于企业产品生命周期所处阶段，平衡长期和短期效益，制定合适的商业模式和盈利模式；在此基础之上，完善与改革公司管理体制机制，特别是在权责配置、资源配置与风险管控方面，以下将重点针对电信企业效益环进行分析，对基于内部作业动因的资源配置模式进行简要阐述。

与社会生产过程的生产、分配、交换、消费四个过程类似，在企业经营管理的基础逻辑或者扩大再生产的逻辑上，需要遵循发展、收获、分配、投资的效益循环体系，并在这一成长逻辑下不断螺旋上升，实现可持续价值成长。企业经营管理的目标是生存、发展、获利，进而实现价值的提升，再生产的扩大。第一步是做好经营发展，追求市场与收入份额；第二步是强化收入质量管理、推进低成本战略，追求经营利润；第三步是对经营成果的分配；第四步是扩大再生产。如图 4－17 所示。

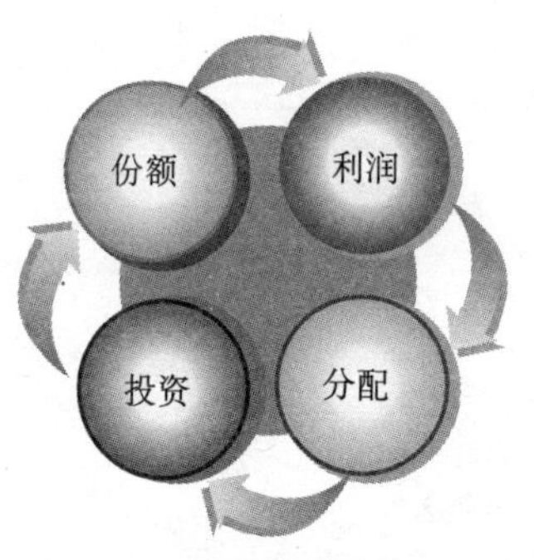

图 4－17　中国联通效益策略环

首先，业务发展必须从规模、竞争、结构、趋势等视角进行全局布局，追求份额的增长。

对于中国联通来说，可以从业务规模、竞争力、成长性等三大维度评价公司发展能力，以某省级联通分公司为例，在规模上，以年度收入 >15 亿元为评判标准；在竞争力上，以市场份额 >10% 为评判标准；在成长性上，以同比增长 >20% 为评判标准，将各产品线纳入以上三大评价指标体系，可以清晰地观察到公司战略成长图景。

其次，与份额增长相得益彰，企业价值和竞争力提升必须以成本结构优化和相对稳定为先决条件，追求利润的增长。我们可以观察某联通分公司的成本结构和效能趋势，重点成本费用占主营收比由 2010 年的 97.89% 稳步下降至 84.96%，其中成本费用结构发生重大转变，营销成本（含网间结算支出和坏账）和终端支出占比稳步上升，折旧摊销、网运成本、管理费用等逐步下降，资源效能明显提升。

再次，公司最直接相关的是员工绩效和薪酬的分配，追求分配效益的提升。这是与发展、获利同等重要、缺一不可的因素。

第四，资产结构和投资方向有效推动收入结构和规模，追求投资效能的提升。从投资规模上看，电信行业投资占收比一直处于 30% 以上，从投资结构上看，联通近年投资方向逐渐向 3G/4G 网、宽带数据等代表技术发展和新兴经济发生战略转移。

对于处于营销末端的县区分公司或者营服中心，更应建立一个环境、增长、效益的三维收益体系，从竞争环境，增长趋势及毛利率等三个维度对自身的不同专业、产品、套餐、渠道进行清晰、全局、系统的判断和评估。通过不同产品组合选择最优化的竞争策略，并在不同时期进行动态的调整。

4.3.2 价值传承：财务体系决定成本管理的能力

企业的组织结构是实施财务战略的一个重要保证，一个好的财务战略需要通过与其适应的组织结构去完成。美国学者艾尔弗雷德·钱德勒（Alfred. D. Chandler）在 1965 年出版的《战略与结构》一书中指出，企业组织结构的变化受战略变化的驱动，战略与企业面临的外部环境相联系，企业不应该仅从现有的组织结构去考虑战略，而应当根据外部环境的变化去制定战略，然后根据新制定的战略来调整企业原有的组织结构。也就是说，组织结构要随着财务战略进行调整，只有这样，企业的财务战略才能得到组织上的保证。

现在我们在一个实时的、三维的、全球的、开放自由的空间中竞争，Charles Handy（1989）说，我们已经进入了一个“跳跃变化”的时代，人们再停留在原来的状态中寻找变化的逻辑只能使自己发疯。在这个新奇的世界中，变化是唯一的永恒。不论目前处于何种产业的企业，都必须努力在环境与自身优势之间谋求一种动态的适合性，超越由大规模和多样化生产所带来的传统竞争优势，不断寻求新的优势来源，保持与环境要求相匹配的柔性水平。

选择适合的商业模式是增强公司盈利能力的基础和核心，而公司治理的逐步完善则是商业模式成功运行的保障和关键。Brobetz 等人通过实证研究表明，公司治理水平较高的公司其股票预期收益也较高。Black 等人则通过构建公司治理综合指标体系，以韩国公司作为研究样本，考察公司治理水平与公司价值之间的关系，研究结果发现公司治理指标与公司价值之间呈正相关关系，公司治理综合指标每上升 10%，公司价值也随即上升 5.5%（龙舒婷，2011）。

随着电信运营企业转型进程的不断深化，需要向新的三高（高持续性、高技术含量、高管理能力）一低（低成本消耗）的经济结构转变。当此之际，财务管理做为企业运营流程和价值创造的枢纽，如何为企业的战略转型铺设“低摩擦系数”的精益财务轨道、如何为企业的价值管理提供“高决策支撑”的精益财务信息，成为电信运营企业价值管理亟待解决的问题。

在特定历史时期的特定价值成长路径中，财务必须转移角色定位，向管理会计变革，大幅提升决策支持职能。从现有的交易处理职能为主的模式逐步演变到财务控制和决策支持为主的模式，以大幅提升财务在决策支持层面的工作模块，不断探索财务管理体制改革，建立与战略转型相匹配，责权利有机统一的管理体制。

从电信运营商财务管理体系演变路径，我们可以清晰地观察到几个逻辑路径：营收资金总部高度集权、财务核算集中共享、业务权限逐渐放开、核算单元逐步划小，基层财务逐步向业务财务和决策财务演变。

（1）三大运营商的财务体系

①中国移动。中国移动作为市场份额最大的基础电信运营商，其财务管理理念和财务体系也在与时俱进、不断创新发展以迎合市场大环境的变化，对于其财务体系的研究，本书给予的笔墨也最重。

第一，财务职责定位和演变。从 1997 年改制上市起，中国移动的财务管理就开始不断适应、创新和完善，与此同时，财务角色和职能也发生了相应转变，以适应财务管理的需要。

从纵向上看，财务人员从传统的“账房先生”角色跳出，不再局限于记账核算、出具财务报告等事务，而是加强了对成本管理、现金管理及会计稽核职能的要求，从“记录员”转变为“监督员”的角色。随着业务发展多元化及公司价值提升要求，财务人员能利用财务数据对公司经营进行分析，对领导决策进行支撑，发挥“评论员”的角色。在行业环境变化及公司精益管理的要求下，财务在预算考核管理、中长期资源配置规划、机会和风险评估管理及推动参与策略制定方面日益发挥重要作用，成为策略财务，充当着“业务伙伴”的角色。

从横向上看，财务角色已从传统财务有所延伸地分为三种：战略财务、业务财务和共享财务。战略财务是公司整体价值守望者、经营战略推进者、整体风险监控者，面向公司管理层出具财务角度管理建议。其职能在于通过全面预算优化资源配置，保证公司战略目标的达成；通过经营分析抓住战略要点，全方位跟踪和分析价值创造关键环节及指标的运行情况，并进行通报、及时纠偏；通过 KPI 考核建立激励约束机制，确保战略目标的严格执行。业务财务定位于面向业务单元，在划小核算单元基础上，以多维度成本、管理会计等为视角，为业务运营管理在价值提升、风险管控等方面提供财务角度的常态化专业支撑。其职能在于参与业务及项目方案制定及论证；开展常态化效益闭环评估；在业务和财务单位之间搭建政策及理念宣贯的桥梁。共享财务是以低成本高效率为目标，通过标准化等手段，将财务事务性工作集中处理，为相关对象提供准确、高效的财务核算、信息整合和 IT 系统支撑等服务。其职能在于确保信息的全面性、准确性、及时性和灵活性；

第二，省级财务集中核算体制改革。为提高核算效率，提供更加精细、准确、及时、可比的会计信息，从 2006 年开始中国移动就着手在省公司层面推进财务集中核算。直到 2009 年，才建成省级财务集中核算体制，这为以后更高效的财务工作夯实了基础。

从最初的县公司报账制、收支两条线管理、ERP 系统建设到省级财务核算集中并逐步推动业务集中和提升的过程中，中国移动取得了一定的成效，具体体现在：管理层级减少，加强了财务管理的力度；省公司内部实现了透明、规范、统一的财务管控；报账、稽核、支付、报表等核算效率大幅提升；制定了 8 大流程规范并下发执行；建设了以 ERP 系统为核心，覆盖财务全流程的 8 大系统，系统规范统一。如图 4－18 所示。

第三，业财融合模式的推行。从 2005 年中国移动提出业务伙伴目标时，就已树立了“业财融合”的理念，这要求财务对业务发展的关注要从合规性向合规、效益并重方向转变。这也意味着要求财务人员从基层传统财务向业务财务及决策财务转型。

在业财融合的推进思路中，中国移动提出了六大关键实施要素：一是搭建业财融合的多维度信息平台；二是梳理价值链以探寻适宜的融合切入点；三是以后评估为抓手推进全流程评估；四是建立有效的制度及流程保障；五是强化复合型人才培养；六是提供有力的组织保障。

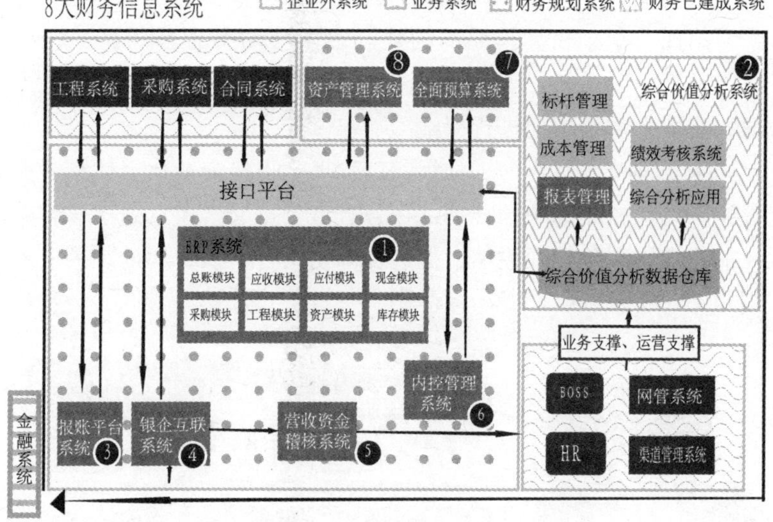

图 4-18　中国移动财务信息系统

在业财融合的实践过程中，中国移动也取得了诸多成效。例如，在管理机制方面，在公司《自有增值业务管理办法》文件中，补充完善了关于增值业务后评估的有关要求，并将财务效益作为重要指标；实施划小核算单元，根据“谁占有资源谁负责”原则，实施分单元、分职能部门独立、全量核算，资源分级归口管理，建立了责、权、利相统一的内部业绩计量与考评体系；通过深入挖掘营销物品管理流程各环节的驱动因素、优化薄弱环节，建立“五个统一”①，彻底改变物品种类冗杂、流程不规范、系统割裂的状况，实现了营销物品全流程闭环管理。通过梳理价值链，选取资源配置重点领域，已构建通用价值评估模型，促进价值评估环节前移，推动价值评估“常态化”和“高效化”；已建立全面预算标杆管理数据库，为预算编制、成本管理、价值分

① 笔者按：“五个统一”即统一采购、统一编码、统一库存、统一系统、统一计量。

析、最佳实践、绩效评价提供了有效依据。

第四，划小核算单元的构建。中国移动各省公司属于子公司，财权相对独立，在最小责任单元建设（划小核算单位）方面，主要是省市层面进行探索。

为了理清职责界面、分级归口管理、构建全量核算体系、完善激励约束机制，中国移动已在各省市公司层面探索划小核算单元的建设，明确责任主体，促进资源使用责、权、利的统一。如图 4－19 所示。

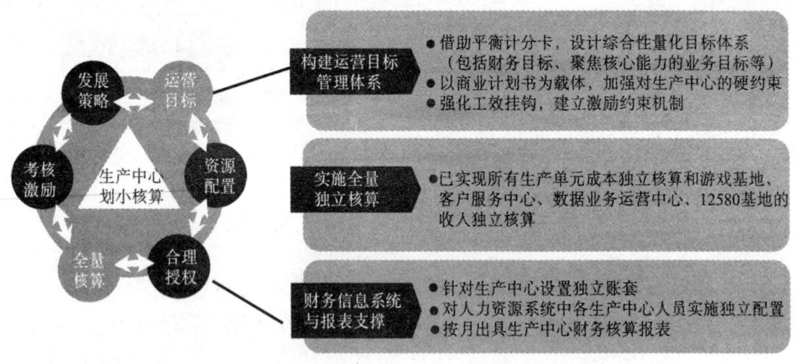

图 4－19　中国移动省本部生产中心划小核算示例图

在省本部层面，推进职能部门划小核算。根据收入计量的难易程度，将职能部门划分为生产中心和利润中心，同时落实资源归口管理责任。对于推进生产中心划小核算的路线是通过建立内部市场化契约机制，优化收入计量模型，实施成本费用的独立与全量核算，强化利润中心管理，落实对资源使用责任的考评与问责机制。其重点是厘清运营目标和实施全量核算。在运营目标方面，通过借助平衡计分卡、商业计划书、强化工效挂钩等一系列手段和方法，设计综合性量化目标体系，建立激励约束机制，搭建一套完善的运营目标管理体系，加强对生产中心的约束力。在全量核算方面，需要财务信息系统与报表支撑，针对生产中心设置独立账套，对其收入和成本独立核算，同时对人力资源系统中各生产中心人员实施独立配置，按月出具生产中心财务核算报表。

在市公司层面，推进分乡镇和分营业厅的划小独立核算，构建全量核算体系，明确收支核算口径，设计管理会计报表，实施常态化数据稽核与报表发布。对于乡镇营销单元，收入核算是依托属地化系统对用户进行划分，实现分乡镇客户账单收入归集统计；成本核算是依托营销资源管理、资产管理、人力资源管理及综合费用台账管理等系统，实现分专业成本归集。对于营业厅营销单元，收入核算是比照社会渠道酬金标准设定各类业务办理的虚拟收入单价，对营业厅价值贡献进行虚拟收入计量；成本核算是通过归口管理部门，规范报账流程，细分至营业厅维度进行电子台账登记和费用归集。划小核算作为结果评估的工具并结合过程管理和标杆管理的管控，构建并完善了营业部（厅）工效挂钩的评价体系，加强对营业部（厅）运营过程的改进及综合效益的核算、评估和考核，引导一线降本增效。如图 4－20 所示。

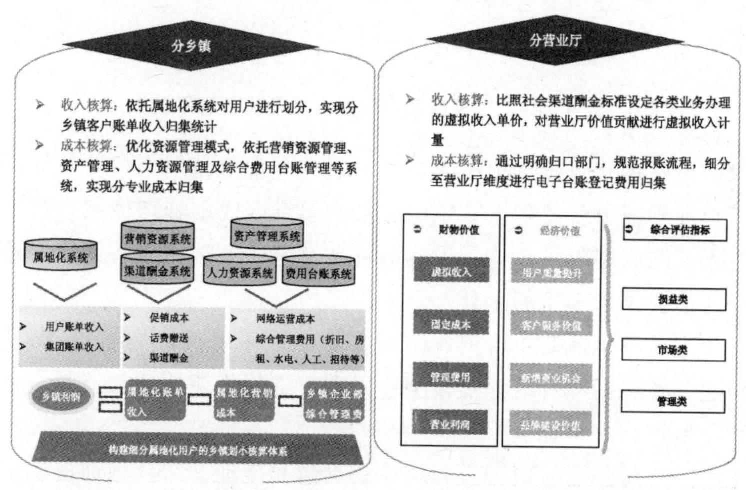

图 4－20　中国移动市公司“乡镇营销单元”与“营业厅”划小全量核算示例图

除此之外，划小核算单元的构建依托了系统平台，实现信息化高效管理。通过创新开发业财融合信息化支撑系统，与相关业务及财务系统建立接口并进行数据信息实时交互与共享，实现划小核算模型的数据汇总、自动计算和报表展示。如图 4 – 21 所示。

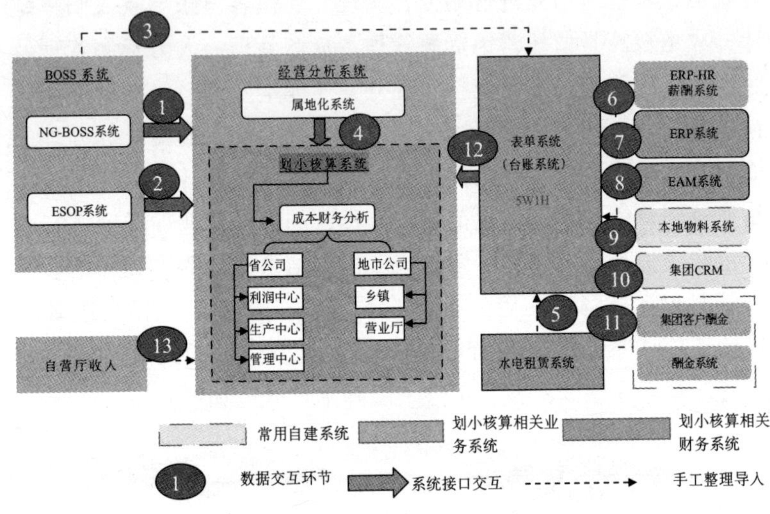

图 4 – 21　中国移动业财融合信息化管理平台

正是在省级核算集中支撑、业财融合管控和划小核算单元等基础性管理平台基础上，中国移动的多维度成本管理体系也逐步进入实践应用阶段，这一项目的突破对于业务端的成本管理、价值评估提供了丰富的工具。

为了科学地衡量价值，中国移动选取了资源配置重点领域，构建各省通用的价值评估模型，以期促进价值评估环节前移，推动价值评估“常态化”和“高效化”。

一是对公司价值链进行全流程穿越和梳理，结合当前资源消耗主要环节，明确价值评估的对象和维度；

二是在传统财务效益评估方法的基础上，结合实际，从综合价值角度创新评估方法；

三是基于各类价值评估对象，从战略价值、财务效益、业务规模、健康度等各方面考虑，建立针对不同业务活动和活动主体的评估模型，便于各部门日常使用；

四是将价值评估原理、主要控制点固化至业务流程中，进而推动价值管理的常态化和高效化。

以管理会计核算体系和多维度成本效益分析体系为抓手，首先出台了重点产品（如语音、短彩信、数据流量、手机上网、无线音乐、手机阅读、手机游戏、手机视频等）、客户（如存量/新增、区域、网龄、集团成员、套餐、重点等）、渠道（如单厅、10086、12580 等）维度的效益评价，后期逐步拓展至分网络、分组织、分区域、分套餐等其他维度。如图 4－22 所示。

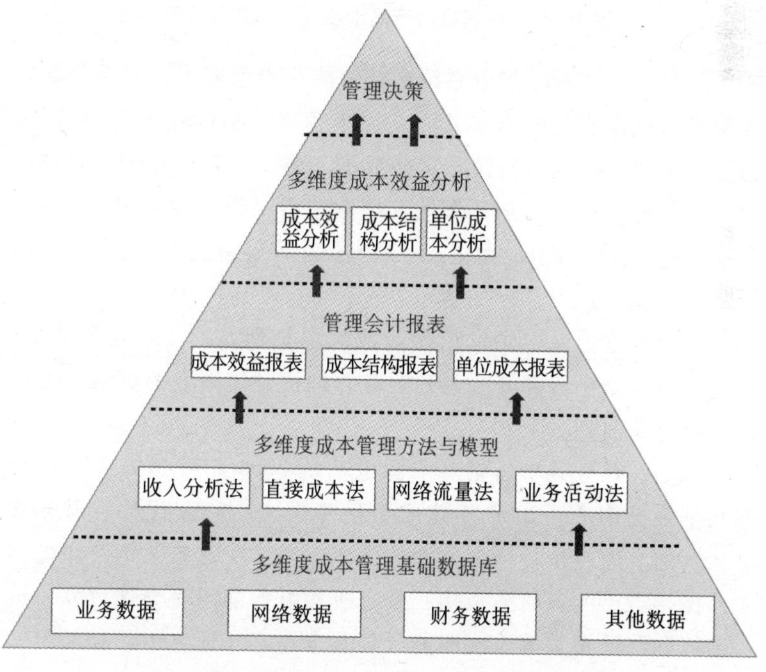

图 4－22　中国移动多维度成本管理框架和工具

产品维度已能够产出重点产品的收入、成本、效益及细分结构信息，同时，通过以“网络元素”和“营销活动”为载体开展产品成本的归集和分摊，解决通信行业全程全网成本精确计量的难题，实现管理会计报表的常态化产出，测算各项产品边际成本的同时，通过产品横向效益比较分析，有效营造省公司间比学赶超的氛围，不断提升产品盈利能力。如图 4－23 所示。

图 4－23　中国移动产品维度成本效益评价表

并且，还实现了经分系统中建立客户价值账本，对单个客户的收入、成本进行归集，灵活支撑多角度、精细化的客户分析。通过按客户归集各类营销和客服成本，将单位客户和聚类客户的价值贡献完整反映出来，有效支撑营销资源投放方向和力度，以实现客户维度的价值最大化，有效支撑生产经营决策。如图 4－24 所示。

②中国电信。中国电信作为成熟电信运营商，在财务共享、资金集中、划小核算等一系列财务管理机制体制上的探索和变革也走在行业前列。

第一，财务共享运营。中国电信从 2008 年开始筹建省级财务共享服务中心，2009 年建成后稳步推进，持续优化。财务共享运营的实施也依托诸多方面的优化改进。在财务架构及职能方面，保持省市两级财务架构，分支机构财务部门将会计核算、资金结算和统计报表等三项职能上划共享中心，强化市、县两级的财务价值管理、风险管控及运营支撑职能，各级机构财务职能从

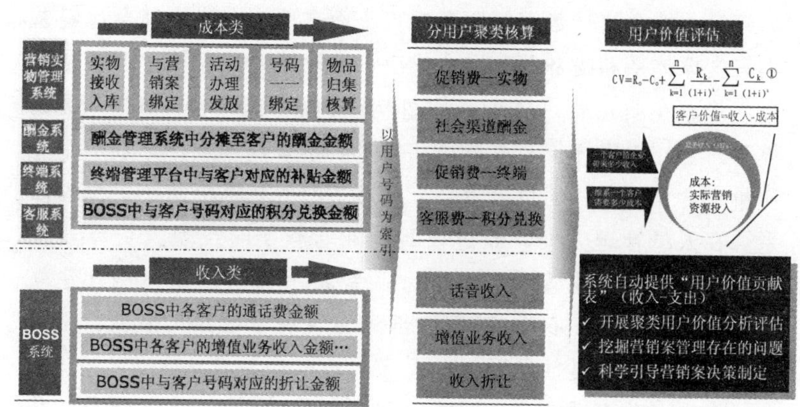

图 4-24　中国移动客户价值评估模型

侧重交易处理向重视决策支持转变。在人员配备上，建立起一支年轻化、高学历的专业团队。在组织架构上，构建五大运营平台[②]，涵盖十个职能科室[③]。在岗位设置上，做到职责更加明确，管理更加专业高效。在制度流程上，从业务规范、质量管理、人员建设方面更加细化设置并完善。同时需要利用会计信息化，构筑“决策支撑、会计核算、质量管控”三大平台。至 2014 年，财务共享中心运营成效显著，以 GD 为例，月均会计核算量较 2009 年上升了 114.2%，流程时长下降了 11.9%，规模不断扩大，效率持续提升。

在财务共享运营管理层面，重点对会计服务、数据服务、质量管理和人员管理四个方面进行优化改进。在会计服务方面，主要从报账流程、收入核算、工程核算、税务核算、电子档案五个方面进行细化要求。在数据服务方面，力求对财务会计报告编制

---

① 净现值 = 当期现金流量净现值 + 未来现金流量净现值

② 五大运营平台：核算管理、资金结算、票据管理、数据支撑、运营支撑。

③ 十个职能科室：收入业务室、成本费用室、工程资产室、税务业务室、资金结算室、票据稽核室、会计报告室、数据分析室、综合支撑室、质量风险室。

与政策、综合统计数据等服务进行全面支撑，搭建管理会计经营决策支撑体系和财务共享融合化决策支撑体系，发挥业财融合信息优势。在质量管理方面，通过构建财务共享“SMART”服务体系、合作水平评价改进体系和信息质量管理体系，分别从服务质量、合作质量、信息质量三方面打造财务共享全面质量管理体系。在人员管理方面，通过设置作业看板实时反映人员作业动态，实施积分量化管理和“专才、专家”梯队建设机制，建立“4+2”人员培养机制，搭建内部运营管理平台四大措施，激发人员活力，引导良性发展。

在财务共享系统建设层面，重点在于如何在一本账运营的基础上充分体现报账服务智能化、业财集成高度化和管理支撑高效化的特点。首先，需统一业财沟通语言，搭建经济事项智能配置模型，建立经济事项统领的智能推导报账体系；利用系统架构分离与支付管控，建立资金稽核模式，强化资金风险预警达到资金安全运营；同时厘清责任，固化往来款信息管理系统，实现往来账款智能清账，全面推进报账服务智能化。其次，通过打通B（计费）域，搭建合作业务一体化平台，推进合作分成、代理酬金、终端补贴型代金券集成报账；打通O（运营）域，实现能耗集成报账，支撑能耗成本管控；以合同为主脉，构建业务全过程、跨部门精细化协同管理以及集成供应链管理和工程项目系统闭环管理；整合M（管理）域接口，实现会税融合管理；连接B域和M域，实现收入核算全程不落地操作，全面体现业财集成高度化特点。

第二，资金集中管理。为提高资金周转效率，控制资金风险，中国电信启动资金集中管理模式。该模式的两项重要措施就是实行资金收支两条线管理和营收款集中核算、三级稽核管理。

实施资金收支两条线管理是以现金流预算为核心，以统一管理模式为基础，以信息化系统为手段，建立责权明确、模式统一、安全高效的精确化资金管理体系，实现提升资金效率和效益的目标。其管理要点有五点：一是根据“统一管理、分级负责”原则，明确资金收支两条线管理工作实行总部、省、地市三级管理体系；二是统一收支两条线银行账户架构体系，统一银行账户分类、授权和资金归集模式等内容；三是强化现金流预算管控，将现金流指标横向、纵向分解落实到各级单位、责任部门，要求前后端业务部门主动参与、积极配合，形成全方位现金流预算管控责任体系；四是规范收支管控模式，收入归集采用“纵向优先、横向就近”模式，统一总部与省公司、省内收入账户归集频次支出采用“日间透支、日终清算、逐级补平”的零余额管理模式，支出账户设定“日间透支额度”和“周期支付额度”，实行双额度管控；五是明确现金流管控工作纳入总部对省公司综合考评。

为了加强资金集中管理，确保资金安全，防范内控风险，对营收款实行收款集中核算及三级稽核管理。营收款集中核算要点体现在六个时间点上：每月 3、13、23 日 9 点前各级业务支持中心利用收入回现系统归集经审核的营收数据生成数据，10 点 30 分前各级业务支持中心和预算资产管理部进行业务稽核和财务稽核，11 点前预算资产管理部将数据分别传输至 SAP 和应收业务室，17 点前财务共享服务中心接受数据进行会计稽核并记账，每月 8 日 17 点 30 分前财务共享中心进行数据记账复核，每月 10 日 17 点 30 分前财务共享中心票据室对营收款会计凭证进行归档。营收款的三级稽核管理即营业厅一级稽核、市县二级稽核和省公司三级稽核。三级稽核关注点不同。一级营业点收款稽核主要负责业务、系统、营收现金以及发票的一致性实时稽核。二级市县营收稽核主要负责后台稽核、系统和银行一致性稽核。三级省公司收入资金稽核主要负责营收资金上缴稽核和风险监控。

第三，划小责任单元。为了推进市场化进程，增强企业内生动力，调动员工积极性，提升企业价值，中国电信于 2011 年起步摸索划小核算单元的工作。2012 年全面推进工作，2013 年突出重点。其划小核算单元的重点是从两个维度进行划分即基本经营单元和基本管理单元。

基本经营单元指承担收入任务、能够自主经营的最小责任主体，其重点通过支局划小和营业厅划小，推进市场化进程，关键资源下沉，体现责权利统一，通过重点考核收入和经营利润，把经营成果与员工利益紧密关联，充分调动员工积极性。基本管理单元指基本经营单元上一级的管理单元，其重点通过开展宽带网络投资划小，推进精细化管理，聚焦有线宽带投资，通过考核宽带网络利用率，强化基本管理单元的投资效益意识，提高资源使用效率和投资有效性。

划小责任单元的重点工作是支局划小。建立以“四级穿透”为基础组织架构即省、市、区县、支局以及与支局划小相匹配的“四级穿透”财务管理体系即核算、预算、分析和考核均穿透至支局。在核算方面，通过统一量收口径、统一成本池设置，稳步推进支局收入与成本归集。在预算方面，通过统一配置方法和统一过程管理以及建立基层单位资源动态增配机制促进关键资源下沉到支局。在分析方面，通过落实责任单元，统一计算经营利润以及系统支撑确保经营业绩及时、公开、透明，分等分级地开展横向对标。在考核方面，通过设置考核指标及权重，员工薪酬100%和考核结果挂钩，上不封顶、多劳多得，以及建立如承包经营责任制、竞聘上岗等有效的激励机制，激发基层经营单元经营活力。同时建立内部 SLA①，落实后端部门职责和考核评价要求，促进前后端协同。

③中国联通。从行业的跟随者短时间内转变为创新引领者，中国联通的公司定位发生了质的变化，因此财务定位也必须作出相应定位的改变，重点突出和强化预算管理、管理会计、内控建

① SLA 指快速响应机制。

设、运营和决策支撑等方面的职能，全面推动财务部由会计事务型向运营管理型和流程管理型转变。

第一，职能定位变化。以符合公司价值提升为导向，财务管理角色渗透到内部价值链运作的核心环节，职能进一步延伸到评价判断内部合作伙伴的投资经营管理行为，提升对投资、经营活动的影响力，进而引导其管控流程优化，符合公司利润最大化，发挥财务顾问在投资、经营过程的贴身服务作用。由过去主要偏向业务处理和会计报告的职能转向主要偏重决策支持和控制职能。如图 4－25 所示。

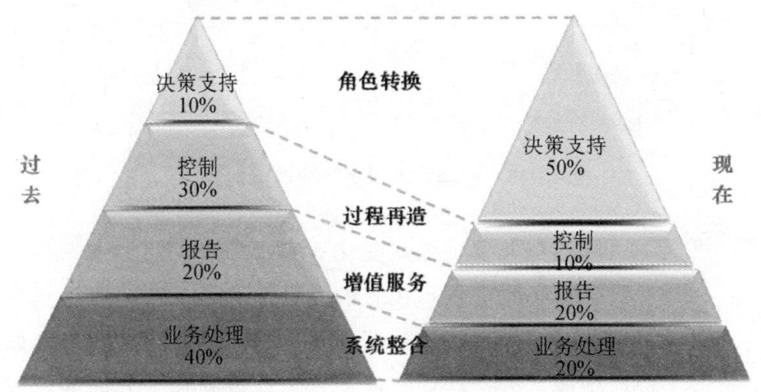

图 4－25　中国联通财务管理职能的变化

第二，财务管理模式变化。基于财务管理与职能的变化，结合公司组织架构的设置与职责调整，必须构建面向一线、以客户为主导，集权与分权相结合的差异化财务管理模式，对省公司的直属生产中心采用分权管理模式，对业务相对独立的系统集成、信息导航事业部采用独立的运作模式，具体如下：

省公司直属生产中心分权财务管理模式：对大客户中心等直属生产单位，改变职能制管理现状，采用分权管理模式，赋予充分的生产资源使用自主权，实施财务支撑服务专岗对接制度，提高对市场的快速反应能力；

系统集成等的公司化运作单位财务管理模式：对系统集成公司、信息导航公司和音乐中心等市场化程度较高的单位，采用相对独立的财务管理模式，实施财务负责人派驻制，提高公司化运作程度，借力资本运营之路，助推公司超常规发展。如图 4-26 所示。

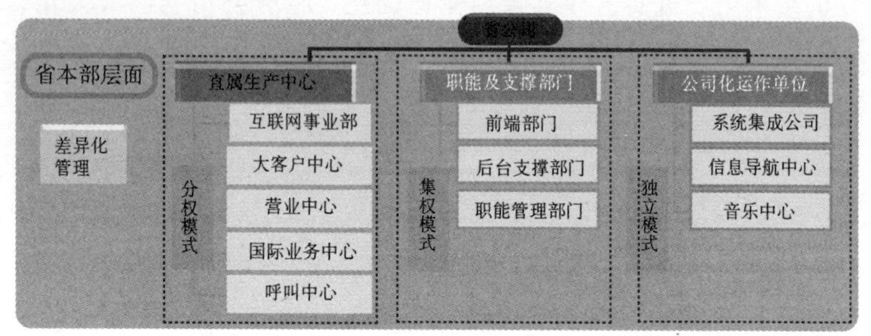

图 4-26 中国联通财务管理职能的变化

第三，区域性财务管理模式变化：

一是省级分公司财务管理模式的差异。电信运营企业历年来的分合、重组与变革，导致各运营商及运营商的区域之间市场竞争态势、资产构成、人员结构、业务能力、盈利水平方面的差异与不平衡，针对不同区域的差异，中国联通、中国电信均实施南北差异管理策略（南方 21 省、北方 10 省），在战略导向、预算管理、资源投放、网络建设、激励模式、业务发展模式、人力资源等多方面实施差异化策略，在此基础上，实施不同的财务定位与目标，分别按照南、北方分区域的对标管理。

中国联通在财务预算目标制定上，将战略引领与预算相结合，对省份进行分类管理，区分南北划分的基础上，结合分公司现有市场地位和业务发展轨迹，明确差异化市场竞争战略定位，实施分类预算管理：对于市场份额较小的分公司，重点在于快速扩大市场规模，提高市场地位；对于市场份额达到一定规模的分公司，重点在于“做实、做精、做细”，提升盈利水平。同时在持续坚持与行业对标，指引分公司逐步缩短与行业的差距。

中国联通结合各省的市场发展战略定位，确定对应的财务预算目标要求，并配套资源配置原则与业务考核要求，针对收入市场份额与收入利润率与行业水平的差异，在对标的基础上，实行四象限的目标管理模式：

第一象限，收入份额高、利润与行业差距小，总体要求保持市场地位，重点确保利润贡献。收入方面，市场份额高，收入预算要求相对较低；利润方面，与行业水平差距小，在对标改善基础上适度提高改善要求；资源配置方面，销售费用压降幅度要求相对高；在人工成本激励方面，与利润挂钩权重大；绩效考核方面，赋予利润考核相对更高权重。

第二象限，收入份额高、利润与行业差距大，总体要求保持市场地位，重点改善盈利能力。收入方面，市场份额高，收入预算要求相对较低；利润方面，与行业对标差距大，盈利改善要求相对较高；资源配置方面，销售费用压降幅度要求相对高；人工成本激励方面，与利润挂钩权重大；绩效考核方面，赋予利润考核相对更高权重。

第三象限，收入份额低、利润与行业差距大，总体要求加快市场拓展，盈利能力适度改善。收入方面，市场份额低，收入预算要求相对较高；利润方面，与行业对标差距大，在对标改善基础上适度调整改善要求；资源配置方面，销售费用压降幅度要求相对低；人工成本激励方面，与收入挂钩权重大；绩效考核方面，赋予收入考核相对更高权重。

第四象限，收入份额低、利润与行业差距小，总体要求保持盈利的同时，重点加快市场拓展。收入方面，市场份额低，收入预算要求相对较高；利润方面，与行业水平差距小，盈利改善要求相对较低；资源配置方面，销售费用压降幅度要求相对低；人工成本激励方面，与收入挂钩权重大；绩效考核方面，赋予收入考核相对更高权重。

二是本地网财务管理模式的差异。主要思路是实施差异化本地网定位：在效益管理上，强化一类地市的输血定位，突出二类地市的造血功能，强调三类地市的止血能力。

三是县（区）财务管理模式的差异。推动地市向县（区）和营服中心进一步分权，明确地市和县（区）间权限界面和标准，加大用户发展和收入相关成本的下放力度，尤其对A类县（区）充分授权；

四是营服中心财务管理模式的差异。制定简政放权指引，推进有条件的地市将促销费等与用户发展直接相关成本下放一线，特别是市直管营服的试点公司。如图4-27所示。

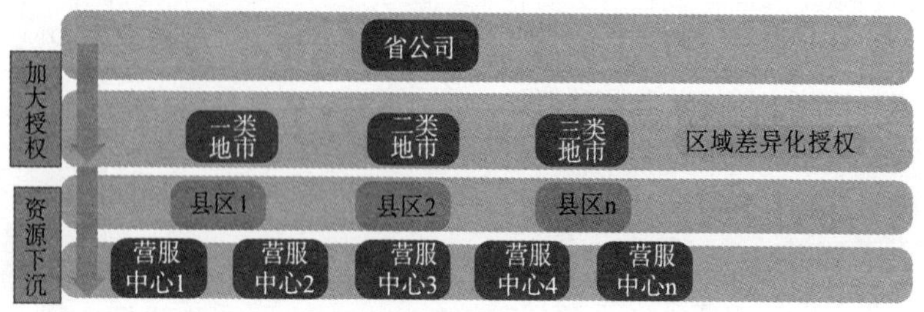

图4-27　中国联通本地网差异化财务管理模式

第四，授权审批权限变化。根据“纵向扁平，横向收窄，管理提效，流程提速”的总体要求，按照权责匹配、资源下沉的原则，优化设计各审批节点权限：

省本部优化重点：一是部门总经理、分管副总、总经理、总经理办公会之间在资本性项目和成本费用项目审批权限的优化；二是职能部门与生产中心流程和审批权限的区隔设置；

加大营销前端预算可调控项目：强调营销单元“当家作主”的作用，扩大其预算可控项目。目前主要是敏感性高的营销成本、网运成本加大前端可决策的空间。

风险可控项目审批权限放宽：风险控制前移，对于审批权限的设置，注重“头紧尾松”。立项、招投标、合同签订、款项支付各个环节区分费用性质进一步优化流程，制作流程导向图，减少对经营开展的制约，提高审批时效。

优化支付环节权限：有针对性、分阶段、分费用项目优化营销单元的付款环节权限。对于业务规模较大、管理基础较好的一类营销中心，适当考虑电子流付款审批，切实提高其付款流程时效。

第五，财务与业务协同管理模式变化。财务与市场如何实现协同？首先需要解决价值和利益问题，解决财务与市场“公说公有理，婆说婆有理”的两难困境，将两者纳入统一价值目标体系，使两者价值趋同，确保双方目标一致、利益一致；其次需要采取有效策略与措施，实施深度的机制性过程管控，通过双方博奕与相互渗透，最终达到协同，解决财务与市场“谁的声音大谁就有理”或者“会哭的孩子有奶喝”的对立和无规则状态困境，深度介入，全程跟踪，过程渗透；第三要解决财务与市场“井水不犯河水”的两难困境，设计足够吸引的利益模式，诱导业务部门的选择和行动方向。

通过投放结构、节奏、方式、对象等多维度的系统筹划和前置管控，促进规模上量与营销效能提升的有效协同，不断推动公司走向低成本扩张之路。主要实施协同策略如图4－28所示。

因应形势，构建基于全业务、基于项目、基于客户的全方位评估模型，进一步完善营销成本和营销政策前测后评机制。如图4－29所示。

（2）财务体系对成本管理的影响

①财务体系通过业财融合影响成本的管理属性。基于电信行业变革的力量带来的剧烈变化，决定了成本管理不仅是简单的成本控制或者是最小化成本概念，而是必须寻找成本控制与模式优

□ 结构优化策略

√优化总体成本费用结构：减少非收入拉动型成本投入

√**优化收入拉动型成本的结构**：增加与收入直接关联的资源投放，增加长效佣金等，从而在资源投入结构方面实现与市场需求的协同。

□ 全程渗透策略

√事前管控：营销活动和营销政策前测机制；
√事中管控：商业模式创新、利益模式优化；
√事后管控：营销活动，营销政策后评及考核机制。

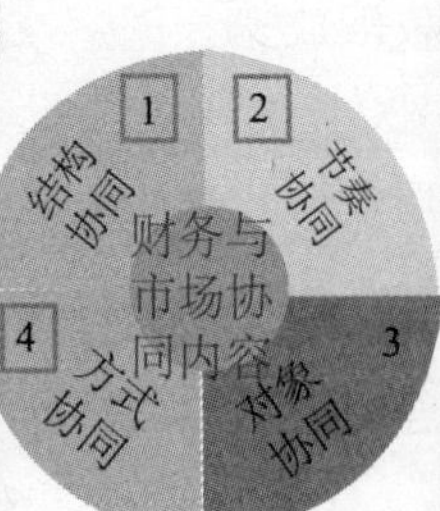

□ 均衡性控制策略

根据资源时间价值理论，按照"早投入，早产出"的规律，结合各类业务市场特征，合理筹划营销资源投放节奏。

□ 聚焦重点策略

根据"重点抓，抓重点"的原则，财务资源向公司4G战略业务聚焦，向集团客户等细分市场倾斜。

图 4-28　中国联通业务财务协同策略

分业务管理

- 测评体系覆盖全业务
- 根据业务的不同特点设计不同测评方法
- 根据业务不同生命周期阶段提出不同的盈利要求

分项目管理

- 建立重大集团客户项目收入、成本归集体系
- 完善基于项目的投资效益测评模型，关注项目整体盈利情况，而非单点产能

分客户群管理

- 根据不同细分市场、细分客户群设计不同的测评办法并提出不同的盈利要求
- 构建客户全生命周期的效益评价体系

建立分专业、分客户的营业费用评估模型，通过模型，全面展示待评估政策或活动的户均营销成本与各类非变动成本具体情况，优化并执行相关行销政策。

前置介入机制

前测后评制度

后评估机制

评估模型

从产品设计、渠道组合、价格策略、利益模式设计、商业模式创新、会计政策与流程、风险防范等方面前置介入，分析营销策略的可行性，判断资源投入对总体效益的价值贡献，促进财务战略与市场战略的有效协同。

图 4-29　中国联通 FJ 省营销政策评估评价机制

化之间的内在逻辑，必须发挥成本管理在业务发展模式、营销模式和盈利模式三个方向上的聚合和牵引能力。

从三大电信运营商这些年的财务进化演变历程可以看出，财务不能固守传统会计职能，必须跳出财务结合业务，融入业务，寻求业财融合、协同发展。中国移动推进的业财融合模式，中国电信建立的财务共享中心以及三大运营商极力推行的划小核算单

元，最小经营单元格核算等都是在不断地寻求业财融合的最优模式、成本管理的最佳方法以及效益提升的最理想途径。企业的精益化发展，必然要求财务核算朝着匹配业务发展的精细化方向发展，只有达到了业财融合、发展的要求，才能使企业在激烈的市场竞争环境中有着快速反应机制，适时制定适宜企业发展的营销模式，有效投放资源，合理利用资源，使企业的盈利空间有进一步提升，使企业处于一种长远的、良性的、量质并重的发展态势。

②财务体系通过资金统筹影响成本的长期属性。资金流作为企业经营的“血液”，在企业运行中发挥着极其重要的作用。合理有效地利用资金、统筹资金管理对于企业来说，不仅降低了资金风险，防范了财务风险，也降低了资金使用成本，为企业的长远发展提供了物质基础与保障。

电信运营商作为资本密集型企业，资金往来频率甚高，而三大运营商均通过实行收支两条线的资金统一管理，同时加强对资金的稽核管理工作，严控资金风险，防范内控风险。除此之外，通过对资金的统一筹划及调拨管理，有效解决了内部资金需求，降低了资金使用成本，提高了资金使用效率，为企业业务长远发展提供了重要的资金保障。

4.3.3　价值保障：管理系统支撑成本管理的实现

财务管理要向支撑企业决策、实行价值管理转变，就必须推动企业财务支撑系统的系统化、精细化转型，需要从专业的角度，以分产品、分客户的成本效益分析为基础，进行财务控制和成本管理，支撑战略，并参与到企业的经营决策中。精确管理的核心是量化管理，要以精确的数据和事实为驱动，以信息化为支撑，做到决策心中有数、执行快速准确、结果量化可控。

（1）三大运营商的管理信息系统

①中国移动。中国移动以公司战略为指导，根据财务管理需

求，提出了一系列与其相对应的系统设计。在系统支撑下，进行相关的业务操作与推进。同时，根据该些系统所提供的信息进行相关的决策。

中国移动管理信息系统主要分为三层系统结构。

第一层为基层报账结算与核算系统。在第一层管理信息系统中，报账环节：首先需要运用报账平台系统进行报账初核，然后运用合同管理系统进行合同审核，再运用预算执行系统进行预算控制检查，最后再到OA系统进行业务相关领导审批、财务审核以及信息导入。核算环节中的凭证生成、财务复核、凭证归档以及会计档案的保管主要在ERP系统以及BOSS系统实现。结算环节，资金的支付调拨以及账户调整需要在银企互联系统以及BOSS系统中实现。到最后营收资金的稽核则需要营收资金稽核系统的支撑。

第二层为分模块管理系统。资金管理模块：涉及资金结算、监控以及分析，需要营收资金系统以及银企互联系统进行支撑。工程管理模块：工程的立项中涉及到采购管理系统以及合同管理系统，再到工程进度管理以及竣工结算则更多地运用了工程管理系统，最后工程的核算则需要在财务ERP系统中核算。资产管理模块：涉及新增资产需要在财务ERP系统进行相应处理，资产的调拨清查、减值报备则更多地在资产管理系统中进行。收入管理模块：从收入稽核以及营收资金稽核需要营收资金稽核系统、收入保障系统以及BOSS系统支撑。到最后收入的核算则依然是在财务ERP系统中进行。成本管理模块：从成本模型的建立到数据采集再到成本分析，均可以在成本管理系统中实现。

第三层为整体控制系统。该层系统的构成是需要以第一和第二层为基础，并在此基础上进行进一步的统筹把控。主要由预算管理系统、业绩考核系统以及内控管理系统构成。

其管理信息系统架构如图4-30所示。

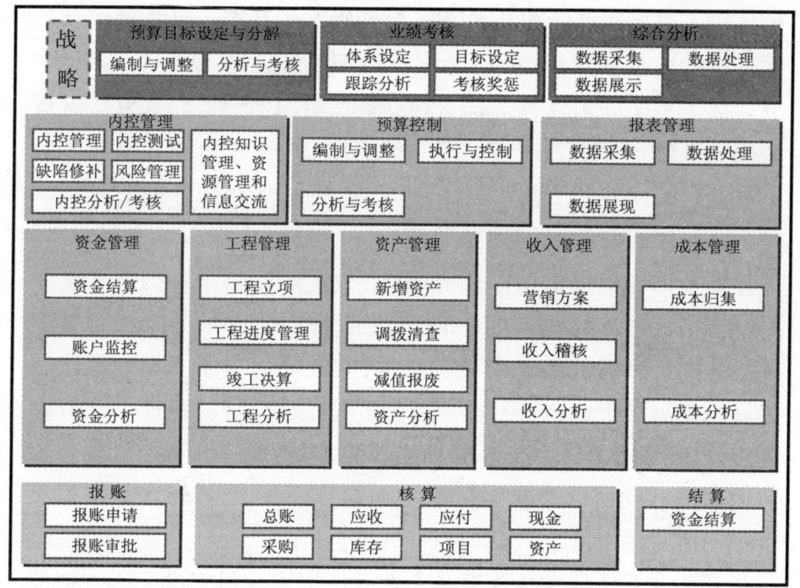

图 4-30　中国移动管理信息系统架构图

②中国电信。中国电信以 MSS 系统打造整体的系统框架。主要可以分成两大模块：第一模块是财务专业系统，第二模块则是其他专业系统。

财务专业系统坚持两种维度、三项统一、四个优化、五个提升的原则，目标在于提升财会基础工作效率和精确管理水平，强化财务管理的集约管控，深化企业价值管理，全力支撑企业规模效益双提升。财务专业系统的整体框架由 SAP 系统、合并报表、集中报表平台、主数据管理以及财务辅助等子系统构成。

第一，SAP 系统。SAP 系统接收集团 EDA 系统数据、测试过账和正式过账。与集团 EDA 系统一点对接，EDA 统一归集各类收入及收入相关业务数据。SAP 系统主要功能：A. 基础核算功能。B. 采购发票校验。C. 工程转资：与计划建设对接，将交资信息生成资产卡片。根据交资表信息，将工程列账数据按照分摊比例，完成资产价值的入账。根据资本化日期，自动调整预转固资产折旧金额。转固完成后，将卡片信息回传资产管理系统，进行后续卡实联动管理。D. 贷款管理：使用 SAP 贷款模块管理贷款业务的核算，并通过系统的集成，自动获取贷款银行相关的信息，保证支付的安全性。在 SAP 系统创建贷款合同管理，维护企业与银行贷款合同的基础数据，通过贷款模块集成到总账，并依据合同主数据信息，自动计算显示贷款合同期内的现金流。

第二，财务辅助系统。A. 预算管理：全面预算总体管理功能，并提供预算的控制功能。B. 网上报账：报账管理、报账辅助以及审批配置。C. 资金管控：账户管理、额度管理以及资金稽核。D. 银企直连：支付管理以及查询统计。E. 资产管理：资产动态运行审批以及卡实信息动态同步。F. 税务管理：增值税管理、所得税管理以及其他税种管理。

其他专业系统主要为财务专业系统提供数据支撑，以方便管理人员进行相关的财务管理与决策。这主要包括：供应链管理系统、合同系统、计划建设系统、人力系统、法律与审计系统等。其管理信息系统架构如图 4 – 31 所示。

③中国联通。中国联通以 MSS 系统搭建整体的系统框架。主要可以分成三大模块：一是 ERP 类系统，二是企业综合管理系统。三是公共管理类系统。

ERP 类系统主要由以下系统组成：A. 资产管理系统：确认资产原值、累计折旧、当月折旧、摊销、减值数据，通过资产关键字映射相应的业务活动。B. 财务报账系统：报账系统的成本费用数据，由报账人员录入报表单据时手工在业务活动清单范围内选择相应的业务活动，并附带业务活动信息，传入 ERP 核心应付模块或总账模块。C. 库存管理系统：由用户在出库申请/出库界面、退库申请/退库界面或杂项事务处理界面手工挑选业务活动，并附带业务活动信息。D. 采购管理系统：由费用需求部门（采购员）在采购模块进行费用接收确认时，在采购订单接

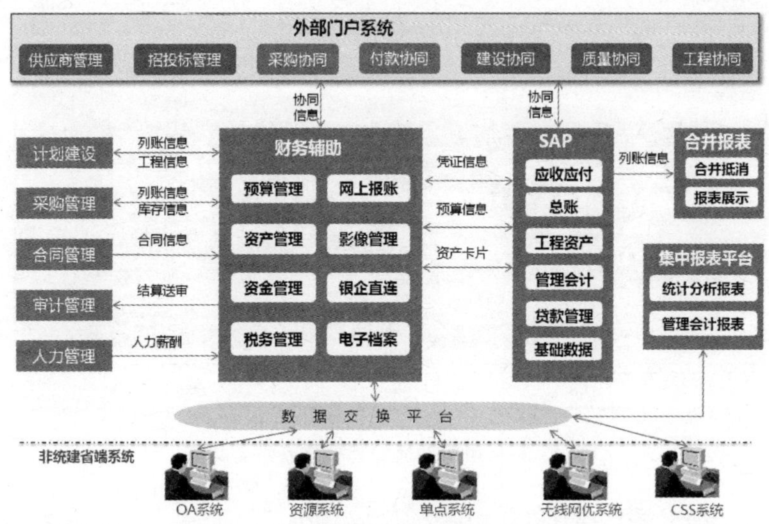

图 4－31　中国电信管理信息系统架构图

收行上手工挑选业务活动，并附带业务活动信息。E. 人力资源系统：通过把员工标识业务活动，月末根据员工业务活动属性和“职工薪酬”科目自动计算人工成本数据。F. 项目管理系统：对具体的项目统筹把控，对项目进展进行把控。G. 合同管理系统：合同的归档，合同的模版设计以及合同的签订审核。H. 预算管理系统：统筹预算总体管理功能，进行预算使用的实时监控，并提供预算的使用效能。I. 资金管理系统：资金使用的审批以及相关资金支付账户的管理，对资金流进行实时地监控。

企业综合管理系统：A. 公文系统：主要负责管理企业公文的发布以及相关公文的流程审核。B. 企业风险管理系统：设定公司可能出现的风险点，并针对相关的风险点提出有效的措施处理。同时，根据风险对公司的影响进行相关的级别分类，清晰地了解每一风险点处理的轻重缓急。C. 档案管理系统：负责管理企业的相关重要文件档案，并进行妥善的保管，做到实物保管与电子存档相一致，以便以后的查询。

其管理信息系统架构如图 4 – 32 所示：

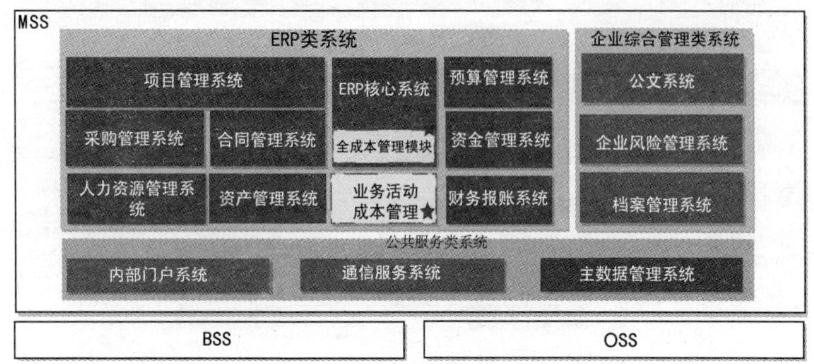

图 4 – 32　中国联通管理信息系统架构图

（2）管理信息系统对成本管理的影响

从中国移动、中国电信以及中国联通管理信息系统架构看，三大运营商都对资产管理、资金管理以及预算管理有着严谨的信息系统作为数据的支撑，从中也可以看出其对财务成本以及预算使用进行了严格的监控。资产管理主要用于防止国有资产的流失。资金与预算的管理，则更加体现了管理层对财务成本的精细化管理的要求。对资金的有效管理，可以确保三大运营商的资金流充裕，同时保证了资金安全。预算管理则更加侧重于费用的使用能否达到最大效益，将费用预算向为公司带来更多收入的产品倾斜，从而创造更大的利润。为了更好地了解到公司每一笔费用能产生的效益，则需要强大而复杂的系统提供数据上的支撑。而这些数据需要细分到每一个号码、每一位客户，从客户开户使用号码开始，就可以通过管理信息系统分析到每一位客户给公司所带来的收入，而发展该用户所需要的费用，也同样可以做到细化到具体客户，这便是单客户财务成本管理。它是公司成本费用控制的必然趋势，只有做好单客户财务成本管理才可以分析出哪些客户为公司带来更大的收入，而发展这些用户所需要的费用成本是多少，发展这些客户哪些费用是可以削减的，可以通过管理信息系统提供的数据，进行相关的分析，并将该信息反馈管理层，以便管理层进行进一步的管理决策。综上所述，讲究精益管理的财务成本，基于电信行业成本管理性态发生了根本变化，原大颗粒度的、粗线条的管理方式已不适应精细管理和精准投放的需要，成本管理是多维的、细节的、精确投放的、全过程的穿透式的管理。

因此，财务管理要向支撑企业决策、实行价值管理转变，就必须推动企业财务支撑系统的系统化、精细化转型，需要从专业的角度，以分产品、分客户的成本效益分析为基础，进行财务控制和成本管理，支撑战略，并参与到企业的经营决策中。而精确管理的核心是量化管理，如何以精确的数据和事实为驱动，以信息化为支撑，做到决策心中有数、执行快速准确、结果量化可控，是新形势下电信企业成本管理的主要抓手。

而要使这个抓手能有效发挥作用，不妨引入 ABC 作业成本法的理念，在管理系统中建立分组织、分专业、分产品、分渠道、分客户群、分细分市场、分项目的基础数据仓库，从而可细化成本归集颗粒度，实现效益前测后评的精准支撑，为财务精细化管理和精确营销夯实根基。

图 4－33 即是中国联通在作业成本核算的基础上，构建 3 个层次的聚焦客户与转型产品的管理会计框架体系。

第一层是基础架构层，包括企业内部的财务与非财务数据、企业外部数据；第二层是个性应用层，包括作业成本核算模型、成本定价模型、客户价值模型等；第三层是分析应用层，将模型工具应用于企业的经营管理，如产品定价、资源优化配置、外包决策等。

以第一层基础层数据仓库所包含的内容为例，它包括了收入类系统和成本类系统，分别通过 BSS 系统、智能网系统、收入归集系统，将账单收入、结算收入、SP 收入等纳入统一收入管理

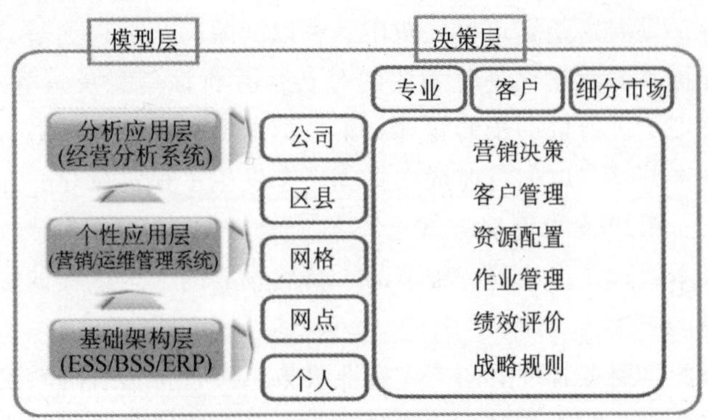

图 4-33 聚焦客户与转型产品的管理会计框架体系

平台，通过营业费用系统、佣金系统、BSS 系统、ESS 系统和交换局结算系统，将广告宣传、维系、渠道费用、手机补贴、坏账准备、网建结算支撑等各项营销成本直接或间接分解到客户。

在第一层基础数据仓库发挥作用的前提下，通过 ERP 系统的各子模块，经由信息交换整合数据，将各类财务信息纳入统一作业价值管理平台，形成基于四级组织、细分市场、特殊渠道的全成本评价；形成基于用户为颗粒度的营销成本索源评价，从而构建公司特定管理系统，实现分专业、分产品、分渠道、分项目的政策边际贡献评价、用户生命周期和服务生命周期边际贡献评价，为公司可持续发展提供决策支撑。

4.4 价值运行路径

价值运行路径包括以下三个层级：

1. 通过预算管理、权责体系的建设发现价值

部门职责的清晰界定是明确预算执行主体的基础，出台财务资源权责匹配体系方案，通过建立部门职责与成本支配权间的映射关系，确定部门成本开支范围，进而确定成本预算额度，对收入以及各项成本费用，尤其是以前年度管控主体缺失、责任配置

不明的财务资源重新梳理，形成可控、可管、可评价、可考核的责任体系，同时通过ERP、BSS等系统进行技术锁定，保证成本支配权与部门职责的有机统一。

2. 通过作业管理、价值链管理的全成本体系牵引价值方向

在公司战略规划引领下，围绕机制体制、价值链管理、模式创新、收入保障、降本增效等五大模块，建立公司利润源梳理及策略选择框架体系，实施盈利能力提升方案和常态运行机制，着力推进公司战略规划下的长远效益规划，推动公司从规模成长向价值成长阶段过渡。确定类、组、项三维成本管控内容，涵盖整个价值链的重点收入与成本控制环节。

为有效缓解公司特定成长路径下的资源稀缺性和有限性矛盾，突破资源配置机制的种种藩篱，提高财务资源效能，发挥资源获利天性，实施科学的财务资源配置机制，搭建以收入、价值为导向的财务资源配置模型，激活沉没资源，打破专业间、地域间、渠道间的资源流动约束，激发公司内在动力，培养其根据业务发展需求自主调节资源配置的意识，引导资源向高能力地区和高价值领域流动，为公司实现跨越式发展战略目标提供坚实力量。

3. 通过绩效考核、业绩评价体系锁定价值

在预算管理策略引导下，更加注重引导区分公司间形成对标竞争，最终实现共同成长，通过加强对收入同比提升、贡献提升等维度的考核，同时在年度考评时，充分考虑收入任务转移因素。持续高度关注和跟踪上级公司综合业绩考核导向，强化与上级公司企发部、财务部以及相关部门的互动和沟通，将综合绩效提升作为引导公司实现年度目标的核心策略引导因素，承续和延展对公司各层级的考核体系。

4.4.1 发现价值：创新预算管理体系

战略决定方向、细节决定成败。发现价值环节需要把涉及价

值环节全局的、长期的、抽象的愿景规划转化为一种具体的、数字化的、切实可行的行动方案，通过事先确定的一系列以财务指标为主的财务战略目标，并以此为依据对执行结果进行管理控制，这是一种具有会计数字管理特征的组织内部控制机制。

根据公司组织变革和战略转型需要，全面优化预算管理模式、方法和制度，建立责任主体清晰、成本结构合理、发生过程可控、执行结果可量、考核应用到位的全面预算管理体系，使预算成为成本控制的发动机和业绩管理的导航仪。

以下我们详细分析三大运营商的预算管理体系：

①中国移动。中国移动的全面预算管理坚持以公司战略为导向，在适度超前的前提下，资源投放要求与战略方向高度一致，资源统筹要求达到多维度资源高效协同，预算编制以归口对标为前提、以提升资源使用效率为目的，预算执行要求高标准审核并予以持续监控，从而建立闭环的全面预算管理体系。

从 1999 年开始，中国移动预算管理体系经历了三个演化阶段：

阶段一（1999 年～2004 年）：树理念，建机制。借助上市，树立全面预算理念和效益观，同时建立横向跨越部门、纵向贯穿单位的全面预算管理体系，辅以涵盖战略、预算、考核和薪酬为一体的闭环管理平台。

阶段二（2005 年～2010 年）：拓深度、固支撑。预算管理 100% 覆盖集团控股成员单位，构建客户—业务—投资—损益—资金一体化的预算模板，按季度滚动执行预算体系，同时一期预算系统上线，初步实现日常预算项目化控制。

阶段三（2011 年～2014 年）：勤对标、精把控。将预算标杆融入预算编制及审核，对标逐优，改进业务流程和管理模式，加强预算执行监控，精准把控业绩，二期预算系统实现资源使用监控 100% 覆盖省公司。

第一，资源规划环节：资源投放以公司战略目标为指导，改变过去单纯以组织维度进行资源调配的形式，设置“战略、预算、绩效一体化”委员会，设置战略项目预算，对其集中审核，预算要求专款专用、弹性管理并动态回收，同时要求对业务实行方向校验，达到资源配置目标符合资源能力的目的（如图 4－34 所示）。

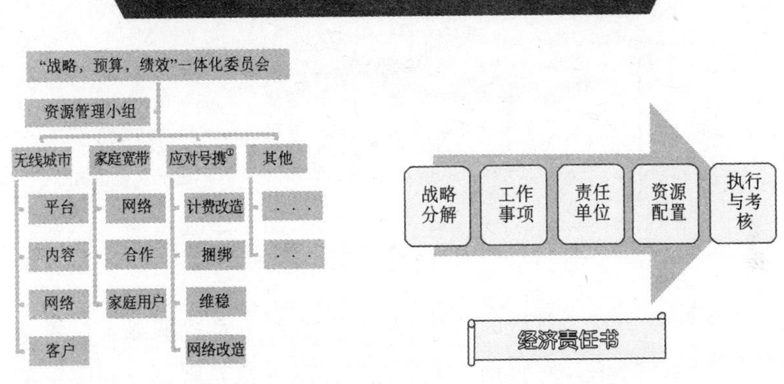

图 4－34　中国移动战略预算绩效一体化管理体系

第二，资源统筹环节：为达到多资源协同的目的，打破资源之间的各种壁垒和边界，减少资源内耗，实现资源效率最优，中国移动实行 CAPEX 与 OPEX、一体化代维双协同的方式，前者优化资源投入流程，要求计划与财务高度一体化，并对不同业务制定差异化资源配置策略；后者突破传统运维模式，如从精简、精准、高效和集中四个层面对代维成本进行优化，探索一体化运营模式，节约运维成本。

第三，预算编制环节：通过标杆促改进和归口促融合两方面促进，提升移动资源使用效率。推行预算归口分级管理制度，将预算管理的“责权利”进行归口划分，财务对资源总体把控，

① 应对号携，就是应对携号转网。

归口部门拥有业务资源双重管理权，下一级公司对成本结构和资源调配仍保留相当的话语权，以灵活相应市场变化。

第四，预算执行环节：加强预算审核环节的效益核定，从前端价值评估环节严格把控，将业务划分为成熟、成长与导入型，分析其发展策略，以集团公司价值工具为依托，将业务效益评估结果镶嵌入预算审批环节，并实施预算信用档案管理，达到业务目标与成本使用结果匹配的目的（如图 4 - 35 所示）。

价值工具	集团公司九大价值工具		
	• 全面预算标杆管理	• 地市县财务管理模式	• SOX内控优化
	• 多维度成本管理	• 预算资源配置与评估	• 财务新达标
	• 综合价值分析	• 会计信息质量	• 通用效益价值评估

图 4 - 35　中国移动集团公司价值工具

加强资源投入过程的持续监控，如在经分系统的显要位置展示资源投入结果，对营销方案设置资源投入预算阀值，同时定期跟进各种成本效能指标，保障成本使用过程的持续监控与评估。

②中国电信。中国电信自 2010 年开始，全面预算管理体系已步入创新阶段，根据移动互联网与新兴业务特质对其原有的全业务经营资源配置与编制模型进行优化，由董事会对预算进行最高决策，通过经营、资本支持、财务与实业（指中国电信的实业公司）四个预算模块覆盖公司所有经营活动，同时由财务规划与预算管理、预算执行及业绩考核形成全面预算闭环，并在此闭环的基础上创新实行年中预算调整和弹性管控，达到预算优化资源配置，提升公司效益的目的。

第一，四级预算管理机构：由董事会作为预算的最高决策机构，建立预算及绩效管理委员会，下设预算管理办公室，办公室下设经营、资本支出、财务与实业四个预算工作小组。

第二，闭环管理流程：根据公司战略指导，按照“自上而下、自下而上、分级编制、逐级汇总”的原则编制公司年度预算；采取季度滚动预算、月度预算控制的方式进行预算管理；最终通过预算考核结果对考核对象进行年度绩效兑现，达到预算闭环的完整（如图 4－36 所示）。

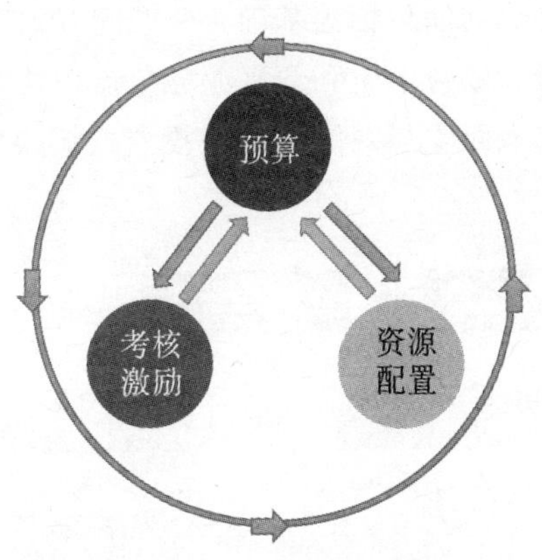

图 4－36　中国电信预算闭环管理流程

第三，资源配置模式：资源配置以市场为导向，建立认领业务发展目标为基础的资源配置模型，该模型以市场份额为导向进行收入动态调整，同时伴随资源的弹性变化配置。

其一，以蓝彻斯特市场法则为基础，建立外部市场增量份额和内部业务增量份额双驱动的预测模型，设定收入增长的基本目标（R_0）和奋斗目标（R_2），南方突出内部业务、北方突出外部市场。如图 4－37 所示。

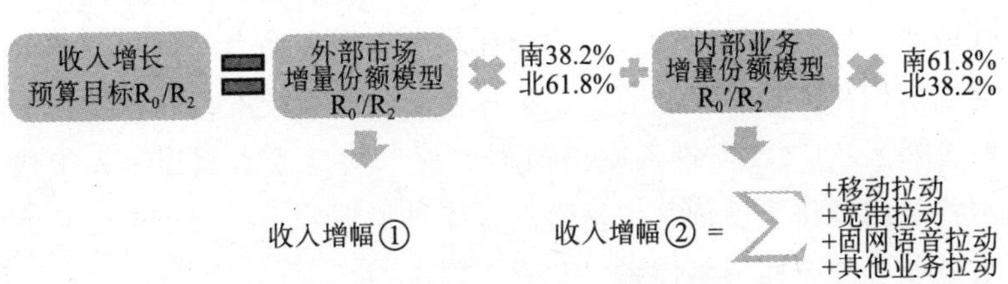

图 4－37　中国电信收入预算模型

其二，付现成本、人工成本和资本支出等资源配置与市场地位、收入规模和效益提升紧密挂钩。付现成本采用资源抢盘体系，并附以优化基数矫正配置占比，最终根据收入认领台阶式对资源进行配置，体现资源向高增长、高效益地区倾斜的原则；人工成本增长以完成利润目标为基础，资源配置则采用台阶式收入增配、集中抢盘、效益增配和新兴业务抢盘相结合的方式；资本支出配置则由收入匹配与网络基础性投资共同决定。如图 4－38 所示。

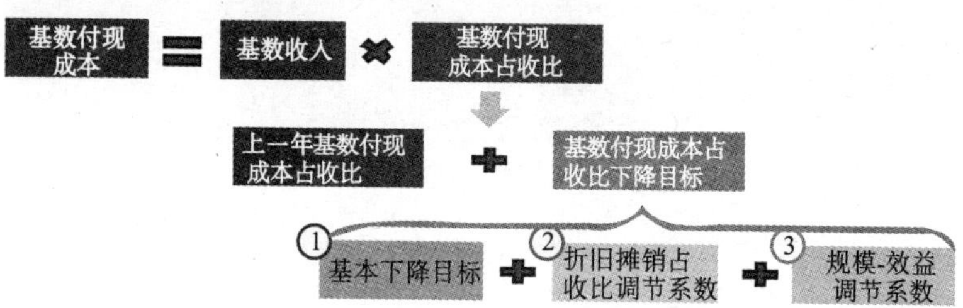

图 4－38　中国电信付现成本预算模型

第四，预算执行管控：以提高收支匹配为目的，加强预算执行过程管控，年初做好匹配计划，按季度通报集中资源与新兴业务资源的抢盘情况，在净利润考核的基础上月度全面开展预算管控，并启动成本和利润预警，提升资源的使用效能。

③中国联通。中国联通通过建立贯穿预算管理至预算责任岗位的六级预算责任体系，变革传统预算方式，实施基准、增量与战略资源兼容的三级资源配置机制，以资源前置管控、过程闭环管理和本地网目标强化管理的预算均衡机制为助力。具体管控以全成本核算体系为基础的虚拟结算交易机制为校准，以营销成本前置介入、CAPEX 投资支出前测后评、网运成本倒逼、人工成本控制四者作为精细管控落脚点，建立了现阶段符合企业经营和财务环境的全面预算体系。

第一，预算管理责任体系。中国联通设立预算管理委员会、预算管理办公室、预算归口管理部门三级管理机构，指导和服务于部门（区县）、科室（网格）、岗位等预算使用单元，构建六级预算责任体系。如图 4 - 39 所示。

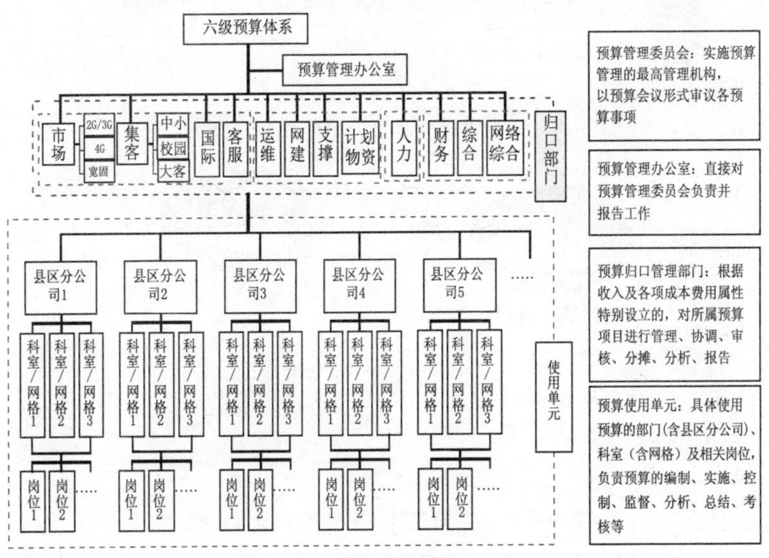

图 4 - 39　中国联通预算管理组织架构

第二，资源配置机制。实施基准预算、增量预算和战略预算兼容并蓄的管理模式，在基准资源配置以外，设立价值贡献基金与战略转型基金，引入准市场化配置机制。

基准预算配置机制：以分类全成本对标为基础，采用收入成本法（占 20%）与全成本对标法（占 80%）加权确定各本地网基准利润预算。增量预算配置机制：建立超额贡献高激励政策，鼓励各本地网挑战更高目标。如图 4 - 40 所示。

按基准收入预算 0.5% ~ 1.5% 倍设定 A、B、C 目标计划；按照奖励上不封顶的规则，配置包含经营性投资、营销资源、人工成本、管理费用在内的增量资源包；任务认购同时预配 30% 投资资源，按季滚动调整，年末进行清算。如图 4 - 41 所示。

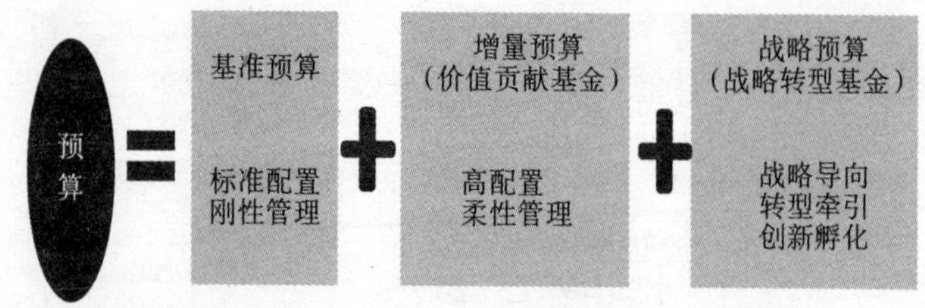

图 4-40　中国联通 FJ 省准市场化资源配置模式

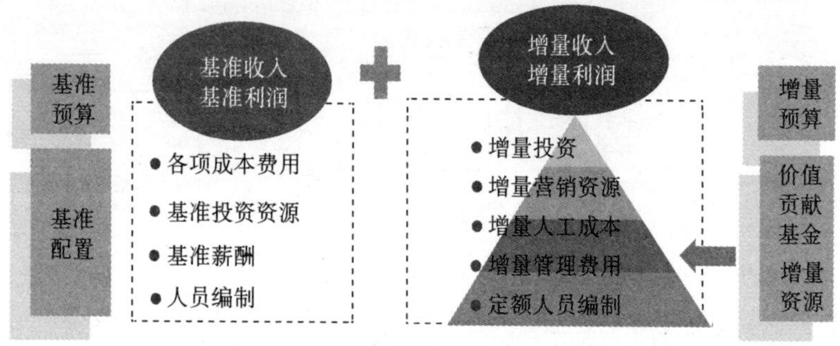

图 4-41　中国联通 FJ 省增量预算模型

战略预算配置机制：按照牵引性资源设立牵引目标及竞争规则，同时对创新平台构建、创新模式孵化、战略合作项目等定点资源配置需求，建立两种战略预算配置机制。

第三，预算均衡控制机制。强化核心资源前置介入预算全过程管理和本地网目标均衡性控制，利用网络相关资源前置介入、营销资源协同机制、过程闭环管控机制及本地网目标均衡性控制机制，有效规避财务指标的异常波动。如图 4-42 所示。

第四，虚拟结算交易机制。以全成本管理核算体系为基础，探索构建有偿使用的准市场化三级结算体系，建立包括关联单位结算、省本部虚拟结算、省市虚拟结算和市间虚拟结算的四模块虚拟结算交易机制，同时将评价结果纳入考核体系，增加公司内部效益。如图 4-43 所示。

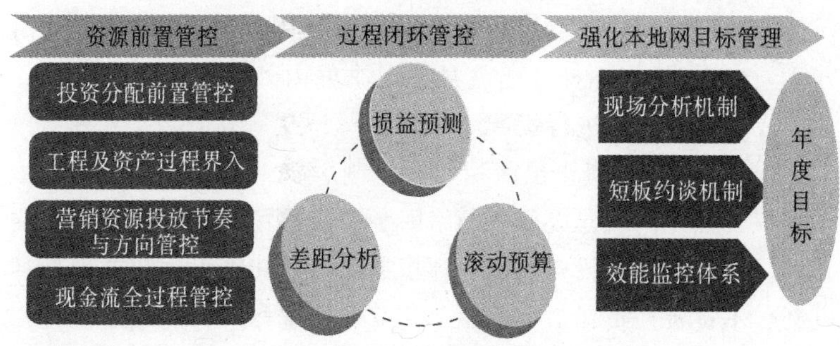

图 4-42 中国联通 FJ 省预算管控机制

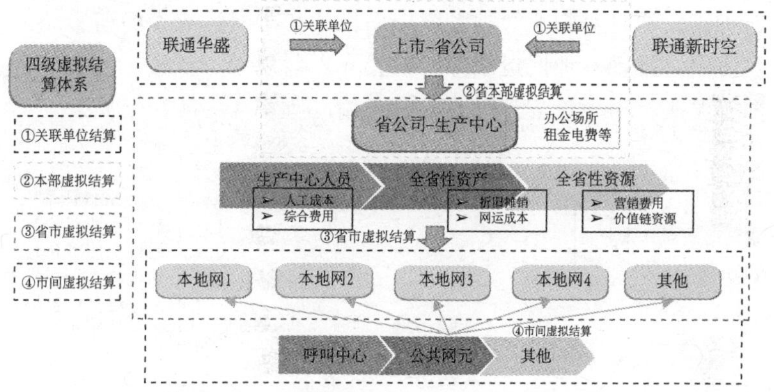

图 4-43 中国联通内部服务虚拟结算体系

第五，精细管控机制。形成“分专业、分客户端、分细分市场”的预算分配模型，持续优化成本结构，实行成本费用优先排序制度。利用营销成本、投资支出、网运成本和人工成本精细化控制及倒逼机制，在预算执行上完成预算的关键闭环。

A. 营销成本前置介入机制。制定并实施营业费用投放筹划机制、营销政策前评估机制、营业费用前置介入机制和后评估机制，通过系列机制的创新，推动营销成本结构优化和效能提升。营业费用前置介入机制从边际贡献、营业费用占收比等维度评价分析，判断该政策与公司整体目标的一致性、市场竞争力以及对损益的敏感性；营业费用后评估机制以全国、北方10省（或南方21省）先进为标杆，建立月度、季度内外部对标分析，引导营销成本资源有效进行投放。

B. CAPEX投资支出前测后评机制。实施前置介入，优化核心流程，强化网络建设部、网络财务部、市场部门对投资的事前介入，构建立体化投资前测后评机制。通过建立立体化前测后评机制、不良资产责任追究机制、建立数据支撑平台和战略性投资集中管控四项举措，对投资支出完善前测后评。

C. 网运成本倒逼机制。实施基于源头管控的全网运成本倒逼机制，通过对物业管理系统应用推广和对网运成本的前置介入及协同，推动本地网运维部门前置介入到规划、征楼、商务、合同等源头，对建设部门形成有效牵制（如图4-44所示）。

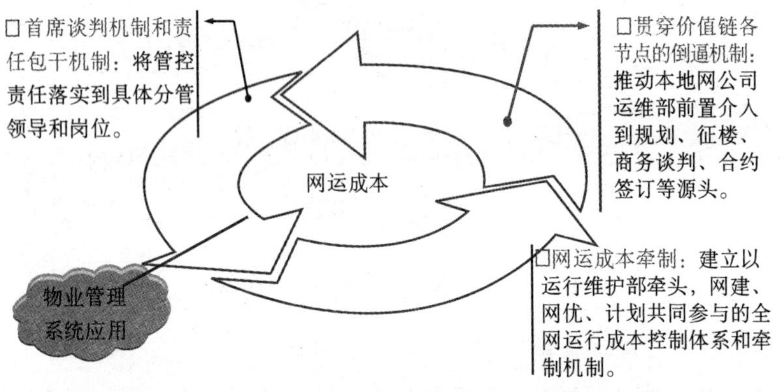

图4-44 中国联通FJ省网运成本倒逼管理机制

D. 人工成本控制机制。探索用工机制变革，一方面完善全口径人工成本预算管理体系，另一方面探索市场化新型用工机制，强化人工成本的效能对标管理。如图4-45所示。

4.4.2 牵引价值：发掘成本管理动因

在制定企业的中长期战略与短期预算目标后，在日常的实施过程中需要不断通过各种手段，一方面精细化管理，另一方面监

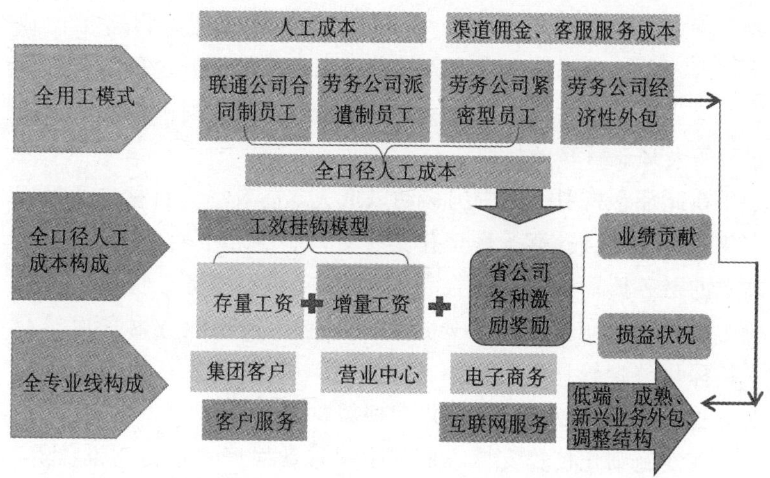

图 4－45　中国联通 FJ 省人工成本控制机制

控各类具体经营行为的效益，从而达到提升价值、实现战略目标的目的。

根据公司盈利能力和综合绩效的聚焦战略，及公司本身收入增长和成本管控现状，实施盈利能力提升策略，确定公司级别重点成本管控内容，对利润源进行结构性分析，提炼出提升利润的目标及措施，对全收入价值链、全营销成本价值链及经营性费用结构重点关注，对实现的路径进行分级分层，重点解决实际可运作的项目。

以下我们详细分析三大运营商成本管理模式：

①中国移动。中国移动为应对“客户增长空间不断缩小，高利润传统业务面临下行压力、行业竞争及虚拟运营商的引入以及跨行业竞争愈加激烈”的总体行业竞争形势，将成本管理模式由粗放型向精益化（精确＋效益）管理模式转变，通过对产品设计、网络规划和建设、营销与服务、网络运营与维护等企业运营管理活动的分解与细化，通过“会计核算集中化，财务业务一体化，核算工作标准化，业财支撑专业化”，将财务角色延伸到业

务前端，面向业务单元，在划小核算单元基础上，以多维度成本、管理会计为视角，为业务运营管理在价值提升、风险管控等方面提供财务角度的常态化专业支撑，在业务和财务单位之间搭建政策及理念宣贯的桥梁。

在此理念指引下，中国移动以低成本高效率为目标，通过标准化手段，将财务事务性工作集中处理，为相关对象提供准确、高效的财务核算、信息整合和 IT 系统支撑等服务，将成本管理行为嵌入业务闭环管理，通过在方案制定前期业务财务尽早介入，深化“定管评”的质量管控体系，以“财务新达标”引导业务管理达标，以满足精益化管理需要。

在实施细化核算支撑方面，中国移动根据“谁占用谁负责”的原则，实施分单元、分职能部门独立、全量核算，在省公司层面推进职能部门划小核算，对生产单元根据收入激励的难易程度，划分为生产中心与利润中心，对管理单元落实资源归口管理责任；在市公司层面，推进分乡镇、分营业厅的划小独立核算。通过资源分级归口管理，形成责、权、绩相统一的内部业绩计量与考评体系。

中国移动 GD 分公司在 2010 年推行了全成本管理的战略，在实践中取得了良好的效果，主要体现在管理会计信息系统、全成本管理模式、全成本效益分析模型的构建与实施等方面。

第一，管理会计信息系统的构建与实施。实施管理会计核算，是一项长期复杂的系统工程，也是实现价值管理的一项基础工作，根据由粗到细，由易到难，分步实施的总体推进原则，综合考虑管理迫切性和实现难易度，GD 移动公司重点实现了基于组织和产品维度的管理会计核算。

在核算规则、流程等的设计上，GD 移动公司对折前收入、折扣、套餐收入等信息按产品维度进行梳理，将各类业务收入（功能费、套餐费、信息费等）与产品、业务量、客户量等信息进行关联记录。对公司业务活动进行了梳理，从价值管理与分析的角度出发，综合考虑多维度成本管理（组织、产品等）与成本动因收集需求，运用 5W1H 方法（即：WHAT——需求的精准性、WHY——需求的生活性、WHO——需求的本地性、WHEN——需求的迅速性、WHERE——需求的环境性，HOW——需求的定制性），全视角设计业务活动对应维度，确保维度的完整性，建立了一套长期适用的业务活动与维度组合（目前已经设计实现 695 个业务维度组合），并与成本科目进行映射，通过分析各类成本与业务标的、活动和动因的关系，确定成本核算的业务信息记录内容。

而要实现上述功能，涉财信息系统的改造是关键。基于主要业务财务系统，区分信息记录的重要性、可操作性，GD 移动公司逐步推动了管理会计核算体系的系统建设。ERP 财务模块成为存储财务信息的核心系统，收入业务信息主要从 BOSS 系统、经营分析等系统提取。成本业务信息方面，业务系统已记录的信息直接从业务系统获取，如渠道、促销、维护、人力等业务信息主要从渠道酬金系统、营销管理系统、EOMS 系统、HR MIS 等系统获取，并与财务信息进行映射和匹配。业务系统没有记录的，通过报账平台改造，在业务预提和报账环节对相应的业财信息进行记录。

在管理会计核算基础之上，GD 移动公司通过设计多维度效益分析报表，提供基于组织、产品的价值信息，辅助各级管理者掌握经营各环节的成本耗用以及各业务的盈利状况，促进了成本效率的改善和经营效益的提升。

第二，基于组织的全成本管理模式构建与实施。GD 移动改变以往的成本管理模式，根据“谁受益、谁承担、谁决策、谁负责”原则，将省公司为地市承担的成本以及市公司共用成本按受益原则进行分摊。

A. 搭建全成本管理体系制度规范。GD 移动公司在 2010 年建立全成本“五个一”管理机制，发布出台了全成本管理办法、分摊办法、分摊模型、考评机制、运作机制等制度规范，为全成本顺利推进提供了制度保障。

B. 实施全成本分摊。根据受益原则，对省公司发生的与市公司生产经营紧密相关的成本（运营成本、折旧摊销、人工成本、所得税等支出）以及共用成本（市公司共用资产折旧摊销、省内漫游结算等支出）分摊到市公司生产一线，还原市公司实际成本支出和盈利水平。全年分摊成本 41.7 亿元，省公司资源使用有效得到了市公司监督。

C. 实施全成本考核与分析。GD 移动公司向市公司下达全成本净利润目标，修订经营业绩考核办法，将全成本净利润纳入市公司业绩考核。此外，与业务部门就分摊结果进行分析，探究分摊合理性以及驱动成本发生的前端业务事项，并就市公司成本需求不合理的情况提出改进建议和要求；通过财务监控平台，每月定期展示省公司分摊各类成本和相关业务内容，省公司成本发生随时接受市公司监督，并对市公司关注度高的成本进行追溯，发现低效和无效成本的根源，促进省公司成本效率的提升。通过付现成本分摊，还原成本需求单位真实的成本耗用情况，需求单位除了管理好直接成本，也对与分摊成本相关的自身需求进行了有效的管理，如维护工作量、客服外包工作量等需求得到控制，渠道结构得以优化等；将人工成本纳入全成本管理体系，由于机构人员增长带来的管理成本增加纳入成本资源考核范畴，控制了人员的盲目增长；通过将折旧摊销费用纳入全成本管理体系，促使需求单位投资规模确定、项目工期安排、交付使用时间等投资项目各要素均需兼顾网络容量及后续成本支出。真正实现根据客户规模、业务需求合理确定网络规模。

第三，全成本效益分析模型的构建与实施。通过大量调研走访，并对产品使用对网络资源的耗用情况做了深入的研究分析，GD 移动公司创造性地建立了产品全成本效益分析模型，具体如下：一是每类成本对应到产品的成本归集路径设计。将所有成本分为五大类，并研发设计了每类成本对应到产品的成本归集路径。

A. 直接计入产品的成本。指与产品直接相关且有系统数据记录的成本，包括：网内网间结算成本、业务技术支撑费、直接业务平台折旧，以及直接计入到产品部分的营销费用，如增值业务酬金等，此类成本直接对应到具体的产品上，无需分摊。

B. 计入网络元素的成本。包含网络折旧与摊销、维修费、维护人工成本、水电费、机房租费等，此部分成本占比最高，也是本模型的核心。计入网络元素的成本包括计入部门的成本、计入业务活动的成本和其他成本。计入部门的成本有人工成本、办公用房折旧摊销、相关办公费用等，将部门分为前向部门（市场、网络部门）和后向部门（管理部门），基于所有部门均围绕公司市场、网络前端业务支撑而存在的假设，将后向部门成本先分摊至前向部门，再将归集后的前向部门费用分摊到业务活动。计入业务活动的成本有部分无法直接归集到产品的广告费、促销宣传费、社会渠道酬金、部分营销机构费、咨询费等，可通过设置合理的分摊动因，将成本分摊到产品上。其他成本指其他税金、财务费用、其他营业外支出、资产减值损失等，根据已分摊成本比例分摊到产品上。

②中国电信。中国电信根据内外部环境的变化，积极推进企业战略转型，实施聚焦客户的信息化创新战略。企业战略转型的目标是要塑造核心竞争力、提升企业价值，这就要求管理要从粗放式管理走向精确化管理。精确管理的核心是量化管理，需要以准确的数据和事实为驱动，以信息化为支撑，做到决策心中有数、执行快速准确、结果量化可控。因此，财务管理也需要向支撑企业决策、实行价值管理转变，提升企业的核心竞争力。财务部门需要从专业的角度，以分产品、分客户的成本效益分析为基础，进行财务控制和成本管理，支撑战略，并参与到企业的经营决策中，为提升企业价值、实现价值最大化而服务。

中国电信建立了作业成本核算体系，经过理论方法研究、试点、扩大试点、全面推广四个阶段，以作业成本核算基本理论为依据，立足战略成本管理，深度结合电信企业实际，体现了价值链管理的理念，设计了中国电信作业成本核算标准版和简易版两个模型，分别适用于不同管理水平的省份，因地制宜、稳步推进，在2007年底在全集团范围内建立了作业成本核算系统，为企业全面建立价值管理体系，实施价值管理奠定了基础。

第一，中国电信作业成本核算体系建立。传统成本核算系统是以直接材料、直接人工进行直接归集，间接费用按照直接成本的某个比例进行分摊。这种成本核算方法，在劳动密集型制造企业中是比较合适的。但是对于资本密集型制造企业以及服务业来说，间接费用所占的比例很高，以较少的成本构成比例去分摊较多的成本是不合适的。而且企业产品也逐步由单一产品向多样化产品发展，这种比例分摊越来越不合适。

中国电信作为电信服务行业，拥有“商务领航”、“我的e家”、“天翼”、“号码百事通”等知名品牌。电信企业又是一个资本密集型的行业，网络的折旧及网络相关的维护、运行等费用占到总成本的近50%，特别是电信网络的复杂性、共用性以及产品的多样性，造成电信企业的产品中直接成本在总成本中所占比例很小，用传统的成本核算方法并不合适，会严重地扭曲产品成本。而且，传统成本核算没有按产品进行细分，故在进行产品定价，项目评估等效益分析时，量化数据无法取得，数据源成了最大的困扰。

基于传统成本核算与管理的局限性，中国电信于2006年启动了作业成本核算，开始着手作业成本核算系统建设。2007年作业成本核算系统全面上线，实施ABC成本核算的基本目标是建立企业成本分摊分配的基础框架，实现基于产品、客户、地域等多维度的成本核算和效益分析，在资源配置、客户价值管理、流程优化、产品管理开发、业务发展策略、内部结算以及资费管制等领域提供作业成本决策信息，开展作业成本管理应用，建立企业管理会计报告制度和体系。

2008 年作业成本管理作为精确管理、提升企业价值的重要手段，是企业级提升基础管理能力的战略性工作，各省电信公司按集团公司要求，进一步完善作业成本核算管理体系，提升基础数据质量。2009 年作业成本核算系统运行平稳，数据进入应用推广阶段。

第二，电信作业成本核算体系的具体内容。实施以作业成本核算为基础的作业成本制度，中国电信建立了产品成本和客户成本的核算体系，进行产品和客户的赢利性分析。中国电信统一了财务核算系统，在财务核算系统中建立了辅助核算系统。辅助系统通过表单或系统接口方式收集产品、客户、网元等作业成本核算信息，完善基础管理信息的收集。经过多年的努力，模型稳定，数据质量较前期有大幅提升（如图 4 – 46 所示）。

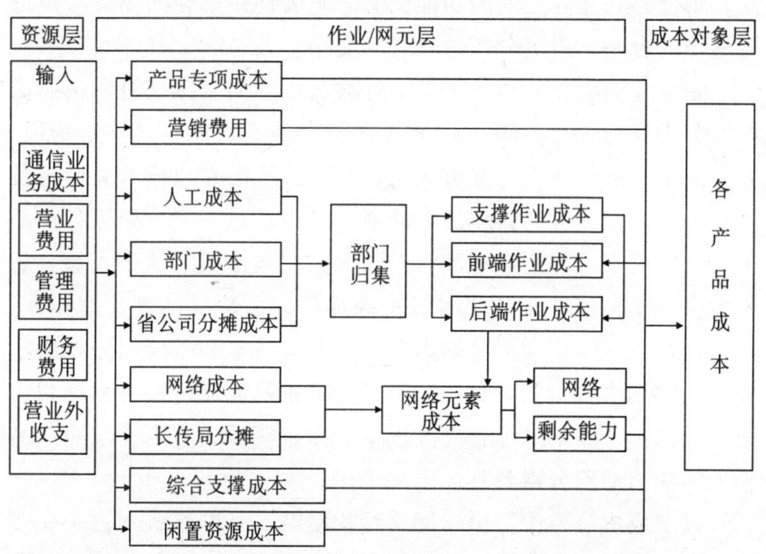

图 4 – 46　中国电信 ABC 成本核算系统的总体分摊模型

从上述中国电信的ABC模型中可见，除了考虑资源、作业、成本对象、动因外，为归集网络成本，首先专门设置了网元和网络产品两个分摊元素：网元全称为网络元素，是指各种网络资源，如本地接入线、数字交换机、传输设备、管道、光纤、机房等。网元与作业是类似的，在系统设置与作业相同。网络产品指由各种网络元素组成的具有一定通信能力的通信网络所提供的特定功能，如本地传输电路、本地通话等。

其次，公司还设置了支撑作业、前端作业以及后端作业来分别归集成本费用。这些作业的设置兼顾前端部门的主要工作职责，既考虑到部门结构，又不依赖于组织现状；遵循成本效益原则，合理选择作业颗粒度，突出企业重点关注的、资源耗用大的、能直观体现价值管理的作业。在设置作业时主要是从完备性、独立性、重要性三方面考虑。完备性是指作业设置时包括企业全部的运营功能；独立性是指各个作业功能占比较小的相互独立，不能存在作业之间的功能交叉。重要性是指相同作业可以进行适当的合并，避免分摊过程过于复杂。

划分作业后，公司各类按会计科目汇总的资源就可以按照成本池分类重新进行归集。归集后分为产品专项成本、营销费用、人工成本、部门成本等九类成本。其中，产品专项成本和营销费用在报账时能区分到具体的产品或产品组，可直接分摊到各产品中。人工成本、部门成本和省公司分摊成本由成本池按人数、房屋面积、车辆使用费等动因归集到部门，由部门经过支撑作业、前端作业、后端作业再分摊到产品。网络成本和长传局分摊成本根据动因无法直接归集到产品中，必须由网元通过网络和剩余能力再分摊到产品中。综合支撑成本和闲置资源成本则是按照产品收入结构为动因分摊到具体产品中。

以上成本分摊中，由于网络结构复杂，且网络成本占了底线成本的50%，因此，网络成本核算非常关键。

2013年，中国电信提出“坚持‘一去两化’，加快企业转型”的发展战略，“一去”即“去电信化”，“两化”即市场化和差异化，市场化的核心是按市场规律办事，通过市场化的机制和手段，配置企业各项资源要素，实现责权利高度统一，以此调动基层的积极性、主动性和创造性，增强企业发展活力。推进市场化进程中，“划小核算单元”是增强企业内生动力、调动员工积极性、提升企业价值的重要举措，“划小核算单元”是从最基本单元开始，明确各自责权利，核算每一个单元的投入和产出，并根据产出效益进行利益分配。究其本质，是构建一个内部市场化的平台，把每一个单元转变为独立的经营主体，从而更好地激发企业的内在活力和创新动力，促使员工想方设法加快发展、千方百计用好资源、促进企业利益和个人利益相一致，最终推进企业的转型发展。

在成本管理方面，简化成本分类，统一设置成本池，其中付现成本池34个，包括预算下达类成本和事后归集类成本；非付现成本池1个，主要是宽带端口占用费（模拟成本），目的是树立资源有偿使用意识，督促支局开展宽带端口清理，提升网络利用率，避免盲目争投资。在成本资源配置过程中，一是统一配置方法，建立付现成本池与业务发展的内在逻辑关系，统一成本动因和配置标准，同时承认地区差异设置调节系数；二是统一过程管理，按照省市两级进行会审，开展成本池预算执行分析，按季进行成本池动态调整，确保预算配置方向和实际执行方向一致；三是促进资源下层，付现成本与支局收入和业务发展任务相匹配，支局人工成本增长原则上要高于市公司；四是保障对基层单位的资源直配，建立基层单位的资源动态增配机制，对符合条件的单位及时给予激励，对业务发展快、收入增长高的支局进行资源增配，促进先进基层单元更快发展。

③中国联通。电信业重组以来，市场竞争加剧，中国联通面临强大的生存发展压力和内部管理变革动力。压力催生变革，变革才有机会，中国联通在吸收作业成本管理等先进管理理念基础

上，充分借鉴国内外电信企业管理实践，结合企业实际，以企业价值链为脉络，借助企业信息化建设的不断推进，探索建立了基于本地网全成本的管理模式，在原有加强对省公司预算管理基础上，直接将管理触角延伸到公司的基层运营实体（本地网分公司），搭建了投资建设、网络运营、市场经营、信息化支撑和行政综合五条专业管理线，横线渗透各部门，纵向穿透省分公司，实现334个本地网分公司在一个平台上客观展现、对标分析，定位短板，持续改进。

通过充分利用本地网全成本管理中价值链分工界面明晰、易于专业管理，管控颗粒度小、易于聚类对标等特点，构建了具有联通特色的基于本地网全成本的全面预算管理体系，同时这一管理工具通过IT信息化系统加以规范化、标准化、系统化，使全面预算管理由经营结果管理逐步过渡到过程管理，由财务管理逐步过渡到财务业务一体化管理，推动了中国联通全面预算管理创新与发展，收到了较好的效果。

第一，全成本价值链管理体系。颠覆注重垂直控制，不注重横向整合，职能分割，竖井重重，价值理念模糊的传统成本管理体系，构建价值链全成本管理体系：以集团公司全成本管理为契机，深入分析价值链各环节价值动因，以盈利能力提升工程为抓手，构建了渗透价值链各环节，覆盖五条全成本管理线、各承办管理领域、重点成本管控项目、关键成本管理举措的价值链全成本管理体系。如图4-47所示。

第二，全成本管理策略方向。根据全成本五条管理线的主要短板及价值动因，制定不同的管控策略：

投资建设线：着力推进投资有效性及租赁成本源头管控；

网络运营线和信息化支撑线：强化新技术应用及跨平台资源整合，完善全流程精细管理，建立成本倒逼机制；

市场经营线：通过营业费用前测后评、前置介入、资源筹划等机制建立促进成本效能显著提升；

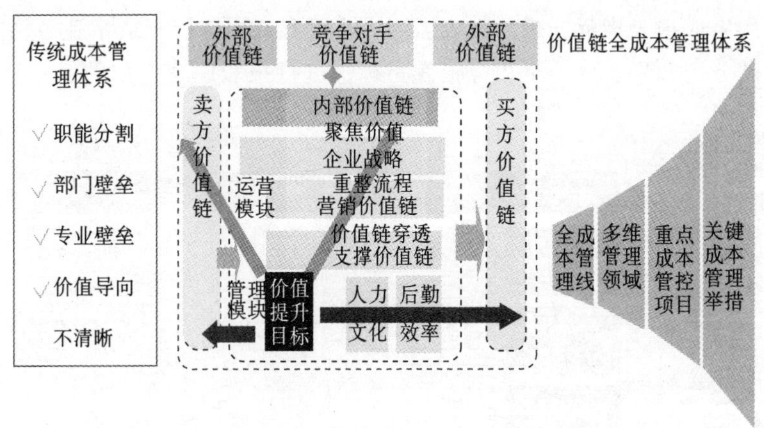

图 4－47　中国联通全成本价值链管理体系

行政综合线：建立省市两级成本标杆库，实行行政综合性费用管理质询制度；

全口径人工：通过全方位产能评价及基于增长贡献的业绩激励计划强化人工成本效能提升。如图 4－48 所示。

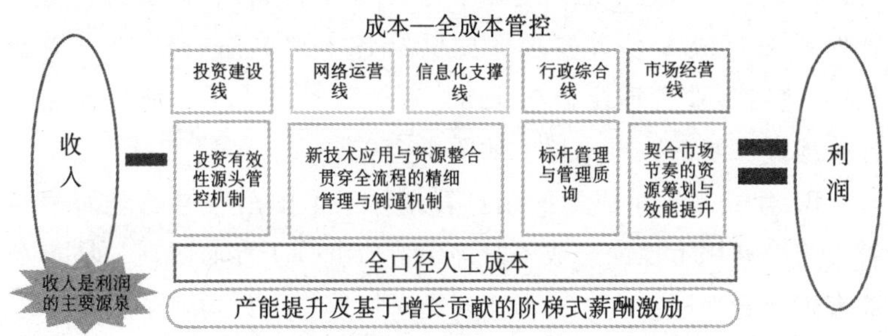

图 4－48　中国联通全成本管理策略

第三，全成本管理举措。

A. 全成本核算思路。首先确定数据来源，在 ERP 核算基础上，根据费用/指标项目确定数据来源，并根据费用属性分类整理；其次明确归集与分摊方法，根据费用属性分别确定；最后生成报表指标，进行报表展现，将所有费用按照全成本业务活动分别归集、分摊至相应报表指标，进行报表展现。如图 4－49 所示。

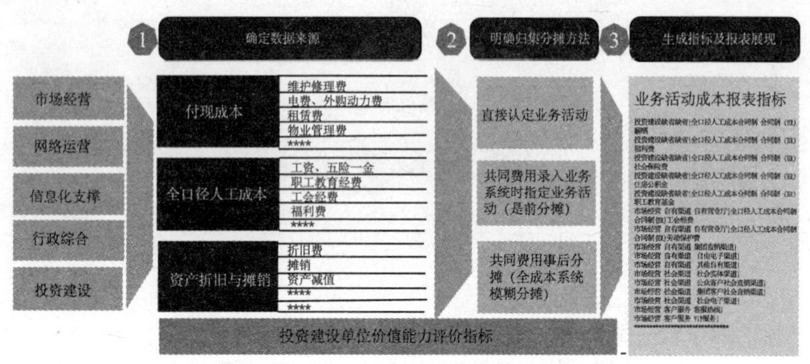

图 4－49　中国联通全成本核算体系

强化信息化支撑手段，开发本地网全成本管理模块，通过业务和财务系统数据集成，从业务发端开始进行数据归类和数据归集，完成自动出具本地网全成本月报及标杆指标，提供给各专业管理线进行成本预算管控，提供给各本地网进行对标“找差距”，为各专业管理线和本地网改善经营管理水平，强化预算目标落地提供基础数据支撑。如图 4－50 所示。

B. 建立基于全成本的预算管理体系。中国联通的全面预算管理充分利用本地网全成本管理中价值链分工界面明晰、易于专业管理，管控颗粒度小、易于聚类对标等特点，构建了具有中国联通特色的基于本地网全成本的全面预算管理体系，同时这一管理工具通过 IT 信息化系统加以规范化、标准化、系统化，使全面预算管理由经营结果管理逐步过渡到过程管理，由财务管理逐步过渡到财务业务一体化管理，推动了中国联通全面预算管理创新与发展，收到了较好的效果。具体而言：

在总体预算目标制定上，将全面预算管理与战略、规划紧密

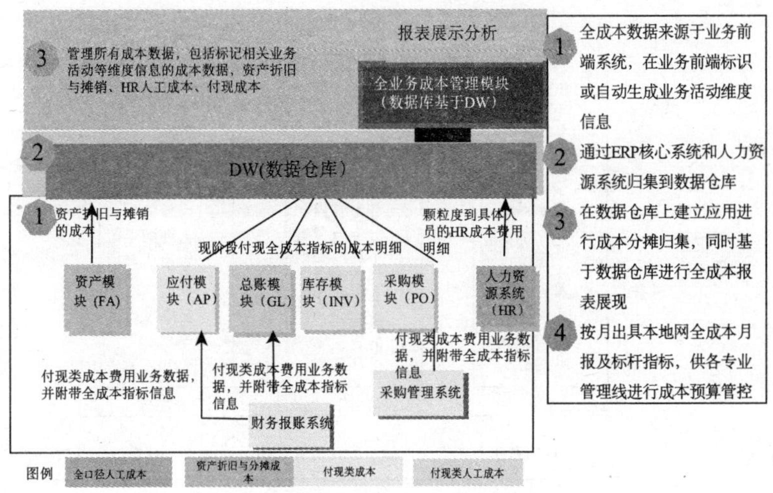

图 4－50　中国联通全成本管理核算及评价体系

衔接，引入行业收入利润率对标体系，向行业看齐，实现公司战略落地。

在预算目标分解上，引入本地网全成本聚类管理、本地网五条专业线对标管理机制，以透明、公平的方式将集团预算目标落实到本地网和省分公司，将传统对利润目标的管理转化为对业务过程的成本要素的控制，实现专业线管理联动，实现“谁分配、谁使用、谁对资源使用效益负责”。

在预算管控上，实施全过程、全覆盖、全业务预算管控，对本地网实行分级分类管理，将本地网全成本对标管理与专业管理相结合，分专业聚焦关键管理短板，推行经营业绩日监控，透过现金流管理来映射公司运营管理。如图 4－51 所示。

在预算考核上，除了搭建开放式考核体系，加强多维度评价体系外，还将本地网全成本价值指标纳入考核范围，引导各级公司关注价值管理和过程管控。

a. 预算目标分解。依托本地网全成本管理落实各级分公司

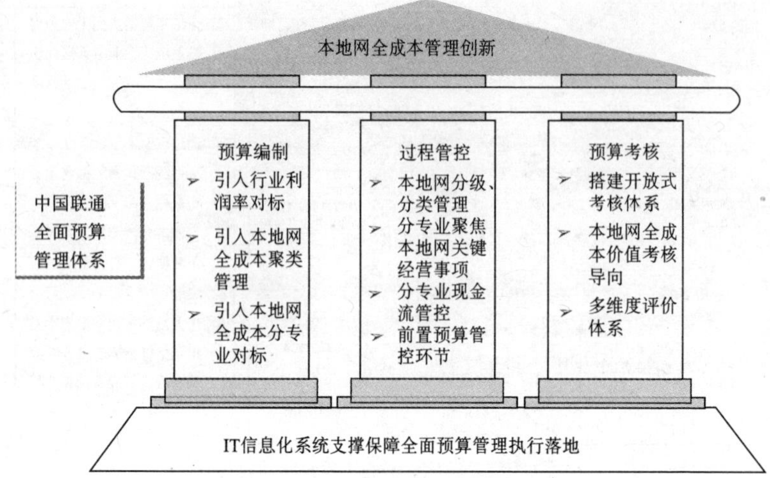

图 4-51 中国联通全成本管理核算及评价体系

的预算责任：

第一步，实施本地网聚类。选取常驻人口、人均 GDP、城镇居民人均可支配收入、用户数等外部指标，和本地网收入规模、固定资产原值等内部指标进行多角度聚类，将中国联通 31 省所属的本地网分南北分成 20 组。

第二步，建立对标体系。将各本地网分公司的各项成本费用按照投资建设、网络运营、市场经营、信息化支撑和行政综合分五条专业线 18 个指标进行梳理，在各组本地网内部按照专业线和相关指标建立标杆体系（如先进水平、平均水平）。

第三步，预算责任分解。以聚类本地网组内先进水平为改进标杆，通过对标管理进行分专业线指标分解落实。对于费用占收比差于先进水平的本地网分公司，结合实际设定底线改善目标要求，促进各专业线提高成本费用使用效率；对于费用占收比好于先进水平的本地网分公司，激励并引导他们与行业先进水平行对标。

b. 构建评价管控责任体系。搭建“投资建设、网络运营、市场经营、行政综合和信息化”五个主要专业、贯穿“集团—省分公司—本地网”三个层级纵横结合的预算责任目标体系，实现专业管理与预算管理的紧密结合；以分专业线成本目标为抓手，通过本地网全过程成本目标管控，透明各层级收入及资源配置，避免收入层层加码、成本层层压缩，解决管理及资源配置的效率问题。

同时，提高管理线归口部门在预算管控过程中的作用，将集团、省公司、本地网的管理线成本目标落实到各个专业归口部门，明确责任，深入预算执行情况分析，定位重点本地网及专业线的关键问题，制定有效的整改方案及措施。如图 4－52 所示。

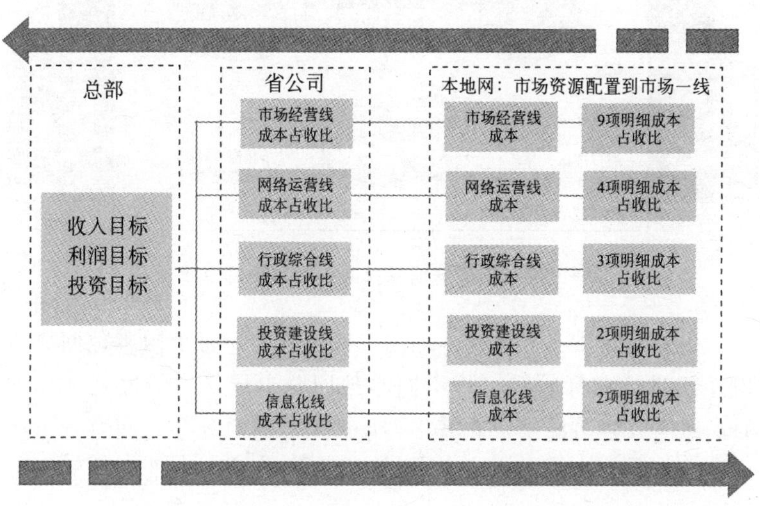

图 4－52　中国联通纵横结合的全成本预算目标责任体系

分专业聚焦和解决关键经营问题是以本地网全成本管理工具落实预算目标的重要应用。依托将全国本地网分专业线全成本财务、业务信息，进行统计和归纳，识别五条专业管理线的关键管理短板，如市场经营线营销费用使用效益差异大，投资建设线总体投资效益不高，网络运营线能耗成本增量大，行政综合线人工劳务费和行政办公费增长超过收入增长，信息化支撑线资源整合力度不足等问题。针对上述问题，深入基层展开专题调研，挖掘生产经营中深层次的业务问题，针对问题提出解决方案，通过措施的有效落实解决生产经营中的一类问题，而不是一个问题。如图 4 – 53 所示。

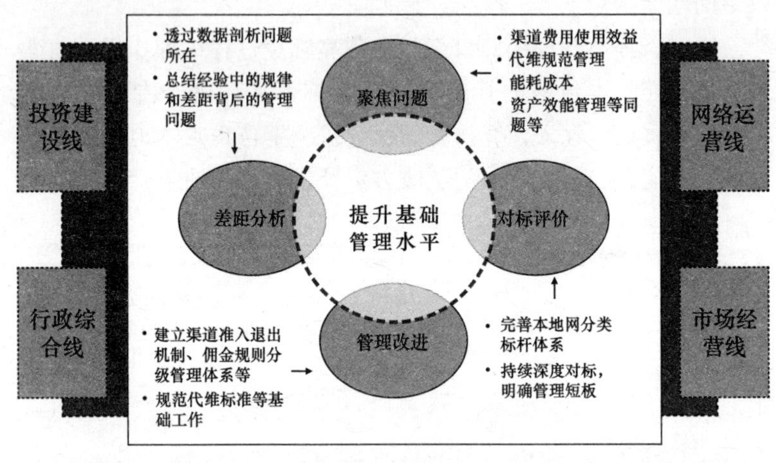

图 4 – 53　中国联通全成本管理体系管控应用

在实际做法上，通过本地网全成本聚类，将全国本地网分成 20 个组进行对标管理，将不同本地网分出层次，情况基本相似的本地网分公司提供“靶子”，为组内本地网分公司间自觉进行相互学习提供良好平台，并依据各组本地网分公司收入、利润预算完成情况将组内各本地网划分为业绩稳定区、待改进区、风险区和问题区进行分类、分级管理：对于业绩稳定区，予以正向激励，重点关注业绩的稳定性；对于待改进区，通过对标锁定关键成本费用效率指标，由专业部门进行专项指导；对于风险区，分析业务发展薄弱环节，在市场部门指导下，落实营销推广方案，提升规模发展水平；对于问题区，则与该本地网所在省分公司一并进行重点关注，持续追踪，重点指导。如图 4 – 54 所示。

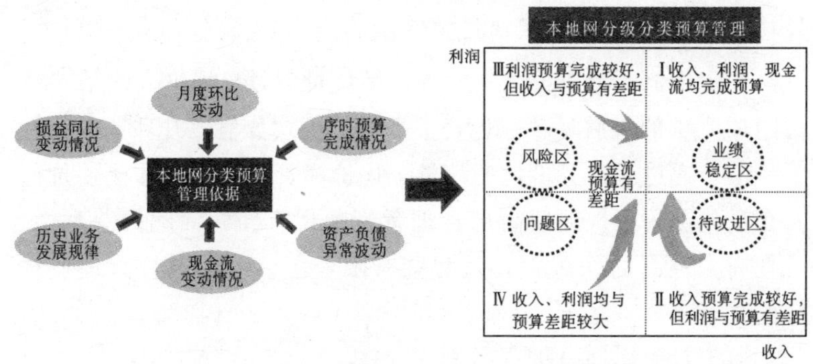

图 4－54 中国联通本地网全成本对标管理体系

c. 将全成本纳入绩效考核体系。在现有“集团—省分公司—本地网”纵向 KPI 绩效考核的基础上，引入“投资建设、网络运营、市场经营、信息化、行政综合”五条全成本管理线考核指标，纳入各级专业部门的 KPI 考核，构建多维度、多层级的考核体系，引导各管理线关注价值管理。如图 4－55 所示。

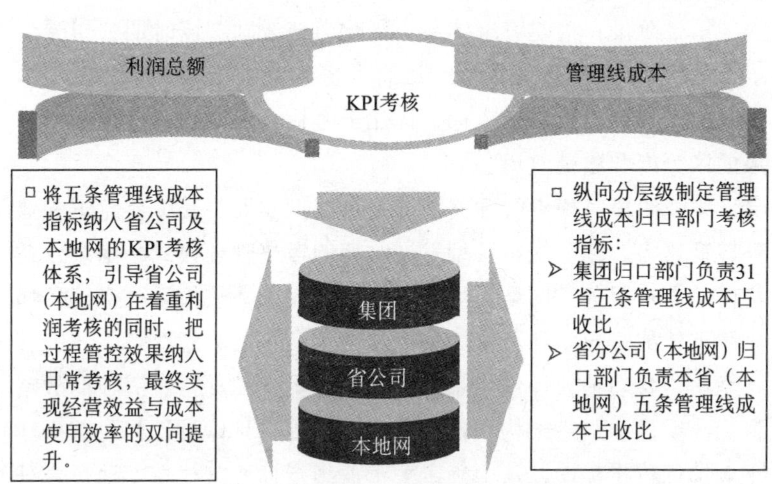

图 4－55 中国联通本地网全成本绩效考核体系

4.4.3 锁定价值：构建业绩评价体系

锁定价值环节主要是指财务业绩计量与考核评价，这是“价值闭环”中的最后环节，也是下一次螺旋式价值提升环节中的桥梁环节。通过对财务价值的计量、评价和责任归属，才能使价值真正量化和约束，促使高层管理者判断现有经营活动的获利性、发现尚未控制的领域、有效配置有限资源，以及进行管理业绩分配。

以下我们详细分析：

①中国移动。健全的战略文化、靓丽的业绩水平、自上而下的 KPI 文化传导出中国移动相对完备的业绩考核体系。但总体来说，它也经历了三个发展阶段：

第一阶段：完善考核管理，保障快速发展。此时中国移动正处于没有对手的最鼎盛发展时期，业绩指标体系全面完善，将各级单位统一纳入一体化方案，以此为风向标指引企业成长期的全方位发展。

第二阶段：构建三级体系，优化考核激励。该时期公司受到了竞争对手 3G 的严峻挑战，综合业务拓展处于相对劣势，中国移动精简了公司级考核指标，优化了考核方法应用，体现考核结果的区分度和激励效用。

第三阶段：探索管理突破，引导转型发展。受跨界竞争和业务转型压力，逐步探索转型发展时期的考核管理模式，围绕效益价值、客户服务、网络质量和阶段重点完善考核体系，准确传递集团整体战略导向和经营策略。如图 4－56 所示。

中国移动绩效评价体系以高层领导重视和支持、清晰的战略目标、明确的组织架构和任务分工为前提，具体过程为：首先建立业绩评价指标库，从中确定关键业绩指标及其权重，通过合理的评价方法对考核对象进行评价并根据结果进行奖惩确定，最终根据评价结果后向寻找短板及改善计划，作为一个闭环的绩效评

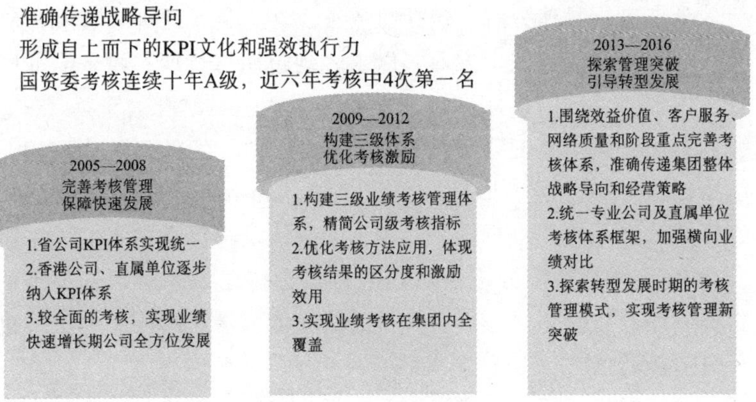

准确传递战略导向

形成自上而下的KPI文化和强效执行力

国资委考核连续十年A级，近六年考核中4次第一名

2005—2008
完善考核管理
保障快速发展

1.省公司KPI体系实现统一
2.香港公司、直属单位逐步纳入KPI体系
3.较全面的考核，实现业绩快速增长期公司全方位发展

2009—2012
构建三级体系
优化考核激励

1.构建三级业绩考核管理体系，精简公司级考核指标
2.优化考核方法应用，体现考核结果的区分度和激励效用
3.实现业绩考核在集团内全覆盖

2013—2016
探索管理突破
引导转型发展

1.围绕效益价值、客户服务、网络质量和阶段重点完善考核体系，准确传递集团整体战略导向和经营策略
2.统一专业公司及直属单位考核体系框架，加强横向业绩对比
3.探索转型发展时期的考核管理模式，实现考核管理新突破

图 4－56　中国移动业绩评价体系演变

价体系，中国移动通过明确的绩效评价机构、标准化的管理流程和沟通方式、专业化的考核数据系统作为其绩效评价的保障。在考核指标的设置上，中国移动采取目标法、改善法和比高法相结合的方式，并考虑单个指标是否符合 SMART 的原则，指标分解要求达到灵活性、责权利匹配、可控性、可执行性和战略战术相结合五个原则。

在绩效评价指标的确定上，基本采用平衡计分卡与因素分析法相结合的方式，具体来说包含以下几个关键步骤：

第一，识别关键成功要素：以公司价值链为基础，将公司重要模块划分为核心职能与支撑职能，分别对各模块进行分析，识别其关键成功要素，如：客户管理模块的关键成功要素为客户期望管理水平。

在识别各关键成功要素的同时需要充分考虑各利益相关体的诉求，这里包括客户、社区、股东、雇员、供应商和政府及监管部门几个利益相关体。

第二，建立评价指标库：对关键成功要素进行分解，确定影响股价、市值、市盈率、EVA 和 EPS 的各项指标，指标按照平衡计分卡进行具体分解，包括财务类、客户类、内部管理和流程类、学习和发展类四个方面，以求达到短期与长期、财务与非财务、内部与外部的指标平衡。

第三，筛选关键业绩指标：对于与 ROA 存在逻辑关系的业绩指标，根据分解树形经济模型，建立指标与 ROA 等式关系，测算其敏感系数并进行排序；对于无直接逻辑关系的指标，采用 SPSS/SAS 线性回归分析法对其进行筛选排序；并对筛选出来的指标采用点数投票法、因素分析法、头脑风暴法和德尔菲法等进行进一步精选。

第四，指标赋权：通过因素分析法确定因素集，按照平衡计分卡四维度对各指标在各因素方面进行评价打分。

分析中国移动的 2013 年对省公司的考核指标，可知其财务类指标占比约半数，达 53 分，客户类指标 25 分，网络质量和阶段性重点则为 22 分，虽存在财务类指标占比过重的问题，但在三家运营商里属于平衡计分卡使用最“平衡”的一家，不足的是，未按照电信行业特征对平衡计分卡进行创新扩展，其评价指标体系可进一步进行完善。如表 4 - 10 所示。

②中国电信。中国电信对其下属省公司采取分类考核的方式，指标体系的发展贯彻精简有效的标准，以平衡计分卡方法来分析，指标包含有：规模发展、财务（净利润、EVA、资本性支出）、客户服务和转型创新四个方面，其中创新转型类指标为适应当今电信行业市场变化所提出，加分与扣分模块中风险管理与内控指标则体现了风险管理对中国电信的重要性。如表 4 - 11 所示。

在指标的选择上来看，中国电信有着偏向于定量结果指标的偏好，对指标数量力求精简，同时最重要的一点就是要求指标能够达到系统自动取数，以上这些特点有助于评价指标的直观化。

辅助表 4 - 11 中国电信 2013 年 ~2014 年评价指标，对中国电信绩效评价指标体系进行分析，可知其在指标的大类分值上基

表4-10 中国移动2013年省公司考核指标体系

指标类型	一级指标	明细指标
效益价值类（53分）	1. 利润（23分）	（1）净利润绝对值（12+6分）
		（2）净利润综合贡献度（5分）
	2. 营运收入（16分）	（1）营运收入绝对值（10+2分）
		增量收入市场份额（-2分）
		（2）收入综合贡献度（4分）
	3. EVA（6分）	（1）EVA率（4分）
		（2）EVA贡献度（2分）
	4. 百元固定资产收入（8分）	（1）百元固定资产收入（6分）
		（2）转资额（2分）
客户服务类（25分）	5. 客户满意度（25分）	（1）客户满意度（8分）
		（2）网络质量客户满意度（5分）
		（3）感知要素满意度（3项短板）（12分）
网络质量类（10分）	6. 网络运行质量（10分）	网络质量短板改善（3项短板）（10分）
阶段重点类（12分）	7. 阶段重点指标（12分）	（1）TD手机净增客户数（2+2分）
		智能机客户占比未达标扣分
		（2）手机流量分流比例（4分）
		（3）目标存量客户保有率（4分）
扣减分类（-10分）	8. 扣减分事项	

本无变化，主要对指标进行了精简，更强调考核的关键抓手；基于对新增市场的需求，增加了新增市场份额指标，同时强调量质并重；加强风险防范的扣分操作与力度，提倡风险管理。

2014年中国电信考核指标中，承接集团公司EVA（经济增加值）考核指标，增加分公司支撑EVA价值提升的资产与营运资本相关考核指标，引导企业重视投资回报水平，促进发展方式

表 4－11　中国电信 2013 年～2014 年考核指标体系

2013年						2014年				
指标	第一类权重	第二类权重	第三类权重	加分	负责考核部门	指标	第一类权重	第二类权重	第三类权重	负责考核部门
一、考核指标						一、考核指标				
1.规模发展	36	36	40		市场部	1.规模发展	36	36	40	市场部
收入市场份额	26	26	28	无上限		业务收入	26	26	12	
业务收入	10	10	12	2		增量收入市场份额	10	10	28	
移动用户市场份额				2						
2.净利润	25	25	24	4	财务部	2.净利润	25	25	24	财务部
3.EVA	15	15	12	3	财务部	3.EVA	15	15	12	财务部
4.资本性支出	5	5	5	2	网发部	4.资本性支出	5	5	5	网发部
资本支出占收入比	3	3	3			资本支出占收入比	3	3	3	
基础设施共建共享比例	1	1	1	1		网络资源利用率	2	2	2	
无线网络资源利用率	1	1	1	1						
5.客户服务	14	14	14	2		5.客户服务	14	14	14	
综合满意度	6	6	6	2	客服部	综合满意度	6	6	6	客服部
关键服务触点满意度	2	2	2		客服部	移动电话用户离网率	4	4	4	客服部
3G网络服务质量	1	1	1		客服部、运维部	感知体验良好率	4	4	4	客服部、网运部
宽带装移维服务质量	1	1	1		客服部、运维部					
移动电话用户月均离网率	3	3	3		客服部					
中高端用户保有率	1	1	1		客服部					
6.转型创新	5	5	5	3.5		6.转型创新	5	5	5	
3G智能机净增用户	1	1	1		公客部	智能机净增用户（含4G）	2	2	2	市场部
重点行业应用净增移动用户数	1	1	1		政企部	新兴业务收入占比	2	2	2	市场部
流量收入及平均月户均流量	2	2	2	2	创新部	开放渠道终端销售份额	1	1	1	渠道部
渠道发展	1	1	1		创新部、公客部					
知识产权				1	战略部					
创新孵化				0.5	创新部					
二、扣分指标						二、扣分/加分指标				
						1.扣分				
1.风险管理和内部控制					战略部、审计部、财务部	(1)风险管理和内部控制				战略部、审计部、财务部、办公厅
2.重大通信、IT和服务事故					网运部、企信部、客服部	(2)重大通信、IT和服务事故				网运部、企信部、客服部
3.节能减排工作完成情况					网发部	(3)节能减排工作完成情况				网发部
4.存续及实业公司净利润					财务部、实业部	(4)存续及实业公司净利润				财务部、实业部
5.网络与信息安全					创新部	(5)网络与信息安全				信安部、网运部
6.移动用户ARPU					市场部	(6)移动和宽带用户ARPU				市场部
7.垃圾短信防治工作完成情况					公客部	(7)垃圾短信防治工作完成情况				市场部
8.实名制登记工作完成情况					市场部	(8)实名制登记工作完成情况				市场部
						(9)基础设施共建共享比例				网发部
						2.加分				
						(1)知识产权				战略部
						(2)创新孵化				创新部
						(3)移动和宽带净增用户				市场部
						合计	100			

转变。强化组织绩效管理在战略管控、预算执行方面的引领作用，持续完善对市分公司的组织绩效考核，加强对收入、利润的整体考核，重点关注整体效益和效率指标，减少专业性、过程类的嵌套指标，组织绩效考核指标控制在 9 个以内。针对收入规模和贡献差异，对分公司按区域进行分类考核，充分体现对规模和效益的贡献激励，科学评价经营成果。

指标体系中财务类指标超过 60 分，其中收入类指标为三家运营商中最高，存在过分强调收入增长造成结果性指标过重的缺陷；客户满意度指标远低于中国移动分值，对网络资源的考核也是三家运营商中最低的，从短期和长期、外部和内部、财务和非财务平衡角度来看，指标体系有较大改善空间。

③中国联通。中国联通作为一家成长性的公司，推行绩效管理是内外两方面压力共同作用的必然结果，一方面，随着业务量的不断攀升，管理层级逐渐复杂化，公司的管理瓶颈效应日益显山露水，日益庞杂的组织结构与精细化的管理需求不能很好地相适应，为提升公司管理效率，避免管理困境，就需要有一种可量化的关键业绩指标体系来有效激励各分公司的经营管理行为；另一方面，随着公司在香港、纽约和上海的相继上市，资本市场对公司的约束作用越来越强，这就需要有一种微观层面上的激励机制来约束管理者的机会主义行为，最大程度地体现资本（股东）意志。

显然，联通绩效管理体系是随着公司成长路径的演变而不断优化和完善的。伴随着公司组织结构重组、上市、C 网出售、合并重组、3G/4G 等重大变革行动的实施，公司的规模和实力有了跳跃性的提升，相应地，绩效管理也经历了不同的发展阶段，如果粗略地梳理一下其脉络，我们可以将联通绩效管理体系划分为三个阶段。

第一，试探期（2000 年以前）。该时期的绩效管理只是一种试验品，仅对收入、利润、折旧、欠费四个指标进行考核，因此尚不能称其为一种“管理体系”，对各分公司的激励效应也并不明显。

第二，发展期（2001 年～2008 年）。2001 年的绩效管理在考核的科学性、正确引导公司的经营行为等方面有了很大程度的提高，新增了几项关键指标的考核，主要体现在以下方面：A. 强化了投入产出的观念，收支系数、资产报酬率指标的提出，更加体现了对股东利益最大化目标的关注，避免了各级公司投资的盲目性、强化了创造效益的观念；B. 将劳动生产率指标纳入考核体系，充分贯彻了总部关于精简机构、劳务外包精神；C. 将收入和利润贡献加分指标纳入考核体系，强调了对规模经济性的重视；D. 提高了对网络质量、服务质量的关注程度；E. 首次将敏感成本纳入考核体系，对提高各分公司的成本控制意识起了积极作用。

可以说，2001 年的考核方案是适应公司上市和规模扩张需求的产品，对公司在面临激烈竞争环境下的行为产生了积极的作用，同时也为后来的考核体系的形成打下了基础，但其中仍有大量值得改进的地方。

相对来说，2002 年之后的绩效管理虽然没有脱离 2001 年的考核模式，但在考核体系的设置方面更讲求各项指标之间的协同效应，已经初步形成了以财务指标为主，管理、服务和网络质量为辅的考核体系。具体考核体系构成。如图 4 - 57 所示。

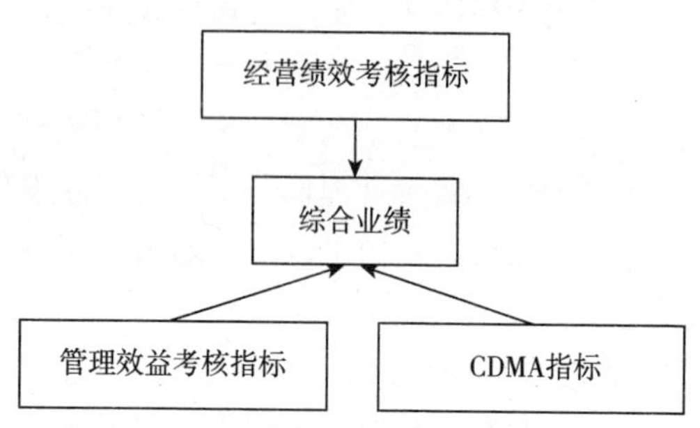

图 4 - 57　中国联通 2002 年绩效考核体系

其中，经营绩效考核指标由收入、利润预算完成、贡献份额指标所构成，这些指标基本上从财务层面规范着各分公司的经营行为。管理效益指标主要从业务发展（主要关注欠费、ARPU 值、坏账等指标）、服务和通信质量、敏感成本（包括代办费、业务宣传费、财务成本、折旧等）几个方面来约束分公司的管理和服务行为。CDMA 指标是特殊时期的产物，表达了公司对战略性业务的关注和培植。

可以说，该时期的绩效管理开始有意识地关注财务指标和非财务指标的结合、短期经营指标和长期经营指标的结合、业务发展指标与效益指标的结合，并根据外部经营环境和内部发展趋势的变化不断进行调适和均衡，已经初具了一些平衡计分卡的雏形。

第三，变革期（2009 年 ~ 现在）。2009 年之后的市场环境发生了巨大的变化，一方面，国际电信市场的普遍低迷和部分电信企业的造假行为导致资本市场对电信行业的敏感性大大增强，投资者对电信企业的要求变得更加苛刻，“用脚投票”的威慑作用发挥得更加透彻；另一方面，国内电信企业的竞争日益白热化，新的移动运营商的加入、2G 向 3G 甚至 4G 过渡的标准之争、增量市场和平共处向存量市场搏命厮杀的竞争演变等等因素都导致了联通市场环境的急剧恶化。因此，有必要寻求一种更行之有效、更科学规范、更客观公正的激励机制来引导各分公司的经营管理行为。

基于上述原因，2009 年后的绩效考核方案作出了重大调整，具体来说有以下方面的特征：

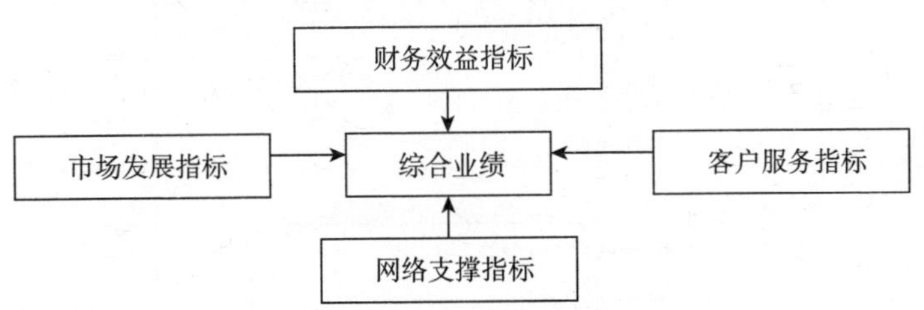

图 4 - 58　中国联通绩效考核体系框架

从图 4 - 58 可见，中国联通基本构建完成了包含财务、市场发展、客户服务、网络与支撑质量在内的平衡计分卡体系。财务效益指标主要包括收入和利润两大方面，主要考核的是预算完成、增长、贡献以及 EVA；市场发展指标考核用户发展、质量、关键业务和营业费用；客户服务指标考核服务质量、客户满意、服务短板改进；网络支撑指标考核网络质量、IT系统改善。

同时，在追求财务指标完成数量的同时，中国联通也强化了对完成质量的考核，鼓励各分公司做大做强做优。主要表现在：A. 在持续强化收入完成率和增长率考核的同时，在相关收入指标中也融入了一些控制性指标，防止收入过度扩张带来的负面效应，如超额坏账损失抵减、营业费用超标抵减等；B. 市场发展类指标权重逐步加大，同时，其内容也进一步丰富，从单纯关注用户发展、欠费向多元扩展，包括有效出账用户、收入保有、高价值用户贡献、增值业务占比、集团用户等；C. 客户服务指标和网络支撑指标的内容逐步细化，对影响服务和网络质量的关键因素或短板配置一定权重，如表4-12所示。

表4-12　　中国联通2014年度考核指标体系

<table>
<tr><th>指标类别</th><th>考核指标</th><th colspan="2">分值</th></tr>
<tr><td rowspan="4">（一）收入</td><td>主营业务收入</td><td>20分/22分</td><td rowspan="4">34分/36分</td></tr>
<tr><td>收入贡献</td><td>加分</td></tr>
<tr><td>移动业务存量收入</td><td>8分</td></tr>
<tr><td>固网宽带存量收入</td><td>6分</td></tr>
<tr><td rowspan="2">（二）利润</td><td>利润总额</td><td>40分/38分</td><td rowspan="2">40分/38分</td></tr>
<tr><td>利润贡献</td><td>加分</td></tr>
<tr><td>（三）EVA</td><td>EVA</td><td>8分</td><td>8分</td></tr>
<tr><td rowspan="3">（四）专业模块</td><td>市场线综合评价</td><td>10分</td><td rowspan="3">18分</td></tr>
<tr><td>本地网综合评价</td><td>4分</td></tr>
<tr><td>服务申诉（网络/计费收费/服务）</td><td>4分</td></tr>
<tr><td>（五）加减分事项</td><td>加分项、减分项</td><td colspan="2">-10分~+5分</td></tr>
</table>

（2）绩效考核的下一步价值考虑

绩效管理体系在西方国家已经成为一种比较成熟的公司激励

机制，从 20 世纪初的前 10 年杜邦公司和通用汽车公司开发的投资回报模型被用作多部门公司的整合方案，到 20 世纪中期，诸多公司把预算作为管理体系的核心，再到 20 世纪 90 年代，公司财务体系不断扩大，把与股东价值相关的财务测量方法包括进来，产生了基于价值和经济附加值（EVA）的管理模式，然后演变到今天，即使最好的财务体系也无法涵盖绩效的全部动态特点。也就是说，在现在这样的竞争环境下，公司绩效管理体系正在脱离以单纯财务尺度衡量业绩的模式，进化到了卡普兰所倡导的平衡计分卡激励模式。

而从全球公司的应用角度来看，实施绩效管理的成功案例很多，但也有不少失败的例子。美国的两个机构 Renaissance Worldwide 和 CFO 期刊曾对数百家实施绩效管理的企业进行调查分析，分析结果表明，实施绩效管理失败的原因，主要是这些企业的绩效测评是围绕企业年度预算和运营计划建立的，鼓励的是短期的、局部的和战术性的行为。而麦肯锡的调查指出，亚洲企业在绩效跟踪与评估上缺乏透明而有效的程序，这是亚洲企业绩效管理失败的一个重要原因。而德勤发布的一项调查显示，香港与大陆两地企业在均衡绩效管理制度的推行上仍落后于欧美的企业，与香港比较，内地企业在评估绩效上更注重财务表现。基本来看，财务指标的权重大约占了国内公司总体绩效考核权重的 80% 左右。

上述各项调查结果对电信企业来说具有非同小可的启发意义，前面已经对前期绩效考核方案的局限性作了比较详细的分析，下一阶段有必要针对这些制约因素进行全面和综合的优化，通过完善这一管理工具，把企业的目标及战略转化为一系列的表现指标，为战略性评估及管理定下准则。

按照平衡计分卡的设计理念，财务、质量、顾客、核心能力、流程、人力资源、以及制度这几个方面中的每一个方面都很重要，并且都可以在公司的价值创造过程中发挥重要的作用，但是每一个方面仅仅代表了管理活动及过程中的一个构成部分，管理过程必须产生持续而优异的业绩。仅仅强调管理过程中的某一个方面实则鼓励次优化，而妨碍公司实现更大的目标，公司必须用一种全面的观点来代替任何具体的、短期的衡量尺度，从而使战略居于管理体系的核心地位。

但是，上述思想也并不意味着要求对所有方面都考虑周全，纳入绩效管理体系，在公司发展的不同生命周期会有不同的战略侧重点，按照产业组织理论，战略决定行为，而行为又决定着绩效水平，因此，如何促使绩效管理这一工具的使用迎合战略发展的意图将是一件非常艺术的事情。针对电信企业目前的生存环境和资源能力状况，以及未来的战略发展导向，本书认为下一阶段的绩效管理体系至少在以下几个方面是值得改进的。

①需要更为讲求收入的质量和盈利能力的提升。从现有的战略发展目标和重点来看，对收入指标给予充分关注应当是必要而且可行的，在资源和能力有限的情况下，首先需要审视战略重点在哪里，从现阶段的状况看，电信运营商尤其是中国联通必须以收入作为整个公司运作的发动机，由此带动利润等其他环节的有序推进。但是，随着战略重点的转移，以收入为主，利润为辅，以收入的放量增长带动利润的提升这一策略也需要作相应调整，因为这毕竟是一种以长远利益和股东财富为代价的短期化策略，必然遭到投资者和债权人的质疑。

值得强调的是，证券市场更为关注的是与收入质量相关的一些运营指标，股票市场价格更敏感于盈利、ARPU 值，甚至关键成本（如促销费用、折旧等）而不是收入，因此从这个角度来看也不适宜将收入指标的权重设得过高。

②需要更加注重过程性指标的考核。收入指标与用户发展、ARPU 值、欠费和离网、关键成本的节约率等等过程性指标实际上具有很大的关联性和同等的激励效应，如果在绩效管理体系中片面关注收入指标，而其他过程性指标只起到点缀作用，必然带

来一些负面影响，毕竟收入指标是事后性的，它不可能对用户质量、成本控制等起有效约束作用，因此，如果从过程管理角度看，用户、ARPU 值等指标更具有加强考核的必要性。从现阶段来看，签约性的集团客户或者战略性的大客户对联通来说具有不可替代的影响力，对 ARPU 值和出账率的提高都会有很大贡献，因此，增强对关键客户增长率的考核是必要的，这有利于电信企业对用户质量进行有效控制。

③需要更加关注客户层面的业绩指标。相对来说，“为客户提供所需的价值”这一理念的树立和真正执行到位可以为各电信运营商带来更长期的利益，前期的考核为了更突出收入和利润对公司成长的重要性，将服务指标和通信质量指标的权重压缩到了最小范围之内，这一调整在短期内具有一定可行性，但具有较大的潜在风险和机会成本，因为客户满意程度和忠诚程度对收入和利润具有很强的敏感性，这一敏感性在短期内可能具有一定的隐蔽性，但长期内将表露无疑。因此，对客户满意度、市场份额和单位客户利润率等客户层面指标的考核将是具有很强未来效应的重要指标，应给予更多的关注。

④需要更为体现融合业务和增值业务的优势。作为综合电信运营企业，融合业务和综合资产的整体利用为公司业务的发展带来了优势，同时，也为调控各专业收入的构成（分布）提供了条件，而增值业务的应用必然为公司带来新的业务增长点。以中国联通为例，尤其是联通与网通融合、4G 商用之后，综合业务和数据应用具有相对竞争优势，有必要在绩效管理体系中有一定程度的体现，而且所占权重逐步提升。

⑤需要更加强化跟踪和评估的力度。绩效管理体系在执行的过程中比较重要的是跟踪和评估的力度问题，一方面，需要对考核中涉及的财务数据、业务发展数据、通信质量数据、服务质量数据进行必要的审核，保证数据的真实性和客观性，另一方面，也需要及时发现考核过程中出现的问题，给予纠正，在最大程度

上体现考核体系的公正性。这一环节的工作实际上是相当有必要的。

总之，绩效管理体系在保持简单有力的基础上，更需要关注其方法上的科学性和结构上的合理性，保证考核结果的公正性。电信运营商在绩效管理体系演变的路途上仍然任务艰巨。

4.5 中国联通成本管理创新设计路径

电信行业高利润时代已经终结，微利时代随之而来，传统的三大运营商竞争格局随着 OTT 等互联网竞争对手的加入被打破，利润分配已经向互联网链条倾斜，原有的粗放型运营管理已经不再适应企业对于提高盈利能力的需求；这要求中国联通的管理要向精细化的价值管理转型，为满足内外部利益相关者对于企业盈利能力和价值创造效率和能力的要求。

从外部来看，客户个性化体验的要求越来越高，国资委、股东对于企业盈利能力的要求也越来越直接；

从行业内部来看，无论是企业员工还是合作伙伴（渠道商、供应商等）更加关注企业战略的执行力以及由此而带来的企业绩效，如何通过一种可视化的连接使其能够更好地服务于企业运营愈加重要。

所有的这些，归结成一点就是，粗放型增长必须精细化，而现在中国联通已经走在精细化和效益规模性转型的大路上，迫切需要将现有价值管理工作体系化并固化下来，不管是价值管理流程还是价值管理内容框架，必须凝练出最核心的共性框架，才能推而广之。

要做好精细化的价值管理，就是要知道什么是重要的事情和如何做好重要的事情，并且要将企业价值管理以流程固化的形式实现常态化管理。

在企业价值管理过程中，只有从产业和战略高度理解价值创造的驱动因素和条件，才能知道什么是价值管理最重要的事情，相应地，在价值提升识别方法选择和提升路径选择上才有方向和尺度。至上而下，分解企业核心价值和战略，至下而上，逐步实践和提升企业愿景和目标。

然而，从中国联通现状观察，目前整个企业层面对于公司价值管理的认知仍有不足。多年来对于创造价值的解读多于进行创造价值的行动，一个基本原因是缺乏从理论到实践的桥梁。虽然懂得价值创造的原理，懂得现金流量、资本成本，知道未来自由现金流量的计算公式，却缺乏对于价值驱动因素的理解，缺乏对复杂环境、公司战略与价值创造之间联系的理解。因此，对于如何推动价值创造，企业往往做了很多事情，但是却没有体系化的管理思路，在价值管理的道路上进展迟缓。没有从战略的高度延伸到可执行的层面，没有形成体系化的价值管理，企业存在的意义和企业管理者的价值就较难得到体现。提高价值创造能力可能是中国企业特别是大型国有企业在未来转型道路上所需要的最重要的能力。

从长期来看，企业价值管理是一个体系化的工作思路，以一个全面的价值管理方法论和流程来引导和维持客户价值创造是必需的。

（1）中国联通价值管理设计框架

基于对三大运营商在价值管理逻辑框架体系下的战略框架、组织体系、系统架构以及一系列成本管理策略选择的梳理和评价，我们初步构建一个价值管理生态链体系，这个体系既适用于中国联通的体系，内涵及规律的原理，稍加转换也可以适用于其他运营商或行业外企业。

为此，中国联通基于战略导向、动因导向和问题导向，聚焦收入增长、增量资源配置、存量资产经营、风险管控、客户感知提升五大价值驱动因素，通过引入平衡计分卡，构建了价值管理指标体系，并依托组织/人员转型和流程优化保障、IT 系统支撑来做实做透价值管理和价值创造，以满足企业两大核心价值管理需要——企业可持续发展能力管理、未来自由现金流的现值管理，从而实现以联通为核心的价值管理生态链。如图 4 – 59 所示。

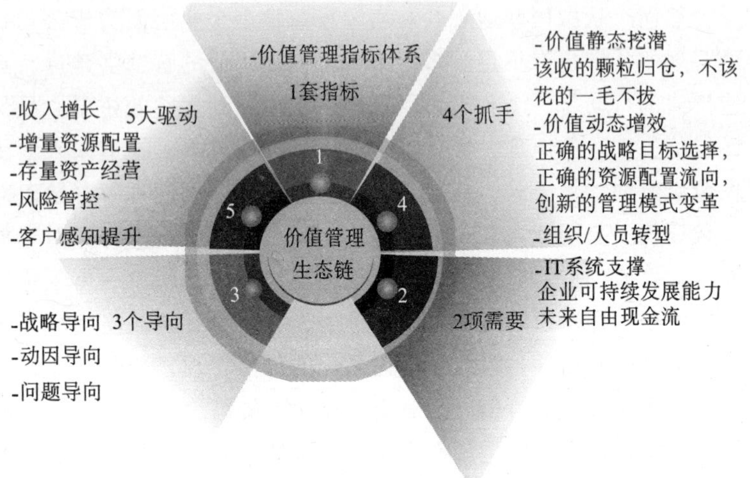

图 4 – 59 中国联通价值管理生态链设计框架

（2）中国联通价值管理内容

①价值管理的三大导向。价值管理渗透在企业运营的各个环节，它既不能脱离企业的战略发展，也必须在战术层面抓住各种经营活动之间的因果与关联，同时需要重视突发问题的应对，所以价值管理工作的起源是战略、动因、问题三大导向的有机结合。

②价值管理的五大驱动。创造价值是现代企业对其本质的一个最深刻的认识，但是价值创造如果只是停留在创意上，或者停留在对其的解读上，就不会给企业带来利益，也不会给企业的利益相关者带来利益。首先，什么是企业的核心价值？企业核心价值不等同于利润，是企业未来自由现金流时间价值的体现，是对利益相关者回报能力和企业可持续发展能力的综合体现。

那么，什么是企业核心价值的驱动因素？对于联通来说，价值动因包括五要素：收入增长、增量资源配置、存量资产经营、风险管控、客户感知提升。如图 4－60 所示。

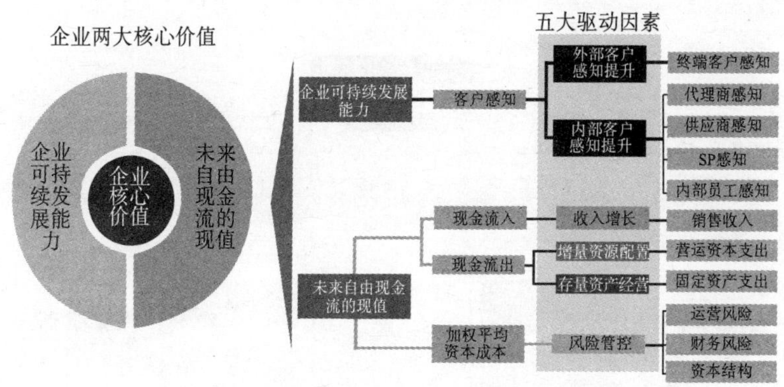

图 4－60　中国联通核心价值及五大驱动因素

五大价值驱动因素环环相扣，覆盖企业价值管理的五大区域，根据企业管理重点而实现内部平衡转移：

第一，收入增长：开拓新的市场需求，巩固用户基础；

第二，增量资源配置：优化资源配置，提升服务提供和产品提供的盈利能力和持续现金流；

第三，存量资产经营：在不增加固定资产投入的基础上创造更多的收益；

第四，风险管控：监控企业的运营风险和财务风险，确保企业的长期发展能力；

第五，客户感知提升：企业的无形资产，实现企业和利益相关者的共赢。

上述五大价值动因覆盖了中国联通提供服务的主要商业模式，主要体现在：通过社会渠道和自有渠道将产品和服务销售给细分市场的客户，通过不同渠道来服务客户，维持客户关系，这构成了企业最核心的收入来源。

在企业内部，是一些重要的合作伙伴，向企业提供运营资源，包括存量资源和增量资源，中国联通同样也要维护好内部客户关系，这是企业的成本结构，影响企业的运营效率。如图 4-61 所示。

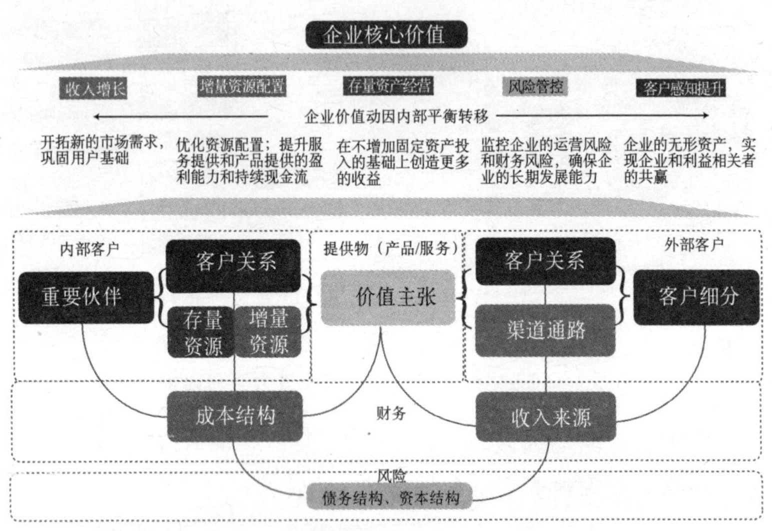

图 4-61 中国联通五大价值动因的内部平衡转移

企业的收入和成本结构之间如果出现不平衡或者不协调，就会产生相应的风险，这涉及企业的债务结构、资本结构、现金流等等。

基于价值管理切入点，进一步明确五大驱动因素之间的层次关系；以保障收入增长的价值创造活动为主，以增量资源配置、存量资源利用、风险管控为辅，这两者构成价值管理体系的第一维度和第二维度，这也明示了价值管理的最基本的要义：公司是通过资本投入和风险管控，以取得高出资本成本的回报来创造价值的，保障了企业资本成本时间价值和未来自由现金流量两大核心价值；第三个维度，从企业的成本结构出发，涉及到企业的内部客户（内部员工、代理商、供应商、SP），内部员工为企业的运营效率负责，代理商/供应商/SP 为企业运营所需要的增量资源和存量资源提供来源，这类内部客户的感知必须要管理好才能实现企业和合作伙伴的共赢；第四个维度，就是外部客户，即使用我们通信服务的客户，这些客户是企业收入的直接来源，中国联通为其提供服务，外部客户在享受服务的同时也会提出他们对于联通的要求，我们为客户提供真正满意的服务，实现共赢。

在此基础上，综合管理内部客户（内部员工、代理商、供应商、SP）和外部客户感知，打造利益相关者共赢的良性循环体系；以外部客户感知制衡内部运营，并通过内部协调支撑外部体验，最终实现一个面孔和可持续发展能力的提升。

③价值管理的指标体系。五大价值动因构成了顶层的价值管理框架，而价值管理实施需要一套指标体系来进行量化，只有量化才能衡量；不能量化就无法理解，不能理解就无法控制，不能控制就无法改进。在指标体系上，需要围绕“做了多少事情、消耗了多少资源、创造了多少价值、如何评估考核”形成一个闭环体系（如图 4－62 所示）。

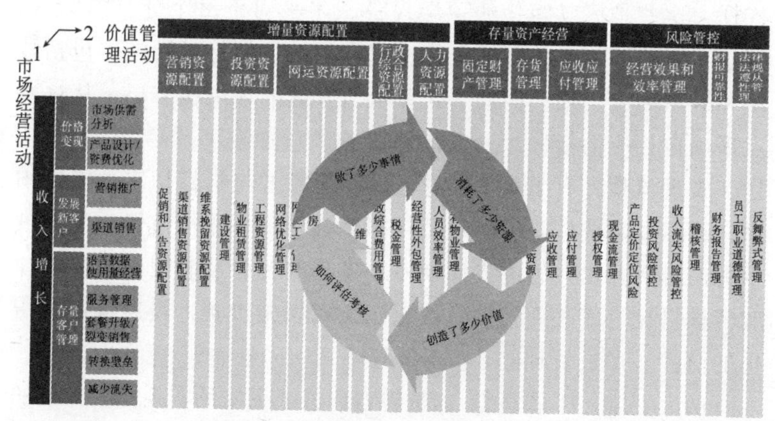

图 4－62 中国联通价值管理活动指标体系（以收入增长为例）

④价值管理的四个抓手。价值管理既需要发现静态的问题，

对结果进行管理，挖掘潜力，同样需要对价值创造过程进行动态管理，增加效益。而无论是静态挖潜还是动态增效，都需要相应的条件来支撑。

组织转型：现有传统组织架构是条块式管理，各部门各负其责，各司其事，而价值链的管理需要打破部门隔阂，通过价值创造流程将各部门串起来，从而建立以价值为导向的新型组织架构。人员转型：价值创造流程的各个环节需要明确责任主体及责任人，所以员工的素质与能力建设以及相应的绩效体系也需要随着组织的转型而转型。

流程优化保障：建立面向末梢的精简、高效流程授权体系，通过不断发展完善、优化业务流程保持企业的竞争优势。

IT 系统支撑：通过 IT 技术，将数据同步化、流程自动化、管理可视化，从而提高价值管理工作的效率。

⑤价值管理整体工作框架。通过工作目标的明确及分解，形成价值管理整体工作框架。分三大部分：指标体系、管理流程以及两大支撑。

指标体系：从顶层的 5 大价值驱动因素出发，探寻关键提升杠杆，这些是可以固化的顶层设计，未来对于每个分公司而言，都是一样的；每个关键提升杠杆都有相对应的行动措施，包括战略和战术措施，这些构成了企业价值管理的顶层核心层，从这些点来确定相应的指标，形成指标体系。

管理流程：有了指标体系之后，更需要将指标切实地展示出来；这需要有成体系的管理分析框架，明确企业价值管理需要展示的内容，并通过管理界面展示；发现问题，及时明确责任主体和考核目标，相关人员制定改进措施和实施步骤，最后再进行指标的监控，形成管理闭环。

两大支撑：IT 和组织/人员转型。这个系统的实现需要详细的技术设计方案，包括数据、应用、权限等等。组织也要跟着转型，更多地利用自动化系统去从事价值管理的工作。如图 4 –63 所示。

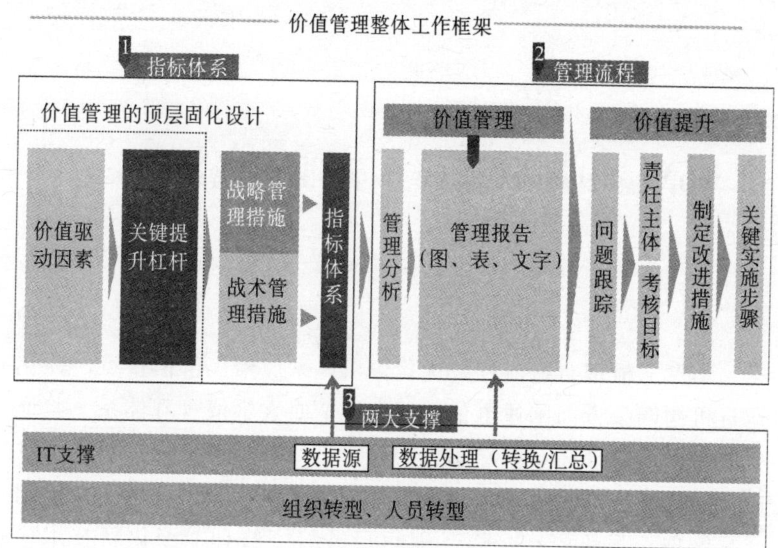

图 4－63　中国联通价值管理整体工作思路

第5章　中国联通成本管理实践案例

本章从梳理再造流程、优化责权体系、聚焦价值重点、强化运行机制四个方面阐述电信企业实施全要素价值管理体系，验证全要素价值管理体系指导思想的现实价值。同时，通过对中国联通在一体化精准投资管理、全过程的建设维护管理、全生命周期产品管理、强化资产经营、细化行政综合管理、深化新技术应用、优化人力资源管理以及深度合作运营八个方面的经验介绍，探究中国联通新型成本管理实践案例，为在中国电信、中国移动优化成本管理模式提供经验借鉴。

5.1　基本思路

目前，价值的创造与实现已经受到越来越多企业的重视，成为企业追求的目标。众所周知，企业的一切活动都是围绕价值创造进行的，从企业战略开始到投资、技术和研发、生产、销售、财务活动、人力资源活动、企业文化等等一切都是为了价值增值。凡是能使企业价值增值的领域，都应该是公司管理层关注的焦点。但实际上，价值的概念是很抽象的，人人都希望自己的管理能够更多地创造价值，可是到底价值是什么？从哪里来？如何去创造？又能够以什么样的标准进行衡量？基于价值的管理（Value - Based Management，VBM）正是在这样的环境下产生的。

对于电信企业而言，全要素价值管理体系是以提升公司价值为核心，以“现金流量、资产负债、损益状况”为纽带，将各岗位、各部门、各专业的相关业务活动信息实现在“省、市、县、营业部”间标准化、流程化、汇聚化的传递和共享，以及时发现公司在生产、营销工作中出现的问题，并锁定问题发生的环节和原因进行纠偏和优化，降低公司运营风险。

电信企业全要素价值管理体系指导思想：以公司基础流程为颗粒度，重新整合各项流程与公司资产负债、现金流量、损益状况的内在联动关系，实现由财务报表出发对公司各个工作内容的逆向追溯和实时监控。主要工作框架应包括，如图 5－1 所示。

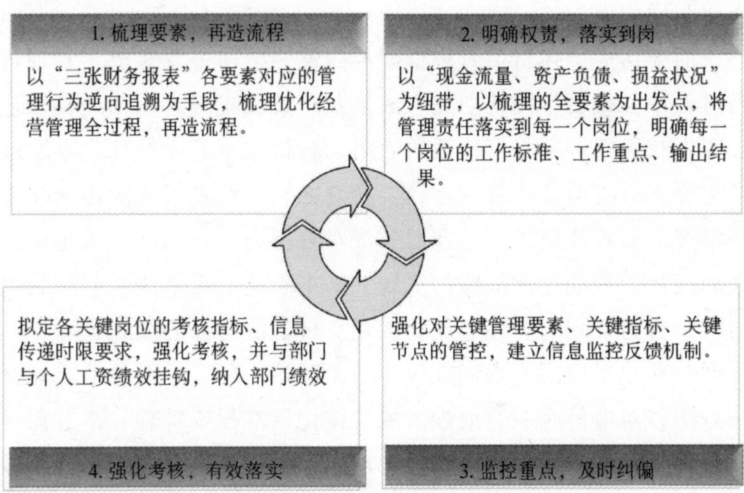

图 5－1 电信企业全要素价值管理工作框架

1. 梳理价值要素，优化与再造业务流程。梳理“三张财务报表”的各价值要素，拟定价值要素表，对“三张财报”各价值要素对应的管理行为进行逆向追溯，梳理与优化经营管理的全过程，拟定优化与再造流程的方法与策略，砍掉不必要的中间环节，提升效率。

2. 优化责权体系，逐一落实到部门与岗位。以“资产负债、损益状况、现金流量”梳理的价值要素为出发点，将管理责任落实到对应的部门与责任人，同时，明确相应的工作内容、工作标准、输出结果。

3. 聚焦重点，监控纠偏。聚焦关键价值要素、关键管控要素与管控节点，管理部门建立与完善信息监控反馈机制，强化监控分析、及时纠偏。

4. 强化考核，落实管理责任。根据价值管理体系对应的部门与责任人，拟定部门与关键岗位的考核指标、信息传递、沟通反馈要求，部门绩效、个人绩效与价值要素管理落实情况挂钩，强化激励约束。

而要达成上述价值管理框架的内涵，电信企业在成本管理转型过程中必须要牢固树立完全成本及广义成本观念，在经营管理过程中权衡每一项经营决策的效果，分析成本开支特性，寻求最大化开支效益的成本管理途径。换言之，企业管理者应不断探索并掌握前移式或链条式的非财务成本管理方法，以转换成企业强大的能量，带动企业战略的实现。基本思路上可采用：利用关口前移、行为规划与管理、流程优化、价值链与商务模式创新、互联网等新技术应用、协同效应、博弈理论运用、时间价值等思路与方法，对电信企业目前涉及的一体化精准投资管理、全过程建设维护管理、全生命周期产品管理、强化资产经营、细化行政综合管理、深化新技术应用、优化人力资源管理以及深度合作运营等方面。如图 5 - 2 所示。

5.2 全要素的价值管理工作框架

全要素价值管理体系必然涉及企业各大核心管理模块与流程，梳理与完善核心业务主线流程，针对企业效益短板问题，完善制度与流程，落实责任，构建全要素、全流程、全组织的管理体系，提升经营管理效率。如图 5 - 3 所示。

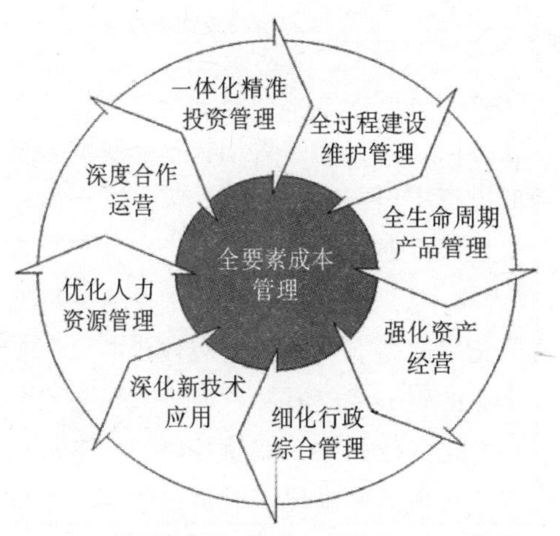

图5-2 电信企业全要素价值管理内容框架

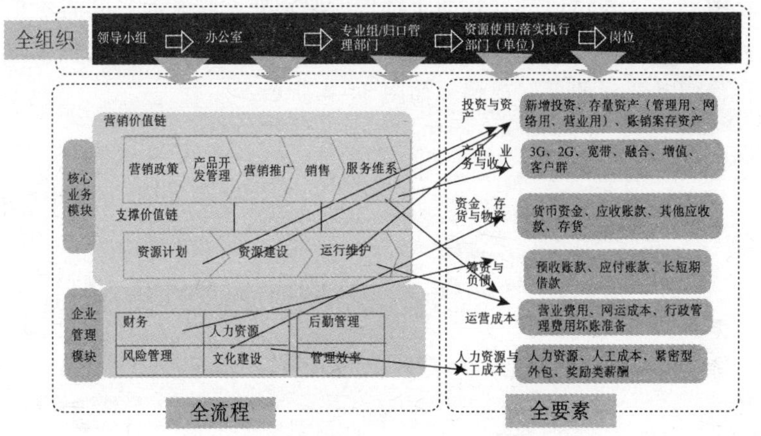

图5-3 中国联通全要素价值管理体系

从图5-3看，只要贯穿于全组织、全流程并且对应至全要素的价值管理才能真正起到价值创造及价值提升的作用，而成本管理作为价值管理中的关键一环，同样需要贯穿全面达成。以下为强化这一工作框架，在层层阐述的展开过程中相应配套了中国联通一些省级和市分公司的实践案例，以方便更深刻地解读基于价值管理为核心的成本管理实践路径。

5.2.1 梳理再造流程

根据自由现金流量的经营观和财务观，可以将企业价值的驱动要素分为六大方面，即提高销售增长率、提高经营利润、降低有效税率、降低投资支出/销售收入比率、降低加权平均资本成本以及延长获取超额收益的期间。其中，提高经营利润、降低投资支出/销售收入比率、延长获取超额收益的持续期间通常与企业的经营战略、竞争战略有关；降低有效税收、降低加权平均资本成本通常与企业的财务战略有关；而提高销售增长率，特别是企业可持续增长率是经营战略、竞争战略、财务战略共同作用的结果。在阐述企业价值的驱动要素时可以引入一个框架图来对其之间的联系进行直观的说明。企业价值的驱动要素图从企业价值创造的角度表达信息，有助于将价值驱动要素联系起来并将价值创造由上而下与经营业绩指标相联系，有助于企业各层次员工对价值驱动要素的更好理解。如图 5－4 所示。

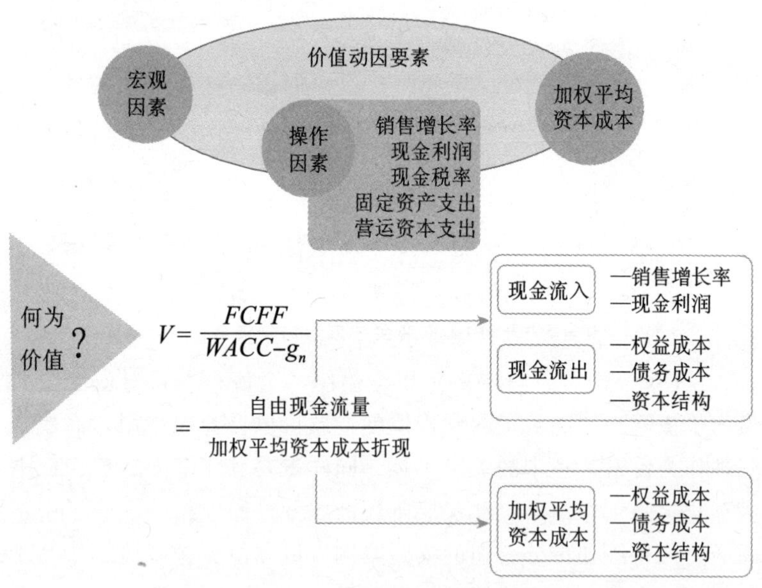

图 5－4 企业价值驱动要素

另一方面，也可从企业 EVA 价值驱动因素出发，按照杜邦分析体系，可将各价值要素与经营活动管理职能对接。从总体上看，电信行业的价值提升可从收入提升、成本效益提升、资产运营能力提升三个方面。如图 5－5 所示。

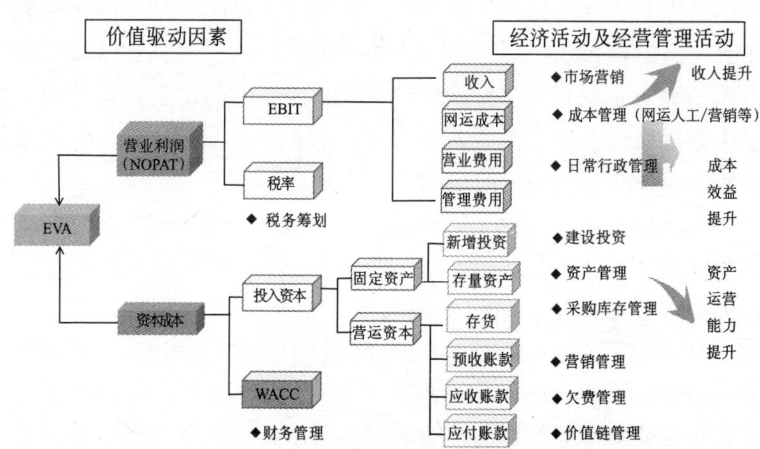

图 5－5　电信企业价值提升策略

（1）再造流程的概念和指导思想

企业业务流程再造是指以优化企业整体作业链—价值链为核心，以提高企业竞争能力为目标，为了在关键绩效评价指标方面取得显著改善，从根本上重新思考、彻底改造、设计企业的业务流程而进行的企业重新整合。

企业业务流程再造的指导思想是顾客至上、以人为本和彻底改造。

①顾客至上。企业要根据顾客需求的变化（追求价值型、个性化），了解顾客的需求，从根本上说，企业业务流程再造就是站在顾客的立场重建企业业务流程。获得一个新客户的成本是保留一个老顾客成本的 5 倍；20% 的顾客产生了企业 80% 的利润。企业要对顾客群体进行划分，确定目标顾客。全方位满足顾客的

需求是一个高级目标，并且是一个动态发展的目标，电信企业应该尽力将顾客的需求引导到企业的产品和服务上来，让顾客爱上企业的产品和服务。

②以人为本。霍桑试验证明企业的生产效率主要取决于员工的积极性和士气，而员工的积极性和士气又取决于员工的家庭和社会生活以及企业内部人与人之间的关系。员工是有感情的“社会人”而不是仅仅追求金钱的“经济人”。因此，企业的经理人要注意提高员工的满足感，树立“以人为本，只有内部员工满意才能使企业顾客满意”的观念。

③彻底改造。首先，彻底抛弃旧信条（如分工理论与金字塔型的官僚体制）。其次，建立新的企业观念。第一，企业的使命是为顾客创造价值。第二，能为顾客带来价值的是企业业务流程。每一个业务流程就是由一系列能够为顾客创造价值的作业组成，构成一个流程的各种作业由员工来完成。第三，企业的成功来自优异的业务流程绩效。只有通过业务流程把企业高质量的要素如产品和服务、人才和战略等结合在一起，才具有实质性的意义。第四，企业通过合理的流程设计、适当的员工配置和良好的工作环境的共同作用达到优异的业务流程绩效。因为合理的流程设计能够灵敏地对顾客的需求变化做出反应，它是流程本身有效性的根本保证；适当的员工配置能够获得集体智慧和战斗力；良好的工作环境则能激发员工的工作热情，促使员工尽其所能，促进员工不断超越自我。

（2）电信企业梳理再造流程的重点

电信企业从内部价值链出发，针对企业内部业务流程如研究与开发过程、经营过程和售后服务过程的不同阶段设置不同的评价指标。

对于企业创造价值而言，产品的研究与开发过程是一个重要且漫长的过程。在研究与开发过程中，企业首先以客户为导向，探寻客户显露出来的潜在需要，发现并培育新市场、新客户，并兼顾现有客户的目前需要和潜在需要。研究与开发过程的主要绩效评价指标包括：研究与开发强度（研究与开发支出 ÷ 销售收入）、创新收益（新产品销售额占全部销售额的比重）、创新收益的竞争性（专利产品销售额占全部销售额的比重）、新产品利润率或研究开发有效性指数（新产品利润 ÷ 研究与开发支出）和新产品开发（上市）时间。新产品是企业长期价值创造的驱动力，一个停止新产品研发的企业必将被不断变化的市场所淘汰。

相比之下，经营过程是企业创造价值的过程。时间（向顾客提供产品和劳务需要的反应时间）、质量和成本是经营过程的绩效评价指标。因此在经营过程中，传统财务手段如“标准成本”、“预算控制”和“差异分析”等可作为监控手段，但这远远不够，还要再另附设如“企业经营灵活性”、“产品周期”、“对顾客需求反应时间”、“对顾客提供产品多样性”、产品质量（接通率、掉线率）、平均障碍历时等绩效评价指标。

企业的售后服务旨在使顾客更好、更快、更充分地使用产品或服务功能，而不是保护落后（有缺陷的产品在经营过程就应该解决），因此，在售后服务阶段，灵敏的、友好的、可信赖的保证和服务工作是这一阶段的重要特征，而“服务反应周期”、“人力成本”、“物力成本”、“售后服务的一次成功率”等是该阶段的主要绩效考评指标。

（3）电信企业梳理再造流程的步骤

①查找“三张财务报表”对应的价值要素，分析利润提升的空间。

第一，分析资产创收能力，查找资产创收能力偏低的原因。资产创收能力及资产盈利能力均小于同类省平均水平，与可比省份对比，HB 省资产创收及盈利能力也处于较低水平；从省内情况看，CD、ZJK（地市公司简称）资产创收及盈利能力均较低。

第二，成本结构待优化。固定成本占收比、市场费用占收比、行政费用占收比均高于同类省平均水平；整体成本支出效益有待优化；与资产及网络相关的折旧摊销费用、网运成本占比高，人工成本等激励性成本占比低；需进一步调整成本结构，压缩固定成本，释放经营资源。

第三，营销成本效益提升有空间。营业费用占收比较高，其中社会渠道费用占收比及佣金占收比均高于同类省平均水平，显示营销成本，特别是渠道费用效益有节支空间。从营业费用结构看，佣金占比、社会渠道费用占比、用户获取成本占比均高于同类省平均水平，接入及服务成本占比低于同类省平均水平，显示HB 省营业费用结构偏重于渠道费用。

第四，网运成本节支有潜力。资产网运成本占资比低于同类省平均水平，但占收比高于同类省平均水平，排名同类省第三。HB 省修理维护费用占收比及占资比均高于同类省平均水平，能耗成本占收及占资比也高于同类省平均水平，显示公司修理费及能耗成本有节支潜力。

②实施逆向追溯。梳理从公司决策到经营行为实施、从业务启动和工作成效、从过程管理和信息反馈、从关键节点到考核评价的全过程。

③拟定各部门再造流程的方法与策略。将企业价值要素划分为产品与收入保障、投资与采购管理、资产与物资管理、运营成本管理、资金与债务管理、人力资源管理6 个方面，拟定基础管理、机制体制、制度流程优化、价值链管理、管理模式创新、价值提升的具体手段与方法6 项策略措施。具体价值要素与策略措施对应框架如图5－6 所示。

④再造优化流程。在具体实施过程中，与公司各项经营管理进行深度融合，结合各本地网实际，将价值6 要素与6 项策略措施有效结合，因地制宜，重点做好价值要素的源头管控，在实施中注意管理模式、技术手段的创新与优化，明确时间点优化再造管理制度与流程。电信企业通过梳理再造流程可望取得企业价值显著的进步。

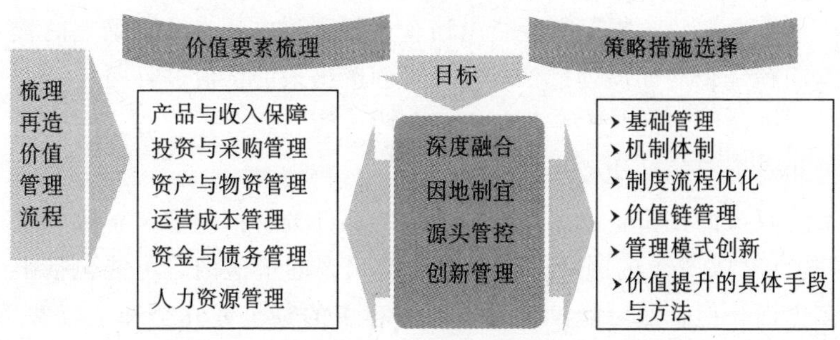

图 5-6　电信企业价值要素梳理与策略措施选择

5.2.2　优化责权体系

在日趋激烈的竞争环境下，电信企业对价值管理要贯彻全局观念，首要的是建立有效的责权体系。

（1）建立四级组织保障体系

建立价值管理工作领导小组、工作办公室、工作组、横向跨部门项目工作小组四级组织保障体系。

实施领导驱动，纵向到岗的项目管理机制，同时将价值管理重点项目管控责任落实到牵头部门和具体负责岗位、人员，以项目管理的方式层层落实到位。

明确领导责任归属，由总经理与各分管副总签订责任书，各分管副总与责任部门签订责任书。

（2）落实各价值要素的责任部门与岗位

企业要根据产品与收入保障、投资与采购管理、资产与物资管理、运营成本管理、资金与债务管理、人力资源管理等价值要素的六个方面，分别具体落实各价值要素的责任部门与岗位。

5.2.3　聚焦价值重点

（1）电信企业实现价值的途径

电信企业实现价值的途径包括获取收入提升、成本效益提升及资产运营能力提升三大要素。

①获取收入提升。是指电信企业获取收入的方式，聚焦的根本问题是企业如何创造价值以及对创造出来的价值进行回收。

电信企业的收入模块可以分为收入源、收入点、收入方式三种相对独立的功能模块。

收入源是指企业据以获取收入的那部分价值内容，解决的是“凭什么收费”的问题，企业提供给顾客的价值内容可能包括很多方面，但企业可能仅仅对价值内容中的某个或几个环节收费，而将其他环节免费提供给顾客。其原因主要有两点：一是免费环节是收费环节的重要条件，企业只有通过免费的服务吸引到足够多的顾客，才有可能进行收费；二是价值内容中的某些环节由于具有很强的外部性，企业从技术上无法对其进行收费。

收入点是指企业据以获取收入的那部分目标顾客，聚焦的是“对谁收费”的问题。企业服务的目标顾客可能包括很多，但企业可能仅仅对那些需求弹性很小、对企业服务依赖性大的顾客进行收费，而对其他顾客免费，这样，企业可以采取差别定价的方式对不同的顾客采取不同的收费标准。

收入方式是指企业获取收入的手段，包括定价方式、付款方式、付款时间、促销策略等，聚焦的是“如何收费”的问题。收入方式是收入提升的具体实施环节，为顾客的付款提供了条件并制定了规则，可确保企业收入的最终实现。

②成本效益提升。获取收入只是电信企业价值实现的一个方面，只有在获取收入的同时降低成本，才能使电信企业的盈利能力真正得以提升。

成本管理是电信企业实现价值的重要途径，成本管理要聚焦的根本问题是企业在创造价值的活动中，如何进行成本布局和成本控制。

成本布局是企业对自身成本要素分布的安排情况，对于电信企业而言，经营活动中产生的成本要素，包括营销费用、网络运营成本、人工成本、管理费用、折旧摊销、网间结算支出、资产减值准备、其他业务支出等。在企业应该确定所提供的价值内容中，哪些因素应该做到行业标准之上，哪些因素应该做到行业标准之下，从而确定自身的成本布局情况，成本布局应该与企业的战略决策相适应，其构成如前图3-1所示。

针对电信企业成本的特性，其成本控制应具有三层含义：一是对目标成本本身的控制；二是对目标成本完成的控制和过程的监督；三是在过程控制的基础上，着眼于未来，为今后成本的降低指明方向。本书认为电信企业成本管理重点表现为以下几个方面：

第一，辨别必要作业（Essential Activity）与不必要作业（Non-Essential Activity）。企业的作业可以分为必要作业和不必要作业两大类。如果某项作业对顾客或企业而言是必要的，那么该项作业就是必要作业；反之，那些对顾客或企业没用的作业就是不必要作业。例如，与存货有关的存货储存、维护、归类、整理等作业为必要作业，因存货质量问题、供产销各阶段的停工待料或脱销等问题引起的作业就是不必要的作业。所有的不必要作业是一种浪费，应该尽量消除。不必要作业通常是不增值作业，必要作业未必都是增值作业，例如编制财务报表是必要作业，却不是增值作业。

第二，重点分析增值作业。企业的必要作业可能很多，难以一一分析，只能对那些重点作业进行分析。一般而言，20%的作业引起80%的成本，将作业按其成本的高低排在最前面的作业就是应该重点分析的作业。

第三，将作业与先进水平比较。寻求改善某项作业或企业的整体作业链的机会。某项作业能为企业最终产品增加价值，并不意味着它就是最有效的作业。通过与先进水平的作业进行比较，可以判断某项作业或企业的整体作业链是否有效，寻求改善的机会。

第四，分析作业之间的联系。企业的各种作业相互联系形成作业链，理想的作业链应该是作业与作业之间环环相扣，每项必要作业都以最高的效率完成。

企业通过作业分析，明确作业为何发生，如何发生，哪些是增值的作业，哪些是不增值的作业，才能溯本求源，消除不必要的作业，提高必要作业的效率与效益，把企业有限的资源用于能够为企业创造价值的作业上，并改善顾客价值，从而，使企业处于不断改善的环境之中，促进企业的整体作业链——价值链的优化。因此，作业管理不仅仅是一项管理工作，更重要的是，它还是持续改善和优化企业整体作业链——价值链的过程。

③资产运营能力提升，以期获取资产收益。电信业作为历史悠久的国有企业，存在大量对外投资、网络与非网络固定资产。在对外投资方面应聚焦加强管理获取最大投资收益。在网络资产方面，如何优化布局、调剂余缺，充分利用资产产能、同时降低资源空耗、减少新增投资；在非网络不动产等方面，如何盘活现有房产、土地、铁塔、网元等资产，这些均可以推动资产运营能力的提升，进而获取资产收益。

（2）明确目标，聚焦重点

按照二八原则，必须明确重点管控的价值管理项目，以实现最小的管理投入，获取最大的收益。即企业需要围绕近期与远期、管控体系完善、成本性态三个维度，将利润源项目划分为“占比高、对损益影响大”、“管控不到位，责权利不匹配”、“可控弹性大，有效益提升空间”和“影响长远，决定主体利润结构”四大类，确定重点管控项目。同时，按管理属性、管理界面、项目重要性确定八大领域价值管理核心目标。根据电信企业价值要素，拟定关键措施，进行强化落实。

5.2.4 强化运行机制

（1）加强基础管理工作

首先，制定成本管理标准。企业进行成本管理的前提条件和基本手段就是制定相关的成本管理标准，成本管理标准的制定应在遵守国家相关法律法规的前提下，结合企业的实际情况，从全局出发，参照同行业的先进标准，采用相应的全面预算方法确定先进合理、简便易行的成本管理标准。

其次，实施成本管理措施。一是企业建立和健全成本信息跟踪报告系统。加强日常控制，定期编制成本责任报告，分析成本预算执行差异发生的原因，及时控制和调节企业的日常经营活动，并促使责任者迅速采取有效措施加以改正。二是评价和考核各个成本责任中心的业绩。通过对各个成本责任中心的成本实际数额与预算数额的对比和差异分析，来评价和考核各个成本责任中心的业绩。执行奖惩制度，根据业绩的好坏，奖优罚劣，保证成本责任制的贯彻执行。

再次，完善保障措施。各级责任中心应该和企业管理、财务部门等协同合作，共同负责相关工作，做到事前预算、事中控制、事后分析，才能保证企业成本管理和控制体系发挥作用，最终降低成本，实现企业的可持续经营。如图 5－7 所示。

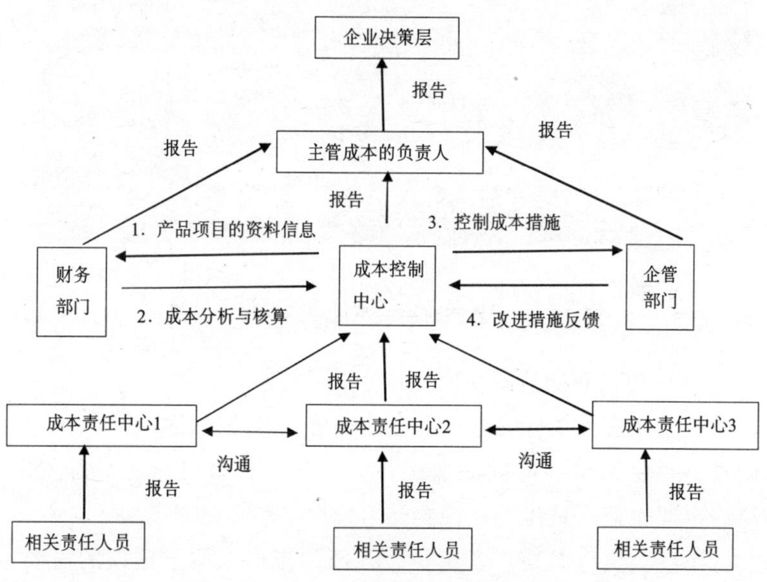

图 5－7　企业内部成本控制流程图

(2) 强化过程与运作管理

在公司运营管理中，HB 联通拟定了“七有”的工作要求，即有目标、有责任人、有措施、有标准、有时限、有考核、有奖惩，在全要素价值管理中，HB 联通建立起完善的闭环管理体系，从价值管理计划与目标制定、措施实施、预警监控、分析报告、经验交流、考核奖惩等七个环节强化过程与运作管理，重点强化过程管控，关注短板，加强分析报告、效能监察工作，实施报告、问责与质询，强力推进价值管理项目落地实施。如图 5－8 所示。

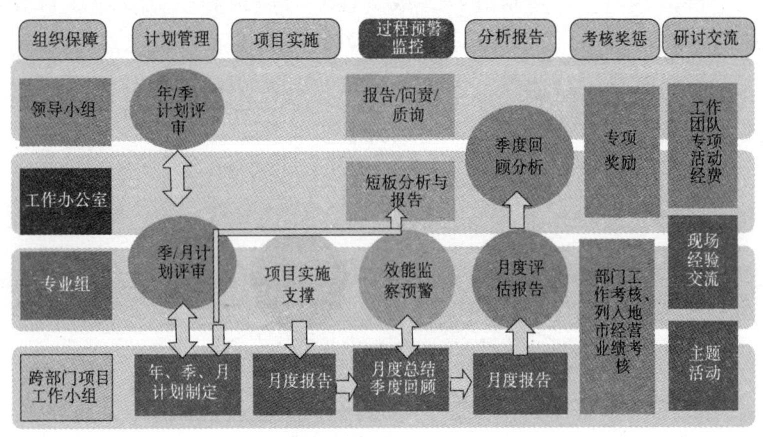

图 5－8　HB 联通全要素价值管理运行机制

(3) 加强效能监察与监控

在总体管控指标的基础上，评估价值链关键驱动因素，构建涵盖各专业工作组的效能监控体系，建立长效机制、常态化实施，定期监控。具体而言，全要素管控体系实施方案如下：

①落实执行考核。各单位、各部门应根据体系建设的需要，细化各部门、各岗位的工作职责要求和考核方案。每出现三例未落实事项，纳入通报与考核。

②信息共享内容考核。各岗位、各部门应认真查对业务数据，分析波动原因和整改措施、建议，并按流出传递至下一环节。对于上一环节应发现、未发现的问题，每出现一例，进行通报，并纳入本部门绩效。

③信息传递时限考核。各岗位应按时、按质将负责的要素分析原始资料和分析资料传递至下一环节；每延误、漏报一次在本单位内部进行通报。

④企业损失考核。对于造成企业损失的，应按照有关规定追究责任。对于明知会造成企业损失、未采取相应措施及时止损，造成企业损失扩大的，加大、加重处罚力度，并追究领导人员责任。

5.3　全要素的价值管理内容框架

5.3.1　以价值为导向的一体化精准投资管理

网络能力是电信企业的核心竞争力，是电信企业的安身立命之本，固定资产投资是影响电信企业市场竞争力和效益的最基础因素，产生的影响是重大的、长期的，固定资产投资是“双刃剑”，正确精准的投资，可以提高公司竞争力从而促进发展，反之盲目的投资或低效的投资则会影响公司的绩效水平给公司增加长期的负担。

当前电信行业的发展，越来越趋向于技术发展、产品需求、异同质竞争三轮驱动，电信行业从通信服务向综合信息服务转型。调查显示，技术要素代替市场要素成为电信行业发展变革的首要驱动力，作为技术与电信产品基础承载的通信网络，一直是电信企业的核心资源，投资管理则成为电信企业管理的核心业务主线之一。通信网络的支撑是电信服务价值链“三层结构”的最底端，在技术层面，建设智能网络，是公司加快经营模式转型、改善用户结构，实现增长方式转变的前提；在产品与竞争层面，做好工程建设投资管理，提升网络能力是为电信客户提供优质产品、满意服务的基础，是扩大市场规模、改变市场竞争格局、提升企业核心竞争力的关键。

我国电信市场竞争日益激烈，各大电信运营商加快向信息服务提供商的转型步伐，网络投资建设管理不仅影响电信企业当前效益，也影响长远的价值创造和转型发展战略的实现：从网络投资占收比看，由于3/4G投资加大，我国电信行业投资占收比超过30%，为全球最高，美洲与欧洲运营商均维持在10%～20%范围内，中国联通更是曾在40%以上高位运转。投资管理不仅影响企业整体市场布局，还影响企业资金筹集和财务风险的控制，加强新增投资管理成为提升效益的基础与前提；从网络资源（折旧及网运类成本）总消耗占企业成本支出总额看，作为重资产公司，中国联通网络资源消耗占企业成本支出总额近50%，存量资产经营能力也成为公司企业价值创造、发展战略落地的核心。日趋激烈的市场竞争要求电信企业提高精准投资管理能力，促进企业投资从规模扩张型向效益增长型转变。

2012年以来，HB联通确立了“向市场要发展，向网络要能力，向管理要效益”的发展主线，紧紧围绕“移动宽带领先与一体化创新战略”，坚持以市场为驱动、以技术为引领、以提升客户感知为目标、以效益为导向，加速网络建设工作转型，构建领先的信息服务网络，将技术优势转化为网络优势，探索出了一条精准化投资管理之路。

（1）HB联通网络建设投资管理面临的现实问题

电信投资管理是一个系统工程：在资产类别上，涉及存量资产、增量投资如何有效协同；在管理流程上，涉及规划与预算、设计与投招标、工程项目建设等全过程如何衔接；在增量网络投资方面，涉及发展需求与网络能力的协同，前后端一体化、投资结构如何布局；在当前与长远发展方面，设计如何做到经营性投资（接入网等）、战略性投资（骨干网等）结构最优等问题。

电信网络投资属基础设施类投资，具有投入大、回收期长等特点。在当前，传统投资建设管理模式已无法适应技术发展、企业经营模式变革的要求。随着 4G 牌照的发布，电信建设项目迎来一轮新的投入潮，对工程建设投资管理提出了更高的要求。基于此，HB 联通积极探索创新投资管理模式，系统梳理了网络建设投资管理方面存在的问题。

①增量网络投资方面。第一，项目规划阶段。在项目规划阶段，主要存在以下问题：传统层层审批的项目管理模式立项周期较长，地市分公司面对激烈的市场竞争，为留住客户而提前启动网络投资项目的情况时有发生，项目规划、设计、批复滞后；在投资计划方面，存在把预算当“福利”，按省、市、县逐级“分盘子”平衡的管理模式，重分配轻管理；前期论证不足，存在业务需求不实，项目交付即闲置或达不到预期效益的情况；不同专业（移动宽带、数据、传输等）投资项目缺乏统筹的市场策略，协同性较差；宽带建设过程中追求“全覆盖”，造成大量端口闲置或被无偿占用；通信管道建设盲目跟随市政，导致大量资源沉淀或损毁。

第二，施工招投标阶段。所谓施工招投标是指业主单位以公平、公开的竞价原则选择施工方的行为，意在通过此方式获取相对合理的市场化建设价格，是投资项目管理的核心环节。然而，受项目批复滞后等因素的影响，各地市提前启动的项目多采用由施工方垫支的方式进行，这种执行缺陷成为不招投标的借口，其核算和监督职能均受制于既成事实，弱化了财务管理的监控能力，往往造成工程造价居高不下。

第三，工程建设阶段。在工程建设阶段，虽然 HB 联通应用信息系统将财务系统与物资采购、合同审批等系统进行了流程一体化和业务固化，但在实际执行过程中，尚存在工程项目未按方案实施，设计文件、服务合同滞后的情况，导致系统中无法按业务时序提交会计业务申请。在工程物资方面，由于采购部门未能及时签订合同，存在物资需求单在途而到货无法及时入账的情况。

②存量资源管理方面。电信企业属于超大型国有基础服务性行业，其固定资产与总资产占比高达60%～80%，大规模存量投资以固定资产的形式存在，具有资产数额大、种类多、折旧率高、维修率高、维护成本高等特点，技术进步使得网络设备换代频繁。许多旧设备在更换之后就尘封在库房不再发挥作用，造成大量存量资源积压和损耗。

（2）一体化精准投资管理策略及成效

在系统梳理了网络建设投资方面存在问题的基础上，HB联通自2012年以来由财务部牵头推动网络投资管理转型，走一体化精准投资管理之路，将技术优势、资金优势、资源优势转化为网络优势和市场优势，增强了网络能力，提升了资源利用率，有效盘活了存量资源。

①投资匹配机制。为使投资建设项目与战略规划和市场需求相匹配，HB联通改变行政性色彩浓厚的投资预算“分盘子”方式，促使投资真正契合市场需求、改善客户感知、拉动收入增长，实行精准化投资和效益化投资。在进行方案论证时，投资计划全面对接网络规划，网络规划对接市场需求，在经济效益评价的基础上兼顾社会责任与属地中长期发展需要。在审批项目时，结合区域市场需求、资源利用率、区域规划、经济效益等因素，综合评定批复年度投资项目。HB联通自2012年启用投资匹配的审批机制以来，先后编制了移动网、宽带网（含光改）、本地传送网（含管道和综合接入区）等专项规划，摸清了网络资源现状，明确了投资项目建设的方向和重点。

②快速响应机制。快速响应机制体现在：对有需求、有效益的项目，坚持风险可控、操作规范的原则，建立快速审批通道，坚决杜绝其他原因超前启动项目；在集团规定范围内优先安排应急投资项目，建立项目预启动制度，简化项目审批流程；优化集

团客户和大客户类项目报批程序，决策审批即启动项目，这种结合客户需求规划和项目目标的方式明确了投资项目方案目标和工期；出台《预启动项目管理办法》支撑省公司决策的应急项目，并建立本地网分公司和供货厂商双重约束的商务模式，降低投资决策风险。通过建立应急响应机制，宽带接入类项目能力建设期压缩到 30 天内，独立移动网覆盖工单压缩到 7 天内，也杜绝了各地市未批在建投资项目的发生。

③需求甄别机制。需求甄别机制主要体现在：优化流程，明晰权责，建立投资决策者（或项目审批者）对投资效益负责、投资受益者（或使用者）对需求准确性负责的联动机制；对于宽带接入类、平台类、集团客户类投资项目，严格履行前评估、后评价的制度；对于移动网项目、常态化项目储备，依托“建设管理系统”常态化搜集省、市、县移动通信市场、客服、运维、网优的建设需求，按照常态化评估需求，确定优先次序。

自 2012 年以来，HB 联通累计评估集团客户类项目 2716 个，终止 15 项不合格项目，共计节约投资 3455 万元。项目财务绩效后评价覆盖率 100%，其中集团客户类项目达标率 96%，宽带接入类项目达标率 89%。评价结果与绩效考核挂钩，提升了业务部门的项目执行效率。

④服务商管理机制。项目设计大致可以划分为三个阶段：初步设计阶段、技术设计阶段以及施工图设计阶段。其中初步设计阶段是有效控制工程造价以及基本建设投资规模的主要环节，在此阶段中，要对不同方案进行反复比较，从而发现最优方案。在方案确定后，要加强对合同的管理，在制定合同时要自觉增强相关条款的严密性，使得合同的内容以及文本界限明确化，做到资料齐全，避免含糊其词，切实确保合同的合法性以及日后的顺利履行。同时，建立对合同履约情况的跟踪反馈机制，加强监督，发现问题并及时纠正，提高合同履约率，维护招投标结果，有效控制工程投资。此外，加强供应商管理，提质减量防范工程实施

风险；加强工程服务商质量管理，减少合作单位数量、提升合作单位质量，以获得合理的市场价格；加强服务商施工管理，从经济评价的角度出台奖惩评价办法，将服务费用与服务质量、服务质量与招标挂钩。

2013 年年初，HB 联通通过组织年度服务商公开招标，全省中标企业较上年压缩了 52%。工程任务分配给综合实力强、售后服务好的单位，充分调动供应商积极性，实现合作共赢。通过公开招标，两年来累计节省投资 4.77 亿元。

⑤模版化建设管理机制。模板化建设管理机制主要体现在：从工程投资计划、采购招标到分项投入期间均制定模块化的业务管理流程，并通过信息化手段固化流程，确保在这些方面的资本支出都能够控制在财务预计支出的范围内，提高决策的合理性；将建设需求场景化（宽带接入网划分为 13 种场景，移动网推广“四大场景、九种类型”），分场景设计建设方案模版，提高网络的统一性、规范性，为标准化设计和施工打好基础，为成本控制和工程规范管理创造条件；统一不同本地网、相同场景的建设方案，将节省投资纳入分场景的建设模版中。模版化的投资项目管理机制为项目造价控制打下了基础，实现了工程量定额标准化，为工程总包创造了条件。

⑥造价管控机制。电信工程投资管理是一个动态的过程。在这个过程中，市场情况的变化使得工程投资管理更为复杂，要求建设单位在管理工程造价时既要做到全面又要有侧重点。HB 联通以效益为导向，应用全成本及广义成本理论，以网络投资项目全寿命周期现金流优化为目标，持续优化工程造价。通过公开招标降低设备（材料）和工程服务价格，规范工程取费科目和费率，严格落实控制工程造价。结合 HB 区域实际情况，对工程预算各取费科目进行细化，去除不明确的科目，制定费用计取模版，规范工程取费，提高工程预算的准确率。在移动网方面推广标杆站、建设无机房基站和无平台铁塔、采用直流远供代替交流

引入、室内外协同，加大共建共享。在宽带网建设方面，根据建设场景确定单端口造价上限，严格控制红线内投资。

2014 年，HB 联通移动网和宽带网的总体造价控制水平居全国前列，其中移动网造价经验在行业交流，宽带网的造价控制管理方法在全行业推广。

⑦预启动项目管理机制。为应急响应市场，同时避免计划外投资项目的发生，HB 联通制定了《预启动项目管理办法》，强化对超前启动项目的管理与支撑，对本地网分公司和供货厂商双重约束，从源头上杜绝超前启动项目的发生。同时，区分投资类别，分别实施，对有需求、有效益的超前启动项目，坚持风险可控、操作规范的原则，建立绿色审批通道，调整投资项目库。自 2012 年下半年起，基本杜绝了无计划启动项目的发生。

⑧设备盘活和退网机制。科技进步加速了通信设备的更新换代，新技术的应用意味着资产的贬值和资源的缩水，更新换代在加速投资的同时也增大了存量资产。针对此种情形，HB 联通加大存量资产盘活力度，对于运行成本过高的老旧设备予以替换；加大共建共享力度，节省投资支出；加速推进光进铜退工作，妥善处理淘汰资源。组织专项工作摸清设备状况，盘活有使用价值的设备或将其纳入后续建设中使用。

自 2012 年以来，HB 联通累计盘活宽带端口 135.29 万个，盘活资产原值 6.76 亿元，通过共享共建，节省投资 6000 万元，光改退铜实现净收益 4.1 亿元。

（3）一体化精准投资管理的保障措施

主要在组织、制度、IT 手段三个方面给予充分的保障支撑：

①强化组织保障。在省、市两级公司设置投资管理委员会，作为固定资产投资的管理机构，省公司投资管理委员会负责审定投资管理相关制度文件，并指导、监督各项制度的落地，是企业投资方向与投资决策、责任追究的管理机构；省公司投资管理委员会下设投资需求、规划计划、评估评价、项目实施、投资问责

等 5 个工作组推进各项工作；各市公司比照执行。

②流程梳理，制度保障。重新梳理了从资源摸底到考核问责的投资全过程管理流程，对规划计划立项一体化管理、各管理环节授权与效率考核、全过程跟进评价等重点进行了明确。并进一步完善了相关管理制度，对流程梳理进行了固化。共补充、完善各类管理性文件 16 项，新增固定资产投资管理办法、固定资产投资需求管理办法、固定资产投资项目跟进评价实施办法、项目授权管理办法等制度文件 8 项，补充完善固定资产投资项目审计管理办法、固定资产投资后评价管理办法等制度文件 8 项。

③信息化手段保障。通过不断强化信息化手段，加强资源管理、投资过程管控，实现精准管理：

第一，建立“HB 联通项目管理平台”。平台以建设需求单位为使用起点，填报需求文档进入需求资源库，在资源库内筛选审核后进入建设库中，并由项目监理填写实施进度，系统可自动生成统计报表，实现对项目实时监控，并具备 GIS 地理信息呈现功能。

“HB 联通项目管理平台”的使用，大大加强了省公司对各本地网固网及宽带建设的投资精准度、工程进度的管控，投资的整体效率得到了显著提升。

第二，建立监理企业定位系统。该系统可实现监理企业监理人员定位轨迹管理，具备监理影像资料，实现了对监理企业监理工作的全面管理，大大提高了工程质量监理保证工作。

第三，建立实物资产管理平台。HB 联通为促进房产出租的规范管理及价值提升，统一搭建了实物资产管理平台，通过平台收集各类房产资产情况、周边市场行情等信息，通过系统实现自动分析、对标、提醒等功能，促进房产管理水平的提升；将房产出租信息公开，实现全员监督，后续将增加“零购固定资产”等其他实物资产管理功能，满足公司各类实物资产管理的要求。并将平台充分应用于房产物业盘活之中。

5.3.2 全过程的建设维护管理

中国联通全过程的建设维护管理注重投资规划管理、采购管理、工程建设管理、网运成本管理、修理及运维管理、电路及网运租赁管理、租金水电管理、基站节能降耗管理等重点环节。

（1）投资规划管理

投资规划管理阶段对于存量资产重点关注的问题包括：资产的盘活、清理、再利用以及出租。选择投资成本低、投资收益高的项目进行投资。本阶段成本管理的措施为：

①探索推进投资建设的二级管理模式。研究立项、采购、维护等各个环节的分权、授权管理办法，将效益导向的投资决策机制向市、县级公司延伸。对市场前端适当授予投资决策权，实现资源精确投放和对市场服务的快速支撑，合理配置资源，实行按名单制立项、按额度管控等新的投资管理模式。

②找有经验的第三方，真正按照市场与技术有效结合的方法去论证。投资计划和项目审议的流程要标准化，从机制上保障投资决策的正确性。

③切实做好“后评估”工作。建立投资效益评估模型，除战略性投资外，按阶段对重点经营性投资项目业务发展的成效、产生的收入情况、资金回收等进行效益评估，评估项目的效益性、决策的正确性。

（2）采购管理

①采购决策的科学性：

第一，建立物资信息共享平台，采购前核实库存情况，避免重复采购和库存积压。

第二，外租资源前，核查现有资源利用情况。

第三，同步考虑后续的维护、租赁、能耗成本。

②招投标管理：

第一，遵循三重一大和授权管理体系要求，变决策采购结果为决策采购方案，实现决策前移。

第二，符合招标条件的实行公开招标，充分引入竞争。

第三，实行评标条件客观化、评标标准规范化，评标办法公开化。实行中标厂家定区域、定额度；增加“等效折算法”[①] 评标方式。

第四，在入围及邀标厂家确定过程中明确推荐人，对推荐的厂家负责。引入决策人概念，在充分授权的情况下实现专家决策。

第五，考虑在商务谈判中引入、推广“二次议标”。

第六，在集团、省公司集采结果范围内，实施结果外包，探索并推行“交钥匙工程”。

（3）工程建设管理

在工程实施阶段管理的重点主要是战略合作伙伴（包括设备供应商和工程实施单位）的选择，整合资源才能创造效益。

①试行项目经理制。项目经理在公司确认的总体投资计划和授权范围内，负责项目组织和实施，从计划、进度、质量、验收等各个环节，对工程项目的进行全过程管理。

②建立标杆管理体系：

项目流程标杆管理——过程规范性

成本标杆管理——降低成本

资金标杆管理——降低成本

示范站管理——提升基站安全、防盗性及建设质量

施工标杆管理——提高质量

（4）网运成本管理

---

① 笔者按：评标方法之一，是指将工程或货物的建设、采购、安装、运行、维修服务、更新改造，直至报废的全寿命周期成本进行合并计算并折算为现值比较的评价方法。适用于工程和货物的采购，尤其适用于后期使用成本对采购决策起关键作用的工程和货物采购。

加强网运成本管理是中国联通的成本管理重要任务，其主要方法体现如下：

①修理及运维管理：

第一，尽可能摆脱原厂维保，在充分认证的基础上，以招标方式引入第三方维保；建立风险共担的考核机制。

第二，整合运维工作，发挥人员优势，逐步减少代维项目和厂家，减低代维费用。

第三，通过运用管理平台，强化支撑手段，规范单修、耗材管理，实现“说得清、管得住、用得好”目标。其中在加强固话宽带装移修机耗材管理方面，在综服业务开通系统中增加了耗材录入功能，实现分区域—社区经理—客户的装移修机耗材精细化管理。

第四，创新管理模式，发挥自维及区域维修中心能力，降低板卡维修费用。

②电路及网运租赁管理：

第一，“以建代租”。通过自建电路资源替换外租资源。

第二，谈判议价。组织外租资源单价谈判。

第三，外租资源退租。通过 ERP 合同台账、在网维护台账、网管数据台账、支付台账进行逐项逐条核对，对于无话务及传输告警的电路，核实后及时进行清理和终止合同。

③租金水电管理：

第一，租金

A. 市区基站租赁方式由单一的外包单位转租改为自行租赁、施工队租赁、外包单位租赁相结合的方式，其中外包单位只负责租赁难度较大的基站。

B. 对外包单位的酬劳改为一次性提取代办费和成本控制奖金的方式。

C. 分区域、分级别设定基站租金控制标准，实施上限管理。各本地网结合本地区的社会经济发展状况、房地产市场行情，按照中心城市（又分为密集城区和一般城区）、县城、乡镇、农村、山区等不同的场景，制定租赁费标准。

D. 实施属地管理，强化责任意识。为发挥县（区）分公司的积极性、充分利用公司的人脉资源、提高基站租赁效率，基站租赁逐步下放至县（区）分公司。

E. 对旧站中租金较高的站点与业主谈判，降低租金。

F. 站点清理，组织维护部门对现网站点使用情况进行清理，避免非在用站点继续支付租金。

G. 站点合并，对既有 POP 点又有固网的站点开展清理，对具备条件的进行资源整合。

H. 改签非直接业务合同。

第二，电费

A. 移动基站的电费缴纳必须纳入电子运维系统中移网电费管理模块中进行全流程管理，并及时修正移动基站标杆用电量。

B. 按照日均每载频能耗（度）进行全网对标，及时发现超标基站并限时整改。

C. 在保证通信设备安全运行的前提下，全方位地开展移动基站节能工作。通过调整移动基站空调设置温度以及在取暖期关闭空调等管理手段，结合适合 HB 省且投资回报较快的技术节能手段，并加大对老旧空调的更新改造力度达到节约电费的目的。

D. 通过与业主谈判或更改用电类型、用电性质降低电费单价，发动电费减负行动。

E. 通过和业主协商，改签供电协议，改为供电局直供电、安装磁卡电表、将电表安装到机房内部等措施对转供电基站进行整改。

F. 关停拆除可下电设备，节约电费；对机房门窗等进行封堵；通过安装核对电表，核实异常用电站点。

④基站节能降耗管理。基站耗电主要是主设备耗电和配套中的空调耗电。基站节能降耗的措施可以从主设备、配套及网络规

划设计、严把设备入网关四个方面进行考虑。

第一，基站主设备节能。包括提高功放效率及设备集成度、软件节能技术、分布式基站技术、降低环境温度要求四项。

第二，机房配套节能。包括减少基站空调的运行时间、基站超期服役配套设备的更新改造、提高基站电源系统的转换效率、基站新能源使用四项。

第三，重视网络规划优化。通过合理的网络规划优化可以降低基站数量，降低设备发射功率，提高设备利用率，从而达到降低基站能耗的目的。

第四，严把设备入网。包括选择能耗低的无线设备、选择能效比较高的专用空调设备、选择转换效率较高的开关电源设备、选择磁卡电表，并与基站机房的连接距离最短、工程建设前期选择与供电局签供电协议的直供电方式。

⑤加强管理与技术创新，深度挖潜网运成本。本书参考SZ联通网运成本管理模式来系统地说明这个问题。

第一，SZ联通网运成本管理模式。

总体思路：以价值提升为目标，从能力提升入手，以“创新思路、精细管理”为主导，管理创新与技术创新相结合，利用信息化手段，通过综合治理，实现网运成本深度挖潜和管理上台阶。SZ联通网运成本管理模式如下为：

首先，进一步落实责任主体，实施源头管理，创新建设模式、强化节能减排，深度挖潜网运成本，重点做好电费、租费管理。

其次，加强信息化支撑手段，实施系统管控，精细化过程管理。如图5-9所示。

第二，SZ联通网运成本管理重点举措。以深化物业系统应用为手段，系统化管控，精细化管理。

A. 物业系统应用1——系统功能。

B. 物业系统应用2——实施全生命周期管理。

落实责任主体	创新建设模式	推行节能降耗	实施系统管控	强化精细管理
■细化责任主体 ■成立专项小组 节能减排组 网元租赁谈判组 直供电改造组 ■建立考核机制 ■出台激励政策	■创新小区综合覆盖建设 ■新站80%采用一体化基站建设 ■全面推行固移协同建设 ■直供电改造 ■以建代租 ■网元资源置换 建设模式创新既节省投资又降低租金、电费成本	■管理节能 PUE对标管理 远程自动抄表 空调模式调整 站点清理 网络瘦身 ■技术节能 开关电源休眠 室分定时关断 载频智能关断 谐波治理 网络打簿 一体化后备电源使用	■物业资源管理系统 实现基站物业从建设到使用全过程系统化管理和监控 ■远程自动抄表系统 PUE对标管理平台 解决三大问题： 1. 如何衡量每个基站机房能源使用效率 2. 指标如何及时获取 3. 如何强化电费支付过程的稽核与监控	■对标管理 ■实时监控 ■有效预警 ■支付稽核 ■无效清理 ■低效整改 ■整合网元租赁降低价格

图 5－9　SZ 联通网运成本管理模式

以生命周期为主线，以流程控制为牵引，实施基站物业全生命周期管理。

C. 物业系统应用 3——实施电费多维度对标管理。

建立多维度对标体系，提高电费支付审批科学性和精准性：系统实现与动环自动抄表系统的连接，对待审批电费与自动抄表系统中的电量、理论电量、代维抄表电量、同比、环比等进行多维度对标。

D. 物业系统应用 4——实施租金源头把控。

建立网格化租金价格体系，源头把控，控制租赁成本。

E. 物业系统应用 5——组织建设与队伍激励。

物业健康指标与成本目标挂钩，实现了物业搬迁控制和成本控制双赢。

F. 物业系统应用 6——实施监控分析与督导。

依托物业系统平台，多维度监控成本波动，指导成本控制有效开展。

G. 物业系统应用 7——实施成效。

第三，网运成本管理成效。

A. 全成本对标在同类本地网中达到最优。投资建设线成本占收比20.27%，网络运行线成本占收比7.59%，均为南方1档先进标杆。

B. 百元固定资产创收、盈利能力显著提高，网络资源效能持续提升。

C. 投资节省和成本降低成效显著。能耗成本同比下降4.07%；本年网运成本节约4372万元；通过创新建设模式节约投资6300万元。

D. 创新成果不断涌现。在网运成本管理创新和技术创新方面，共有创新成果近50项，其中12项获国家和行业级别奖，30余项获省级奖项，在国家期刊发表论文累计100多篇。

（5）建设投资评估评价管理

①投资有效性管控背景。中国联通总部2013年度工作会提出：全力实现网络效能显著提升，要适应规模效益发展需要，面向未来可持续发展，以客户为导向，以总量控制和效益优先为原则，科学把控投资方向，要切实转变投资建设管理思路，以能力提升和投资效果为驱动。

面对有限的投资额度和日益增加的网络需求，应进一步提高投资有效性和资源利用率，加大投资有效性管控，以低投资赢取高利润，加快缩小与竞争对手在网络覆盖和网络能力上的差距。中国联通FJ省面临的内外部环境，促使投资有效性管控变革日趋紧迫，具体形势如下：

竞争压力：竞争对手在网络覆盖和质量上的优势对公司形成压力，促使公司对资源投资的规模和网络建设节奏进行调整。

市场牵引：4G与宽带，集团客户需求旺盛，吸引大量投资资本集聚，公司网络建设投资急需快速增长。

目标驱动：国资委和总部对公司效益的预期不断提高，高目标驱动公司增强提高投资效益的能力。

资源需求：现有资源稀缺，制约公司效益增长，投资有效性提升迫切。

②投资有效性思想变革。传统的投资有效性思维模式已不适应市场发展的需求，只有打破旧思想的束缚，建立新的复合型思维模式，才能与时俱进，立于不败之地。必须进一步深化落实财务转型，从传统基础核算向多方位价值管理转变。如图 5－10 所示。

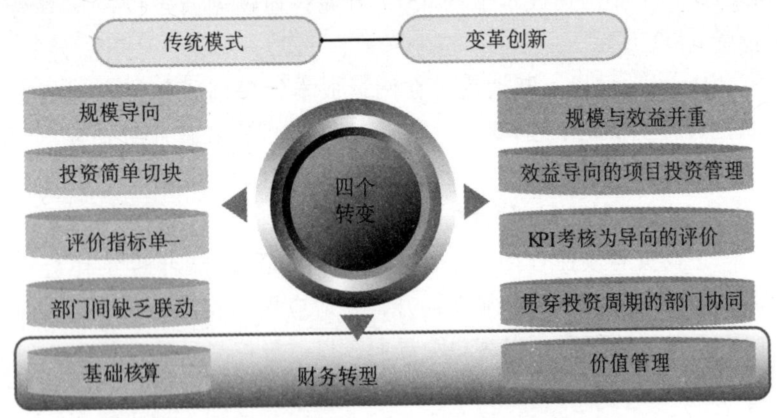

图 5－10　中国联通 FJ 省分公司投资管理变革思路

③投资有效性闭环管控机制。各部门明确职责，前后台密切协同，形成“规划前评估——建设——后评价——结果考核应用”的投资有效性闭环管理机制，实现投资有效性和资源利用率的提升。如图 5－11 所示。

④投资有效性管控体系。管理层高度重视，多举措改革创新，投资建设逐步形成一套运作规范、投资有效的管控体系。

具体的投资有效性管控体系为：“实施投资规划管控、资源盘活、投资建设管控、动态后评价”四位一体的运作管控体系。如图 5－12 所示。

⑤中国联通 FJ 省分公司投资有效性管控成效。在投资有效

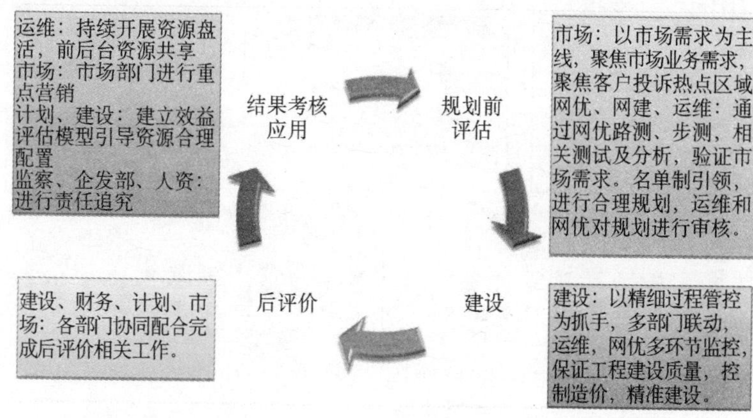

图 5－11　中国联通 FJ 省分公司投资有效性闭环管控机制

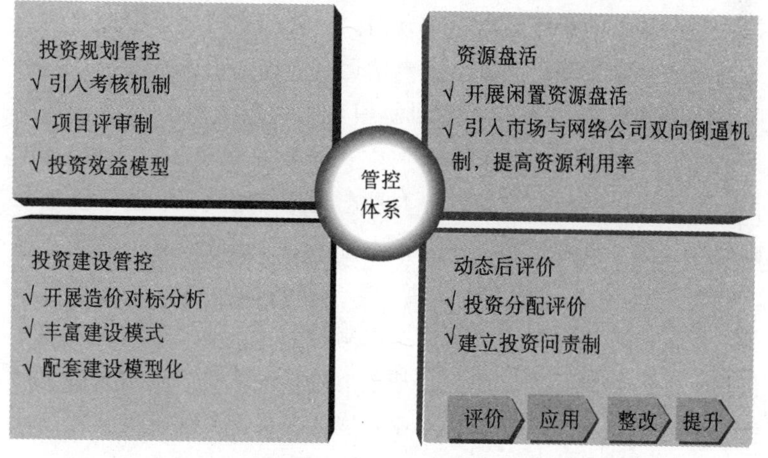

图 5－12　中国联通 FJ 省分公司投资有效性管控体系

性管控体系的多方面作用下，中国联通 FJ 省分公司的各项指标得到明显改善，2G 网络资源利用率全国领先，3G 资源利用率高于全国平均。如图 5－13 所示。

（6）电信基础设施的共建共享

①电信基础设施共建共享的内涵。电信基础设施的共享，是

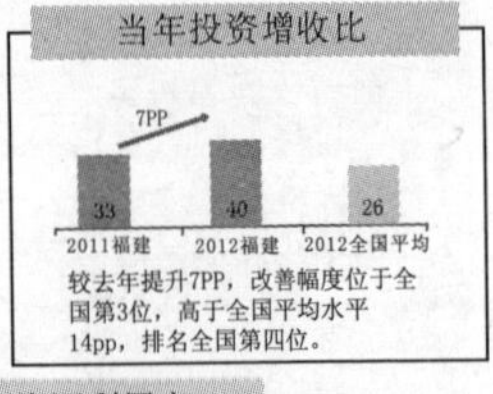

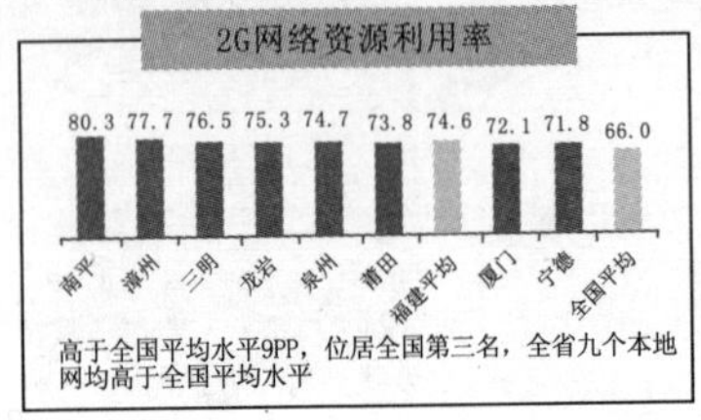

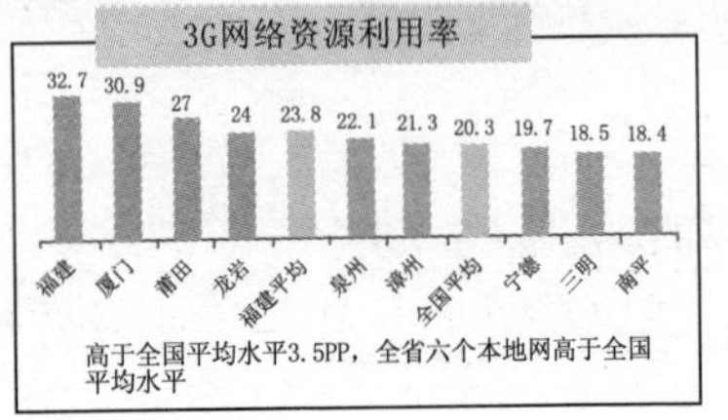

图 5－13　中国联通 FJ 省分公司投资有效性管控成效

指从事基础电信业务的电信运营商，对其控制的用于支撑电信业务的电信基础设施，允许其他电信运营商以基于成本的价格，按照非歧视的条款与条件，共同使用其中的部分或全部电信基础设施。

电信资源共建共享可以分为静态基础设施共享、动态基础设施共享。静态基础设施共享是指支持网络功能的设施，包括实体的铁塔、机房、空调、蓄电池、发电机、稳压器、火灾报警器等，除此之外还包括建设机房所占用的空间；动态基础设施共享包括实际的网络元素，例如，基本信号收发系统、基站、微波设备、传输设备等。从我国电信业发展情况来看，现阶段移动领域的共享还主要集中在基站和静态网络设施共享方面。

移动通信网络设施共建共享在欧美发达地区已经发展了很长时间，并已形成了可持续发展的产业模式。然而在我国的情况却是基础设施重复建设现象严重。针对我国基础设施建设中的问题，减少电信重复建设，提高电信基础设施利用率，针对当前电信重组和即将启动的新一轮网络建设的实际情况，工业和信息化部、国务院国资委决定大力推进电信基础设施共建共享，于

2008 年颁布了《关于推进电信基础设施共建共享的紧急通知》。

2008 年 12 月 10 日，中国电信、中国移动、中国联通在共同协商的基础上，签署了《中国电信集团公司、中国移动通信集团公司和中国联合网络通信有限公司电信基础设施共建共享合作框架协议》，该协议对基础电信企业基础设施共建共享的合作机制、共享流程、共建流程、费用及权益确定原则、共建共享设施维护要求以及争议解决机制进行了规定。三家企业集团在 3 个工作日内将协议下发到各省级机构，指导省级机构签署省级协议并组织实施。协议的签署对于落实紧急通知有关要求，全面推进电信基础设施共建共享工作具有重要意义。

②我国电信基础设施建设现状。虽然我国的基础设施建设发展状况良好，但是重复建设却依然是一个不容忽视的问题。理论上，全国有一个省际干线光缆就已经足够，但目前每家电信运营商都有自己的网络，而建设一张干线网往往需要投资 200 亿元人民币以上，现在并行的三张网络，总投资额度已经超过 1000 亿元，分别属于中国电信、移动、联通。此外，广电部门也在投资建设自己的网络。市场竞争的加剧，导致了各大运营商对电信网络加大建设的投入。

对中国移动、中国电信、中国联通的审计调查表明，自 2002 年电信体制改革至 2015 年，我国通信网络的覆盖面和容量都实现了跨越式发展，三家电信运营企业销售收入总额、利润总额和净资产收益率逐年增长，但其净资产收益率一些年份低于中央企业平均水平。

审计调查发现影响企业效益的主要问题是：重复投资导致资源闲置浪费，部分投资项目效益较低。由于缺乏统筹规划，重复投资问题突出，网络资源利用率普遍偏低，通信光缆利用率仅为 1/3 左右，且增加了企业的折旧和运行维护费用。如中国电信和中国联通在对方主导区域内已有本地电话网的情况下，又投资 508 亿元新建企业本地电话网；中国铁通在中国电信和中国联通投资在建各自全国固定电话网的情况下，也投资铺设本企业的全国固定电话网，到 2006 年累计投入 455 亿元。

据公开数据统计，在网络建设中，中国移动 2015 年资本投入达 1956 亿元，中国电信投资 1091 亿元，中国联通投资 1339 亿元。因此，在现阶段，推动开展电信基础设施共建共享工作是明智之举。

③我国实行电信基础设施共建共享的必要性。

第一，顺应全球信息通讯网络发展趋势。随着数据通信与多媒体业务需求的发展，适应移动数据、移动计算及移动多媒体运作需要的第 4 代移动通信开始兴起。国际电信联盟无线电通信部（ITU—T）定义未来的信息通信网络发展目标为 NGN 网络，其本质内涵为“开放、创新与融合”。在这样的产业技术发展背景下，共建、共享信息通信基础设施就是一种节约资源、提高效率的必然趋势。对于移动通信服务业者、系统设备供货商或其他相关产业来说，关注移动通信技术变化，适应市场需求，从同一运营商异构系统的共享平台融合，扩展至不同运营商的共享平台融合，乃至虚拟运营的诞生，都是顺应全球移动通信技术发展的必然要求。

第二，推动产业资源配置效率提升。电信业属于资金密集型和技术密集型产业，资源共享特别是通用性强、关联度高的基础设施资源共享，重构、协调了电信投资者、设备商、建筑商、运营商、内容商、消费者等利益相关者的价值创造与转移程序，不仅促进了产业价值链的不断优化和创新，从而驱动电信企业在整个价值链条通路对顾客需求的快速而协调的反应，充分发挥资源优势和集合效应，最大限度地实现价值创造，提高了产业投入产出效率和资本增值机会，客观上推动了电信产业经济发展。

第三，带来多方面的市场利益。根据“安永”全球信息中心研发报告，我国实施基础设施共建共享，无论是对运营商还是对消费者而言，可以从以下方面带来益处。

A. 成本缩减。共享可以实现每用户的资本性支出更低，可以减少运营商资本性支出和维护成本，进而提高运营商的运营边际利润。研究显示，运营商可以通过网络共享缩减 20% 至 50% 的资本支出与运营支出，缩减程度取决于共享的水平。对中国来说尤其如此，因为，中国未来的网络部署驱动力将来自 ARPU 值较低、边际利润面临巨大压力的农村地区。

B. 及早入市。可以加快网络部署，及早入市，同时通过部署更多的基站，提高市场份额。

C. 有效的资源。可以有效地消除重复的网络，最终让用户花更少的钱得到更好的服务。

D. 环保。主要体现在三个方面：一是降低对环境和视觉造成的不良影响；二是减低对影响健康方面的担忧；三是有效减低能耗。

E. 创造价值。共建共享将增加在资本市场的收益，同时可以实现发射塔资产的价值最大化。

F. 增强运营商的灵活性。运营商根据具体需求分享各网络元素，同时可以从简单的静态基础设施共享，到更加复杂的无线接入网（RAN）及核心共享。

G. 资源的高效利用。共享基础设施可以消除重复性网络投资，如无线接入网（RAN，这通常是运营商网络中成本最高的部分）、蜂窝站址和发射塔；基站设备与传输网络等。有效利用这些资产可以使运营商以更少的成本提供更好的服务。

H. 增加市场份额。主要在于获得用户所需成本的降低，网络共享可以扩展未曾提供服务的区域，因为成本的降低，使为低需求地区提供服务而获得较低的收入也变得合算，这将帮助运营商获得市场份额。

④基础设施共建共享模式探索。国内对通信资源共享的要求可以追溯到 2008 年，如前文所述。当时国家审计署发布的报告指出国内网络资源利用率偏低，通信光缆利用率仅为 1/3 左右，

社会上要求运营商之间资源共享的呼声随之而起。而此后的2010年至2013年间，每年工信部和国资委都会联合印发《关于推进电信基础设施共建共享的实施意见》，提出该年度共建共享考核的各项要求和具体考核指标，但收效甚微。直至2014年3月，由国资委牵头，会同工信部组织三大运营商召开协调会，明确设立铁塔公司协调组和筹备组；同年7月，中国铁塔正式成立。至此，国内通信行业的资源共享进程，才算正式拉开大幕。因此，我们可以简单将中国通信行业基础设施共建共享模式区分为两个期间。

阶段一：2008年~2013年的改革试水期。这一阶段，虽已形成通过资源共享减少重复建设、提高投资效率、缓减行业压力、节约运营成本的共识，但尚未形成全局层面的方案和机制，在如何操作上没有一致的意见，推进进展缓慢，局部形成几种方案：第一，一方主建，其他运营商共享方式。第二，第三方形成的“代建方”制。第三，三家共建模式。第四，通信管理局主导模式。

经过不断努力，国内电信基础设施共建共享工作取得初步成果。据不完全统计，截至2014年中国铁塔成立之前，全行业通过开展电信基础设施共建共享工作，节约投资超过710亿元。

阶段二：2014年以来的改革深水期。这一阶段以铁塔公司成立为典型标志。

2014年7月18日，中国通信设施服务股份有限公司终于注册成立。三大运营商中国移动、中国联通和中国电信共同签署了《发起人协议》，分别出资40.0亿元人民币、30.1亿元人民币和29.9亿元人民币，在中国通信设施服务股份有限公司中各持有40.0%、30.1%和29.9%的股权。2014年9月11日，正式更名为“中国铁塔股份有限公司”（以下简称“中国铁塔”）。

中国铁塔公司成立目的主要是减少电信行业内铁塔以及相关基础设施的重复建设，提高行业投资效率，进一步提高电信基础设施共建共享水平，缓解企业选址难的问题，增强企业集约型发展的内生动力，从机制上进一步促进节约资源和环境保护。同时降低电信运营商的总体投资规模，有效盘活资产，节省资本开支，优化现金使用，聚焦核心业务运营，提升市场竞争能力，加快转型升级。

那么，成立铁塔公司、实施网业分离，到底在多大程度上节约成本？Vodafone 早在 1998 年就给出了大致的测算。所谓的“通信设施共享”，包含了从最基础的场地共享到最深入的全部硬件完全共享多种选择，显然合作程度越高，节省成本越多；同时，同一基础设施，参与共享的运营商越多，分摊后的支出也越少。举例来说，两家运营商共享铁塔、屋顶等通信设施安装区域，大概可以节省 10% 的成本；如果深入到共享主干网的层面，成本则可以节省 30%。如果共享主干网的运营商从两家变为三家，每家运营商还可额外再减少 10% 以上的建设成本。如图 5－14 所示。

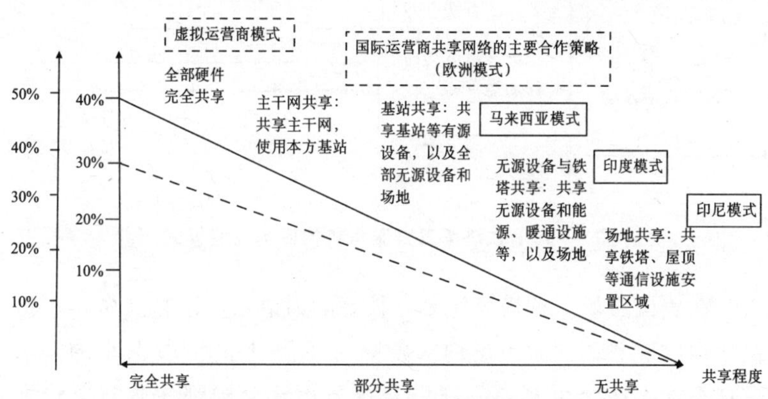

图 5－14　通信设施共享节约网络建设成本

中国铁塔公司现有的经营范围包括铁塔建设、维护运营；基站机房、电源、空调配套设施、室内分布系统的建设、维护、运营；基站设备的维护三个层面。根据上述模型测算，如果真正实现三家运营商共享铁塔、基站机房、电源、空调配套设施和室内分布系统的建设、维护、运营，以及基站设备的共同维护，那么三家运营商平均可以节省25%以上的建设成本，每年可降低投资200亿~300亿元。如此一来，也就不难理解为何国家对推进通信资源共享的决心如此坚定了。

一般来说，国际上通过第三方服务机构实施共建共享有四类常见的商业模式。从不持有资产、代理管理、持有资产到定制建设，第三方服务机构对运营商的话语权也在不断提升。如图5-15所示。

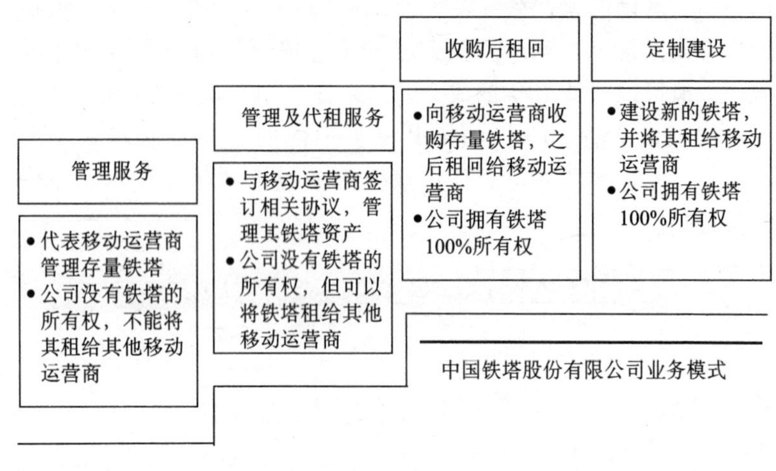

图5-15 铁塔第三方服务机构四类商业模式

在美国市场，铁塔公司享有较高的话语权，既持有资产、提供全面的服务，同时市场内运营商对通信设备租赁/共享的需求也更高端。在澳大利亚，铁塔公司与运营商则都在政府监管之下，运作并不灵活。而印度市场的铁塔服务相对中庸，第三方公司可以新建基站，同时接管旧设备的运维工作但并不持有资产。毋庸置疑，运营商剥离铁塔业务的主要原因是降低运维成本以及改善资产结构，这些通过出售铁塔再回租均可实现，甚至在部分国家还可以享受减税的政策。但与此相对，运营商对基础设施资源的掌控能力将进一步下降，议价能力、网络质量保证、新建基站的沟通成本都有可能成为新问题。总而言之，运营商需要作出的是一个平衡选择，在资产配置的灵活性与战略部署的灵活性之间作出取舍。

不同的市场环境可以培育出不同类型的铁塔公司，其中最重要的两个因素是：铁塔公司是否由运营商出资组建？以及，铁塔市场是否充分竞争？在探讨中国铁塔公司对通信市场的影响之前，我们对中、美、印三国的铁塔市场做一对比，刨除行政力量与政府影响，仅从市场的角度，看看三者之间的异同。从图 5 – 16 可见，与美、印两国相比，中国铁塔公司处在一个相对尴尬的境地：既非独立公司，也非竞争市场。首先，运营商剥离铁塔业务获得的融资便利，国内运营商并未享受到；其实，垄断市场下产生的运营效率下降问题，国内运营商能否避免仍是未知数；只有通过基础设施共建共享实现的成本降低和资产增值效益，能够确实地享受到。

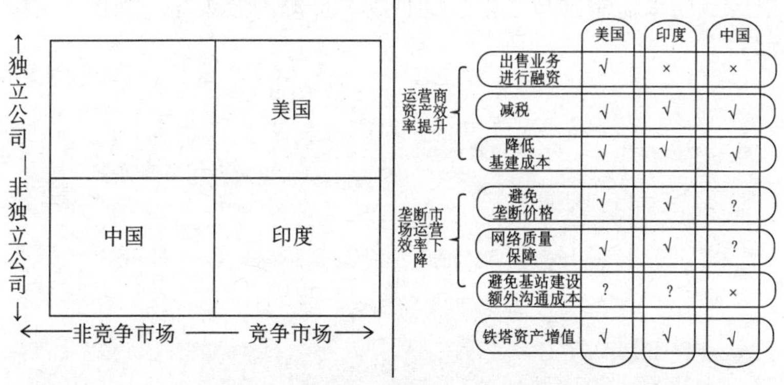

图 5 – 16　中美印三国铁塔市场及影响对比

需要指出的是作为一个新兴事物，三大运营商共同出资成立的“第三方”公司，中国铁塔还有很多的问题需要解决：如何达到各方博弈的平衡？对运营商战略有何影响？即便未来发展趋势是否明朗仍需观察，至少在现阶段，对存量基站的接收就已成为铁塔要啃的一块硬骨头。但不可否认的是从整个行业来说该事项意义深远、效果显著，仅 2015 年就节约投资超过 500 亿元，节约土地 1.3 万多亩。而且值得一提的是，中国铁塔提升了运营商在进场费方面的议价权，大大节省了这种非基础设施建设成本。另一方面，运营商的铁塔共享率也从中国铁塔成立前的 20% 提升到成立后的 40%，其中新建铁塔共享率 70%。

5.3.3 全生命周期的产品管理

在 3G/4G 正式商用以后，中国联通迎来新一轮的战略机遇期，其成长路径将经历“阶段性成熟”、“跨越增长”、“价值增长”等阶段。在财务战略设计中，“阶段性成熟”期指移动业务的导入期，业务上以扩大影响力为主；“跨越增长”期指移动业务的快速增长期，经营上以快速扩大客户规模为主；“价值增长”期指移动业务进入成熟期在业务规模不断扩大的同时，客户价值与企业效益快速增长。为保障各阶段战略目标的实现，在财务战略中需制定与之相匹配的成本资源配置策略。如图 5－17 所示。

图 5－17　中国联通企业成长路径规划

（1）全生命周期成本管理演进路径

①企业成长路径。按照规划，2015 年中国联通 GZ 分公司主营收入突破 77 亿元，5 年复合增长率达 24%；其中移动宽带在 2015 年突破 50 亿元大关，年复合增长率超过 140%；固网收入逐年稳步上升，2G 收入则在 2013 年后随着移动宽带的替代逐步下降。如图 5－18 所示。

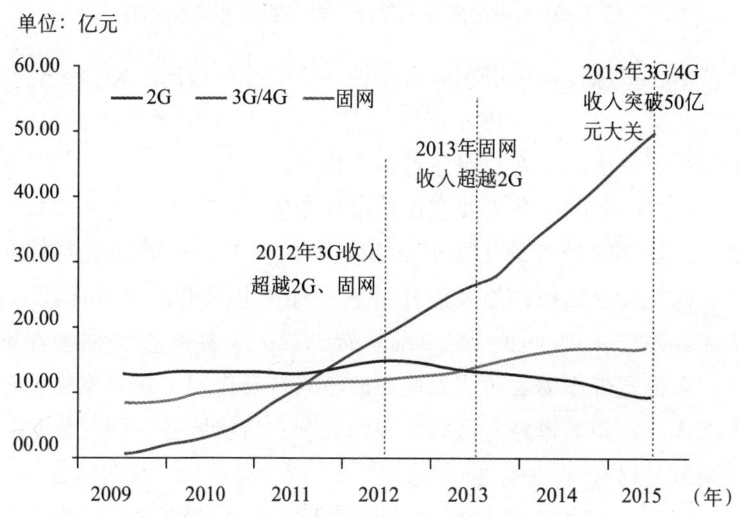

图 5－18　中国联通 GZ 分公司主营业务收入规划

随着 3G/4G 的快速增长，移动宽带收入占比日趋增加，从 2009 年的 1%，增长到 2015 年的 66%；2G 与固网业务收入占比则相对下降。如图 5－19 所示。

结合各专业产品的发展趋势，在财务资源投放策略上，采取差异化的策略设计：

第一，移动后付费业务作为企业规模增长的主要驱动因素，必须集中资源支撑其快速成长，各阶段的资源配置重点包括：在成熟阶段采取密集投放策略，目标是提高市场、用户对 3G/4G 业务的认识，并培育销售渠道；在跨越增长期，采取预期增长投

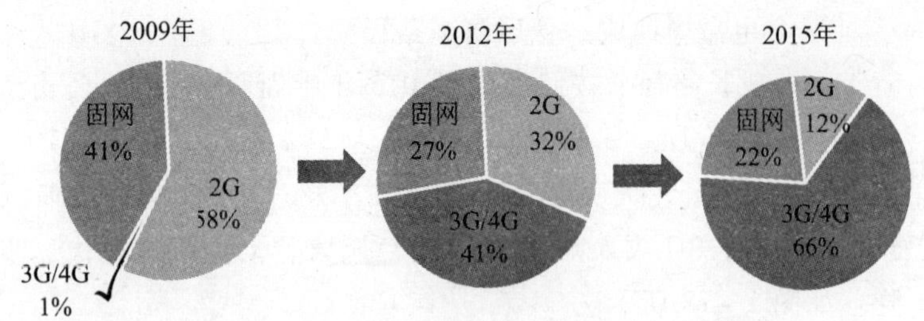

图 5 - 19 中国联通 GZ 分公司主营业务构成规划

放策略，资源投入集中在渠道建设、终端补贴与网络补强；在价值增长阶段，采取均衡的资源配置策略，注重资源效能的提升、增值业务的推广及客户服务与保有投入；

第二，固网业务需要在保持市场竞争力的同时，进一步提升效益。对于宽带等处于提升和稳定期的业务，资源配置目标包括：优化渠道结构，加大集客渠道、自有电子渠道的资源投入；培养客户忠诚度，加大用户维系资源投入，提高续费率和在网率；重视宽带作为公司重点业务的收入拉动作用，在对宽带发展模式进行转型的道路上做好资源的调配和后端服务，同时注重用户维系与保有；

第三，2G 业务需要做到与移动宽带业务协调发展，提升其边际贡献。投入的重点在于存量用户的维系与保有，促使 2G 业务新增用户生命周期提高以获取更高的用户价值贡献；在细分市场方面，注重提升厂园、校园等渠道的资源投入效能，保持规模稳步提升的同时，努力增加其边际贡献能力。

②企业价值提升路径。企业价值最大化是目前大多数企业经营的终极目的和指引，中国联通 GZ 分公司 2009 年至 2015 年利润战略规划。如图 5 - 20 所示。

为在 2015 年达到年利润超过 18 亿元的目标（对比 2009 年复合增长率超过 40%），财务战略对其实现路径进行规划：

第一，分产品、分地区利润提升路径。根据各专业利润规划

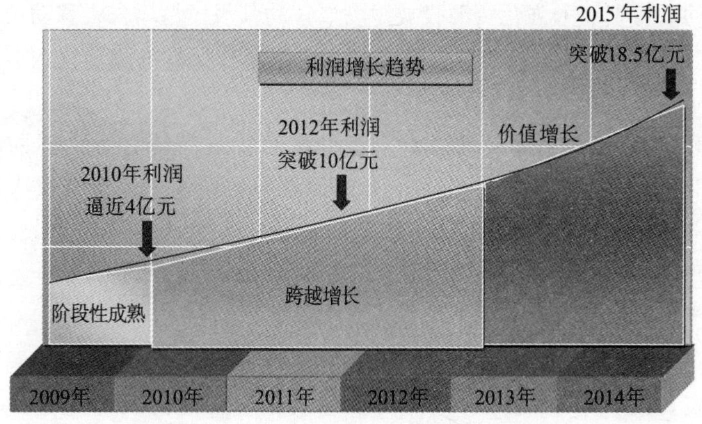

图 5－20　中国联通 GZ 分公司利润规划

目标和专业间利润布局情况，分阶段适度进行资源倾斜投放，通过前端资源的分配控制，实现公司“4G 业务发展为引领”、预付费与固网专业稳步发展的目标。

A. 分产品利润提升。观察公司 2009 年至 2015 年分专业利润增长规划，2012 年以后利润增长点主要来自于移动后付费，在导入期后利润增长贡献持续提升，至 2015 年接近 80%。在利润率方面，预付费收入利润率随规模的下降而下降，移动后付费收入利润率则逐步提升，到 2015 年超过 30%，固网收入利润率稳中有升，在 17% 以上略有增加。

2009 年 ~2015 年各专业利润发展占比规划如表 5－1 所示。

表 5－1　中国联通 GZ 分公司分产品利润规划占比变化趋势

利润占比	2009 年	2010 年	2011 年	2012 年	2013 年	2014 年	2015 年
移动预付费	61%	46%	28%	19%	15%	10%	6%
移动后付费	8%	6%	39%	59%	65%	72%	79%
固网	31%	48%	33%	22%	20%	18%	15%

相应的财务资源配置规划策略：在导入期与跨越增长期，对

移动后付费业务强化资源投放力度以拉动其规模性增长；移动预付费在保持基本投入的基础上重视其客户维系与保有的资源投入；固网注重宽带这一战略板块，关注重点渠道的资源投放与效能提升。

B. 分地区利润设计。针对不同区域发展特征，设置不同的盈利提升要求，要求一类中心在全面参与市场竞争、提高收入规模的同时，保持收入利润率稳定增长；二类中心尽快扩大收入、客户规模，实现规模效应，提高获利能力，收入利润率逐步赶上一类中心。

根据边际贡献率、收入规模大小和增长速度，将下属区域进行资源配置差异划分，按照类型辅以相应强度的资源配置。其中，对于重点项目等成熟地区注重核心渠道建设、营服中心能力提高，对未来高增长区域则注重前瞻布局。

第二，成本效能提升路径。按照传统报表维度，将成本项目划分为固定成本、半变动成本、收入直接驱动成本三大类；按照全成本管理维度，可将成本划分为市场经营、网络运营、投资建设、行政综合、信息化支撑共五条线成本。

在企业快速发展阶段，面临的主要矛盾是支撑业务快速增长的资源需求与自身资源配置能力的差距。企业的资源大量沉淀在折旧、租赁费等固定成本，而可调动用于直接支持市场拓展和客户服务的资源则较为不足。为破解矛盾，在财务策略上通过资源投放差异化设计与动态的调控机制，逐步将资源向直接成本、市场经营成本集中，增强企业资源配置能力、成本弹性，并进而从规模发展中提升企业盈利能力。如图 5－21 所示。

A. 逐步压缩固定成本、投资建设线成本、行政综合线成本比重，提高规模效益；

B. 控制半变动成本、网络运营线成本、信息化支撑线成本在网络规模与人员规模的增长幅度之内；

C. 集中资源投入收入直接驱动成本、市场经营线成本，增强企业的用户获取与收入增长能力。

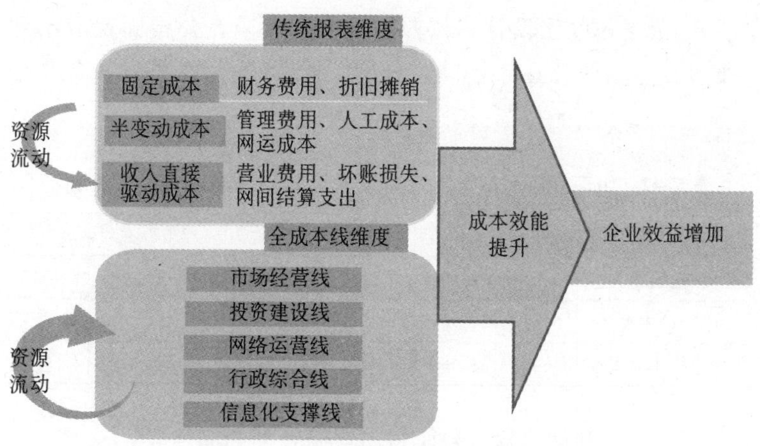

图 5－21　中国联通成本效能提升路径

成本投向设计规划：

A. 成本结构变化设计。公司成本结构持续改善，收入直接驱动成本至 2015 年增长至 55%，而与收入增长无直接拉动关系的固定成本将降至 22.4%，半变动成本降至 22.9%（如图 5－22 所示）。

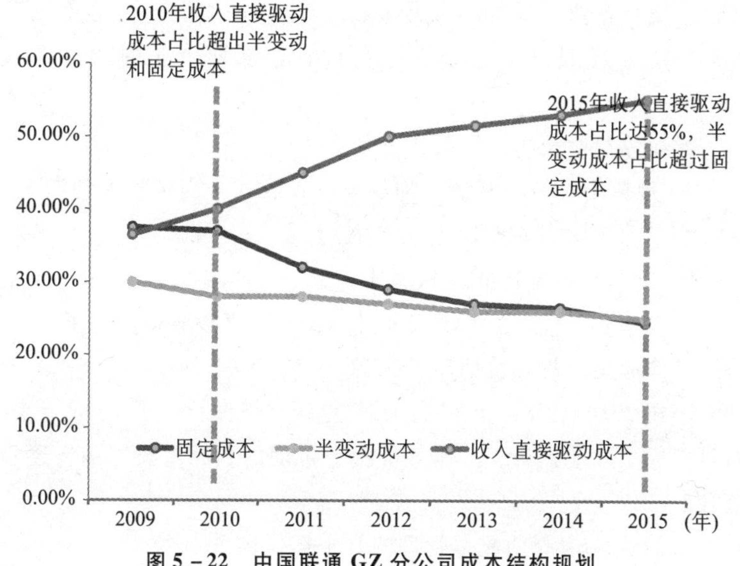

图 5－22　中国联通 GZ 分公司成本结构规划

B. 成本占收比设计。按照财务设计要求，公司固定成本和半变动成本占收比逐年下降，分别下降 15.5 个百分点和 7.8 个百分点，成本效能持续提升。如表 5－2 所示。

表 5－2　中国联通 GZ 分公司 2009 年至 2015 年成本占收比规划

成本占收比	2009 年	2010 年	2011 年	2012 年	2013 年	2014 年	2015 年
固定成本	32.54%	30.18%	25.06%	21.03%	20.13%	18.77%	17.03%
半变动成本	25.14%	21.95%	21.19%	19.00%	18.67%	18.12%	17.35%
收入直接驱动成本	31.48%	33.48%	37.11%	39.69%	40.52%	41.14%	41.55%

第三，获利能力提升数学模型。企业的利润增长，从属性上区分可分解为收入规模增长带来的利润增长与成本效能提升带来的利润增长。前者展示了企业由于收入增长带来的直接边际贡献以及由此引发的固定成本占比（成本率）下降带来的效益增加；后者则体现了成本效能提升带来的利润增长，即由于半变动成本、收入直接驱动成本占收入（成本率）比例下降带来的效益增长。契合企业发展的“规模扩张”与“价值提升”等不同阶段，在财务规划设计上分别进行设计，规划企业的效益成长途径。

上述效益增长的计算公式分别为：

A. 规模增长带动利润增加额 =（Δ 收入 × 当年收入利润率）+（当年收入 ×（－Δ 固定成本率））

B. 成本效能提升带动利润增加额 =（当年收入 ×（－Δ 半变动成本率））+（当年收入 ×（－Δ 收入直接驱动成本率））

具体应用：规划价值增长来源。如表 5－3 所示。

公司 2014 年及以前利润增长主要由规模增长拉动所带来，而随着成本效能提升，成本效能提升带动的利润增长比例将逐步上升。

（2）全生命周期成本管理的日常运作体系

表 5 - 3　　中国联通 GZ 分公司利润增长来源规划

利润增长主要由规模增长拉动　　成本效能逐渐提升

利润增长测算	2010	2011	2012	2013	2014	2015
利润增长	1.47	2.01	3.45	2.09	3.01	4.30
规模增长带动利润增加	1.28	1.71	2.93	1.40	1.98	2.76
成本效能提升带动利润增加	0.19	0.29	0.52	0.69	1.03	1.54

2015年后成本效能提升拉动利润增长占比超过35%

为了支撑实现企业成长能力、获利能力和可持续发展能力的财务战略路径，中国联通 GZ 分公司推行了一系列日常运作机制，包括：差异化资源配置机制、资源动态流动机制、全成本多项评价与责任体系等机制，从前端资源配置、资源流动，到后端成本项目评价进行了有效的实践，同时兼顾前瞻性项目引导资源向高潜力战略领域流动。

①资源配置机制。在资源配置上，以带动发展、业务收入、公司价值高增长为目标，锁定高价值产品、高增长领域，以差异化配置为手段、以优化四层五级配置机制为基础，建立动态配置机制、实施创新趋准机制。

第一，差异化资源配置机制。通过综合分析现有各区域、产品和渠道的规模、增长速度与效益，结合市场的前瞻预期，锁定各模块差异化发展目标，将各模块划分为高速增长型、规模效益型、深挖效益型三类，资源配置强度分级制定。如表 5 - 4 所示：

表 5 - 4　　中国联通 GZ 分公司区域发展策略

发展类型	资源配置强度
高速增长型	★★★★★
规模效益型	★★★★
深挖效益型	★★★

A. 区域划分标准：根据边际贡献率、收入规模大小和增长速度，将下属区域划分为高速增长型、规模效益型、深挖效益型三类，按照类型辅以相应强度的资源配置。如图 5－23 所示。

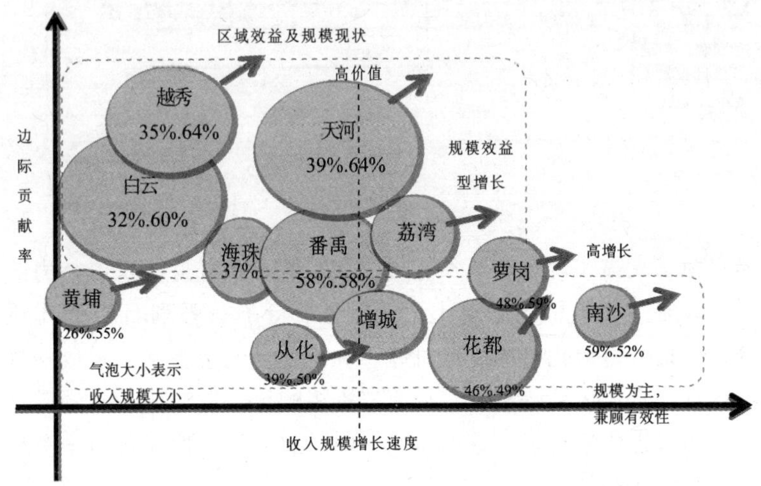

图 5－23　中国联通 GZ 分公司区域划分标准

B. 渠道划分标准：根据单店月放号量、放号规模和渠道数量，将 2G、移动宽带、固网下设的各渠道划分为高速增长型、规模效益型、深挖效益型三类，按照类型辅以相应强度的资源配置。如图 5－24 所示。

C. 产品划分标准：根据边际贡献率、收入规模大小和增长速度，将不同产品划分为高速增长型、规模效益型、深挖效益型三类，按照类型辅以相应强度的资源配置。如图 5－25 所示。

通过不同区域、渠道和产品模块的划分，资源配置按照差异化执行，总体配置思路为：优先满足高速成长领域，充分保障规模经济性地区、产品，提前布局核心渠道、新兴渠道和互联网经济，适度倾斜战略细分市场。以下以中国联通 GZ 分公司为例，简介其差异化资源配置模式。如图 5－26 所示。

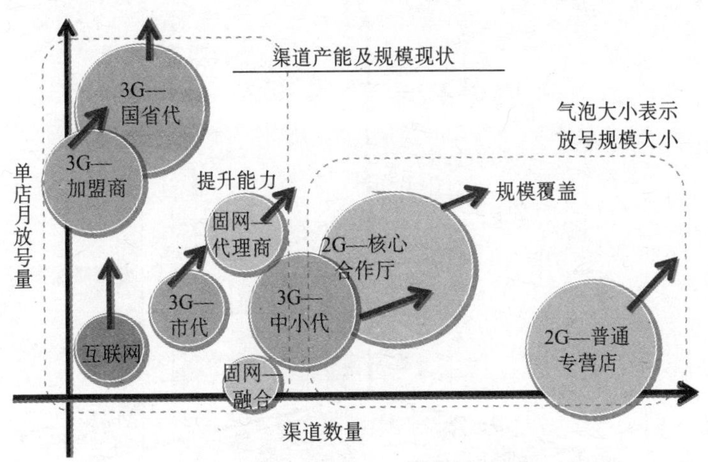

图 5－24　中国联通 GZ 分公司渠道划分标准

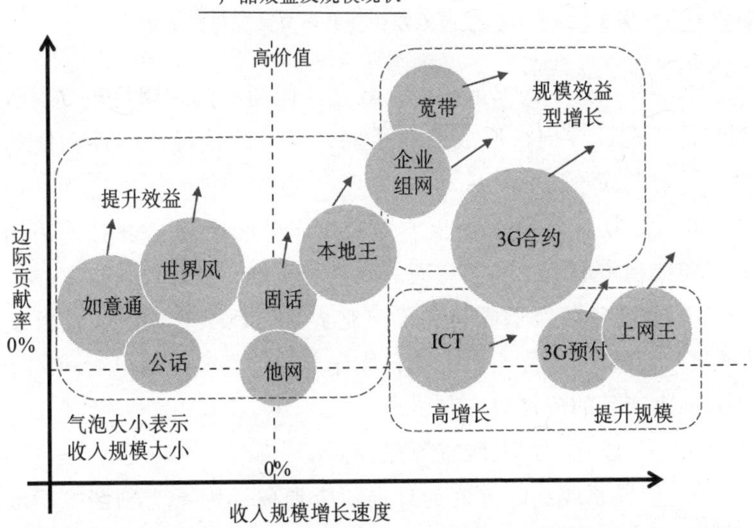

图 5－25　中国联通 GZ 分公司产品划分标准

同时，结合产品生命周期和边际贡献率，进一步聚焦投放方向，优化资源配置机制：

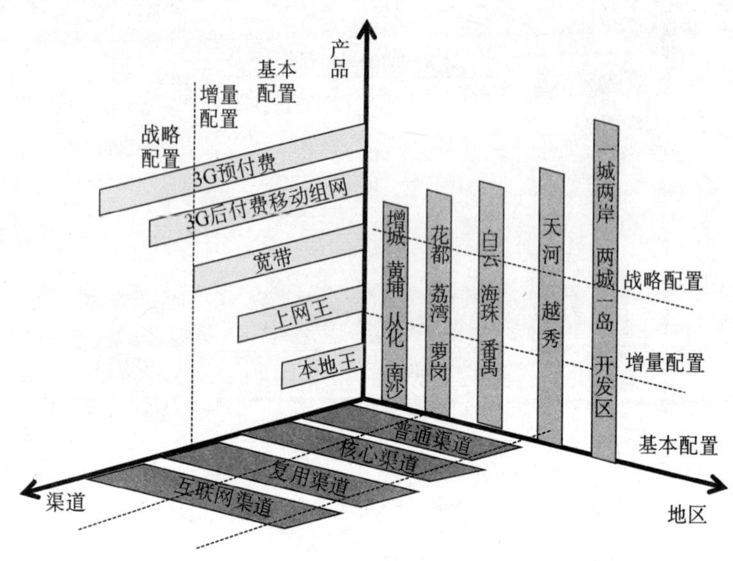

图 5-26 中国联通 GZ 分公司资源差异化配置模式

A. 4G 正处于战略成长期，效益不同商业模式满足规模、盈利和价值设计导向，形成差序格局，保持政策可持续性和统筹性，资源向高价值领域流动。

B. 2G 收入规模在逐步萎缩，在应对和牵制竞争对手的同时，需要稳定本地王和如意通的现金流贡献，提升盈利能力。

C. 固网产品处于成长和成熟交界期，政策导向上，应首要根据收入规模、边际贡献情况，优先聚焦于大客户专租线和宽带接入两大产品的战略投入和引导。

第二，建立四层五级资源配置体系。如图 5-27 所示。

A. 配置原理：以价值为导向，资源驱动因素为判断，采取“基本资源、浮动资源、奖励资源、战略资源”四个层次的动态资源分配体系，引导资源向高价值的区域流动。

B. 充分利用电子系统手段，统筹构建经营评价体系，实现资源投放效益的“公司-区县-网格-网点-用户”五级评价

图 5－27　中国联通 GZ 分公司资源配置体系

与管控。

C. 路径：基础资源保障区域的基本运作与常规发展，对应区县 X 计划；浮动资源与区县增量业务直接挂钩，对应 A、B 计划的增量；奖励资源指对优秀区县、优秀项目进行的额外资源配置；战略资源是指对战略地区、战略项目、战略渠道的单独性战略配置。

第三，资源动态配置机制。采用动态的资源配置机制，按照“增长越快、有效性越高，资源配置标准越高，准利润评价越高”的原则，具体操作如下：

A. 选择任务：资源初始配置时，选择 C 计划的区县按照基本配置，选择 A、B 计划的提前配置增量投资与人力资源；

B. 过程配置：在配置动态执行过程中：a. 选择 A/B 计划，在达到目标的前提下增配给浮动资源；b. 对发展速度、有效性突出的区县或优秀项目配给奖励资源；c. 完成率 95% 以下区县向 100% 以上区县转出任务与资源；d. 对战略项目单独配置资源；

C. 绩效评价：按月进行资源调节，并按调节后的配置标准进行评价；战略项目单列评价。

第四，资源配置项目趋准机制。实施月度动态预算滚动计划，将项目管理机制引入营销资源配置过程；同时订立项目成本趋准机制，预留专项成本趋准奖励基金。如图 5－28 所示。

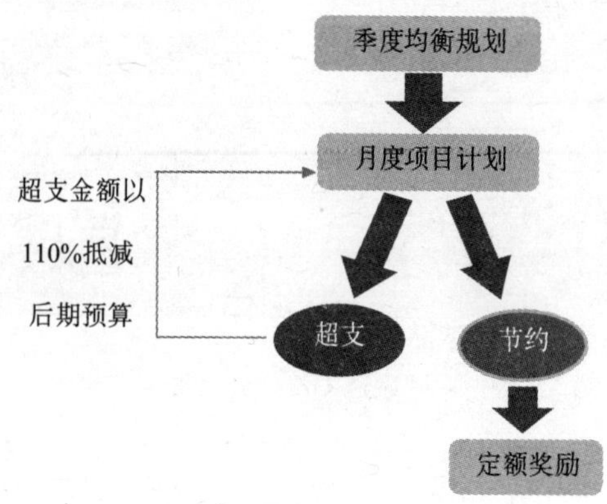

图 5－28　中国联通 GZ 分公司资源配置趋准机制

A. 在季度规划内确定各月的具体投放计划。

B. 依据最新营销计划进行动态调整，但项目执行的一个月前需确定准确需求金额，并要求项目严格按预算金额进行开支。

C. 超支金额以 110% 抵减后期预算；节约金额从专项成本奖励基金中进行定额奖励。

②资源管控机制。为实现资源价值链全过程管控，加强资源使用的管控与评价，包括动态传导、反向倒逼、战略规划、收入稽核、全成本责任落实、资产管理等配套机制：

第一，动态传导应对机制。在精细规划用户布局、精细规划营销策略的基础上，对营销策略实施情况、用户布局现实情况的信息进行动态传导，建立灵活的市场应对机制。

A. 精细规划用户布局：全面审视各专业、各产品的可持续发展性与增长性，结合其对规模、增长或利润的不同贡献，平衡公司长期利益与短期需求，构建规模扩张与收入增长并重的用户布局。

B. 精细规划营销策略：根据市场竞争形式，区分不同产品竞争地位，以及公司对该类产品的预期市场份额目标，常态建立

BCG 矩阵，选择不同竞争工具、成本投放策略、主要发展渠道，同时跟踪执行，信息动态传信息，快速响应，灵活应对市场变化。如图 5－29 所示。

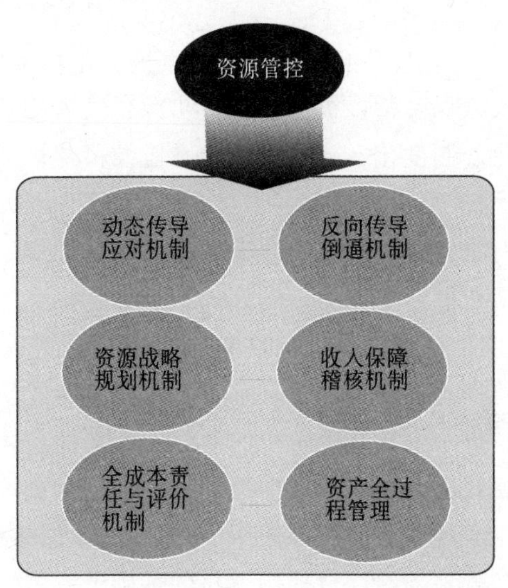

图 5－29　中国联通 GZ 分公司资源管控机制

第二，反向传导倒逼机制。进一步延伸后评估工作内涵，将信息反向传导工作流程化、制度化，逐步建立常态化的“反向传导倒逼机制”，将资源投入后实际业务发展与预期发展偏差、闲置资源信息、营销政策执行后实际效果、代理商现金流入、集团客户消费行为等信息从业务一线规范性、制度性地传导到政策制定与资源管控部门，倒逼专业部门对业务、资源政策进行持续优化与快速响应。

第三，资源战略规划机制。即根据全成本五条线概念的分类，对公司循环投入的资源进行战略规划，规划原则为：

A. 集中资源支撑市场拓展、客户服务，实现规模有效发展。提高资源获利能力；

B. 控制运维线、信息化线等半变动成本，增长不超过网络规模与用户规模增长；

C. 压缩建设、行政等固定成本，以规模产出实现资源效能提升；

D. 战略性配置移动互联网、校园、商企市场等战略领域。

第四，收入保障稽核机制。进一步深化收入稽核，将稽核分析工作责任化、制度化，建立收入常态监控稽核机制。

A. 月度稽核与沟通：每月收入预估完成的当天，围绕收入异动情况，召集各业务部门召开专题碰头会，形成定期的收入稽核和源头追朔机制；

B. 常态监控稽核机制：关注营销政策的设计是否存在收入跑冒滴漏风险，营销政策的执行是否存在收入跑冒滴漏风险。

第五，全成本责任与评价机制。作为后端评价体系，在切块管理的传统模式上，建立以成本动因为驱动，全成本穿透式的资源管理模式，实现精确的资源决策、评价、责任机制；在原有重点对资源归口管理部门进行控制考核的基础上，增加对其资源配置的合理性评价、对业务发起端的效益评价以及业务发展端与归口管理部门之间的相互评价，促使公司形成多方向、多维度、多层次的评价与责任体系。如图 5－30 所示。

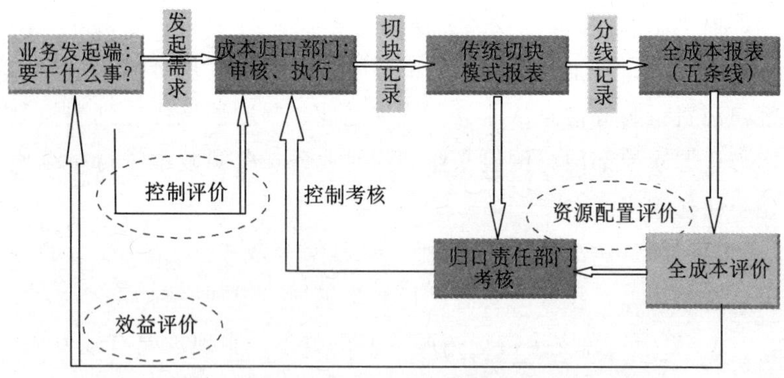

图 5－30　中国联通 GZ 分公司全成本责任及评价机制

③战略领域资源配置机制。对于互联网经济、校园、融合业务等新的增长热点，通过资源配置和管理机制的相应配合，促使快速抢占市场高地，增强企业的可持续发展能力。

第一，新热点的特点和现状。如图 5－31 所示。

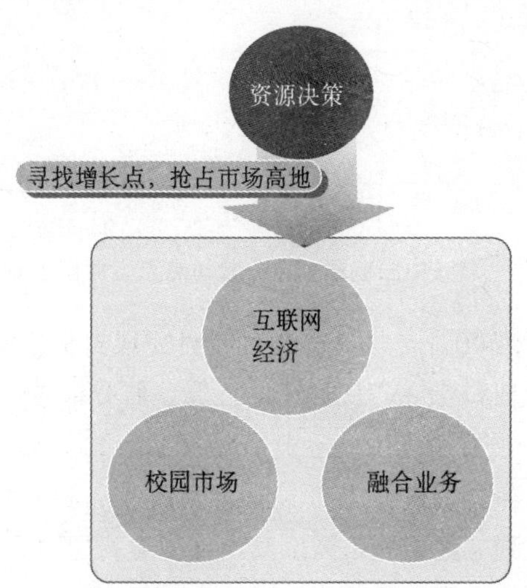

图 5－31　中国联通 GZ 分公司战略领域资源配置

A. 成倍增长潜力。新热点将直接连接企业端与用户端，代表双方的价值取向。

B. 面临发展困境，由于被现有资源配置模式所束缚，未打通核心流程节点，找不到足够有效和稳定的盈利模式。

第二，新热点资源配置的路径。新热点项目的选择和资源配置是其持续发展从而协力公司盈利能力提升的关键，新热点的资源配置主要按照“发现热点项目——分析热点现状——寻找热点核心矛盾——抓住热点商业逻辑——订立热点目标——确定热点资源布局”这一步骤进行，在对热点项目广研究、研究透的前提下，从财务角度对其进行投资与经营，保障企业未来经营发展能力。如图 5－32 所示。

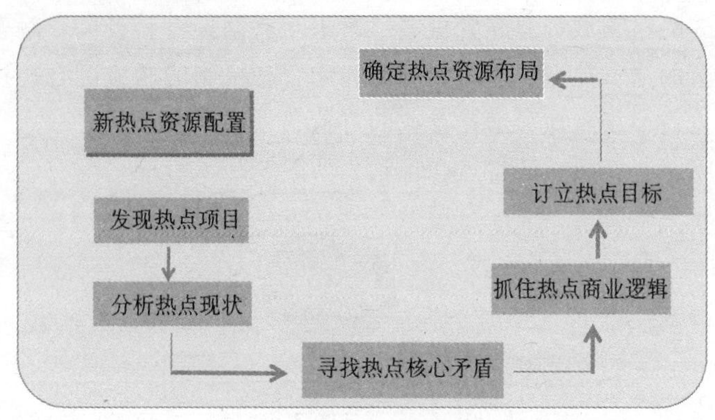

图 5-32　中国联通 GZ 分公司热点资源配置路径

第三，管理机制支撑。新热点项目完成资源前期配置后，尚需要一系列管理和评价体系对其进行独立而有针对性的后端监控，这其中包括独立预算体系管理其资源配给，独立战略调节池调节其资源流动，独立考核体系考核其运营效率，独立评价体系跟踪其经营变化，独立奖励体系激发其内在动力。如图 5-33 所示。

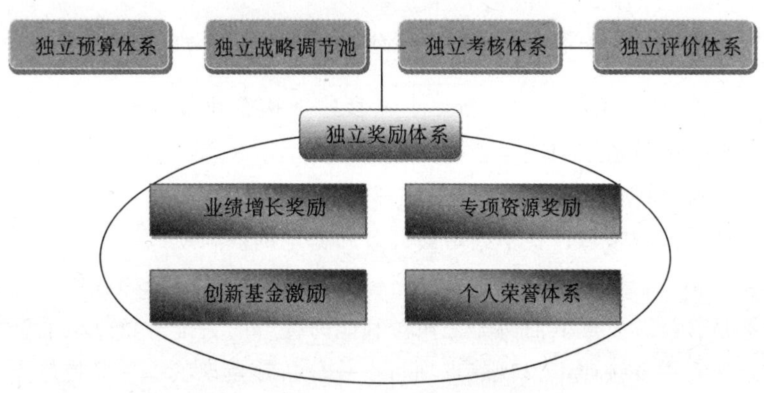

图 5-33　中国联通 GZ 分公司战略领域资源管理配套支撑机制

5.3.4　强化资产经营

传统的资产管理偏重于保障资产的安全完整，加强日常资产管理，严格控制资产增加变动流程方面，对存量资产的效益管理相对滞后。电信企业融合重组后，由于产业结构的调整、技术的更新改造以及项目建设规模的调整变更等原因形成了大量的闲置资产，专项工程物资未完全使用到工程项目中剩余部分形成闲置资产。如何充分调剂使用闲置资源以更好地节约投资、如何利用回收的旧设备以更好地节约成本、如何合理有效处置闲置资产盘活带来收入以及在投资流程中引入闲置资源再利用的固化环节，对工程立项、材料采购与闲置资源再利用的联动结合与通盘考虑等，都是强化资产运营管理需要深入研究和探讨的问题。GX 联通在存量网络资产盘活、推行全生命周期的资产管理，HB 联通在房产物业盘活方面进行了实践探索，取得了较好的成效。

（1）GX 联通网络资产盘活案例

GX 联通以企业资产日常管理为基础，资产专业管理部门创造性开展工作，深入挖掘存量资产的使用效益，省、市两级探索资产盘活新招，拓展和创新资产盘活方式，提升了资产使用效益。

①创新激励措施，注入盘活动力。为切实做好盘活利旧工作，深入挖掘资产潜能，促进资源优化配置，结合闲置资源的实际情况，GX 联通制定了《关于明确闲置资产借用有关规定的通知》，以充分调动地市单位资源协同资产盘活积极性。闲置资产的“借用”政策具体是：由省公司承担“借用”闲置资产 30% 的折旧费用；借出地市分公司承担“借用”闲置资产 70% 的折旧费用以及闲置资产进入到借出方仓库前的拆卸和运输费用；借入地市分公司承担闲置资产从借出方仓库发出的装卸、运输、安装费用以及再利用所需的配套投资、运行维护成本，并在年终利润考核时获得闲置资产剩余净值 10% 的再利用奖励。如闲置资产进行报废，处置损益全部计入借入地市分公司，逾龄后正常报废的残值计入借出地市分公司，非正常报废的残值计入借入地市分公司。并对闲置资产“借用”的日常管理、有效盘活监控、

盘点、报废手续均进行了明确规定。“借用”政策相关费用承担规则，如表5－5所示。

表5－5　GX联通闲置资产借用激励政策

费用		借出方	借入方	省公司
一、折旧	剩余年限计提折旧	70%		30%
二、残值	正常报废	√		
	非正常报废		√	
三、处置损益	正常报废		√	
	非正常报废		√	
四、运输费用	进入到借出方仓库前	√		
	从借出方仓库发出后		√	
五、再利用费用			√	
六、再利用奖励	资产剩余净值		10%	

由于该项政策兼顾了借入、借出地市分公司的利益，充分体现了“双赢”的原则，受到各地市分公司的大力支持与配合，充分调动了各地市分公司资源协同资产盘活的积极性。政策推行当年地市分公司通过“借用”的方式盘活闲置固定资产原值2411万元、净值364万元，同时借入公司获得36万元的“考核利润”奖励。

②优化奖励政策，加大盘活力度。次年，省公司财务部门与相关的资产归口专业管理部门进行充分的沟通与探讨，在原有激励政策的基础上进行修订、补充：加大对闲置资产借用利润考核的奖励力度，省公司按当年借出资产剩余净值的20%，一次性增加借入方年终“考核利润”；补充盘活资产给予奖励考核利润的规定；补充盘活资产给予奖励投资额度的规定。由于新政策在物资材料、库存固定资产等方面市分公司都可以得到奖励，规则如表5－6所示。

表 5－6　　GX 联通闲置资产借用优化激励政策

类别		借出方		借入方		自用盘活方	
		考核奖	投资奖	考核奖	投资奖	考核奖	投资奖
借用盘活	固定资产净值	—	20%	20%	30%	—	—
调拨盘活	物资材料净值	—	10%	10%	30%	—	—
自用盘活	固定资产净值	—	—	—	—	5%	20%
	物资材料净值	—	—	—	—	10%	30%

新政策实行后，GX 联通 14 个地市公司累计盘活资产原值 1.2 亿元，地市分公司相应获得了 600 万元考核利润奖励以及 1000 万元的投资额度奖励。同时在采购环节，严格遵守“先利旧、后采购”的原则；通过批量清理和零星清理相结合的方式，对超龄物资的清理进行无缝覆盖，即在设计环节，与设计单位进行沟通，优先考虑使用库存剩余物资，结合工程设计清单，批量进行库位转移，明确使用方向；在日常采购申请环节，通过流程设计，在物资申购流程中加入物资管理人员核实库存的环节，如库存中有与申购物资相同或可替代的闲置物资，则相应减少物资的申购数量，有效地盘活了闲置物资。通过以上几种管理方式，2010 年～2011 年期间累计盘活利用超库龄物资 1.73 亿元，有效减低了库存压力和采购成本。

（2）全生命周期资产管理案例

资产全生命周期管理是以资产为管理对象，以实现企业总体目标为宗旨，基于经济生命基础，统筹考虑、系统优化资产生命周期内各个环节，在满足安全、效能的前提下追求资产全生命周期成本最优，实现系统优化的科学方法。GX 联通资产全生命周期主要包括规划设计、投资建设、运行维护、转让调拨、报废处置，全面记录从投资决策、资产获取、资产经营状况、资产维修与改造、直至资产处置的全程生命轨迹。

2012 年，GX 在原有基础上继续推进全区资产盘活利旧工作，努力构建资产全生命周期管理体系：一是树立全生命周期管理理念，加强资产管理组织建设；二是建立专项库存标杆、控制剩余工程物资；三是定期开展工程物资库、闲置资产库专项清理工作；四是项目精细化盘活利旧源头分析；五是清理待报废资产、减少库存压力：当资产进入生命周期后期，需要退役和报废时，GX 公司组织资产使用部门对符合报废条件的固定资产填制固定资产报废申请表，相应专业管理部门进行技术鉴定、审核后，启动相应的资产报废账务处理的程序，同时加强与设备厂家沟通，充分争取“以旧换新”的方式，促进公司资产置新，实现账物的全过程管理。

通过将工作重点转移到通过对项目全过程进行认真剖析，深入的研究，对形成闲置的原因进行追根朔源，在体制上、流程上的不断完善，有效避免闲置资产的形成，从根源上控制闲置；针对不可避免的闲置资产，想方设法加快促进闲置资产的再利用。2012 年，GX 继续推进全区资产盘活利旧工作，进一步从全生命周期出发，将网络财务支撑工作渗透到工程立项、可研设计、物资采购、物料领用、工程施工、工程转资、资产日常管理、项目评价、资产报废等全生命阶段，促进资产盘活。2012 年全年共盘活利旧物资 9216 万元。

5.3.5 细化行政综合管理

作为重资产公司、资本与技术密集型企业，行政管理费用在中国联通成本费用中占比不高，行政管理费用主要包括办公费、业务招待费、会议费、低值易耗品、车辆使用费和差旅费等。降低成本不需要理由，更为关键的是全员效益观念树立、降本增效文化的培养。在行政费用管理方面，HB 联通采取了一系列做法，取得了良好成效，具体如下：

(1) 总体思路

通过基础管理的优化，重点突破费用大项目，强化责任落实，加强宣贯，培养节支文化，降低行政综合费用。

（2）重点费用管理措施

①通信费：统一全省员工公务通信费基准，实施标准与总额双控制。

②物业管理费：严格按已签物业管理合同支付物业管理费，不得中途增加费用；核定人均办公面积，整合办公资源，盘活办公用房，实施合署办公，减少物业费开支。

③水电费：结合房产盘活，按标准压缩办公场地，减少水电开支；结合节能减排工作，分批分类推广节能灯，减少照明时长，通过温度设置节省空调用电。

④办公费：制订统一标准，杜绝其他费用以办公费列支；实施各单位间对标管理；低值易耗品实行“以旧换新”。

⑤差旅费：按标准严格审批差旅费，按月度控制进度。

⑥会议费：现场会议实行“一会一审批”；严格控制会议规格、数量、规模、会期以及参会人员数量；提倡“电子会议”材料，减少纸质资料；适时开展“无会月”活动，“无会月”期间不开产生费用的会议。

⑦车辆使用费：统一的车辆管理办法，普通管理用车禁止跨区行驶，人员达到一定出行规模才能派车；积极探索多种方式解决交通问题，限额报销交通费；压缩车辆规模，2013 年、2014 年压编车辆 1400 辆，尝试“私车公用”，公开招标处置退出车辆。

⑧招待费用：细化招待标准，划分规格进行招待，严格控制；上级公司到下级公司开展工作，在没有陪同外单位人员的情况下，接待从简，原则上在食堂就餐；在外部接待须自带酒水，原则上不在酒店购买酒水。

（3）强化保障机制

①实施月通报：强化全省本地网对标分析，对人均招待费、办公费、会议费等费用实行对标分析；强化预算分析，对月度预

算执行情况进行分析，对异常情况进行调查，对突出问题进行指导。

②开展评审与审计工作：建立评审机制，成立评审委员会，对会议费、业务招待费预算进行评审，评审委员会由省、市、县三级专家组成，通过评审后方可执行；开展效益审计，审计部对行政费用进行期中、期末审计。

③季度考核：按季度对各单位费用执行情况进行考核，超预算或落实各项管控措施不利的单位，予以通报批评。

（4）中国联通行政管理费用节支案例

案例1：中国联通 HB 分公司局房资产盘活工作实效

①面临现状及背景。截止 2011 年，HB 联通有局房 1.9 万座，总面积达 335 万平方米。从具体分类来看，生产用房总面积 161 万平方米（不含移动基站），其中县以上生产用房 102.6 万平方米；营业用房总面积 18 万平方米，其中县以上及发达乡镇共 569 所，面积 8.5 万平方米；管理用房总面积 88 万平方米（含辅助用房），其中市区管理用房 31.7 万平方米，多居市中心地段；乡镇支局共计 1518 个，总面积 68 万平方米，平均每支局面积 448 平方米。

通过对 2011 年底北方十省房屋效能指标分析，可以发现，HB 公司房屋效能指标在北方十省居低位，创收能力不及最好的一半。

②工作举措及进展。在 2012 年房产盘活初期，根据公司房产资源现状和生产需要，经过调研分析，确定了分三步逐步深化的总体思路。即“减负”整合盘活闲置房产，提升资源利用率，降低运营成本的同时创造效益；“提升”深挖潜力，提高盘活质量和价值；“统筹”提高系统管理能力，将房产资源建设、优化利用、价值提升进行整体运营全过程闭环管理，确保公司资源在保证安全、效能的前提下，实现价值的最大化。

具体包括以下举措：

第一，建立常态化工作机制，规范管理系统推进。

成立组织：建立了责任清晰，纵向三级管理，横向三线协同的管理组织，省、市、县分公司均成立了房产盘活工作组织。分生产用房、办公用房、营业用房三条专业线协同组织实施。各级组织由分管副总经理任组长，成员包括计划管理部、综合部、行政服务中心、财务部等 14 个部门。

明确分工：各部门按照各司其职、分工协作的原则开展工作。综合部负责管理用房规划腾退及公司房产对外出租管理工作；运行维护部负责生产用房规划腾退工作；市场销售部门负责营业用房规划盘活工作；计划管理部、财务部负责总体支撑；另有专业部门负责安全生产、风险防范等工作。

建立制度：建立了完善的房产盘活管理制度，规范各单位房产盘活操作管理工作，重点明确了房产出租前市场询价，科学确定招租底价，避免发生低价出租、违规操作。

明确任务：制定年度盘活工作计划，分解指标到单位，责任到人，实施名单制管理。2014 年，围绕收入目标，组织各单位制定盘活工作计划，拟定盘活方案，计划新增盘活项目 146 个，新签订合同额 1348 万元。同时对存量合同开展效益提升工作。

激励政策：明确成本匹配与激励，制定了成本匹配。一是明确早盘活、早收益、多盘活、多激励的原则，根据收入，核算整体绩效和成本匹配以及营销成本奖励；二是落实成本匹配政策，按权责发生制收入的 37% 进行匹配，其中税金支出 17%，其他费用支出 20%，低于 20% 的部分可作为营销费用；三是有奖有罚，对存量收入奖励 1.5%，对增量收入实行阶梯奖励。

过程管控：加强盘活工作各环节管控，有效规避风险。在计划阶段，省公司加强对盘活项目中有关安全保卫、风险评估方面内容的审核；在实施阶段，开展省对市检查、市与市互查，做好过程管控，防范风险；在 11 月份，组织开展全省范围的效能监察；建立通报制度，每月对全省盘活工作进行通报，内容包括收入完成、重点项目进展、各地盘活信息、经验介绍等。已累计推介 56 个典型案例，起到了示范作用。

2014 年 2 月，HB 实物资产管理平台上线运行，通过该平台实现对全省 1100 处出租房产的管理，通过平台收集各类出租房产资产情况、周边市场行情等信息，通过系统实现自动分析、对标、提醒等功能，促进房产管理水平的提升；将房产出租信息公开，实现全员监督，促进了房产价值的提升。

第二，强化专业管理指导，有效整合资源。

A. 依据标准，落实管理用房达标。对照办公用房标准，本着保障办公、便于管理、节约成本、效益优先的原则，进行搬迁或房屋改造，实施用房达标工作。并借机调整办公布局，归并整合，优先腾退商业中心地段房产、商业价值高的房产、成规模的房产。

B. 依据规划，实施机房腾退。做好生产用房规划，与管理及辅助用房统筹考虑腾退和整合。结合交换机退网、光纤化改造、节能减排工作，机房之间进行设备清理、加装隔断、整合腾退，更换小功率空调，提升局房使用效率，减少能耗。

C. 开展“引商入店”，对营业厅用房进行充分利用。在满足自有业务发展要求的基础上，优先选择战略渠道合作伙伴，进入营业厅从事与联通业务相关的经营活动，实现互相促进、共同发展。或根据市场环境和业务发展需要，引进有助于提升公司营业厅营销氛围、吸引目标客户、提高营业厅聚客能力的其他行业的优质商家进驻经营。在盘活营业厅资源时，既盘活冗余面积，也盘活冗余空间和位置，如外橱窗广告位、营业厅内外部广告宣传位等。

充分利用公司物业资源，出租房产优先用于主营业务发展，从而进一步加强渠道拓展和渠道建设，以快速提升渠道业务能力以及渠道掌控能力。

第三，精细营销，力求资产经营的最佳效果。

A. 准确定位出租客户目标。分公司经过市场调研与评估，确定出租客户选择原则：在考虑经济效益的同时也兼顾企业安全与主营业务发展的促进。优先选择金融、保险、电力、房地产等优质客户，并且通信枢纽楼不得出租给餐饮、娱乐行业。

B. 拓展经营思路，丰富经营策略。坚持利益最大化原则，结合各处房产实际情况进行盘活利用。坚持公开招租：利用公司自有宣传途径和发动员工人脉优势相结合，多途径宣传，灵活招租，扩大了招租范围，充分引入了市场竞争，提高了招租效益。以市场为引导，先招租后腾退。对于大型项目，先摸清意向客户需求，并结合整合方案进行综合效益评估，选择效益最佳组合，进行整合腾退，使整合方案更适应市场，盘活出租效益实现最大化。

C. 房屋盘活与市场业务拓展相结合。一方面以全业务优势牵引助力房屋资源盘活。各单位梳理辖区内大客户名单，在进行业务拓展的同时，关注大客户单位性质及发展需求，提供房产出租便利条件，在达到业务合作的同时促成本区域房产盘活。

D. 以少量的改造投入换取高收益。对于改造项目严格进行项目预评估，重点审核盘活项目效益情况，项目投资回收期原则上不能超过 1 年，且当年可实施完毕的建设项目。经过改造后的房产，吸引了更优质的客户，取得了更好的效益。

E. 内部再利用，发展高价值业务。结合公司生产业务需要，对部分房产进行改造再利用或以腾退房产置换急需房产。SJZ 某县分公司房产位置商业价值不高，对外出租效益不明显，经过对零散房产资源进行整合改造后，集中开展了 IDC 业务，提升了房产价值。TS 分公司某局点与开发商协商，结合业务发展需要和网络布局需要，用部分房产置换新的营业厅发展业务，置换部分机房局点进行城市新区的网络布局。

F. 提升房产出租存量价值。对往年出租房产的租金价值、合同规范性进行比对，制定价值提升策略，重新约定合同价格，确保与房租市场价格的接轨，提升公司房产出租存量价值。对合同到期的房产，提前做好下一步出租准备工作，掌握续签和新签的主动权，引入竞争，优化招商策略，提升新一轮房产出租收益价值。

第四，积极探索，谋求土地价值利用最大化。在项目立项前，HB 公司有闲置土地 25 宗，总面积 26.5 万平方米（合 397 亩）。其中：上市 13 宗，150 亩，非上市 12 宗，247 亩。超过 5 亩的有 8 宗，面积 339 亩。

坚持以下三大处置原则：坚持保有并长期经营的原则；对政府强制要求开发的土地，要拟定具体方案，保障企业利益；对盘活价值较高的土地，积极探讨自建、合建等方式。

探索高价值土地商业开发，投资开发土地 5 宗，即 QHD 开发区北院、CD 南开发区综合楼、TS 滦县商业楼和 HD 二枢纽及高新区本部空地开发。在规避土地风险的同时，为企业创收。

同时，积极跟踪集团及其他省分土地联合开发进展，选取 SJZ 良村、HS 深州和 HD 临漳等地，进行联合开发的探索，争取政策支持。

积极跟踪城市规划实施，制定闲置土地置换方案。

③工作实效及未来方向。近年来，HB 分公司强化资产经营理念，下大气力开展房产盘活工作，梳理整合房产资源，推进房产整体利用管理，统筹安排办公、生产场地，充分发挥房屋场地资源优势，将丰富的房产资源转变为公司利润的源泉。

几年来，HB 公司累计腾退局房 80 万平方米，其中出租房屋面积达 45 万平方米；其他则通过房屋整合改造，进一步提升房产使用价值，满足 IDC、客服外包等业务需求，累计创造间接收入 9000 多万元；另外，还累计节约电费、维修等物业管理费用 4000 多万元，成效显著。2014 年更是取得了重大突破，全年创造效益突破亿元。

下阶段，需要进一步深化局房管理，创新房产利用，以规划为抓手，统筹房产资源综合利用，充分挖掘房产市场价值，积极探索资产经营模式，逐步实现“全房产、全生命、全方位”的局房管理目标，为公司创造最大价值。

案例 2：中国联通 LB 分公司行政费用管控精细化管理见成效

①建立行政线工作组，细化管控目标。LB 联通按照公司文件精神统一要求和部署，深入开展“节能减排，降本增效”工作。为确保此项工作顺利进行，分公司第一时间成立了行政管理成本专项管控小组，开展行政管理成本专项管控工作。分公司综合部作为行政管理成本节能减排、降本增效专项工作的直接责任部门，每月行政管理成本管控成果与部门（成本使用单位）绩效直接挂钩，超管控目标则扣罚绩效，以此督促管控责任部门重视节能减排降本增效工作，认真落实节能减排降本增效措施，努力挖掘各种有效的节能减排、降本增效办法。

②定期通报，详细分析，提出建议，交流学习。每月定期对各单位上月行政管理成本使用情况进行专题通报，详细统计汇总并公布行政管理各项费用使用、占比、超支、管控效果等情况，使各单位了解本单位各项行政管理成本费用列支情况。对人均行政管理成本超管控目标或环比增长的单位、大额费用超管控目标或环比增长的单位、人均行政管理成本连续超管控目标的单位进行点名通报，提醒这些单位重视超额项目的管控工作。

用数据说话找出管控重点，把行政管理成本中占比较大的差旅费和车辆使用费聚焦为行政成本重点管控项目，详细分析人均行政管理成本超目标单位的成本列支情况，以此作为超支单位行政管理成本管控工作的主要方向。根据分析结果，提出指导性建议，引导超管控目标的单位采取相应措施，制定有针对性的专项治理方案进行严格管控。

采用层层递进的形式深入剖析，为各单位对行政管理成本管控工作提供清晰的思路，同时将各单位管控效果进行比较，各单位间相互学习，借鉴好的管控方法以提高“节能减排，降本增效”工作效率。

③建立台账，实时监控，加强监督与超支管理。建立预警机制，综合部建立相应报账管理台账，记录各使用部门行政类费用报账情况，在财务数据出账前提前了解使用部门超支情况，降低超支部门报账门槛的同时保留可容忍额度列支。在每月行政管理成本使用情况通报中，根据目标测算出各单位下月可列支额度，专项治理小组联合财务部门对费用超支单位采取严格把关，适当限制列支的措施进行管理，在一定程度上使超支单位行政管理成本得到有效控制。

④开展“我为节能减排献一策”活动。开展“节能减排，降本增效”专项管控活动。同时开展了以“我为节能减排献一策”为主题的献计献策有奖活动，对提出有效性、可操作性降本策略的员工给予适当奖励，不断挖掘可控条件，普及相关节能减排文件精神，既达到了“节能减排降本增效”的宣传效果，也提高了全员参与节能减排的热情，提高全员降本增效意识，以此提倡员工把节能减排变成一种习惯。

⑤深入基层指导，及时了解基层需求。组织调研小组到各县分公司开展调研工作。调研内容包括车辆安全制度检查、车辆车况检查、车辆（维修）档案检查、驾驶员安全教育、车辆规范使用、行政管理成本降本增效和节能减排措施的开展情况。及时了解各县分公司行政管理成本降本增效和节能减排措施执行过程中遇到的困难和需求。

⑥统筹规划，堵疏结合，严格总额控制。从成本性态方面讲，除各项税金及规费外，行政管理费用严格来讲属酌量性成本，属于人为强化控制的成本。在强化行政管理成本使用情况通报中，分析各单位人均行政管理成本的变化情况及引起大幅变化的原因，提出有效整改建议；及时下发数据，让各单位进一步了解自身及其他单位降本工作进度和效果，同时，在年度收口时，

在将行政管理费用支出严格控制在预算额度内情况下，结合以前月份支出情况，严格管控各项费用支出的行为，避免期末“突击花钱”。

5.3.6　深化新技术应用

信息通信技术日新月异，互联网特别是移动互联网对商业模式颠覆式发展，产业融合渗透趋势明显，技术进步导致产品市场寿命的缩短，进而加剧了竞争。同时消费者需求的个性化、多样化迫使企业掌握新技术以便在竞争中立于不败之地。

（1）移动互联网在各行业的应用

移动互联网发展迅猛，各行业均积极尝试各种互联网方式：

①招商银行的电子银行渠道综合柜面替代率达 85%，其做法是依托招商银行用户（一网通和信用卡用户），结合自有的分期付款业务，创建“一网通商城”和“非常 e 购”，通过与供应商合作，销售各类商品。

②中国南方航空所有机票 100% 可以网上购票，南方航空从 1999 年开始就大力发展电子商务。在国内民航信息化发展中建设了多个“第一”：第一张电子客票、第一张手机登机牌、第一张护照登机牌等。

③春秋航空实施低成本战略，其增加座位，不送饮食等措施，并未赶跑消费者，秘诀是其有效的渠道管理。据介绍，其销售机票的主要渠道官网是需要通过手机注册的，而现今其官网注册用户数已超过 300 万，其中更有 30% 更是活跃用户，相比传统网站的不到 5% 的比例，成效明显。

④中国铁路总公司 2011 年底，全面实现网上、电话售票、自助售票。2015 年春运期间，从 2014 年 12 月 7 日开售春运火车票，到 12 月 21 日，共有 6.979 亿人次登录了 12306 网站，全国铁路共售出火车票 11545.5 万张，其中通过互联网售出火车票 6281 万张，约占总数的 54.4%。与此形成鲜明对比的是，通过

电话订票取票只有115.2万张，只占1%，互联网正式成为春运售票主渠道。春运售票中，手机购票人数也大幅增加，12月7日至21日，通过手机客户端共售出火车票约1560万张，占总数的13.6%。其中最高峰的12月19日当天，手机客户端发售车票约130万张。

（2）运营商积极借助互联网，向客户提供全面的销售、服务功能

2011年中国移动电子渠道业务办理量占全渠道比例达到70%以上（含IVR）；其中网上营业厅业务办理量占电子渠道30%。业务定制也是移动电子渠道的另一亮点，通过丰富多彩的业务展示、定制，2011年业务定制量达到4200万笔，号卡（含2G）销售量达13万张。

（3）BJ、SH、GD等联通电子渠道发展先进省份，成效显著

GD联通电子渠道2011年1－10月累计3G发展量49万户，累计占全渠道3G发展量的13%，10月当期占比超过17%。如图5－34所示。

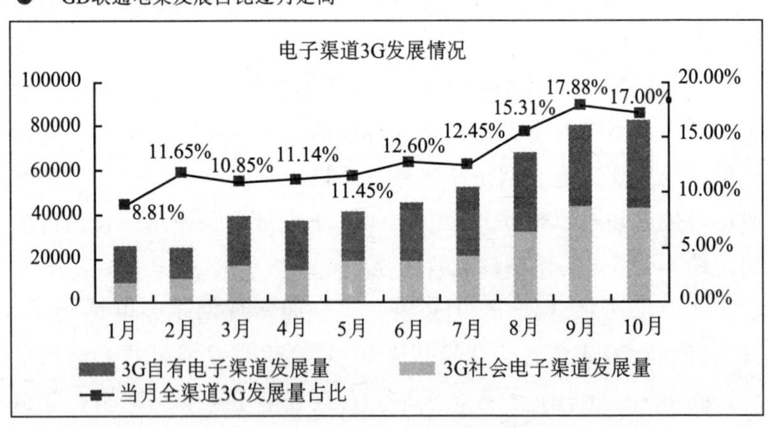

图5－34　中国联通GD分公司电子渠道3G发展趋势

SH 联通电子渠道通过成本分析，单位用户发展成本，电渠仅为 18.29 元/户，远远低于自营厅户均成本 179 元/户。而电渠用户欠费率仅为 0.69%。如图 5－35 和图 5－36 所示。

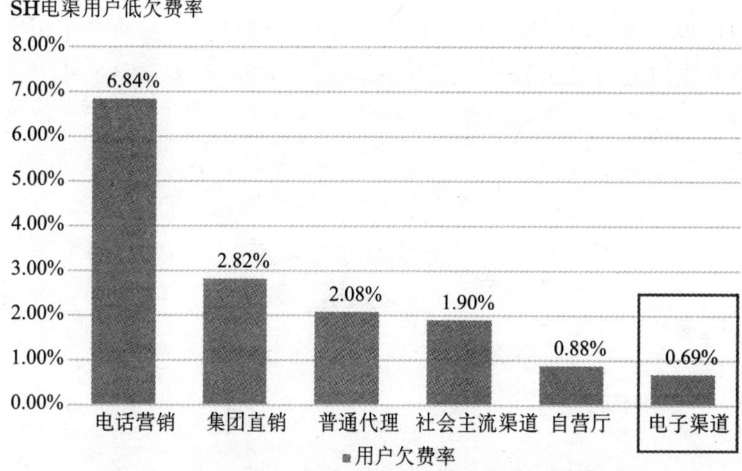

图 5－35　中国联通 SH 分公司各渠道发展用户成本对比

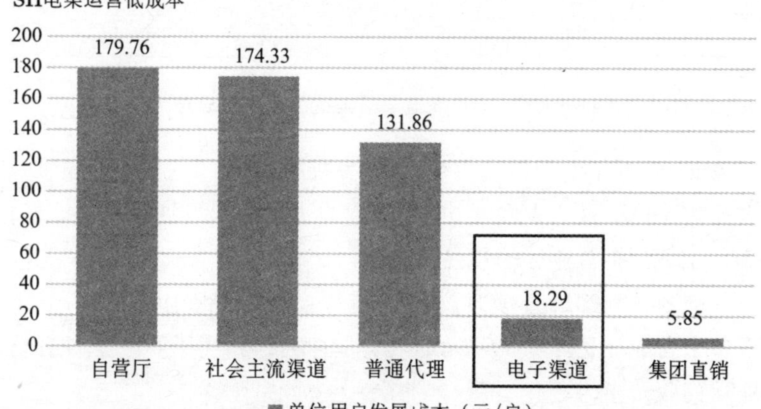

图 5－36　中国联通 SH 分公司各渠道发展欠费率对比

（4）HB 联通电子渠道发展情况

①总体思路。HB 联通确定了电子渠道发展的总体思路，以面向客户为出发点，关注自身运营、关注价值创造，将电子渠道从宣传与服务为重点，全面转向销售与服务，2012 年销售占比 10%，服务功能更完善，承担 3G 等销售占比达 10%，并作为新型销售渠道，向互联网领域拓展，延伸价值链，逐步具备了电子商务支撑能力。如图 5－37 所示。

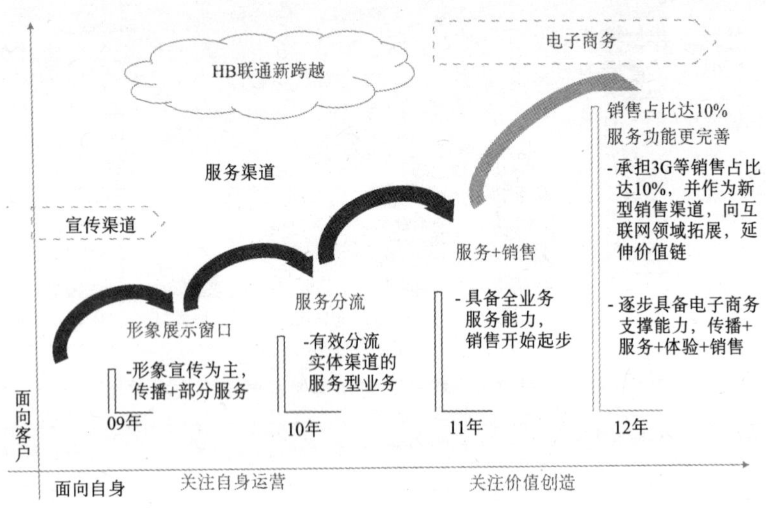

图 5－37　HB 联通电子渠道总体发展思路

② 2011 年电子渠道成效。3G 发展：2011 年在线发展 3G 号卡 6.7 万户，占全省发展 6%；以每自办厅每年发展 329 户计算，相当于 209 个营业厅的年发展量。

交易额：2011 年实现交易额 17.74 亿元，占全省收入 15%。以单个营业厅每年 291 万元的收费量计算，相当于 609 个自有营业厅的收费量。

办理业务：2011 年电子渠道业务量为 8253.3 万笔（其中缴费 2945.7 万笔，查询 5094.1 万笔，定制业务量 213.5 万笔），相当于 2290 个营业员的工作量。

定制业务：2011 年定制业务完成 213 万笔定制业务，以定制业务每笔每月 5 元的 ARPU 计算，办理当月实现增收 1065 万元。

5.3.7　优化人力资源管理

在知识经济的时代，人力资源是企业是生存与发展的关键，尤其是联通企业这样的技术密集型产业，其作用更是不言而喻。

（1）培育结构优化的核心员工队伍

电信市场的竞争实质就是人才的竞争。中国联通要想在激烈的市场竞争中取得一定的竞争优势，就必须要加大人力资源的投入，注重企业内部员工的培养与培训，通过加强员工培训来提高员工的专业技能和综合素质，进而促进企业产品质量和服务质量的提升，将企业运营的成本降低。

中国联通坚持以人为本，机制创新，追求公司与员工的和谐发展。公司通过持续的企业文化建设，为员工营造良好的工作氛围；通过多渠道晋升的职位体系，努力做到人尽其才，为员工职业发展提供广阔的空间；通过以市场和业绩为导向的绩效管理体系和薪酬福利体系，形成公司与员工双赢的价值理念；通过精心设计的培训课程，不断提高员工的职业素质；通过竞争择优，动态优化的用人制度，打造一支素质优良、结构合理、勇于创新、充满活力的核心员工队伍。在公司发展战略指引下，员工与公司同舟共济，同步成长，共同创造美好的未来。

（2）完善职工激励机制

联通企业还要广泛使用激励手段，建立健全企业内部的激励机制，减少企业员工的流动，进而提高员工工作的积极性和主动性，达到企业成本管理的最终目的。中国联通加强劳动合同管理，不断完善以市场和业绩为导向的绩效管理体系和薪酬福利体系，出台激励本地网加快发展的政策，通过上市建立市场化的薪酬体系、期权制度和经营绩效考核体系，重点向高贡献、高价值员工倾斜，向生产经营一线员工倾斜，鼓励广大员工为公司改革发展和业绩增长多做贡献。

（3）加强员工教育培训，培育卓越人才

中国联通健全公司培训体系，根据不同专业、不同层面的培训需求，精心设计培训课程，全面开展多层次、多形式、高效能的培训工作，持续优化员工知识和能力结构，为公司核心竞争力的增强提供智力支撑和卓越人才保障。

5.3.8 跨企业深度合作

2016年国务院《政府工作报告》明确提出要“支持分享经济发展，提高资源利用效率”。分享经济（Sharing Economy）是指将社会海量、分散、闲置资源，平台化、协同化地集聚、复用与供需匹配，从而实现经济与社会价值创新的新形态。分享经济强调的两个核心理念是“使用而不占有”（Access over Ownership）和“不使用即浪费”（Value Unused is Waste）。

通过共享经济能够减少支出（价格是参与共享经济的核心因素），还能够利用闲置的资产来获取额外收入。跨企业的共享合作至少可以带来以下四方面的好处：一是投资账，资源紧缺、投资缺口可以通过合作来解决；二是成本账，价格战的实质是成本战，降成本才有空间；三是效益账，闲置资源通过共享可变现，直接贡献利润；四是效率账，通过合作可快速补齐能力短板、支撑发展。

2016年1月13日，中国联通与中国电信签署战略合作协议，基于两家企业的资源禀赋，从战略的高度，提出全面实施“为客户提质计划”，以“网络资源共享，客户服务提质”为主题，开展深度合作。

双方开展深度合作的主要目的：一是践行央企责任，以实际行动深入贯彻落实“十三五”规划提出的“创新、协调、绿色、开放、共享”的发展新理念。通过开放、共享包括网络、业务和服务在内的各类资源，以及探索业务、资本等各层面的合作，构建行业发展新业态。二是共同推进网络、终端等供给侧结构性改革，实现降本增效，提升国有资产运营效率，并通过提升供给侧的质量，为客户提供更好的网络和服务，促进信息消费。三是为“大众创业、万众创新”提供更好的信息服务环境，支撑“互联网 +”行动计划和“中国制造 2025”的快速推进。中国联通与中国电信战略合作的本质就是要降低成本，实现向合作要投资、要效益、要效率，在同样覆盖、同样业务提供的基础上，谁的成本越低，谁的优势就高。

根据与中国电信签订的战略合作协议和沟通谈判情况，双方战略合作工作的主要内容和合作范围包括：

（1）深入推进网络共建共享，加快网络覆盖，提升网络速率。在重大灾害、突发事件及重要保障情况下互相协助业务恢复，提升双方应急通信保障能力。

（2）丰富终端品类，提升终端性价比，共同推动“六模全网通”作为国家标准，联合向产业链发布公开版终端白皮书。

（3）共同规范光宽带的产品和服务标准，提高网络互联质量，提升端到端的用户服务体验。

（4）采用新机制和市场化运作开展创新业务合作，并在符合法律法规的情况下探索资本层面的深度合作。

（5）联合与境外运营商开展国际漫游业务合作，持续降低国际漫游结算成本。

总体而言，中国联通与中国电信的战略合作聚焦在网络建设、运行维护和市场业务三个层面。

（1）网络建设合作

①合作的主要内容。在网络共建共享方面重点是 4G 网络覆盖，包括交通干线、偏远乡镇、农村、风景区域、室内分布等，要加强传输网资源互补，开展干线光缆和本地传输建设合作等。

②取得进展情况。截至 2016 年 6 月，31 省形成项目基站数量 39936 个，开通 1738 个，开通率 5.06%，形成项目楼宇 39807

栋，开通4081栋楼宇。2016年1月14日，与中国电信签署《中国电信湛江－徐闻与中国联通北京－张家口干线光缆网络纤芯资源网间保护合作协议》。

在干线光缆合作方面，2016年5月16日，签署《中国电信集团公司与中国联合网络通信有限公司干线光缆共建共享合作备忘录（2016年第一批）》。确定了徐闻－湛江等5个一干共建共享项目，预计节约投资9756万元；双方拟共建5个省内干线光缆项目，预计节约投资3500万元；中国联通12省计划共享中国电信相关省内干线共计27个段落，共计4044公里。预计节省投资1.48亿元。

在本地传输方面，2016年3月10日，中国联通与中国电信经过协商决定，共同下发关于加强本地传输网共建共享工作的通知，范围主要包括管道、杆路及光缆线路。截至2016年5月，两家共建杆路419公里，节约投资526万元；共建管道1551管程公里，节约投资2750万元；共建光缆/纤芯1592皮长公里，节约投资2465万元。联通共享电信杆路7526公里，电信共享联通杆路1844公里，联通相比自建节约投资11272万元；联通共享电信管道655子孔公里，电信共享联通管道153子孔公里，联通相比自建节约投资1187万元；联通共享电信光缆/纤芯24972芯公里，电信共享联通光缆/纤芯19331芯公里，联通相比自建节约投资17556万元。

③典型方法。

A. 室外基站/室内楼宇覆盖合作典型方法。本着公平对等、互惠互利、积极合作的原则，双方在LTE基站设备、天线、馈线以及LTE室内覆盖信源设备、分布系统器件、天线、馈线等进行共享建设。综合考虑软硬件投资进行预估测算，采用独立载波方式可节约30%投资，采用共享载波方式可节约40%投资。

中国联通和中国电信4G深度合作采用MOCN（Multi－Operator Core Network）方式，即两运营商仅共享RAN，而核心网独立。单个基站同时虚拟为联通和电信的基站，通过基站回传网络分别接入各自的核心网，同时为双方用户服务。网络总体架构如图 5－38 所示。

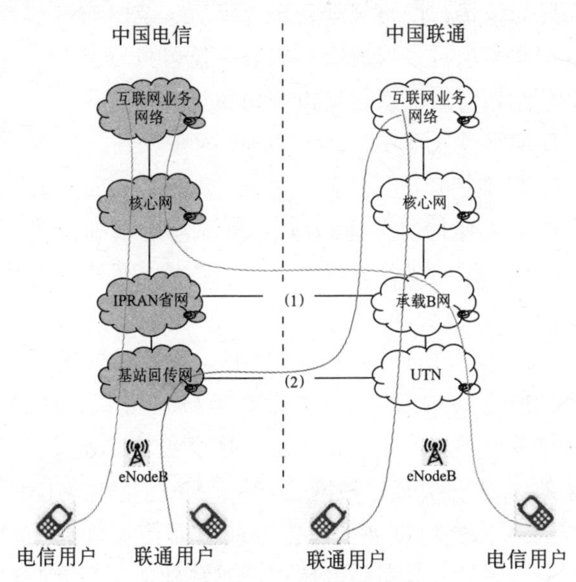

图 5－38　组网架构示意图

从载波资源配置方式可以分成独立载波和共享载波两种，其中独立载波方案是指中国联通、电信各自拥有独立的频谱资源，只共享 eNodeB 的硬件资源。共享载波方案是指中国联通、电信间共享 RAN 资源，包括频谱资源和 eNodeB 硬件资源。

B. 干线光缆合作典型方法。

双方成立集团层面、省（区、市）分公司层面联合工作组，定期讨论光缆干线深度合作事宜，明确共建共享项目，协调解决共建共享项目实施过程中的问题。

对于已经明确的共建、共享项目，双方协商并明确共建共享具体方案，签订共建共享协议（合同），各自立项建设。

C. 本地传输网合作典型方法。建立常态化沟通协调机制，各地市分公司负责提出本地传输网合作意向，省分公司负责协调确定合作项目，集团公司负责指导、督促、检查共建共享工作。

加强规划衔接，网络规划初步评审后，及时召开协调会，讨论一定共建共享项目，形成会议纪要，监督执行。

确定合作项目后，双方地市公司签订相关协议，建立合作项目台账，逐项推进、落实。

（2）运行维护合作

①合作的主要内容。运行维护合作包括基础设施、应急通信、移动优化、网络操作、维护体系、备品备件资源共享等。

②取得进展情况。

A. 基础设施合作进展。各省分公司积极开展基础资源共享工作，共享光缆 28905 芯公里，管道 1545 孔公里，杆路 3792 公里，共享存量基站、室分 4125 处，共享机房 7 处 510 平方米，全国已有 21 个省分完成承载网（IP－RAN）互通等工作。

B. 应急通信合作进展。为提升应急通信保障能力，提升应急服务水平，各省分公司与电信在原有基础上，深度开展应急通信合作，建立应急互助体系，利用现有应急通信资源共享，互相进行网络应急备份及应急支撑，联合制定应急保障方案和计划，联合开展应急通信保障演练、联合开展应急通信保障等，已完成自然灾害、春运、亚布力滑雪世锦赛、迪士尼开园等活动应急保障 24 次。

C. 移动优化合作进展。目前全国均已开展了移动网优化工作上的合作，31 省均对合作项目和工作内容制定了移动网优化合作方案。包括互换测试卡、互换测试数据、联合测试以及联合干扰排查和优化联合课题研究、测试仪表互借等优化合作工作。

D. 网络操作合作进展。24 省建立网络联合操作机制，分级完成网络节点互通的资源准备工作，联合制定各业务网应急保障预案，明确网络操作接口人，并适时组织应急调度演练工作。

E. 维护体系合作进展。22 省与电信开展光缆联合护线宣传、光缆线路联合制定赔补标准向第三方争取赔补政策，南北方利用自有优势维护资源为对方开展代维工作，联合参与铁塔代维招标等工作。

F. 备品备件资源共享合作进展。12 省与电信开展备品备件资源合作，共享资源数据，联合开展备品备件调度工作，确定有偿使用价格，双方共同与设备厂商探讨备品备件服务，推动备件零库存。

（3）市场业务合作

①合作的主要内容。市场业务合作包括终端协同、渠道协同、固网宽带业务领域、互联网专线、集客市场、校园竞合、创新业务、财务核算及考核政策等。

②取得进展情况。

A. 终端协同合作进展。双方于 2015 年 12 月 11 日召开六模全网通终端白皮书联合发布会，完成白皮书对产业链的发布。双方推动完成六模全网通终端国家/行业标准的发布，该标准已于 2016 年 4 月正式发布。双方合作持续推动产业链丰富全网通款型，对于全网通终端与移动定制版终端保持“同质、同价、同时”上市。双方持续在全网通终端政策上保持协同，共同提升全网通终端销量。

在联通和电信全网通策略推出后，在整体终端市场中全网通终端快速普及，不仅全网通款型及销量得到显著提升，而且全网通终端均价大幅下降，产品性价比快速提升。在全网通策略推出前，2015 年 11 月六模全网通销量在整体终端销量占比为 20%，在售款型为 122 款，产品零售均价为 3849 元。在全网通策略推出后，2016 年 4 月，全网通销量占比快速提升至 43%，超过移动三模终端，全网通已成为所有制式终端中销量和占比最高的终端；在售款型数量增长至 222 款；产品零售均价显著下降至 2713 元。

B. 渠道协同合作进展。各省分公司不断创新渠道合作模式，在渠道政策（不签署排他渠道）、渠道拓展（手机终端卖场合作、营业厅合作等）、渠道管理（渠道黑名单管控）等多方面进行了创新和尝试。

C. 固定宽带业务领域合作进展。在集团层面，双方于2016年5月17日联合发布《宽带服务白皮书》和《4K智能机顶盒白皮书》，共同提出家庭宽带的相关速率评价指标要求以及家庭宽带服务标准，统一4K智能机顶盒技术规范，有利于推进产业链的发展。双方已就“大带宽”清理工作取得一致，后续将协同开展相关工作。

在省分公司层面，统一本地“光猫”、IPTV机顶盒的销售模式和销售政策，有利于双方压缩终端成本。统一驻地网政策，有利于“关于光纤到户国家标准”的落地执行。统一宽带一次性费用以及使用费价格标准，有利于共同维护宽带市场的稳定。

D. 校园竞合进展。在团队建设上，初步建成全国31省分公司校园竞合工作推进团队。在信息搜集上，完成校园竞合基础信息普查收集工作。在平台搭建上，双方总部牵头，搭建全国范围、各层级顺畅对接，信息及时上报的校园竞合沟通平台和机制。

E. 创新业务合作进展。在创新孵化合作方面，2016年初，联通创新创业投资有限公司与天翼科技创业投资有限公司在创新孵化领域达成友好合作意向并签署了合作备忘录。双方此次合作本着优势互补、资源共享的原则，对双方在创新孵化领域的长期稳定发展都具有重要意义。

在资源共享、丰富应用及内容产品源方面，两家企业在内容资源、行业应用、增值产品上本着资源共享、丰富应用内容为原则，为双方的用户提供更多更好的增值业务为宗旨，在音乐、信息导航、手机阅读、流量经营等方面展开合作。截止目前，两家企业已经在音乐领域做到音乐版权资源的共享，音乐客户端中有各自的用户服务专区。在信息导航领域中借助 114 深入用户内心的优势，重新梳理相互的资源，在南北方商旅、医疗各自的优势上整合资源，更好地服务于用户，满足用户的一站式服务。流量经营方面也已经达成流量资源共享，资费保持一致，双方最低折扣购买对方流量包满足互联网企业的后向需求。

F. 财务核算及配套激励考核进展。已经与中国电信就财务及税务处理以及预算激励考核政策沟通达成一致，双方下发统一的正式文件，重点内容是会计核算中单独计列与统计网络深度合作取得的收入及支出，并配套资源配置考核激励指引分公司加快、加大网络深度合作。

据不完全统计，截止 2016 年底，双方合作共用 4G 基站 7 万个，共用传输线路 1.6 万公里，节省投资 33 亿元、运营费用 1.5 亿元，为双方企业效益提升做了积极的贡献。

第6章 移动互联网时代电信运营企业成本管理的持续创新

我国《国民经济和社会发展第十二个五年规划纲要》中明确提出要培育发展战略性新兴产业，并将新一代信息产业[①]确立为七个战略性新兴产业之一，加以重点推进，其中新一代移动通信、下一代互联网、三网融合、物联网和云计算等是与电信企业密切相关的重点发展方向。以移动互联网、云计算、物联网、大数据为代表的新一代信息技术与现代制造业、生产性服务业等的融合创新，发展壮大出无数新兴业态，打造不可想象的新的产业增长点，极大地增强了经济发展动力，促进了国民经济提质增效升级。

互联网，特别是移动互联网的发展，成就了市值千亿美元的“BAT”这样的互联网与电子商务公司，但也打破电信企业“分段式”的产业价值链，颠覆了传统的商业模式，互联网通信的创新破坏了传统通信业务的价值，极大地分流了电信企业的传统业务，降低了语音业务的收入。作为信息网络基础与核心、全面支撑经济社会发展的战略性、基础性、先导性的电信企业，如何在发挥经济增长倍增器的同时，避免被“管道化”、“边缘化”、“低值化”，电信企业必须加快转型升级，必须利用互联网思维

① 新一代信息技术产业包括下一代信息网络、电子信息核心基础产业、高端软件及新兴信息服务业三个重点领域。

模式，创新商业模式、服务模式、管理方式，促进产业链的完善和延伸，在价值链上改变电信企业的地位，转变经营模式与增长方式，促进可持续发展，提升价值创造能力。

我们试图通过 BAT 企业的案例以及中国联通和中国电信的案例分析，研究电信运营企业及其相关企业如何运用“互联网 +”手段与工具，创新商业模式、服务模式、管理模式，提升电信企业的价值创造能力、运营效率、有效降低成本的实操做法，为电信行业成本管理创新提出一些前瞻性思考。

6.1　移动互联网时代的挑战

移动互联网，又称移动宽带，就是将移动通信和互联网两者结合起来、深度融合并成为一体，是指互联网的技术、平台、商业模式和应用与移动通信技术结合并实践活动的总称。在移动互联网下，用户通过移动智能设备（如手机、平板电脑等各种移动终端）随时、随地访问互联网，获取信息、进行商务、娱乐等各种网络服务。移动互联网继承了桌面互联网的开放协作特点，又继承了移动网的实时性、隐私性、便携性、可定位的特点，互联网业务为适应移动终端的访问而发生改变。智能终端的进步、移动网络和移动应用的发展，特别是 4G 时代的开启，为移动互联网的发展注入巨大的能量。

6.1.1　移动互联网的特征及影响

（1）移动互联网的特征

移动互联网虽然和互联网有很大亲缘关系，甚至带着互联网的基因，但它不同于互联网，具有自己的特点。项立刚认为移动互联网是高速度的移动通信网络、具有智能感应能力的智能终端、新的业务、业务管理和计费平台、客户服务支撑平台共同构成一个新的业务体系。其对用户及电信运营商来讲，具有了如下特征：

①相对封闭的网络体系；②庞大自下而上的用户群；③广域泛在；④高便携性与强制性；⑤永远在线及占用用户时间碎片；⑥病毒性信息传播；⑦安全性更加复杂；⑧身份识别；⑨位置信息；⑩业务管理与计费平台；⑪智能感应平台；⑫应用轻便。

（2）移动互联网的业务特征

在传统互联网业务特征之上，移动互联网还有如下特征：

①用户需求多样化，体验至上。由于用户需求的转移和互联网的破坏性创新，电信行业的驱动力进一步由网络向用户需求的信息升级。一是作为供给的信息，谁能掌控更丰富、更个性化、更忠诚的信源，谁就获得增长，一是作为需求的信息，谁能掌握更密集的、纯度更高、场景更丰富的需求信息，谁就获得增长。

在移动互联网时代，用户需求呈现出时间碎片化、生存方式数字化、信息来源多样化、用户需求个性化、越来越重视长尾效率等特征。如果一个商品或一项服务想要成功，在移动互联网时代，谁更加了解消费者的需求，如何了解消费者体现简单、精准的用户体验上，将决定其爆炸能量的大小，必须从与消费者发生第一点接触开始，越精确越好。

②移动终端功能多样化。移动终端不仅是通信工具，越来越转变为人的社会关系的全部，成为媒体、信息与各种工具的综合体，移动终端不仅包括手机，还包括个人电脑、移动设备、可穿戴设备、传感器等直接接触用户的设备，移动终端不仅是数据与信息的来源，也是服务提供的界面。安装在移动终端上应用微件化，呈现出自主、定制、简单、易用、可快速传播的重点。

③业务的核心竞争力在于市场占有率和业务创新能力。物品和物品的位置密切相关的信息，集定位、搜索和精确数据服务是最有杀伤力的形式，移动互联网更成为一种生态，达到改变世界的境界，在产业链竞争中，最大的砝码就是市场占有率和业务创新能力。

在市场占有率上，最重要是对移动互联网产业链上的把控，对移动互联网用户入口和触点的把握是竞争的焦点。“谁离客户越近，谁就离成功越近”，离客户越近，意味着离价值链的源头越近，越能获得价值链的掌控权，获得越多的利益；离客户越近，就越能了解客户的需求，从而推动产品创新为客户提供更好的服务。移动互链网的产业规则，决定了电信运营商不会是唯一的产业核心，电信运营商、终端商、服务提供商、互联网企业纷纷向产业链两端延伸，都希望在移动互联网产业中实现自身利益。

移动互联网的业务创新能力则决定了“卖点”，移动互联网呈现出开放性，可人人参与、随时随地互动，必须整合用户的创意和生产力，同时，业务周期短，快速迭代，快速响应客户需求。这就要求电信运营商以用户信息为核心杠杆，提供作为商业基础设施的聚合平台以及作为物理基础设施的智能管道，汇聚产业力量，满足消费市场和企业市场的各种需求。

④新型的营销模式与盈利策略。移动互联网营销模式与传统营销最大的不同，是通过口碑传播吸引更多的客户，让用户参与互动。而同时，移动互联网要求整合越来越多的产业链之外的资源，转变商业模式，在产业链上通过开放与融合，实现合作与共赢。

（3）移动互联网开启了新的时代

移动互联网极大改变了人们的工作和生活模式，正在成为经济发展和社会进步的强大推动力。从本质上讲，移动互联网是一种新的能力、新的思想和新的模式，并将不断催生出新的产业形态、业务形态和商业模式，是当今世界发展最快、市场潜力最大、前景最诱人的产业之一。

①移动互联网的发展对于国家和社会具有重要意义。2015 年两会的《政府工作报告》，明确提出制定“互联网 +”行动计划，推动移动互联网、云计算、大数据、物联网等与现代制造业结合，促进电子商务、工业互联网和互联网金融健康发展，将移

动互联网发展纳入国家顶层设计与国家战略之中。

阿里研究院《“互联网+”研究报告》将“互联网+”定义为以互联网为主的一整套信息技术在经济、社会生活各部门的扩散、应用过程，“互联网+”的本质是传统产业的在线化、数据化，“互联网+”将推进各产业的互联网化，促进传统产业转型升级。

移动互联网，不仅有利于调整经济结构、创造就业机会，节约社会资源，实现低碳环保水平，而且对于整个社会运营管理效率与水平有重大作用。

第一，促进社会发展。移动互联网在物流、交通、医疗等领域绘就一幅社会信息化应用新蓝图，同时将驱动技术、市场的新一轮发展，撬动包括通信行业在内的各个行业的新需求。

第二，推进产业变革。移动互联网不是 PC 互联网在移动终端的简单移植，移动终端的语音、位置信息、便捷等特性在不断催生新的业务、新的产品和新的企业，有力推动行业创新与转型。

②移动互联网的发展将极大的改变人的工作与生活。移动电子商务、社区交友、位置服务、搜索、游戏等应用极大的丰富，移动终端已经成为了连接大众生活非常重要的入口，改变了人们的生活、学习及工作的方式，包括办公、沟通与社交、出行、购物、阅读、娱乐、支付、信息获取、教育学习等。

6.1.2 电信企业面临的机遇与挑战

（1）移动互联网的快速发展给电信企业带来机遇

移动互联网发展趋势势不可当，手机已取代 PC 成为个人信息中心，移动互联网市场规模的显著增长，为电信企业带来了难得的历史机遇。

①促进移动宽带用户的增长。2016 年 1 月 22 日，中国互联网络信息中心（CNNIC）在京发布第 37 次《中国互联网络发展状况统计报告》（以下简称《报告》）。《报告》显示，截至 2015

年 12 月，我国网民规模达 6.88 亿，互联网普及率为 50.3%，其中手机网民规模达 6.2 亿，网民中使用手机上网人群占比由 2014 年的 85.8%提升至 90.1%。如图 6－1 和图 6－2 所示。

来源：CNNIC 中国互联网络发展状况统计调查　2014.12

图 6－1　中国网民规模和互联网普及率

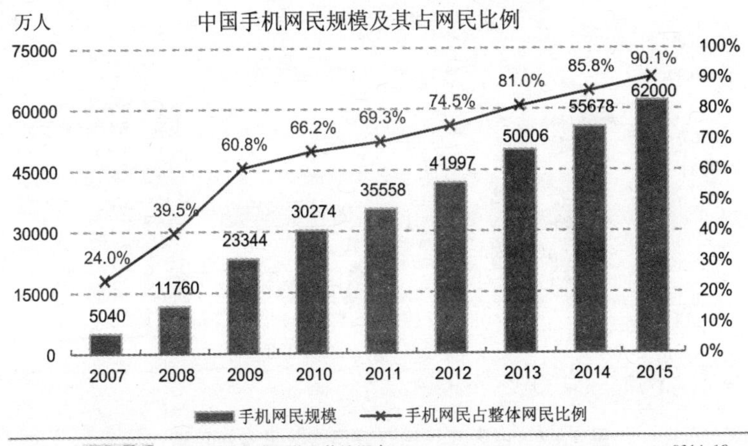

来源：CNNIC 中国互联网络发展状况统计调查　2014.12

图 6－2　中国手机网民规模及其占网民比例

自2011年全球智能终端出货量首次超过PC，2015年新网民最主要的上网设备是手机，使用率为71.5%。如图6-3和图6-4所示。

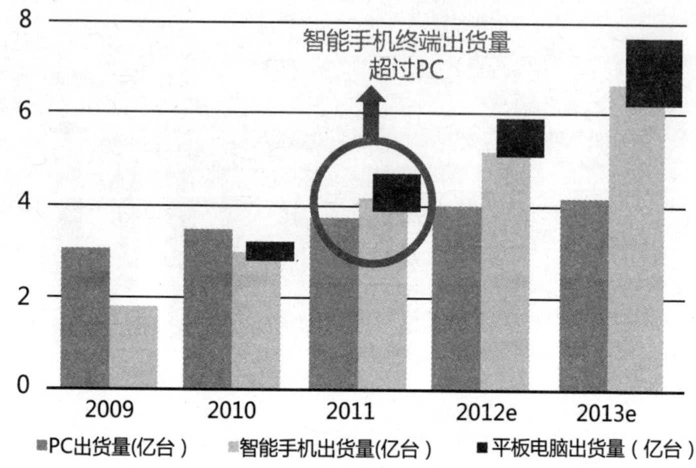

图6-3　2009~2013年全球PC、智能手机出货量

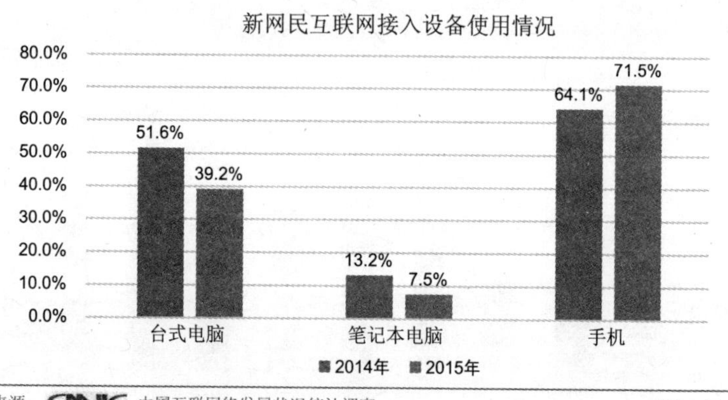

图6-4　中国新网民互联网接入设备使用情况

移动互联网用户快速增长趋势，给电信企业加速4G用户发展及2G/3G用户向4G用户的迁移提供了机遇。

②促进流量经营的加快转型。从 2011 年开始，全球移动数据流量快速增长，到 2020 年月消耗将达到 30.2EB，相对于 2014 年，年复合增长高达 51.5%，如图 6－5 所示。其中移动视频流量将占据全部流量的 60%，相对于 2014 年增长 13 倍，如图 6－6 所示。

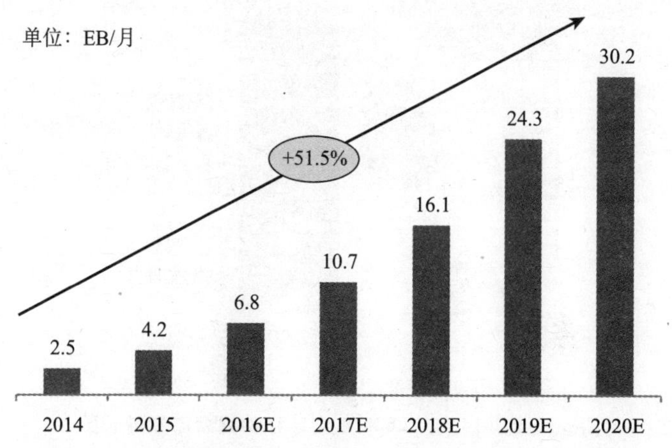

Source：Cisco VNI 预测 &Huawei 分析

图 6－5　2014 年～2020 年全球移动数据流量增长图

③加速云端与智能管道的建设。推动移动互联网发展的三个核心要求包括终端的智能化、网络的宽带化、应用的多样化，同时“互联网＋”也依赖新的信息基础设施，概括为“云、管、端”三部分，管包括互联网（移动互联网）设施，还进一步向“物联网”领域拓展，而电信企业正是主要通信网络的管道建设者，必须顺从发展需求，加速智能管道的建设，同时“互联网＋”在各行业的应用，也给中国电信企业的云计算、ICT（系统集成）、大数据业务等应用业务提供了机遇。

（2）移动互联网的快速发展给电信企业带来了巨大的挑战

移动互联网的发展，导致语音业务持续萎缩，资费水平的不断下调，直接导致了本地话音 ARPU 值的下降，移动电话用户的语音对收入的贡献率将逐渐下降；对传统业务替代效应明显，移

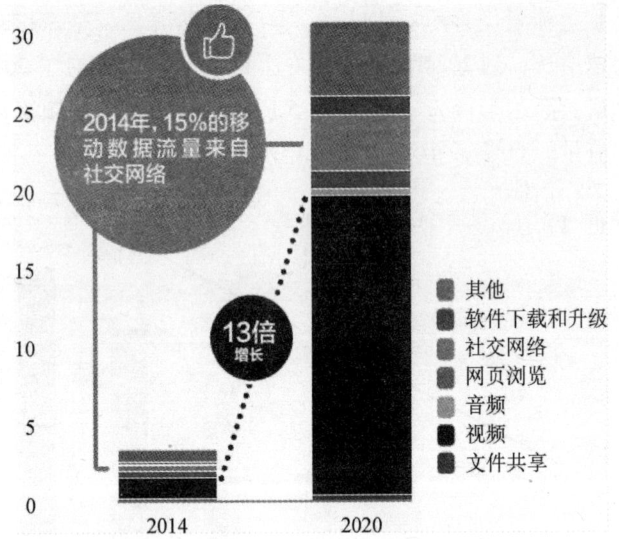

Source：爱立信移动市场报告

图 6-6　2014 年～2020 年全球移动视频流量增长图

动互联网新业务的出现，对短信业务产生了巨大的冲击，随着智能终端的普及，这一替代效应将愈发的明显，如图 6-7 和图 6-8 所示。

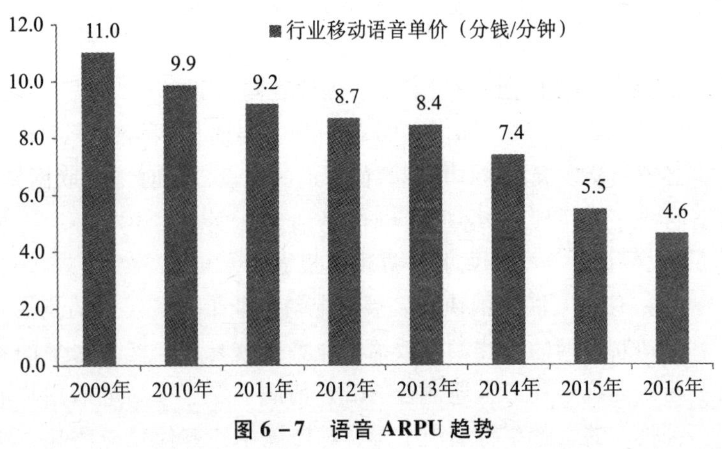

图 6-7　语音 ARPU 趋势

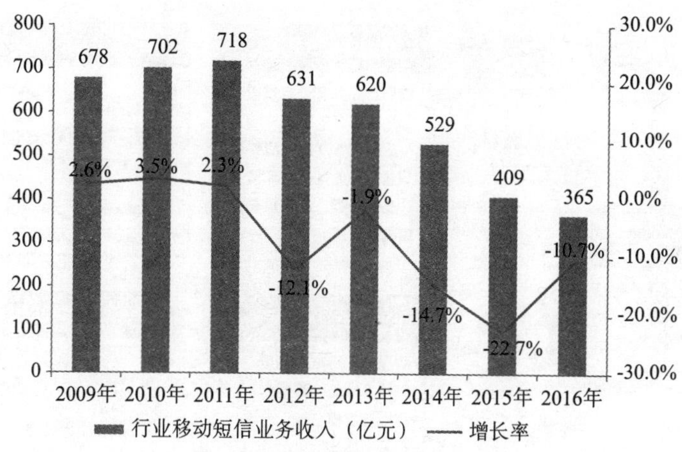

图6－8 移动短信业务收入趋势

移动互联网对电信企业业务产生冲击，极大地分流了传统业务，电信运营商传统业务增长乏力，必须向移网宽带、固网宽带、数据通信业务为代表的新兴业务转型。移动互联网具体对电信企业带来的挑战如下：

①电信运营商不再是业务运营的唯一主体。移动互联网时代，随着移动转售业务开展，虚拟运营商牌照的发放，异同质的替代，实质上存在两类运营，即网络运营和业务运营。如图6－9所示。

②业务的吸引力发生转移。在业务方面，移动互联网极大地分流了运营商传统业务，用户虽然花在沟通上的时间大幅增加，但属于电信运营企业的比例却大幅下降。如图6－10所示。

③电信企业管道化日趋明显。在网络方面，电信企业的管道化趋势日益明显，一方面，IP网络的特征，弱化了运营商在传统通信业务中所具备的优势，互联网服务提供商可以独立于运营商获得用户并持续推出新内容应用，运营商话语权存在丢失的风险；另一方面，移动宽带用户和应用数量的剧增导致网络压力不断加大，但并没有带动自有业务流量的增加，移动网络压力不断

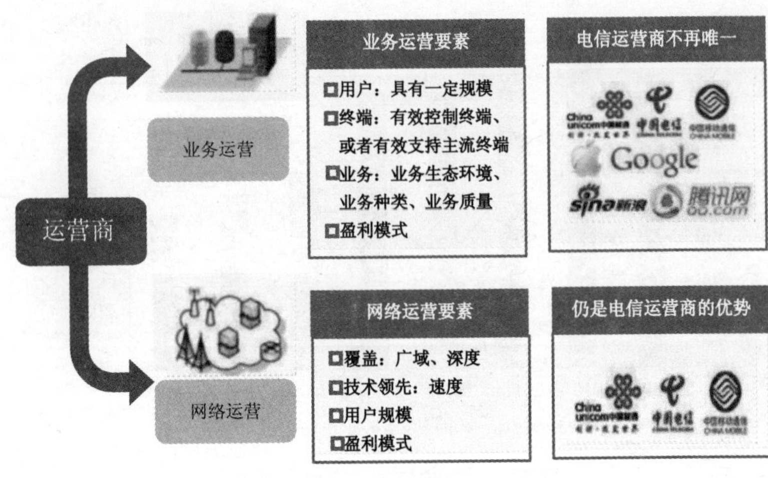

图 6－9　移动互联网时代的运营商

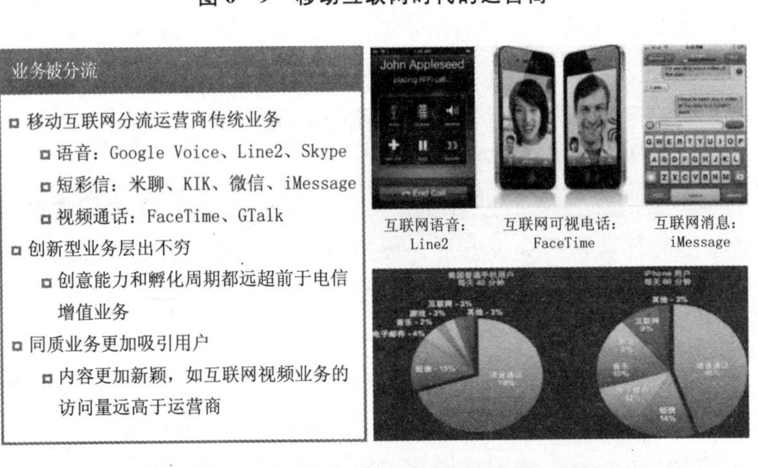

图 6－10　移动互联网电信企业传统业务的分流与替代

加大，存在类似固定互联网“增量不增收”的风险。如图 6－11 所示。

④商业模式面临挑战。在商业模式方面，电信企业传统“围墙花园”已被打破，面临新模式挑战：移动互联网以创新、开放、免费为特征，开放了电信企业传统的“围墙花园”，面临着

新的商业模式的挑战。如图 6－12 所示。

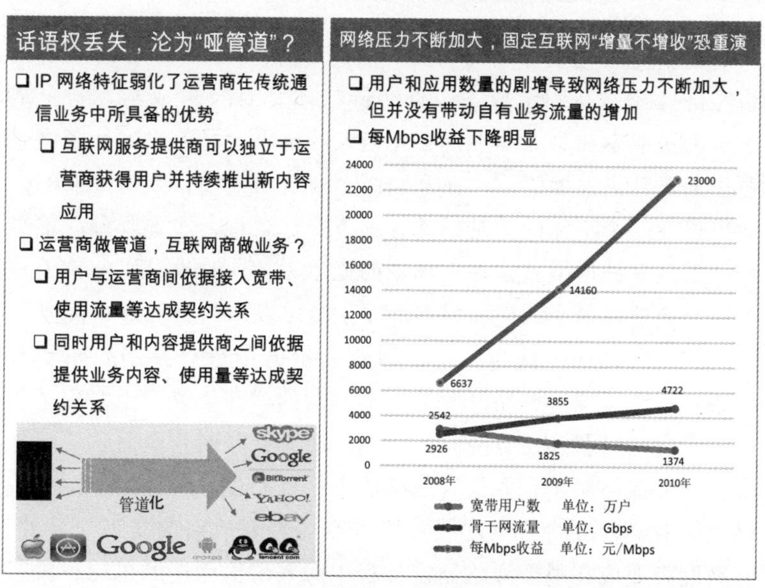

图 6－11　电信企业管道化趋势明显

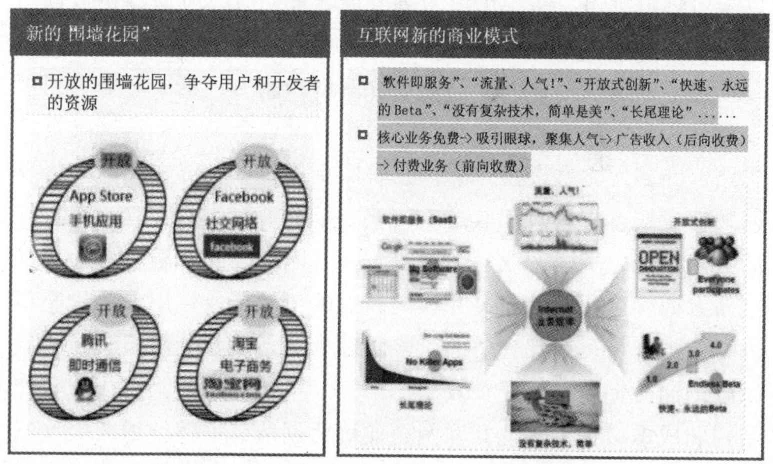

图 6－12　电信企业面临新的商业模式的挑战

6.2 BAT企业的成长及价值管理案例

根据何瑛（2016）的研究，互联网企业成本有着典型的网络经济性质，高固定成本、低边际成本，且技术成本、安全成本、配送成本在总成本中占有相当大的比重。目前我国互联网企业正处于新兴发展阶段，在互联网企业价值链中，多个分散的企业可以在一个整体的信息系统管理下协作运行，实现资源、信息和利益共享，增强整体在市场中的竞争力，同时也可以使价值链上单个企业以最小的交易成本和个别成本获取自身的成本优势。

何瑛（2016）认为，互联网企业价值创造提升路径主要有三条：第一，通过产品经营与资本运营的联动，致力于实现基于价值导向的经营和财务战略的协同。对于互联网企业而言要更加重视财务战略对于企业经营战略的支持性和先导性作用，财务战略以企业经营战略为出发点并协同企业经营战略的实现。另外，互联网企业应在整个战略制定过程中融入价值创造的思想，推行以价值为基础的战略导向思维，无论在经营战略还是财务战略上以是否创造价值、实现价值为重要诉求。同时，应通过积极创新商业模式、完善公司治理、拓宽市场渠道、深度开发核心技术、辅以科学的激励考核，提升企业价值创造能力。第二，努力拓展多元化、风险收益相权衡的互联网企业融资新渠道，尝试融资新思路。在多元化融资模式下，互联网企业对于融资方式的选择要兼顾考量成本、风险和收益，提高融资效率。伴随“互联网+”的战略推进，实体产业、金融业、互联网的多层次融合成为新的创新方向，企业能够通过互联网高效的信息传递作用来深入全面进行数据分析，找到合适的风险管理工具与风险分散工具，控制风险的同时提高资源配置效率。第三，不断优化资本结构、资产结构和成本结构，实现互联网企业价值创造与可持续增长。互联网企业对可持续价值创造的追求表现在持续优化资本结构、资产结构与成本结构，从而有效地为投资人带来增量价值。同时，随着战略性投资时代的到来，互联网企业需要加强技术产品与资本运营的联动，运用灵活的并购手段持续优化整合企业资源配置。

BAT 等互联网巨头是电信运营商“门口的野蛮人”，不仅收入和利润表现上，而且在公司治理、战略、资本、商业模式、资源灵活度上都优于运营商。中国联通作为弱势运营商，在传统电信业务领域面临严峻的生存形势，又面对着新竞争者的野蛮砸门，是移动互联网的“现实受害者”，但同时，如果我们寻找到向外突破的窗口，依靠多年积累的网络和用户资源禀赋，向移动互联网企业转型，我们也将成为“潜在受益者”。而这一转型，必须要有行业领路人的经验的有效激发。在现有行业生态下，中国联通迫切需要从现实挣扎着生存的环境中解脱出来，来自 BAT 企业的互联网企业发展案例尤为重要。

与此同时，中国联通由内而外的治理机制和合作发展思路正在形成越来越清晰的路径。2016 年 10 月，中国联通可能列入国家首批混改试点名单（尚需要国家有关部门批准，存在不确定性），这是风起云涌的国企改革拉开大幕的重要落脚点，也是峰回路转的电信行业效率改革的主要着眼点；2016 年 11 月，中国联通分别与 BAT 签署战略合作框架协议，这为企业、行业、乃至宏观经济领域在面临瞬息万变经济环境，创新迭代商业模式、日新月异技术更迭、交叉渗透竞争格局下的发展方向打开了极大想象空间。

接下来从由外而内和由内而外两个维度具体观察互联网 + 思维下的价值管理方向。

6.2.1　BAT 的价值管理能力

（1）BAT 企业价值主要来源于用户变现能力

BAT 三大互联网巨头的收入和盈利能力处于持续高速增长状态（如表 6 - 1 所示）。

评价 BAT 的企业价值，主要看两个指标：一是这家公司在

表 6-1　　BAT 收入利润情况表

	2015 年收入	收入增长率	2015 年利润	利润增长率	利润率
腾讯	1028.6	30%	288	21%	28%
阿里	948.1	33.2%	566.8	100.4%	59.8%
百度	666.8	35.3%	337.5	155.1%	50.6%

未来的产业中确定自己位置的能力，二是它在中短期内将资源和投资转化为收入的能力。

先看行业地位的能力，而这种能力又包括两个层面：一是在用户转向移动互联网的转型中，能否避免既有用户的流失，甚至借机扩大用户基数，以及增加在用户生活和消费需求中的比重；二是在传统行业的移动化和互联网化过程中，公司能否找到自己的位置，并且使这种位置比其他公司更有利。

在第一个层面，即用户层面。根据腾讯主要依靠两个产品，手机 QQ 和微信。2015 年底，两者的月活跃用户分别达到 5.9 亿和 4.4 亿；阿里巴巴主要是淘宝无线和支付宝，2015 年月活跃用户是 1.9 亿和 1.4 亿；百度在移动端则采取了一种有点类似蚂蚁雄兵的战略，即与移动互联网的碎片化相应，在众多移动场景中进行多点布局。2015 年，百度有 14 个移动产品用户过亿，覆盖了几乎所有的移动场景，其中手机百度的用户超过了 4 亿，月活跃用户 2.3 亿，手机地图占有率超过了 50%，是第二名的两倍。

可以这么说，从移动用户的绝对规模上看，腾讯和百度目前旗鼓相当，而阿里巴巴则稍逊一筹，这与其主要集中在交易领域有关。而三家未来竞争的焦点，将是如何争取到用户需求的最大比例。

目前，百度来自移动端的营收占比已经达到 30%，阿里巴巴为 19.4%，而腾讯则可能更少，大约 15~18%（根据腾讯公布的手机游戏数据进行综合测算）。

第二个层面是在传统行业的移动化和互联网化过程中，公司能否找到自己的位置，并且使这种位置比其他公司更有利。对此，三家公司都是磨刀霍霍：三家公司都出台了重磅战略来应对传统行业移动化和互联网的机会，腾讯是微信智慧生活解决方案，百度是直达号，而阿里巴巴则是云生态。

现在三家公司都还处于初期阶段，因此还很难说谁会是最后的赢家，至少是机会均等。综合来看，在未来行业定位能力这个指标中，三家公司都是重量级选手。

那么，三家公司在中短期内将资源和投资转化为收入的能力如何？我们可以结合三家公司的过往财务数字，并结合公司能力、战略和行业大势，分别观察其 2014 ~ 2017 年营收复合增长率，以此作为衡量三家公司中短期营收能力的指标。

腾讯：2015 年度的收入总计是 1028.6 亿元，它目前的主要营收动力来自游戏，游戏业务已经占了全部营收的 60%，其次是占比 23% 的基于社区的增值服务，排名第三的是网络广告，目前这部分占比为 11%。

结合艾瑞咨询对这几个行业 2015 ~ 2017 年的增长趋势，预计游戏、社区增值服务和广告三项业务在这期间的复合增长率分别可以达到 30%、40% 和 60%，综合给予腾讯整体营收 36% 的预期复合增长率。

阿里巴巴：2015 年度的营收共计 948.1 亿元，主要营收动力为国内零售业务，包括天猫、淘宝和聚划算，该业务收入在全部收入中的占比为 85%，而国际业务、国内批发和云服务占比在过去几年则不断降低。

预期阿里巴巴 2015 ~ 2017 年国内零售交易额的复合增长率为 25%，收入复合增长率为 40%。同时，给予其中小企业 B2B 业务和国际业务 25% 的复合增长率，云服务业务 40% 的复合增长率。综合起来，预计 2015 ~ 2017 年阿里巴巴营收的复合增长率为 37%。

百度：2015 年度的营收共计 666.8 亿元，主要营收动力是传统 PC 搜索业务和移动端业务，预期百度未来几年在 PC 端可以保持 25% 左右的复合增长，这个数字和中小企业 B2B、O2O、以及艾瑞预测的 2015 年 ~2017 年搜索市场复合增长率相当。

而在移动端，目前主要的收入是应用分发和游戏，预期未来几年移动端可以获得 100% 的复合增长率，按照这些预期，到 2016 年前后百度移动端收入在全年收入中的占比会超过 50% 。

从总体上，可以预期百度 2015 ~ 2017 年的复合增长率为 45% ，这个数字高于腾讯和阿里。

（2）BAT 企业价值需要构建全新商业模式

哈佛商学院教授克莱顿·克里斯滕森认为，商业模式就是创造和传递客户价值以及公司价值的系统。它包括四个环节：客户价值主张、盈利模式、关键资源和关键流程。华为在其 2014 年度趋势报告《用趋势赢未来，数字化重构新商业》中指出，商业过程概括起来包括价值创造和价值传递两大环节，在价值传递环节，主要是信息流、资金流和物流，而电子商务的蓬勃发展打通了三流，缩短或者重构了“传递价值”的商业价值链。互联网已经全面渗透并改造了价值传递环节，实现了数字世界和物理世界的融合，减少甚至消灭了中间环节，重构了商业链条。

移动互联网时代遵循三个凡是：凡是一切基于信息不对称的行业都将被互联网打击。依靠信息不对称而存在的那些供应链上的关键角色的权力在稀释、衰退甚至终结；凡是一切基于信息不对称的环节都将逐渐被颠覆或者被边缘化；凡是一切基于信息不对称的既得利益都将被统统清剿。移动互联网的商业模式是通过极致的产品和服务来获取用户，把用户变成自己的“粉丝”，然后通过跨界整合资源来为用户提供更好的体验，最终提高用户的 ARPU 值，形成有黏性的用户平台后再寻找盈利模式。

具体到 BAT 三巨头，在其企业基因里，百度是技术驱动型巨头、腾讯依赖产品驱动、阿里则是商业模式与平台驱动。将线上的巨大的流量资源与客户服务能力、商业模式、技术能力与线下连接，这是目前 BAT 三家目前都在做的事情。

腾讯强于产品。微信的成功在于其产品本身用户体验与创新超过其同类产品，加之背靠腾讯，QQ 导入用户而迅速崛起。腾讯是把“连接一切”的目标寄托于微信，通过微信的公众号与服务号，作为连接商家与用户的桥梁，微信作为人与服务的中介与渠道，也是绝佳入口。微信商业化过程一直小心翼翼，这也是在于其产品驱动的基因必须将用户体验放在第一位，微信朋友圈夺走了大批微博用户，源于微信一直在刻意维持朋友圈社交生态的纯净性，不敢破坏这种用户体验，它是微信的生命线。

百度划分了 3 个事业群：移动服务事业群、新兴业务事业群和搜索业务事业群。百度的想法是，从内部组织优化调整入手，为连接人与服务的大战略铺路。在连接人与服务上，百度的搜索是开放性入口，微信与阿里则是封闭城池。在移动互联网进一步融入传统行业时候，各大巨头都争抢做互联网 +，开放的生命力开始彰显。连接传统商家到互联网领域，需要打通各环节的阻隔，让商业效应释放，开放的生态与传统行业则会形成正向循环。封闭的城池则会影响到商户与用户双方的利益。一个开放的生态，连接传统行业各领域落地的时候，会产生大的释放效应。百度搜索作为一个天然的开放的需求入口，具备控制自身 APP 矩阵的效力，在将用户需求匹配到线下商户过程中，正在形成典型的应用场景。

在移动端，阿里以天猫、淘宝、支付宝三大核心产品为支点、而依托淘点点、服务窗等产品来发力 O2O 场景构建。阿里在连接服务的战役上，所打的牌的就是不断收购来补短板，不断做大资本拼图。阿里持续通过不断的资本扩张、投资市场来驱动业务成长，利用多元化投资布局战略来圈实体经济的地盘。说到底，目前阿里所体现出来的战略思路，依然是依赖平台驱动，营销先行。

阿里对于“连接服务”的布局，依然局限在电子商务领域，摆脱不了“电商”的强基因，而阿里未来对于连接服务布局，就要看它怎么去克服缺乏场景的短板并弱化用户对其电商品牌的强认知。

（3）BAT企业价值源于免费和系统成本理念

在互联网经济下，“免费”成为一种重要的盈利模式，成本管理不仅有“边际”、“机会”或者“战略”的延伸，同时还有“共享”的概念，企业内部、企业之间甚至行业之间的边界模糊化，成本和收益计量面临新的环境。

克里斯·安德森在《免费：商业的未来》中归纳基于核心业务完全免费的商业模式：一是直接交叉补贴，企业和商家等卖方为了在一种产品上盈利，而降低另一种产品的价格或免费进行销售，从而以高获利产品补贴亏损产品；二是第三方市场，第三方付费参与前两方之间的免费商品交换，最常见的方式是向特定的消费群体提供免费的商品、服务或体验，并吸引对这部分消费者感兴趣的相关品牌来投放广告，所得收入部分作为成本再投入，部分作为盈利；三是免费加收费，普遍服务免费，而增值部分收费；四是非货币市场，人们选择免费赠送且没有寄希望别人付钱的任何东西，如维基百科、豆瓣兴趣小组。

BAT企业是“免费”商业模式的领导者，也是主要受益者。微信通过图片、语音、视频等众多免费模式实现了用户之间的关系交互，抢了电信运营商的饭碗。当运营商还指望靠用户打电话、发短信赚钱时，微信直接免费。移动互联网颠覆传统企业的常用打法就是，在传统企业用来赚钱的领域免费，从而彻底把传统企业的客户群带走，继而转化成流量，然后再利用其他渠道实现盈利。

如今，免费正悄然演变成一种全新的商业模式和盈利模式，它所代表的正是数字化网络时代的商业未来。克里斯·安德森指出：所有企业都将不得不应对免费时代的来临，要在数字经济时代抢占品牌先机，关键就在于比你的竞争对手先做到免费。

6.2.2　与 BAT 合作的价值探索

2016 年 3 月 18 日，中国联通与腾讯签署了战略合作协议。2016 年 11 月 2 日、12 日，分别与百度和阿里签署战略合作框架协议。与三者合作的关键词包括互联网 +、大数据、人工智能、基础电信服务以及移动互联网和产业互联网等。中国联通作为三家实力最弱的基础运营商，这一合作框架无疑为其基础业务转型、企业治理结构完善、资本结构优化、现金流能力改善、向移动互联网企业转型提供了新的方向和契机。

从互联网 + 转型以及未来国有企业改革方向考虑，与 BAT 或者其他在移动互联网领域大象级企业尝试进行双向渗透和深度合作，无疑为整个行业带来了更广阔的变革和想象空间。我们不妨设置一些场景，让这一价值提升路径有更为清晰的图景。

从合作的主体路径上，可以考虑从以下八个方面切入，由粗到细，由表及里，不断延伸合作领域。

一是线上线下一体化。综合线上线下渠道的优势，增加用户触点，提升渠道能力，实现用户增长和重点细分市场突破。

二是以视频为引领的家庭互联网。依托智慧沃家，掌控家庭互联网用户界面及入口，打造家庭客户综合信息通信及内容应用解决方案，主导家庭互联网产业生态。

三是能力开放平台。推进基于网络、用户、终端、大数据、IT 等 WO + 能力的汇聚与开放，深度开发和聚合支付/金融、音乐、阅读、游戏、视频等内容应用。

四是国际业务。完善全球网络和营销布局；建立全球化的产品能力，调整业务结构；开拓海外创新业务增长点。

五是云计算。完善覆盖全国和全球主要业务区域的数据中心资源布局；建立云网融合的云计算平台，提供全方位的云服务。

六是物联网。建立物联网平台，开放应用集成，提供包含平台、应用、终端的端到端整体解决方案；具备“一点接入全球部署”能力。

七是大数据。加大数据交换，做大做多数据种类；深度挖掘分析数据价值，对内为生产经营提供支撑，对外实现数据价值变现。

八是产业互联网。聚焦医疗、教育、制造、农业、环保、旅游、交通、物流、政务管理等细分市场，做深做精行业应用；做实智慧城市，开放关键能力，集聚产业链资源。

下面结合各自产业领域的核心优势，

（1）与阿里巴巴的合作方向

阿里巴巴集团经营多项业务，另外也从关联公司的业务和服务中取得经营商业生态系统上的支援。业务和关联公司的业务包括：淘宝网、天猫、聚划算、全球速卖通、阿里巴巴国际交易市场、1688、阿里妈妈、阿里云、蚂蚁金服、菜鸟网络等。

2016 年 8 月，阿里巴巴集团在“2016 中国企业 500 强”中排名第 148 位。其核心领先优势包括：全球领先的云计算服务平台；世界最大的零售电商体系；大数据生产全链条；全方位物联网布局。

结合各自优势，可以考虑从以下层面进行价值合作。

线上线下一体化布局。综合线上线下渠道的优势，增加用户触点，提升渠道能力，实现用户增长和重点细分市场突破。线下通过双方营业厅和电商系统的全面对接，实现一点对接、一点结算；线上可以将阿里天猫作为联通全国级战略合作渠道，阿里天猫、支付宝等平台销售联通号卡及合约产品。

家庭互联网合作。在内容与流量方面，利用阿里整合的内容生态，丰富视频内容，在流量经营、影视会员、视频权益获取等方面进行深度合作；在智慧家庭解决方案方面，共同开发针对智慧家庭的流量 + 产品 + 服务的解决方案，互联网电视和机顶盒领域开展捆绑合作。

能力开放平台合作。基于 WO + 能力平台，充分利用联通的带宽和渠道优势，结合阿里的内容资源和金融平台，拓展各类增值服务；将沃支付平台与招联金融、芝麻信用进行结合，同时借鉴阿里在金融和支付方面的经验，拓展联通的支付接入和联通在消费金融方面的实力；整合联通和阿里的客户群体需求，借鉴阿里在开发应用的经验和技术优势，深度开发和聚合支付/金融、音乐、阅读、游戏、视频等内容应用。

国际业务合作。基于阿里强大的金融支付平台数据，综合利用阿里的国际购物平台和物流平台，准确识别出境客户需求以及境外客户标签，为出境客户提供国际流量包等增值服务，扩大用户群体，并增强现有用户粘性。

云计算合作。打通联通机房和阿里公有云，利用大数据等优势，双方合作云安全方案，共同优化专有云方案，共同开发云服务行业客户。

物联网合作。双方物联网全面对接，在可穿戴设备、智慧出行等场景共同打造方案，推动制定行业标准。

大数据合作。丰富双方不同场景下的大数据资源，共同开发大数据产品，创新商业模式，互相推动信用产品（芝麻信用，沃信用）在各自领域和场景使用。

产业互联网合作。在政务方面，基于阿里现有的初创企业、成熟企业和政府云服务客户，进一步拓展联通电子政务云用户群，基于阿里的云服务能力和经验，进一步丰富联通电子政务云的产品和架构，提升服务团队质量和响应速度；在医疗方面，借助各自优势，发掘分级诊疗、区域协同、家庭医生等业务商机，推进区域医疗信息化，提供“网络 + 终端 + 应用 + 集成”的一体化服务。

（2）与腾讯的合作方向

腾讯作为中国最大的互联网综合服务提供商，构建了社交网络事业群、微信事业群、互动娱乐事业群、移动互联网事业群、网络媒体事业群、技术工程事业群、企业发展事业群等七大事业群。2016 年市值位列全球互联网公司前五。

结合各自优势，可以考虑从以下层面进行价值合作。

线上线下一体化布局。依托微信、手机 QQ 两大社交平台，整合话费、流量、宽带、固话等通信服务品类，为客户打造快捷、安全的在线充值、查询通知、国际漫游开通等服务；共建在线社交通信新服务，双方共享数据和服务能力，利用腾讯微信生态打造客户一站式通信管家服务。

家庭互联网合作。依托微信广泛、领先的游戏、视频、音乐、新闻及文学等内容生态以及联通强大的网络连接能力和智慧沃家成熟产品，可以在互联网 + 家庭、机顶盒与视频内容、定向流量等领域加强合作。

能力开放平台合作。将腾讯广泛、领先的内容生态（腾讯游戏、腾讯影业/企鹅影业、企鹅 FM、QQ 音乐、腾讯动漫；视频、新闻及文学等）与联通 WO + 能力平台进行深度嫁接，聚合内容应用，向客户提供更丰富、优质的内容资源。

大数据合作。丰富双方不同场景下的大数据资源，共同开发大数据产品，创新商业模式：利用双方在大数据领域的不同优势及腾讯在个人金融征信领域的先发优势，在征信服务领域探索开展深入合作；在通信安全服务领域开展防欺诈和防骚扰合作。

产业互联网合作。在智慧城市领域，可以围绕智慧办公、智慧服务、智慧监管、底层支持、决策支撑提供更为跨领域的解决方案；在智慧医疗领域，可以探索双方在医疗健康服务方案、挂号业务等方面合作。

（3）与百度的合作方向

百度定位技术驱动型企业，至 2016 年，已经成长为一家市值 571 亿美金的公司，其产品的业务布局广泛，覆盖搜索、O2O、金融、内容、人工智能、医疗、无人车等多个领域，目前已有 14 款 APP 用户量过亿。同时，在全球建立了六大研发中心、三大实验室进行人工智能、深度学习、大数据等最前沿科技的研发工作。

结合各自优势，可以考虑从以下层面进行价值合作。

线上线下一体化布局。线下借助百度全球最大的搜索、个性化内容推送等服务，增强对联通线下服务网点与服务范围的推广力度，提升消费者认知度，同时，百度为联通的线下渠道提供更多的可运营场景拓展，例如扩大产品销售范围与服务范围、广告展示等；线上渠道手机百度、百度糯米、百度地图等搜索、消费和导航可以提供线上零售入口，推动联通号卡的销售、充值，并为联通的零售业务提供更便捷的售后服务入口。

能力开放平台合作。百度拥有以“爱奇艺”为核心的内容制作平台，旗下“百家号”平台正着力整合百度百科、百科经验、百度学术等内容平台，联通可在流量经营、平台共享、影视会员、视频权益获取等方面与百度开展合作；百度钱包可与联通的“沃支付”平台开展合作，共享渠道与客户资源，提升市场竞争力。

国际业务合作。百度地图作为全球唯一一款可以提供海外服务的中文地图，覆盖超过 100 个国家和地区，并提供周边推介服务。可以结合联通全球性的网络服务与数据流量能力，为联通用户带来一站式最佳体验，并实现国际流量变现；百度在多个国家具有较高的网民覆盖率，且其移动端产品覆盖全球超过 200 个国家及地区，可帮助联通完善现有的国际市场布局。

6.2.3　BAT 价值合作小结

BAT 的经验喻示着，伴随着信息经济时代产业边界的模糊和颠覆，传统成本管理的功能已大大弱化，价值层面的内涵极大拓展，价值管理更多呈现开放、柔性和系统属性，更多地在时间和空间上得到广域辐射，必须实现内部管理与外部价值延伸以及短期管理与未来管理的穿透。

具体来说，主要有以下几个层面：

第一，企业价值主要来源于占据互联网平台入口和流量，通过用户的积累产生变现能力，从而在产业中确定自己的位置；

第二，企业价值需要构建全新商业模式，互联网金融、大数据和云服务渗透进传统行业，彻底颠覆原有物流、信息流、资金流体系，构建新的实时的一体整合、无缝连接、即时决策、共享平台体系，带来效率提升和成本节约；

第三，在互联网经济下，“免费”成为一种重要的盈利模式，成本管理不仅有“边际”、“机会”或者“战略”的延伸，同时还有“共享”的概念，企业内部、企业之间甚至行业之间的边界模糊化，成本和收益计量面临新的环境；

第四，成本管理表现出前所未有的多维性，互联网+使企业成本管理理念发生了本质的变化，从局限于企业内部的、封闭的、静态的企业成本管理理念转向一种开放、系统、动态的企业成本管理理念，动态的竞争环境和跨界的竞争状态颠覆了企业成本管理的内涵，逼迫企业基于未来竞争优势视角来审视成本管理的平衡性和长期性，从而发展出全新的价值成本概念，此时的成本管理具有前所未有的前瞻性、整合性、系统性、适应性和风险性特征。

第五，传统电信运营企业和移动互联网企业可以在线上线下一体化、家庭互联网、能力开放平台、国际业务、云计算、物联网、大数据、产业互联网等领域展开一系列价值合作，这些合作不仅为中国联通基础业务转型、企业治理结构完善、资本结构优化、现金流能力改善、向移动互联网企业转型提供了新的方向和契机，也为整个电信运营企业的未来发展提供了经验参考。

6.3 中国联通的平台战略与实践案例

互联网（移动）手段和通信模式的创新破坏了传统通信业

务的价值链，移动互联网时代，产业链变革，企业的界限开始模糊，商业模式向多元化发展，丰富的盈利模式大大提升了整个产业链的活力，在从通信运营商向综合信息服务提供转型过程中，中国联通在做好网络基础设施建设打造智能管道的同时，以互联网的思维模式，在业务上，坚持创新开放，运用平台战略，打造聚合平台，努力汇聚产业力量，满足消费市场和企业市场的各种需求，提升价值创造能力；在经营管理中，坚持创新变革，用互联网思维优化体制机制、制度流程、提升手段，提升运营效率，降低成本费用。

6.3.1　中国联通的平台战略

陈威如、余卓轩《平台战略：正在席卷全球的商业模式革命》对平台商业模式进行了定义，“平台商业模式指连接两个（或更多）特定群体，为他们提供互动机制，满足所有群体的需求，并巧妙地从中赢利的商业模式”。平台商业模式的精髓，在于打造一个完善的、成长潜能强大的“生态圈”。平台战略的主要魔力在于实现“网络多边效应”，互联网扩大了平台战略的影响力与范围，几乎横扫每一种产业，颠覆原有产业的价值链。而互联网思维是指现代信息技术（移动互联网、大数据、云计算等）不断发展的背景下，产业价值链乃至对整个商业生态进行重新审视的思考方式，即为互联网思维。中国联通运用互联网思维，在生产经营中推进自己的平台战略，不是只做互联网的跟随者。

（1）互联网时代电信产业规则的变化

①产业动力从网络驱动到信息驱动。网络是电信企业的手段，信息是手段和目的的统一。电信网络一直在传输效率和质量上不懈努力，但由于用户需求的转移和互联网的破坏性创新，行业的驱动力由网络向信息升级。如图 6－13 所示。

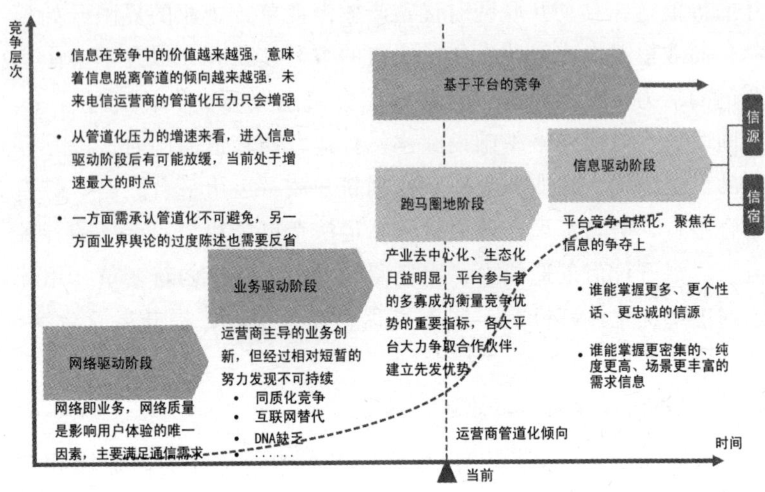

图 6－13　电信企业产业动力变化趋势

②利润源泉从单边市场到双边市场。创造用户流量的商业模式与创造客户收入的盈利模式相分离是互联网的重要规则，前向模式成熟的电信产业汲取了这种规则，从通信业务单边市场向双边市场转移。另一方面，由于运营商无法单方面地满足用户需求，必然需要引入新的供给方，而电信运营商独有的资产和能力使其成为双边市场组织者，这种模式的特征在于：既通过后向合作满足了前向用户的需求，也能依托海量用户为后向客户提供增值服务。如图 6－14 所示。

③从规模经济到范围经济。规模经济与范围经济的规律和逻辑都长期存在于电信行业，但一直以来前者的影响都远远超出了后者。但是，当电信企业移动渗透率突破 100% 和需求的个性化，真正的转变即将发生，范围经济将成为产业追求的核心盈利逻辑。打造适合个性化供给的基础设施并尽可能多地复用是发挥范围经济的基本思想。如图 6－15 所示。

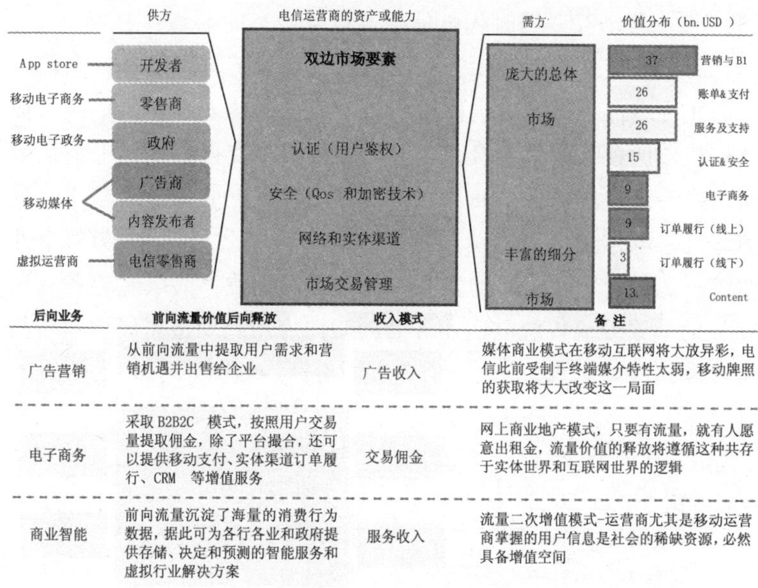

后向业务	前向流量价值后向释放	收入模式	备 注
广告营销	从前向流量中提取用户需求和营销机遇并出售给企业	广告收入	媒体商业模式在移动互联网将大放异彩，电信此前受制于终端媒介特性太弱，移动牌照的获取将大大改变这一局面
电子商务	采取 B2B2C 模式，按照用户交易量提取佣金，除了平台撮合，还可以提供移动支付、实体渠道订单履行、CRM 等增值服务	交易佣金	网上商业地产模式，只要有流量，就有人愿意出租金，流量价值的释放将遵循这种共存于实体世界和互联网世界的逻辑
商业智能	前向流量沉淀了海量的消费行为数据，据此可为各行各业和政府提供存储、决定和预测的智能服务和虚拟行业解决方案	服务收入	流量二次增值模式-运营商尤其是移动运营商掌握的用户信息是社会的稀缺资源，必然具备增值空间

图 6－14　电信企业价值源泉变化趋势

通信需求的特征：同质化、可累加的，强调客观使用价值的，结构化的	信息需求的特征：个性化、不可累加的，强调主观心理价值的，碎片化的
规模经济发挥主要作用	范围经济发挥主要作用
• 面向满足通信需求的产品以标准化为主，单品类规模经济效应明显，包打天下的杀手级业务成为规模经济的主要贡献者	• 分摊成本面向信息需求的信息产品品类极大丰富，但需求的个性化决定单品类规模经济难以承担支撑网络沉默投入，必须寻求范围经济
• 有限的品类限制了范围经济	• 用户驱动力度减弱，规模经济面临天花板
• 产业发展成熟之前，用户驱动要比业务驱动容易获取得多，也强得多	• 不存在杀手级应用，只存在杀手级平台（范围经济共用的基础设施）
• 规模经济源于分工和专业化	• 范围经济源于融合与共享
• 收益=单业务收益*用户数-固定成本，用户数最大化	• 收益=业务1*用户数1+业务2*用户数2+... 业务N*用数N成本最小/固定化

个性化供给：平台式的网络+平台式的业务+开放合作

图 6－15　电信企业经济规律变化趋势

(2) 移动互联网时代电信企业业务生态的变革

①产业链变革。移动互联网时代，产业链重组变革，电信运营商、终端商、服务提供商纷纷向产业链的两端延伸。传统产业链被打破颠覆、变革组合，企业的角色界限变得模糊，电信运营商、终端商、服务提供商均以抢占与用户触点或入口为核心，试图通过采取“业务+终端”模式（如Apple公司），成为整个产业链的主导者，在未来的发展中占据有利地位，或以“业务+入口”的形式分流传统电信业务的同时向应用及周边拓展构建新的商业模式（如腾讯公司），争夺市场份额。如图6-16所示。

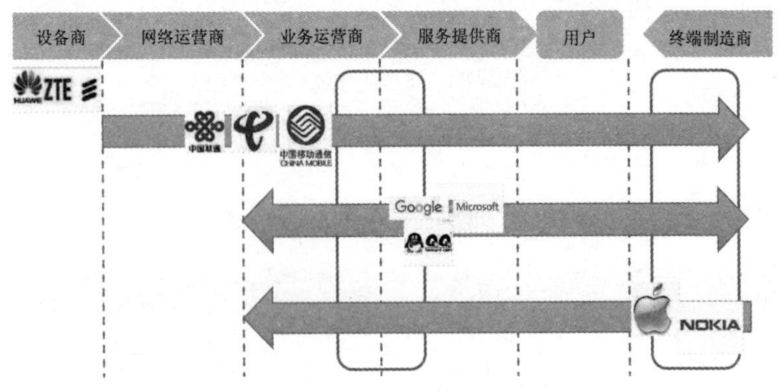

图6-16 移动互联网产业链变革

②价值链变革。移动互联网（物联网）时代，随着人与人、物与物、企业与企业联接，仍至万物互联，开放与融合趋势明显，新业务与新商业模式层出不穷，传统电信企业的分段式价值链向网状式变革，如图6-17所示，电信企业由网络运营商角色向网络与业务运营商两个角色转变。

③商业模式多元化。产业链中各企业在巩固自身传统盈利模式的同时，采用多种商业模式最求利益的最大化，丰富的盈利模式大大地提升了整个产业链的活力。总体上包括以下几种：内容类商业模式，内容提供商通过对用户收取信息、音频、游戏、视

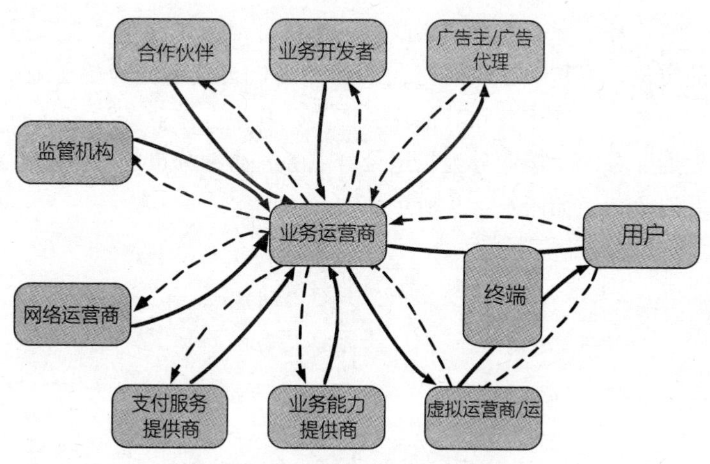

图 6－17　移动互联网价值链变革

频等内容费用盈利；服务类商业模式，基本信息和内容免费，用户为相关增值服务付费的盈利方式；广告类商业模式，免费向用户提供各种信息和服务，盈利则是通过收取广告费来实现。如图 6－18 所示。

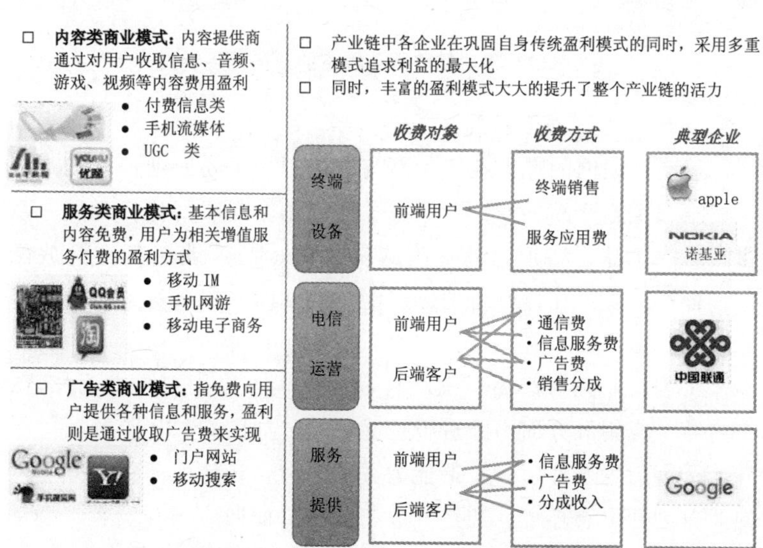

图 6－18　移动互联网时代下的商业模式

④业务生态变革。中国联通基于自身网络提供商及业务提供商的定位，将移动互联网时代的业务提供模式划分为核心业务、合作业务、卖场业务和其他业务四类，其中合作业务为当前的重点发展业务，卖场业务为长尾聚合业务，为细分市场提供业务能力获取收益。如图 6-19 所示。

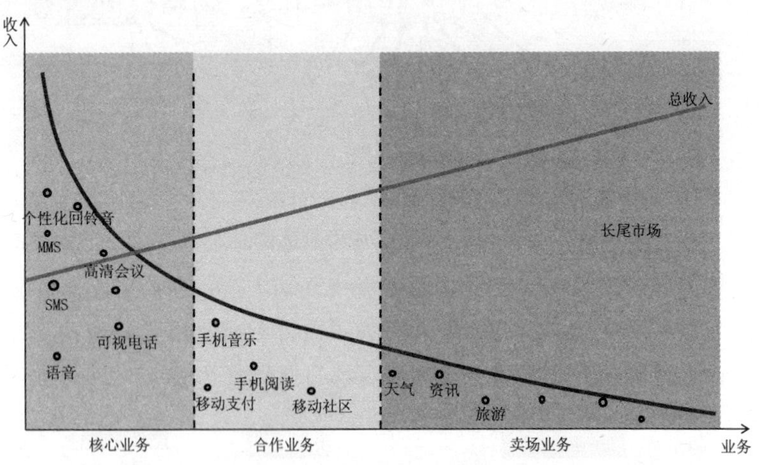

图 6-19 移动互联网环境下的业务提供模式

（3）中国联通创新开放战略

移动互联网的魅力在于创新与开放，中国联通推进移动互联网战略，实施产品、营销与服务、渠道的全互联网化，开展一系列网络、产品、渠道、商业模式等创新，与产业链各方开放融合，合作共赢，在提升价值创造能力的同时，提升运营效率、降低成本支出。

①创新业务与产品。围绕移动互联网，以用户需求为核心，在内容、应用等方面不断进行产品创新。如图 6-20 所示。

②创新生态环境。打造能力开放平台，构建面向移动互联网的业务创新生态环境，通过开放与聚合，面向应用开发者，撬动长尾市场。如图 6-21 所示。

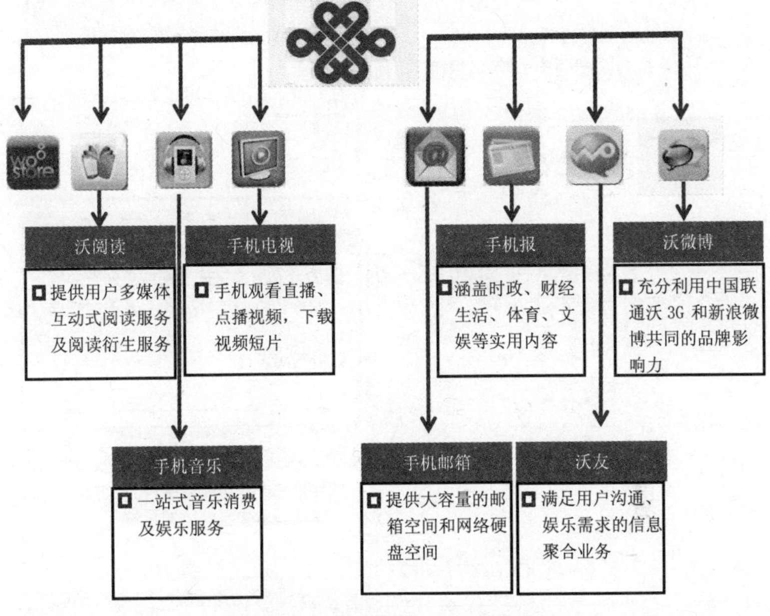

图 6-20 创新业务与产品体系

中国联通发布了“WO+能力共享平台”，向开发者和能力提供者开放短信、彩信、语音、统一账号，云通讯录、位置信息等基础能力，方便互联网公司和应用开发者等合作伙伴调用通信资源，为用户提供更方便的服务，通过开放基础电信能力积极参与移动互联网产业发展，提升产业贡献度。通过与合作伙伴的能力相互开放、相互认证、相互授权等方式，促进通信网与互联网的渗透、资源聚合与业务分享，创建更方便、更快捷的移动互联网的沟通与分享方式，充分分享移动互联网产业发展带来的利益。如图 6-22 所示。

③创新网络。网络是电信企业的安身立命之本，网络能力是电信企业的核心竞争能力，网络的智能化则是提升网络价值的关键。

快速部署 3/4 移动网络，推进广覆盖与深覆盖：提供快速、

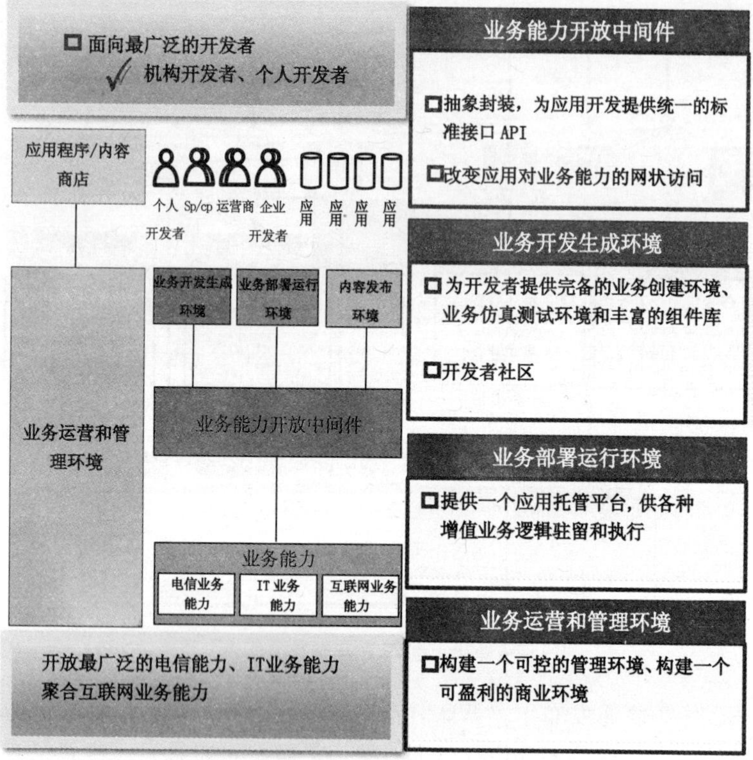

□ 面向最广泛的开发者

√ 机构开发者、个人开发者

应用程序/内容商店

个人开发者 Sp/cp 运营商 企业开发者 应用 应用 应用 应用

业务运营和管理环境

业务开发生成环境 业务部署运行环境 内容发布环境

业务能力开放中间件

业务能力

电信业务能力 IT 业务能力 互联网业务能力

开放最广泛的电信能力、IT业务能力

聚合互联网业务能力

业务能力开放中间件

□抽象封装，为应用开发提供统一的标准接口 API

□改变应用对业务能力的网状访问

业务开发生成环境

□为开发者提供完备的业务创建环境、业务仿真测试环境和丰富的组件库

□开发者社区

业务部署运行环境

□提供一个应用托管平台，供各种增值业务逻辑驻留和执行

业务运营和管理环境

□构建一个可控的管理环境、构建一个可盈利的商业环境

图 6－21　创新生态环境

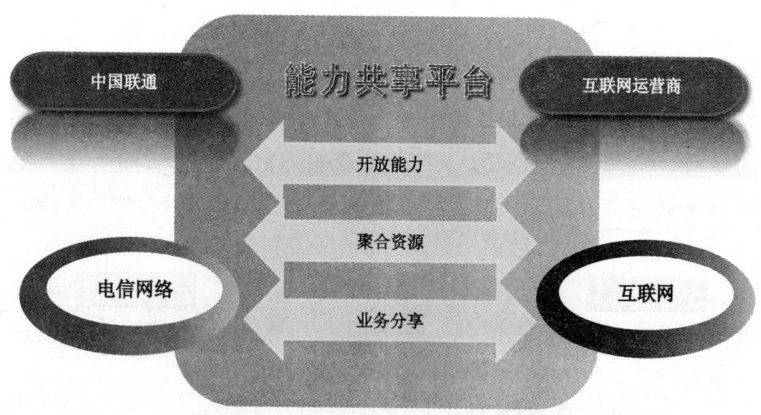

图 6－22　中国联通 WO＋能力共享平台

广泛、无缝的网络接入、满足移动互联时代“任何时间”、“任何地点”的网络访问要求；满足移动互联网应用和业务“大带宽”、“高流量”、“永远在线”等的服务要求。

构建智能化网络，提供差异化服务：为用户提供差异化的网络服务，提升用户的业务使用体验（QoE），提升用户的满意度，为承载的业务提供差异化的服务质量 QoS 保证，提升资源的使用效率。

④创新商业模式。积极探索新型商业模式，前向、后向收费模式相结合，更好地满足信息领域服务需求，构建利于多方共赢的产业链组合方式。如图 6－23 所示。

前向模式　运营商传统模式：向移动互联网提供向用户收费的模式

借鉴传统互联网模式：引入广告等后向收费模式，为获得业务收益提供更多选择　后向模式

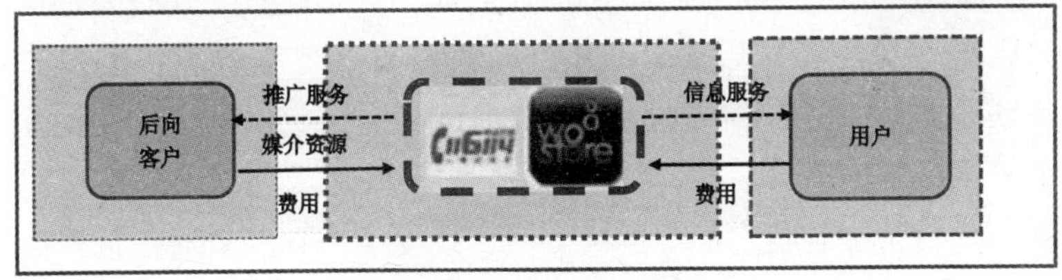

图 6－23　创新商业模式

⑤创新渠道与服务。推进渠道和服务的电子化转型，适应移动互联网的要求。如图 6－24 所示。

⑥加强终端与产业合作。与终端厂商广泛合作，满足用户差

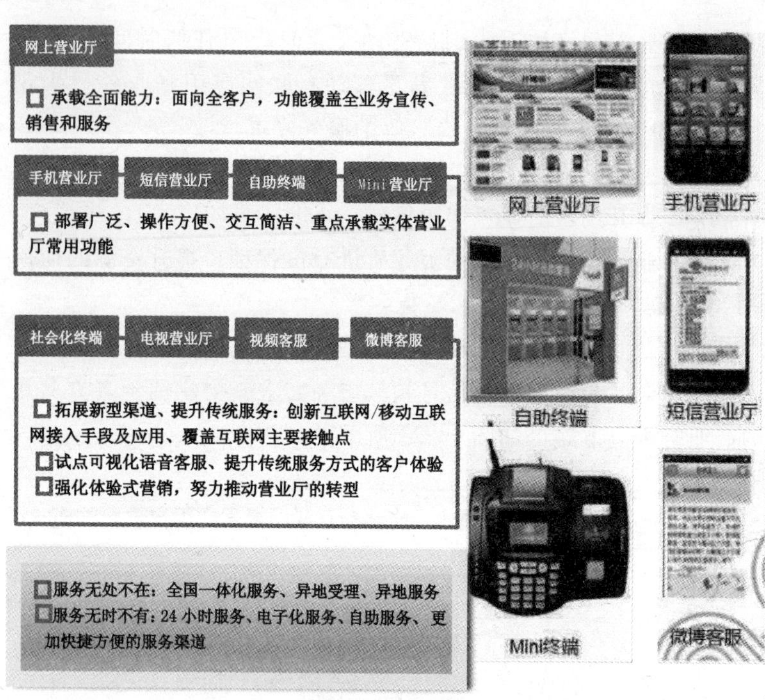

图 6－24　创新渠道与服务

异化需求，同时广泛寻求战略合作，共促行业发展。如图 6－25 所示。中国联通于 2015 年 3 月 18 日举行“智慧沃家”发布会，宣布正式启动智能家居平台战略，同时宣布成立“智慧沃家”产业联盟。“智慧沃家”在产品方面进行了进一步创新，进一步开放了联通能力平台。“智慧沃家”是中国联通专门面向家庭客户推出的一个综合信息服务解决方案，改变了一直以来通信运营商原有套餐的简单组合捆绑方式，首创“通信全家桶”概念，彻底实现了家庭成员之间宽带、流量、语音、短信等业务的全面共享；“智慧沃家”也是迎接“互联网＋”时代，面向家庭互联网产业链合作伙伴打造的一个能力开放平台，依托此平台，中国联通将面向家庭互联网产业链合作伙伴全面开放基础资源、业务承载、集中运营、合作创新等四个方面的业务运营能力，为产业链合作伙伴提供更多切实有效的服务支撑，实现业务共赢。

打造明星终端，引爆移动互联市场

- □ 中国联通与苹果公司强强合作，让国内用户感受到 3G 业务的强大魅力，带来了完美的移动互联网体验
- □ 中国联通扩大用户规模，短期内有效提升流量消费水平，同时也提升自身品牌价值

千元智能终端，让更多人享受移动互联网

- □ 提供丰富价廉的智能终端，降低用户获取门槛，扩大国内移动互联网用户规模
- □ 力助国内终端厂商发展

与热点行业合作，打造深度行业定制终端产品

- □ 选择热点行业应用领域，推进行业应用专用终端定制工作

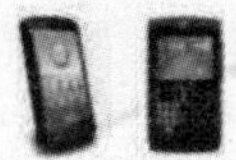

图 6－25　终端合作

6.3.2　全渠道移动互联网经营生态模式——沃易购电商平台

中国联通近年来独创的“沃易购”电子商务平台，是在 3G/4G 时代日益激烈的市场竞争格局下孕育而生的创新模式。以下将以此为例，阐述并分析互联网思维在企业改革中的重要性以及其在推动企业经营模式转型的实践探索作用与启示。

（1）“沃易购”产生的背景

4G 时代，随着信息技术的飞速发展，整个信息产业面临巨大机遇的同时也面临着同样巨大的挑战，一时间可谓“内忧外患”：一方面，随着现代信息与互联网技术的进步，特别是云计

算、移动互联网、大数据、搜索引擎、社交网络的发展，深刻地改变甚至颠覆许多传统行业，这当然也包括传统的电信业，电信运营商对外遭受着各种互联网企业的强力冲击，供应链条繁冗、资源被层层分剥、末梢渠道管控薄弱的问题彰显；而另一方面，传统思维及管理模式下，成本和资金压力突显、信息传递层层衰竭、渠道运营成本和收益倒挂的状况日益严重。内外环境的变化促使运营商不得不积极寻求创新的经营模式，以突破传统商业模式下的经营瓶颈。而显然，作为拥有齐全网络基础设施的电信行业，充分利用自身网络资源构筑网络平台，开发并拓宽自身的电子商务市场，应是顺应移动互联网时代的态度与思维。中国联通的“沃易购”平台即是这一背景下的独特创举。

“沃易购”平台创建于 2013 年 8 月 18 日，由中国联通广西分公司（以下简称“GX 联通”）推出并由其全面承建，在全国联通系统内得以广泛运用。“沃易购”是基于 B2B 模式的一个电子商务平台，B2B 是一种基于互联网，以企业为交易主体，以银行电子支付和结算为手段，以企业数据为依托，是企业与企业之间通过互联网进行产品、服务及信息交换的一种商务模式。B2B 已在世界范围内蓬勃发展，而打着移动互联网大旗的电信运营商却鲜有涉猎，直至中国联通打造的服务于中小社会渠道的 B2B 电子商务平台——“沃易购”的出现，电信运营商才真正烙上了迈向移动互联网时代的深刻印记。

正是基于此，“沃易购”平台建立的最初设想，是希望借用平台理念解决终端链条上一直以来存在的单向多级流转、信息不对称以及价格不透明等突出问题。如图 6 – 26 所示。

由图可见，长期以来，电信运营商与产业链上下游合作伙伴的交集一直处于无序流动中，这种“无序”随着电信业从粗放型向集约型转变演进，传统模式下的成本、效率及可控性方面的劣势日益突出；互联网思维模式，则要求企业能够利用互联网的手段建立起产品组合、资源整合、合作共赢的供应链模式。显然

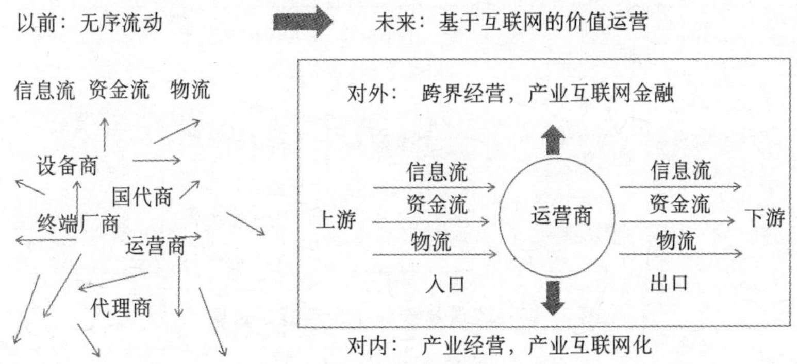

图 6－26　通信终端产业链流动状况分析与设想图

只有基于互联网的价值经营，才能有效整合原有无序、多维的产业行为，并在借助平台功能的基础上实现对产业链中物流、信息流和资金流三流的有力把控，进而在这一把控力驱动下，有力强化电信运营商在产业链中的核心地位；而且基于此开发的产业互联网化运营和基于产业链合作的跨界经营，也能最大化地改变产业链经营模式和价值分配模式，激发出电信企业持续且最大化创造价值的能力。

"沃易购"的设想承载着电信行业转型的目标，也承载着电信行业与互联网行业加速融合的使命，其发展前景远大。

(2)"沃易购"平台运营模式及实践探索

"沃易购"平台的搭建以"开放、合作、共赢、创新"为理念，并以整合产业链资源、聚合上游终端厂商和国代商以及下游代理商和中小渠道商为己任，通过建立上下游中间环节的通途，实现面向各个环节透明的资源分发、信息发布、业务受理、经营管控，进而在对产业价值链物流、信息流和资金流三流的掌控过程中，实现以供应链为基础的全渠道互联网化经营与管理。为此，沃易购平台在设计之初就定位为了：经营模式转型的载体。如图 6－27 所示。

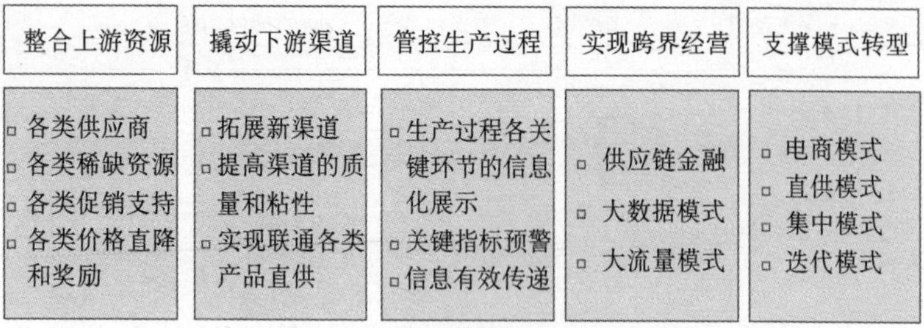

整合上游资源	撬动下游渠道	管控生产过程	实现跨界经营	支撑模式转型
▫ 各类供应商 ▫ 各类稀缺资源 ▫ 各类促销支持 ▫ 各类价格直降和奖励	▫ 拓展新渠道 ▫ 提高渠道的质量和粘性 ▫ 实现联通各类产品直供	▫ 生产过程各关键环节的信息化展示 ▫ 关键指标预警 ▫ 信息有效传递	▫ 供应链金融 ▫ 大数据模式 ▫ 大流量模式	▫ 电商模式 ▫ 直供模式 ▫ 集中模式 ▫ 迭代模式

图 6－27 “沃易购”平台功能定位图

在图 6－27“整合上游资源、撬动下游渠道、管控生产过程、实现跨界经营、支撑模式转型”的五大定位前提下，中国联通的“沃易购”着力于开展以下四个领域的探索实践。

①打造全流程供应链管控的大型电子商务平台。“沃易购”作为 B2B 的电商交易平台，其一是要汇聚供需双方需求，进行大规模智能终端、合约、号卡等组合交易，以实现端对端的终端资源流动；由于其对渠道网点进行深度业务覆盖，平台对上游能进行有效的调控，从而争取到更多资源；其二是代理商通过对终端的进销存管理，从“沃易购”平台可以有效监控到各类终端在各渠道网点的分布情况，向代理商展示销售产品的盈利情况，包括金额、时间、状态变化等全面信息；其三是实施企业内部资源管理计划，通过对代理商开放量化绩效考核功能，对代理商人员进行管理，以精准的系统支撑，实现对起源的跟踪、分析和有效调控。如图 6－28 所示。

为实现平台的全流程化管理，“沃易购”平台分为商品管理、商品展示、内容展示、订单管理、支付管理、代理商中心、商家管理、促销管理、客户管理、号卡管理、报表管理、系统管理、易购金融等功能模块。如表 6－2 所示。

为实现上述各大功能并达到预期平台定位的效果，紧抓平台的核心要素是关键。而“沃易购”平台供应链管理的关键是对资金流、物流、信息流三个关键要素及其环节的设定与优化，辅

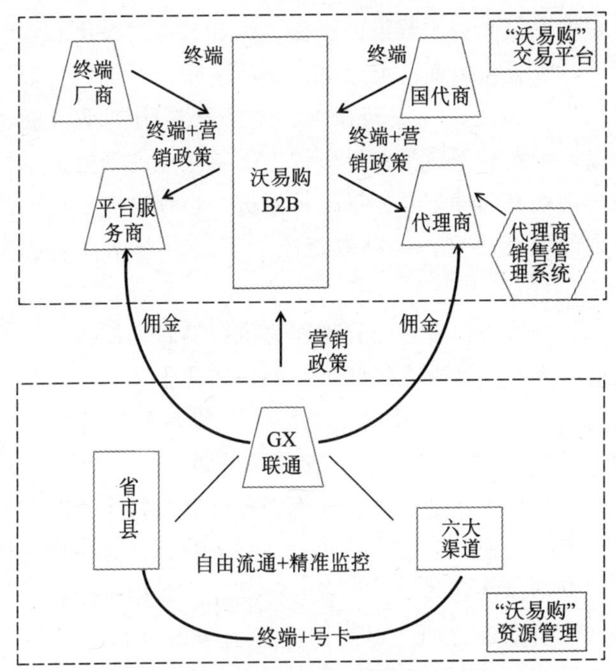

图 6-28 "沃易购"平台全流程主要节点图

表 6-2 "沃易购"平台主要功能

序号	功能模块	功能配置
1	商品管理	商品品牌管理、品类管理、商品上下架管理、商品录入、商品编辑等功能
2	商品展示	站内搜索、商品分类、登入页、导航系统、沃易购APP客户端等
3	内容展示	帮助中心、公告区域、广告区域
4	订单管理	购物车、提交订单、订单审核、订单导入导出
5	支付管理	内部支付管理、外部支付
6	代理商中心	代理商注册和登陆、关注商品、商品比价、订单支付、我的订单、我的交易会订单、订单退货、预约受理、账号信息、积分管理、红包信息、特权信息管理、售后查询
7	供货商中心	热卖推荐、白名单管理、订单价格修改及解锁、订单审核、订单发货、商品代发货、订单综合查询、订单发货查询、订单退货、串号变更、线下支付审核、预约受理、红包信息管理、订单明细审核、订单导入导出、财务信息查询
8	商家管理	供货商管理、供货商分类
9	促销管理	活动配置、活动审核、活动管理
10	客户管理	商品查询、商品评价、客户升级管理、售后申请、会员管理、积分商城、红包专区
11	号卡管理	号码接口、号码池打包、卡包查询、卡包上架、卡包下架、卡包新增、卡包删除
12	报表管理	联通运营报表、代理商运营报表
13	系统管理	系统设置、权限管理、重置密码、店铺维护
14	易购金融	使用须知、易购宝、申请、还款、支付通道

以各项管理手段和资源政策的投入，达到销售最大化的效果。

第一，资金流方面。通过电商交易平台，增加销售数量、缩短销售周期，加快资金周转速度，是“沃易购”平台资金流管理的重点。为此，平台上对供应链上下游企业的资金流动情况在信息系统内均有明确记录，这样可以进一步提高资金透明度，减少对资金的监管难度，也有效地减少了资金挪用等违法现象的发生。

第二，物流方面。物流管理作为供应链管理的主要内容，实现供应商、零售商、顾客等各环节的一体化整合，消除传统环境下的供应链中各参与企业的信息间隔，使各参与者可以无缝连接，加快供应链的反应速度，是“沃易购”平台物流管理的重点。为此，平台上实现了供应链管理者可以对物流实时监督，并为此提供实时的完整信息，辅助其即时决策，以方便供应链中的参与者可以迅速察觉其他参与者的行动并采取相应行动。

第三，信息流方面。提高供应链上下游间信息传递的透明度，减少了信息不对称现象的发生。加强上下游合作，根据客户或供应商特点，推出个性化服务，优化供应链绩效；通过收集到的海量销售数据，在进行深度挖掘分析后，有效针对各类用户推出更加细化的营销方案，是“沃易购”平台信息流管理的重点。为此，平台上所有合同和订单均以电子化形式签署，并在供应链信息系统中流通，流通的每个环节和每个节点的信息向供应链各方开放，实现信息在互联网上的共享与合作理念。

②连通内外部数据系统，整合交易数据。“沃易购”平台创建于中国联通内部，中国联通内部的 IT 系统紧密相连。如图 6 - 29 所示。

如图 6 - 29 所示，“沃易购”平台的海量数据接收着来自联通集团 B - SDM 系统、3G - ESS 系统、CBSS 系统、DM 系统、大 ERP 物资管理系统等各大系统的数据；同时通过平台上的交互信息，将代理商违约及相关交易信息传递至大 ERP 财务报账

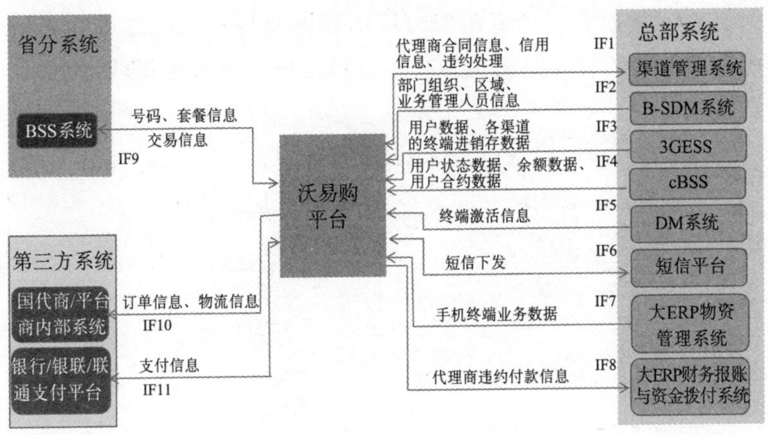

图 6－29　“沃易购”平台系统间数据传递图

与资金拨付系统、国代商/平台商内部系统；并与省分公司的BSS 系统、联通集团总部的渠道管理系统、银行/支付系统、短信平台进行实时数据交换。

③以供应链交易为基础，打造互联网金融。中国联通各级省分公司通过“沃易购”交易平台积累了大量客户采购、支付、结算等完整的交易信息，并且通过平台的信息技术可对数据加以整合分析，建立起客户的信用评级，以较低的成本联合相关金融机构为平台客户提供优质、便捷的信贷金融服务。2014 年下半年以来，GX 联通率先将业务范畴扩展至 B2B 的企业流动资金管理需求上，致力于成为供应链金融提供商，向跨界经营迈出了坚实的步伐。

GX 联通在“沃易购”平台上按业务发展的不同时期建立了两种互联网金融模式，一是账期模式，二是供应链金融模式。

第一，账期模式。产生于“沃易购”的初期阶段。它是由GX 联通联合“沃易购”平台上的供货商为“沃易购”平台上的代理商提供“先采购、后付款”的一种货物赊销模式。其主要做法是：所有通过资质评估的 GX 联通代理商，都可以获得由大终端供应商提供的一定账期的信用额度支持，全程通过"沃易购"平台进行操作，简单易行，清晰透明，最长可以获得 15 天的信用账期。如图 6－30 所示。

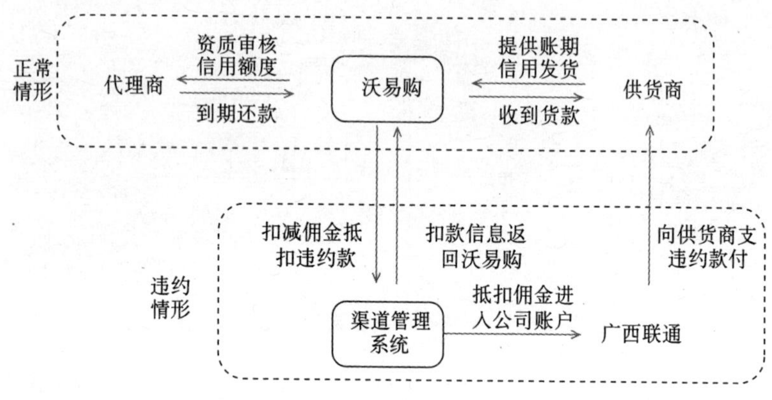

图 6－30 "沃易购"账期模式示意图

第二，供应链金融模式。随着平台交易量的不断扩大，供货商资金压力加剧，赊销账期相对较短，出现了无法更有效解决代理商资金周转的困难。为彻底解决资金流的问题，中国联通引入了金融机构参与，向代理商提供的短期贷款融资服务，即供应链金融模式。其在 GX 联通试点的主要做法是：由 GX 联通联合金融机构向"沃易购"平台上的代理商提供短期贷款融资服务。双方以"封闭流程＋大数据"的方式开展金融合作服务，凭借电子化系统及对代理商海量经营数据的研究分析对贷款人的信用状况进行核定后发放无抵押信用贷款。依托"沃易购"平台、联通内部相关数据分析系统及商业银行的信贷支撑平台，实现客户、资金和信息的封闭运行。如图 6－31 所示。

具体操作流程是：代理商采购，银行发放信贷，供应商发货后，银行将款项支付给供应商，代理商在 90－180 天的还款期限内随借随还，信用额度循环使用。截止目前注册渠道已达 12600 家，联通资质评估通过的 2786 家，银行审批通过授信的 216 家，

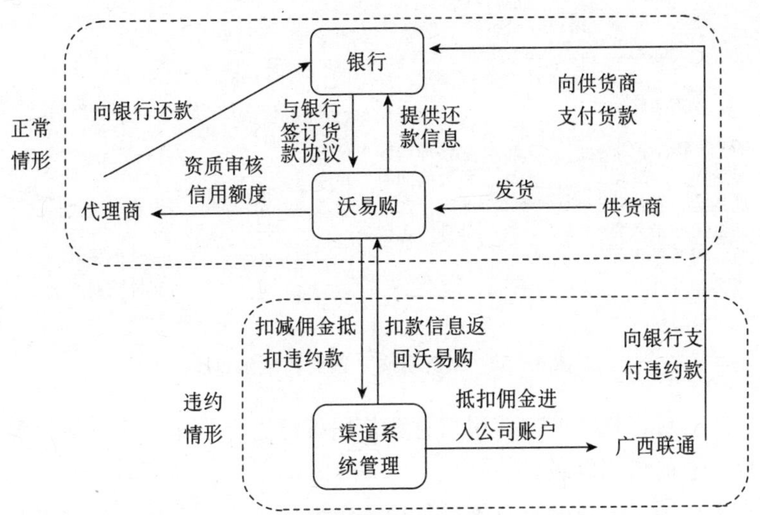

图 6－31　“沃易购”供应链金融模式示意图

累计已授信 1309.08 万元。

以上两种模式，代理商如果在约定时间内没有及时归还使用的资金，GX 联通一次性将“本金＋逾期违约金/利息”，支付给供货商或银行。如图 6－32 所示。同时在渠道管理系统中该代理商账户上录入负数，在联通新建虚拟代理商账户中录入等值正数，逐月从代理商后续酬金中予以回收。其中，“本金＋逾期违约金/利息”用于抵扣联通代扣的资金，“一次性违约金”用于偿付联通的资金成本。

可见，上述两种模式属于互联网思维下的跨界经营模式，其核心关键是在最大化地保障各方利益、有效规避风险的前提下，利用金融杠杆为产业链各合作伙伴创造更多盈利空间，呼应着互联网思维中的“共赢”理念。

④建立 B2B 平台多维信用评价体系。作为 B2B 交易平台的一种模式，“沃易购”为了确定平台客户企业的信用风险，在完成收集企业的相关信息后，必须实现对企业进行信用等级分析的

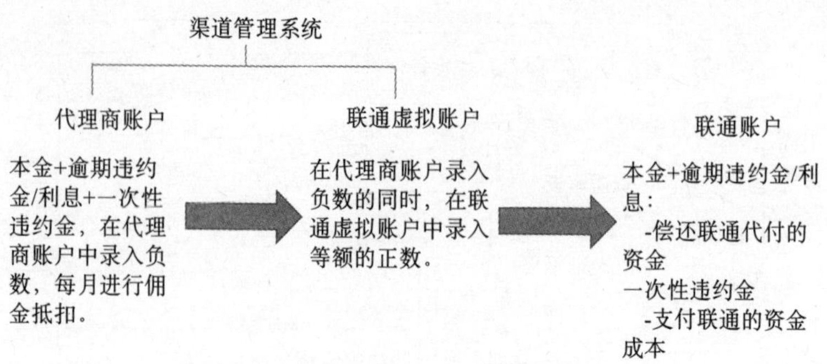

图 6－32 “沃易购”违约扣款示意图

功能，对客户企业的信用信息和信用价值进行量化分析，从而评价企业的信用等级。

而为了能够做出正确的信用等级评价，建立完善的信用等级评价体系就显得尤为重要，显然运用模型对企业进行信用分析是信用评价体系的核心。为此，“沃易购”平台建立起了基于大数据分析的资质评估和信用额度评价体系。如图 6－33 所示。

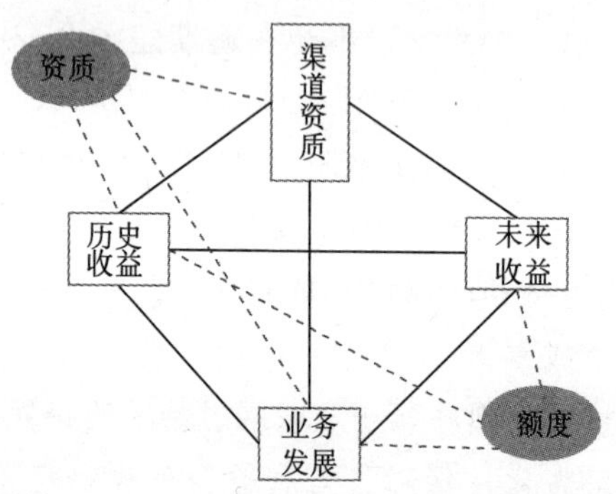

图 6－33 “沃易购”资信与信用评估模型

在这个评估模型中，根据电信运营商的特点，以代理佣金为基础，逐步搭建起了授信资质评定体系、授信额度评估体系、预警提醒机制体系这三大体系。

第一，授信资质评定体系。通俗点说就是明确“准入门槛”。充分考虑电信运营商的特点，分别由渠道资质与业务发展的内容组合而成。在渠道资质方面，要求剔除服务商、社会直销等非实体渠道，保证渠道资料真实、完整，人民银行征信系统无违约记录。在业务发展方面，要求近 3 个月业务发展正常，月均销量不低于前 6 个月平均值。

第二，授信额度评估体系。主要是指信用额度管理。“沃易购”平台对代理商授信额度是从未来 12 个月预计佣金和以最近 6 个月平均佣金为依据测算的全年佣金这两者中取较小值再乘以评级系数而定。如图 6－34 所示。

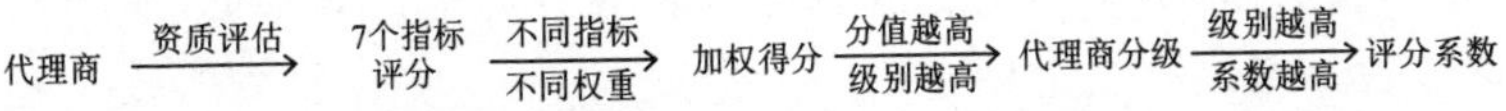

代理商 —资质评估→ 7个指标评分 —不同指标／不同权重→ 加权得分 —分值越高／级别越高→ 代理商分级 —级别越高／系数越高→ 评分系数

7个指标	指标得分区间	权重
渠道创建时长	[0,10]	2
最近6个月佣金变化趋势	[0,10]	1.5
最近6个月终端合约发展量变化趋势	[0,10]	1.5
最近6个月3G/4G销量	[0,10]	1.5
最近6个月佣金占比	[0,10]	1.5
沃易购代理商会员评级	[0,10]	1
沃易购渠道活跃度	[0,10]	1

加权得分$=\sum_{i=1}^{7}$（指标得分*权重）

加权得分	代理商评级	评级系数
[90,100)	A	0.6
[80,90)	B	0.5
[70,80)	C	0.4
[0,70)	D	0

备注：满分100分

信用额度=min（未来12个月预计佣金，最近6个月平均佣金×12）×评级系数

图 6－34　“沃易购”授信额度评估模型

从图 6－34 的评估模型可见，核心要点一是预计佣金，二是评级系数。主要从以下两个方面综合考虑：

A. 未来 12 个月预计佣金，包含存量用户递延佣金和新发展用户预测佣金两部分，其中存量用户递延佣金等于不计流失的存量用户乘以当月保有率再乘以分成佣金；新发展用户预测佣金等于每月新发展用户乘以当月保有率再乘以发展佣金或分成佣金。

B. 评级系数是由渠道创建时长、最近 6 个月佣金变化趋势、最近 6 个月终端合约发展量变化趋势、最近 6 个月 3G/4G 销量、最近 6 个月佣金占比、“沃易购”代理商会员评级和“沃易购”

渠道活跃度七个代理商评价指标加权得分计算而得。

第三，预警提醒机制体系。由于“沃易购”平台是供应链各方交易平台，涉及资金流、物流、信息流三方信息海量，且其实时有效性均是各方关注的重点。加之，它已试行跨界互联网金融，因此相应的预警机制也就十分重要。为此，“沃易购”平台还建立起了短信提醒预警通道、服务预警报表体系、以及客服电话提醒与渠道经理督促催缴相结合的各种机制，以实现交易交互的及时与高效。

同时，“沃易购”平台还实现了与银行系统授信信息交互，确保信息及时对称。它通过系统接口向银行传送拟授信的代理商信息，包含渠道名称、企业名称（营业执照上的名称）、渠道编码、授信额度、渠道创建时间、最近12个月实收佣金、最近12个月“沃易购”月订单数及订单金额、近12个月每个月代理商会员评级、近12个月联通评分模型结果、近6个月佣金占比排名、未来6个月和12个月预测佣金金额、联通推荐授信额度等实时信息；银行通过系统接口向“沃易购”传送可授信的代理商信息，包含渠道名称、渠道编码、授信额度、授信期限、贷款账号、审批结果、贷款偿还情况等信息。这些信息的实时交互都为跨界经营的有效性提供了有力保障。

（3）“沃易购”平台的总体运营效果

“沃易购”平台通过对商品交易、资源整合与分发、点到点的信息分发、生产流程的管控、供应链管控等全交易业务流程的掌控，以实现其自动调节、相互作用的保障机制，打造成自我成长、自我调节、低成本、高速度、可持续发展的生态运营模式。

另一方面，根据平台上各方不同的利益诉求，通过面向渠道商的倒逼、杠杆、积分、口碑、查询机制，面向供应商的站队、排名机制，以及面向联通的分配、身份、监控机制等共十大运营机制，确保各利益主体实现了合作与共赢。主要的实践效果归纳有三：

①以点带面，全面建设。从沃易购平台的发源地——GX 联通的实施效果看，不难得出这样的结论：沃易购平台的建设，从理念、思维、机构、流程等不同维度引发了系列变革。一是通过打破现有的产业链单向流动模式，实现了产业链各方端到端扁平化运营；通过手机、电脑、PAD 等多终端平台操作模式，实现了产业链各方互联网化合作运营，进而大幅提升工作效率；通过设置独立的运营机构，实现了平台集中化运营，确保运营效率。二是对产业链掌控力进一步增强。平台模式的建立，使得 GX 联通得以作为产业链的中心节点，有效聚合末梢渠道零散需求，向上游终端厂商争取营销资源，从而提高对产业链上、下游资源的整合能力，提升了 GX 联通对产业链上、下游各方影响力。三是平台模式的建立，使得终端定制、号卡销售、物料配送等当前主要的营销工作通过交易平台及社会化物流完成，从而有效释放公司人力资源，有效压缩营销成本。四是通过平台模式的建立，实现了代理商与终端厂商、国包商直接对接，使得手机终端等产品“零库存”成为可能。五是通过平台模式的建立，打造了具有 GX 联通特色的、集号卡、终端、促销礼品、宣传物料等各类营销资源于一体的销售“集装箱”，从而降低代理商搜索成本，有利于实现渠道信息透明化。

正是由于 GX 联通的成功建设和运作“沃易购”平台，其成效明显。中国联通将其推广拓展为全国性运用的经营模式转型载体。2014 年 9 月 15 日该业务的全国平台成功上线运营，全国联通 30 个省级分公司已于 2014 年 10 月 13 日全面接入。至此，与中国联通有关的诸多手机等终端都在该平台交易，目前已多达 400 个终端品牌，商品种类达到 21390 个，中国联通依此平台提供端到端支持。事实上，“沃易购”平台已成为中国联通全国性的电商平台，正发挥着其重要的作用。

②交易活跃、效益明显。以 GX 联通为例，自“沃易购”上线运营以来，“沃易购”已经成为 GX 地区第一大电商平台，仅

GX 注册的中小企业已达 1.46 万家，利用扁平化的运营模式大大促进了终端销量和市场份额的提升。进入 2014 年以来，GX 联通 WCDMA 制式手机市场份额持续高于南方 21 省平均水平 8～10 个百分点。截止目前，全国注册中小企业已经达到 39 万家。2016 年，终端销量 6092 万台，交易额 859 亿元，电商全国排名约第 7 名。

而同时，利用“沃易购”平台已产生多边网络效应，渠道商采购成本较之前平均下降了 5%～10%，产品上柜时间由原来 7～10 天降低到了 1～3 天，平均单店手机销售种类较之前增加 5～10 款。这些数据的不断向好，很好地降低了企业运营成本，同时也提升了电信运营商的生产效率。

③支撑转型、实现跨界。仍以 GX 联通为例，经过一年多的运营，“沃易购”平台商品展示、订购、支付、物流、售后和管控等方面都得到大幅提升，形成了较为完备的商品直供体系；公司也基于“沃易购”平台构建了渠道互联网化运营模式，实现了对渠道“三化一端”的管理，在渠道扩张、质量提升和渠道管控方面实现了差异化。

同时，GX 联通与 GX 华盛在“沃易购”平台上共同推出“合约计划票款差额结算平台模式”，解决公司营改增后中小代理商开票问题，搭建了可控的中小代理商服务平台。

而另一方面，通过“沃易购”平台对内外部资源进行优化配置，通过资源的合理配置，促进业务发展，实现了效益效率导向的资源配置模式；以“沃易购”作为反映生产流程信息的载体，准确展示生产流程各关键环节信息，实现了对生产关键环节的质量管控。

最重要的是，公司以供应链交易为基础，通过“沃易购”平台向代理商提供互联网金融服务，为代理商扩大再生产提供资金支持，发挥杠杆效应，同时分享银行利息收益，形成新的盈利模式，提供了杠杆经营和跨界经营的手段。

(4)“沃易购”平台下阶段主要规划

由于“沃易购”平台在电信运营商中属新生事物，且其搭建时间较短，需要不断优化及完善：一方面包括不断完善制度机制体系，另一方面包括深入开发平台价值运用。

①完善制度机制体系。“沃易购”平台建设运营以来，虽然在短短时间内取得了前所未有的井喷效应，但一定程度上也存在着自身在运营管理方面的经验不足，相关制度建立不尽完善等问题。针对可能存在的信用管理、技术安全、制度管理以及资金安全等方面的风险，中国联通已着手进一步加以健全完善。

第一，信用体系风险管理。目前尚未有对电子商务信用管理方面管理规范出台，各电子商务交易平台对信用管理的建设都处于摸索阶段，一定程度存在诸如信用评价简单、静态信用认证不完整、动态信用评价因素单一等问题。如何减少信用风险，建立有效的电子商务交易信用评价模型、规范电子商务信用交易行为、制定相关规范管理制度意义重大。

第二，技术安全风险管理。由于互联网金融虚拟化的服务方式、模糊化的业务边界、开放的经营环境，技术安全风险呈开放性、扩散性、动态性等特点而容易引发风险；或由于设计时构思的片面性或兼容性不足导致互联网技术系统存在先天性缺陷，主要表现为计算机病毒的快速扩散与传染、密匙管理不完善、技术系统与平台客户终端软件的兼容性差、无法及时应对短时间内突发的大规模交易容易导致系统崩溃等问题。中国联通充分意识到平台数据庞大、系统间交互复杂而广泛，这方面的风险隐患应规范性排除，下一步也将从制度、流程以及内控等各方面做好技术安全风险管理。

第三，管理制度及法律风险管理。电信行业和金融机构天然存在着基因上的不同，两者的商业规范，运营模式存在差异，加之电信行业人员对金融行业的监管法律、经营方式、收益测算、风险控制、操盘能力等都普遍缺乏相关经验。随着平台交易量的增加以及业务规模的扩大，极易出现经营、法律方面的风险隐患。因而亟待管理制度及法律方面风险制度的健全并强化内部培训，这也是下一阶段的工作重点。

第四，资金安全风险管理。互联网很重要的特征就是大数据，数据共享和数据开放是大数据时代的一个发展方向，随着云服务的推出，很多敏感的数据都放在互联网的云端，这给信息安全，包括资金安全带来更大的挑战：一方面数据量增加提出的要求越来越高，对企业的融资机制也提出更高的要求；另一方面，互联网金融也为犯罪分子带来了便利条件，从国内近期的一些案件分析来看，犯罪分子将更多目光放在了互联网数据挖掘和数据分析上，互联网金融的发展也更容易窃取到一些更精准的企业信息和个人信息，他们作案成功率也会更高。为此，如何在企业内部打造全方位“防火墙”将是有效规避外部风险的核心要求。

②深入开发平台价值。电信运营商建立的 B2B 平台是运营商利用自身客户资源以及信息化优势，以推动电子商务持续发展为主要目的，从而打造市场第三方经济实体的一种有益尝试，平台的运营价值应得以更大化的开发与应用，为此，中国联通为平台的价值运营制定了多维规划。

第一，创新盈利模式。企业运行的最终目的是盈利，因此基于 B2B 电商理念建设的“沃易购”平台，不应仅仅只是一个交易平台，应该赋予其更大价值体现。为此，中国联通将平台设计了六大盈利模式，如图 6－35 所示，希望借助“沃易购”平台实现从电信基础服务提供商向综合信息服务提供商的转型。

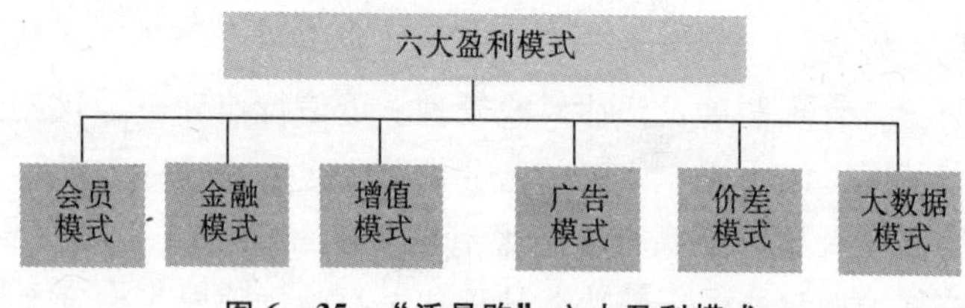

图 6－35 “沃易购”六大盈利模式

A. 会员模式：在“沃易购”规模达到一定水平、双边网络效应得到充分发挥后，“沃易购”对供应商和代理商具有很强的粘性，实施会员模式，对上下游收费。

B. 金融模式：供应链金融模式下，联通承担了违约风险，要与银行分享利息收入，作为“沃易购”的重要收入来源。

C. 增值模式：平台的增值功能采取收费模式，只有付费用户才能享受到增值服务，如提醒、排名、定向营销等。

D. 广告模式：对“沃易购”平台上的广告资源进行梳理和分类，按照不同的位置，收取不同数量的广告费。

E. 价差模式：利用规模优势和双边网络效应，向上游低价采购，向下游按市场平均价格销售，赚取由规模带来的较低价格与平均价格之间的差价。

F. 大数据模式：在平台交易量、用户量达到一定规模后，对大量交易数据进行分析和挖掘，为目标客户提供基于大数据分析的支持，收取费用。

第二，拓展金融服务边界。经过一定时期平台运营，大量数据的积累，进一步的信息技术完善，必将推动更多互联网金融服务的发展和创新。如图 6－36 所示。

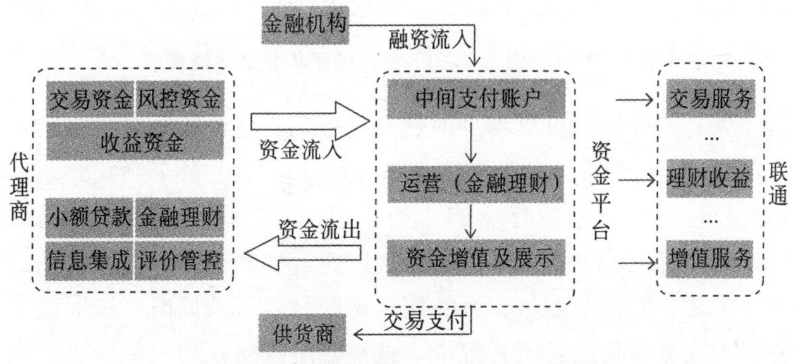

图 6－36　“沃易购”资金平台运营规划

未来的“沃易购”资金平台将依托于代理商交易、风控及收益资金的吸纳，引入金融机构的小额贷款融资资金，形成规模化的“资金池”，同时通过有效的运营手段以及信息流与资金流流入与流出的强力粘合，为代理商提供经营管理信息集成、评级管控、融资服务、金融理财等多项衍生增值服务，带来多边创收共赢的产业生态圈。

第三，实现公司化运营。众所周知，互联网有其强力的迭代效应，在初期成功运作“沃易购”的基础上，寻求更大的运营价值突破，是中国联通运作“沃易购”平台的长远战略规划。如图 6－37 所示。

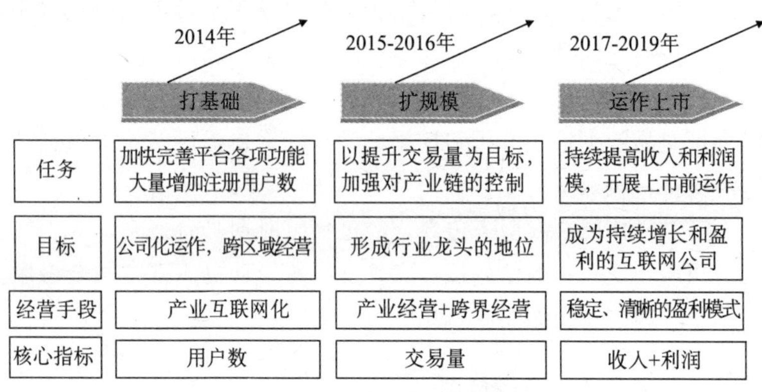

图 6－37 “沃易购”平台未来五年发展战略规划

从上图规划，可以预见的是，运用互联网快速复制模式的强大功能，“沃易购”平台在把业务范围逐步扩大至全制式终端基础上，将打造出电信行业的“阿里巴巴”；同时通过与 B2C 和 O2O 的打通，完成 B2B2C 模式的搭建，实现全渠道互联网化，打造出最大的网上商城；并在实现跨区域经营的同时，成立独立公司实现公司化的运营，等等。这些发展战略规划都赋予了“沃易购”未来更多的内涵与生命力。

（5）案例思考与启示

"沃易购"平台的探索与实践，极好地诠释着近年来一个热门词汇——互联网思维。通过这一定义结合本案例分析可知，互联网思维的核心，就是技术流、信息流、人流、物流、资金流，都发生创造性变化的一种思维方式。任何有着互联网思维的企业，都可以通过互联网的创新技术和商业模式，来创造用户需求、随时随地与用户互动，快速生产和迭代自己的产品，并通过互联网传播渠道，来推广自己的企业品牌和产品，从而达到企业的品牌和销售都赚取盈利的目的。

中国联通"沃易购"平台的建设与运营实践启示我们：互联网思维是一种时代转型的信号，传统企业必须勇敢地面对这种冲击，克服过去成功所造成的惯性思维，并在真正明白互联网思维的要义后，实现企业发展的华丽转身，成就基业长青。

6.3.3　物资采购的互联网模式——HB 联通内部电子商城

总分结构的集团式电信企业在进行成本控制时面临的最大难题是要素投入与经济效益及经营风险的平衡匹配。传统做法是集团总部核定收入指标后，按照"占收比"层层确定支出规模，进而确定利润水平。该方式的弊端一是在企业下一年的预算中默许了既往支出中存在的不合理因素，并沉淀为预算历史数据；二是以大概率和大趋势替代了个体差异和变化，易造成资源分配的结构性失衡；三是上下级间因过多地关注预算博弈而忽视主业运营，增加企业内耗，降低经营效率。互联网时代的到来，淘宝、京东商城等创新型电子交易平台为我们提供了一个解决上述问题的新思路：将企业内部各级分支机构的经济行为及资源需求与市场直连，确定合格的供应商，交易价格对标 C2C 或 B2C 市场价，交易品种和数量与业务驱动因素相匹配，采用统一平台公开相关信息，实现阳光透明采购统一资金结算，在提升效率满足生产经营需要的同时提高资源使用效益，控制采购风险。

"沃易购电商平台"主要以中国联通为主导，旨下打造中国联通上下游终端供应链的生态系统，整合信息、资金、物流等诸流，形成电子交易平台，而在联通内部物资采购上，仍沿用传统分散式招标采购的模式，带来成本管控、价格高、效率差、资金支付风险等一系列问题。2012 年，受企业内外部环境因素的驱动，HB 联通仿照淘宝网的商务模式，引入“内部电子商城”模式，用于解决内部物资、服务需求采购问题，构建了内部电子交易平台，实现了“供应商选择—上架商品比价—预算下达—订单生成—资金结算—成本核算”各管理环节分离、IT 系统串联控制的全流程管控。日常办公用品、办公设备、促销产品、劳保用品等全部切换至“内部电子商城”采购和结算。2013 年，“内部电子商城”作为中国联通管理创新项目在全国推广，同时升级为集团级应用架构。2014 年 11 月，HB 联通车辆相关的维修费、油料费、租赁费、保险费正式上线应用。

（1）“内部电子商城”模式在成本管理中的应用

“内部电子商城”在商业模式上类似于 C2B，即由联通的各级经营单元通过 IT 系统提出消费（资源）需求，后由供应商按需求批量配送，但又具有 B2B 的属性，供应商由联通入围选定，产品价格招标确定，供应商、产品类别定期更新，不仅在物资方面、更进一步向服务方面拓展，在成本管理中主要应用在以下方面：

①成本预算管控，由宏观效益型向微观作业型转变。预算的制定和导入是“内部电子商城”日常应用的前置性环节，其精确性和科学性对公司成本支出的效益控制具有决定性影响。任何形式的预算都无法完全准确地预测市场和需求的变化，最有效的解决办法是将成本支出需求与市场前端需求和驱动因素相关联，从而解决物资采购与成本支出的适应性、合理性。HB 联通各级预算主管部门将上架商品涉及的预算导入“内部电子商城”系统中的预算模块，各级公司的预算管理办公室通过审核通过后，生成有效预算。各级公司的需求部门根据自身业务需要，以“内

部电子商城”中的预算金额为限从“内部电子商城”中采购所需物资，采购订单生成后系统自动扣减剩余预算，未成功交易（到货确认）的由系统重新补充已扣减的预算。

“内部电子商城”作为采购系统的延伸，其导入的预算为采购预算，与成本预算的口径往往不一致。为此，HB 联通将“内部电子商城”中下达的订单（预算执行）设为两种方式：一种为以预算为限额进行总额控制，即超出预算金额的订单无法生成，通过小批量、多批次采购，一次性完成当期采购、入库、出库，后期通过对标评价采购标的与驱动因素的相关性，逐步提高支出的合理性、科学性，促进公平，提升支出效益；第二种是由其他业务受理系统（例如：BSS）按照业务需求—采购成本—成本需求的流程在各系统间逐级自动触发，生成订单，通过收支匹配化解预算控制刚性有余、弹性不足的矛盾，有效降低业务部门与预算管理部门之间的博弈成本，确保预算管理的科学性和可执行性。

②成本核算由后端核算型向前端锁定型转变。对外采购的物资入库后，用途的多样性决定了其适用会计科目的可选择性。“内部电子商城”设置了出库用途与会计科目对照表，如图 6－38 所示。在商城中下订单时，必须明确采购用途，否则会因无预算而无法采购。通过商城的库存管理功能，实时反映物资库存状况，避免重复采购，以最大限度地节约采购支出。同时，通过系统中内置的物资经济用途与会计科目映射表，可将每一笔出库物资都能根据业务属性准确地对应到会计科目，提升会计核算的效率和准确性。对需要按照受益期进行分摊的物资成本，则将其价值金额直接传送至其他外围 IT 系统进行摊销处理。

③成本考核由简单数字型向复合配比型转变。限额采购的物资，无论在预算编制上还是在采购使用中，均无法保证完全合理与必要，仅是酌量支出，无法解决真正节支的问题。“内部电子商城”增加了成本对标评价功能，即将有驱动因素的采购物资与

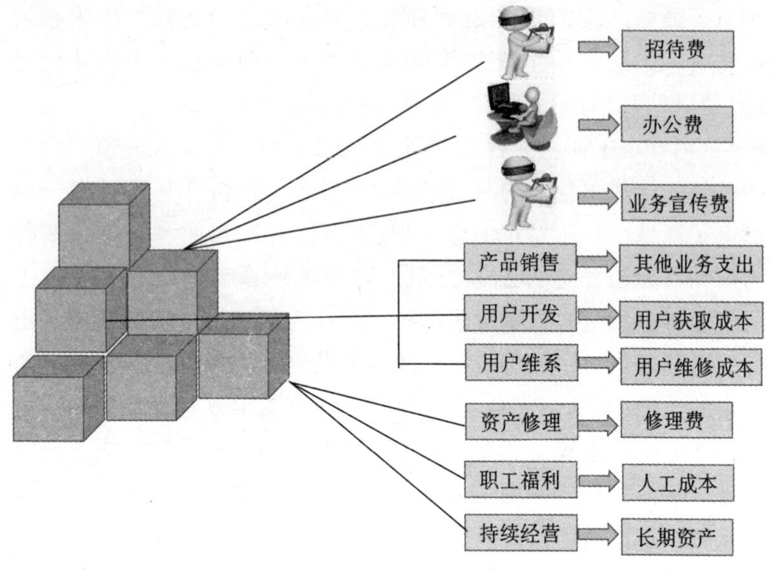

图 6－38　库存物资的用途与支出科目对照图

其驱动因素进行匹配，结果在“内部电子商城”中公示，各单位、各成本中心利用公开、统一的平台“晒”物资成本消耗。例如，办公费中笔、电池、打印纸等按人均消耗量对标。成本支出与驱动因素的匹配对标为预算编制和调整提供了量化依据，为降本增效工作指明了方向，同时为考核评价、成本管理提供了重要参考。

④资金支付由分散管理型向集中共享型转变。互联网的扁平化特性为“内部电子商城”集中资金支付提供了条件，HB 联通实施全省财务集中共享，成立省财务共享中心，将交易处理、会计核算、资金支付集中到省财务共享中心，市（部分业务取消）、县两级取消资金支付职能，资金支付权限按业务性质上收至市、省。“内部电子商城”确认到货后，系统增加物资库存，同时自动生成资金结算单并传递至财务报账系统。采购主管持发票到财务部门与资金结算单进行匹配后发起资金支付。

⑤财务风险由被动分散型向主动管控转变。

第一，采购方面。“内部电子商城”对采购权责进行了重新划分，采购权被分解为物资种类选择权、供应商选择权、资金支付权、交易商品定价权等四个方面，一定程度上规避了采购风险。

物资种类选择权：由于上架物资种类多达 4.62 万种，商城中提供的丰富商品足已满足各层级日常运营活动需求。但在“内部电子商城”中只显示商品的价格、规格、型号、性能等属性信息，不提供供应商信息，需求部门在“内部电子商城”中对需求商品下订单，由业务需求驱动订单，避免盲目采购和上级摊派。

供应商选择权：“内部电子商城”的供应商由市级以上公司通过公开招投标确定，供应商资质等信息维护由市级以上公司负责，避免供需双方的直接接触，避免了有可能的利益输送与弄虚作假。

资金支付权：“内部电子商城”在形成订单、确认收货后自动生成结算单据，财务共享平台统一结算货款，即物资部门提供入库验收单，采购部门直接付款，实现公平、公开、透明、去现金化的物资管理。

交易商品定价权：商城物资种类较多，同质、同类物类，价格繁多，为选购性价比最优商品，“内部电子商城”提供比价工具，对产品的价格、规格和功能进行对标分析。为防止供应商串通抬价，引入义乌小商品市场、京东商城、史泰博商城进行在线比价。此外，供应商上架物资的价格实行定期更新（三个月），以确保各类商品价格符合市场趋势。

第二，成本方面。“内部电子商城”将预算与物资选择权赋予各级责任主体，难免会出现选购高档次商品的冲动。为抑制这种采购冲动，商城系统针对每种上架商品的属性对用途进行控制，系统自动屏蔽非指定用途的物资，杜绝随意消费、高标准采购。例如，一款上架商品工具套装，理论上其用途多种多样，但在上架时规定其只能作为市场促销产品，因此其预算只能列支市场费用。通过设定上架商品属性锁定商品用途，既提高了采购的针对性，又降低了成本消耗，提升了成本与经营活动的相关性，提供了客观、可量化的对标平台。

（2）“内部电子商城”应用的主要成效

①节约资金、降本增效。2013 年，HB 联通“内部电子商城”上线，商城内部搭建了包括省集采商店在内的 26 个独立商店，上线物资包括运维物资、办公用品、微机耗材、维系用品、招待用品、营业用品和劳保用品七大类物资共计 4.62 万件商品，省内各预算单元均可以通过内部商城实现上述物资的网上采购。

2013 年全年交易量达到 1176.25 万件，交易额 2.16 亿元，节约资金 3834 万元。2014 年交易量达到 6097 万件，交易额 2.77 亿元，节约资金 7325 万元。到 2016 年交易量达到 14400 万件，交易额 6.12 亿元，节约资金 13321 万元。

②简化流程、提升效率。财务报账（资金结算）笔数由原来的每季度 3 万余笔，降低为每季度 0.33 万笔，降低幅度近 90%。有力地提高了物资采购的效率、成本核算效率和资金结算效率。

工作效率的提高，也为 HB 联通已实现的财务集中创造了条件，大量的基层财务核算人员从繁复的日常工作中解放出来，可以实现岗位转移或更多地进行管理会计方面的工作。同时，需求部门也利用优化流程节约时间更多地关注本职工作。

③权钱分离、防控风险。由于商城集中结算资金，实现了“资金”与物资的分离。地市以下机构获得支撑并不接触资金和外部供应商，杜绝了因采购而导致利益输送、“小金库”、“借货”等隐患。以 2014 年 8 月为例，县、乡两级分支机构的可支配付现成本总额预算为 4000 万元，由“内部电子商城”结算 3200 万元，业务优化占比达 80%。

随着“内部电子商城”的深度应用，基层单位、部门将与供应商及资金隔绝，将实现物资采购风险、资金风险和成本管理风险的系统性消除。

（3）“内部电子商城”面临的主要问题

“内部电子商城”基本实现了“统一成本预算分配，统一采购管理，统一配送服务，统一资金结算”的全周期采购管理，但因所需物资由属地现场采购转为在电子平台集中采购，因此在物资配送方面也存在一系列问题。

①配送范围和配送费用问题。商城采购存在“小批量、多批次”要求，受限于现有物流网络，部分地域无法实现供应商和物流公司直配，现阶段，采用物资集中定点为配送，由需求方自取或二次配送，降低了支撑效率。

②基层单位与供应商之间的客户关系问题。长久以来，基层经营单位与属地供应商间已形成了默契的“战略合作”，往往互为供应商，但随着供应关系的变更，会削弱原有紧密型业务关系，降低业务忠诚度，在一定程度上影响公司属地客户关系和市场。

③基层单位对新生事物的接受程度。采购转至电子商城后，原有采购渠道赋予基层单位的“大客户待遇”甚至隐性福利会丧失，导致基层单位对商城应用的抗拒。

④“内部电子商城”与相关 IT 系统的接口问题。由于“内部电子商城”系统尚未完全实现与大 ERP 系统等的数据交换，导致重复工作、部分交易模式无法得到支撑，影响项目的推进深度和广度。

（4）“内部电子商城”演进规划

互联网应用已深入到企业管理的各个层面，HB 联通在体制与机制、组织与流程、网络与业务、营销与服务等多方面，利用互联网思维，推行专业化、集中化、扁平化、一体化的变革，HB 联通“内部电子商城”将随互联网应用的拓展逐步优化改进，与公司战略目标紧密关联。

①移动互联网化。外部客户对企业内部运行效率的期望越来越高，对公司采购工作的效率也提出越来越高的要求。单纯的“PC + 互联网”模式已不再能满足采购工作的需求，以移动互联网为平台的实时采购必将成为业务发展方向。

②服务采购上线。目前“内部电子商城”的实物交易解决方案比较成熟，企业采购的外部服务，如差旅、交通、住宿、资产维护等，仍处于探索阶段。未来，随着服务采购模式定型，“内部电子商城”模式将面临新挑战。

③资本性支出（CAPEX）类资产的采购。电信类设备高技术、高投入、高知识产权、高运营成本的特殊性决定了主设备间存在通用性壁垒。商城系统及其外部应用环境要研究和探索如何将占通信运营业最大比重支出的固定资产投资纳入商城进行上架订购。

6.3.4 HB 联通“沃传媒”的思考

在国资委要求中国联通压降可控销售费用政策压力下，整合广告资源，盘活内部媒体，压降广告费成为一项刚性指标，同时，移动互联网的出现，导致传统语音、增值业务用户不断分流，收入下降，电信运营商需要寻找新的业务转型方向。依托现有资源和优势，开展多元化业务运营。中国电信已于几年前开展传媒业务，并注册“电信传媒”做为中国电信综合传媒业务的品牌名称，是号百公司经营管理的两大品牌之一，通过各种媒体资源为广大客户提供全方位的信息服务。

中国传媒产业近年来呈现稳步增长的态势，2013 年中国传媒产业的总产值为 8902 亿元，比上年增长 16.2%。传统媒体市场广告投放持续“分流”，户外视频和互联网仍保持较高的增速。如图 6 – 39 和图 6 – 40 所示。

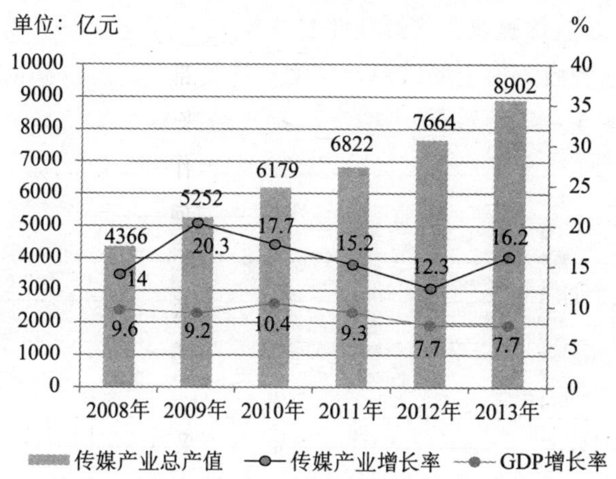

图 6－39　2008～2013 年中国传媒行业总产值及增长率

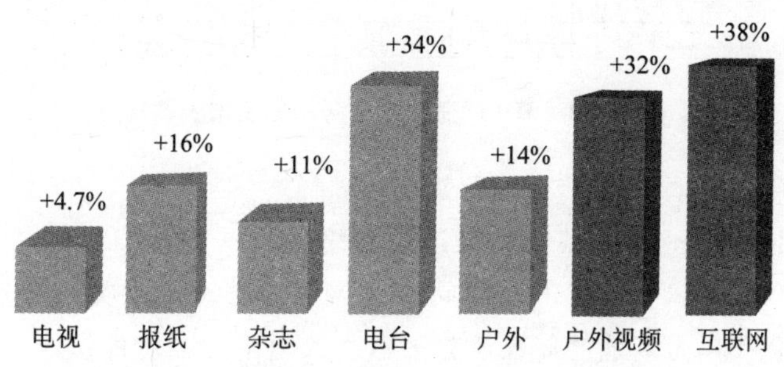

图 6－40　2013 年中国不同传媒行业增长率

全媒体环境中，互联网广告到达率一路攀升。

（1）联通传媒业务概况

中国联通传媒业务不断演化、丰富，目前涵盖五大类 20 多种媒体。平面类包括黄页、充值卡、账单/封套；户外类包括广场视频 LED、户外大牌、自助缴费终端；移动类包括电子优惠券、短信/彩信、官方微信/微博、微生活客户端、挂机短信、手机企业名片；语音类包括优先报号、炫铃；网络类包括宽带电脑媒体、116114 门户网站、银河网及各地信息港、沃 TV、EMAIL。

HB 联通传媒业务连续四年稳步增长，传统业务平面和语音媒体为业务收入的主要来源，网络和移动媒体具有广阔的发展空间。如图 6－41 所示。

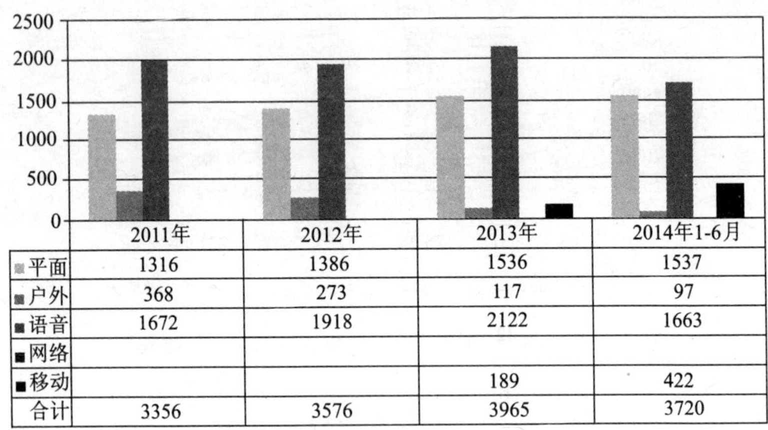

	2011年	2012年	2013年	2014年1-6月
平面	1316	1386	1536	1537
户外	368	273	117	97
语音	1672	1918	2122	1663
网络				
移动			189	422
合计	3356	3576	3965	3720

图 6－41　HB 联通传媒业务构成及增长情况

（2）中国联通传媒运营建议

依托中国联通品牌、渠道、网络、数据和客户资源五大优势，整合全国平面、户外、语音、网络和移动五大类媒介资源，构建以 HB 为基地的传媒业务平台，致力于为客户提供媒体发布整体解决方案。

以互联网媒体运营为重点，带动平面、户外、语音等媒介持续发展，实现联通传媒业务的新突破。如图 6－42 所示。

具体规划上，分三步走：

2014 年作为传媒运营的基础年，一是构建联通传媒平台，二是组建联通传媒运营管理团队，三是制定相对独立的人、财、物以及激励政策，建立公司化运作机制。

2015 年定位开拓年，一是按照市场化运作机制，探索合作、委托、代理及新型互联网广告运营等多种模式，二是寻求各项产品专业的运营团队开展合作。

媒介资源		运营模式
网络	宽带电脑媒体	与第三方合作运营，借助第三方大数据分析及互联网广告平台，实现广告精准投放。
	沃TV	与广电合作运营，通过广告发布平台实现广告投放。
	EMAIL	代理运营
移动	挂机短信	合作运营
	手机企业名片	合作运营
	微博/微信	委托运营
语音	114优先报号	自营和代理运营
	炫铃	自营和代理运营
平面	账单/封套	代理运营，以自有业务宣传为主。
户外	广场视频LED	投资方、广告代理商与联通三方合作运营。

图 6－42　中国联通传媒运营重点产品

2016 年正式进入规模发展年，进一步提高品牌知名度，扩大品牌影响力；实现全国 31 省重点媒体全覆盖，扩大受众人群范围；同时收入规模实现飞跃。

6.4　中国电信“号码百事通”发展策略及价值运营的思考

2006 年度，中国电信从客户服务品牌 10000 号中将国内最具知名度的查号服务品牌 114 剥离出来，以此为基础推出新型综合信息增值服务“号码百事通”；并于 2007 年成立中国电信集团号百信息服务有限公司（简称“号百公司”），负责专业化经营管理“号码百事通”业务，负责指导、协调和规范中国电信集团内各省号百经营机构业务发展的工作，实现综合信息服务业务在品牌形象、发展策略、经营模式和业务规范等方面的统一。

1. “号码百事通”业务发展历程

“号码百事通”业务自 2006 年正式推出以来已有 10 年，其发展历程大致可划分为三个阶段。

（1）第一阶段：“语音 Google”

“号码百事通”业务经营初衷就是在原有 114 查号业务基础

上，依托114查号业务的号码资源优势和长期积累的品牌价值，进一步挖掘和整合基于号码的信息资源，建立丰富的本地基于号码信息的生活类信息数据库，创造了综合信息服务市场新价值。大众（前向）客户只需拨打114或118114，就可以获取与衣、食、住、用、行等日常生活相关的各种信息服务，改善生活质量，提高生活效率。企业（后向）客户可以借助这项业务获取商业机会、提高企业知名度、加强与消费者之间沟通，从而促进企业的快速发展。该阶段产品体系主要有四大类：行业首查类、查询转接类、信息发布类和通信助理类。

该阶段收益有两个渠道：一是公众（前向）客户拨打114查询信息时，中国电信按照分钟收取基本通话费，告知搜索结果给大众客户不收取信息费；二是企业（后向）客户通过办理上述四大类业务，定期缴纳信息服务费，中国电信在后向提供竞价排名、热门推荐、查询转接、商业信息发布等服务，帮助企业获取商业机会及提高知名度。

（2）第二阶段：提供商旅预定服务

从2007年起，利用中国电信良好的品牌、庞大的政企渠道和强大的技术资源等优势，整合各省、市本地优质的商家资源，面向大众消费者和企业客户提供订票、订房、订餐、旅游、商旅管理等服务。用户只需拨打114或118114就可以完成机票、酒店、餐饮的预定，或享受旅游路线推荐、机票/酒店预订、旅游景点门票预定等多项产品组合的旅游服务。

商旅服务盈利模式主要有两种方式：一是收取服务费方式，即通过签约合作提取预订收入的佣金；二是信息增值服务费，即为合作签约商家提供其目标客户消费行为分析及客户满意度调查等增值信息服务。

（3）第三阶段：涉足电子商务

2010年12月成立号百商旅电子商务有限公司，选择优质的产业链伙伴和打造特色的商城，开展全国性联动集约化运营，在广州、南京、成都和西安建设了四个全国集中呼叫中心，打造优质的客户服务和强大营销推广能力，并推出中国电信“百事购”商城（www.go.118114.cn 正式上线）。该阶段，号码百事通致力于建立一个信息源提供者与信息使用者双向开放的以 B to C（Business to Consumer，是电子商务的一种模式，即商家对消费者）为主的综合信息平台。

商务网站提供的业务主要分为两类：商旅预订类和商品订购类。商旅预订类业务是原先语音预订服务的网络延伸，包括预订酒店、预订机票等，通过面向前（后）向客户的双向经营，将服务链向后端延伸，为前向客户提供服务代理，为后向商家提供交易撮合。比如，前向客户有预定餐厅、外出旅游的需求，号码百事通直接为客户提供订餐、订房、订票等服务，改变原来客户问讯相关企业电话后再去打电话咨询、交易的流程。而商品订购类业务，则充分利用了电信在本地网的资源优势，集成各地名特优产品，建立前向客户预订网站、号百客服代表语音预订及订单处理系统、号百运营管理操作系统等，依靠庞大、完善的系统平台，为客户提供真正端到端细微体贴的电子商务服务。

号码百事通作为双边市场的中间平台，连接着前、后向客户，整合前后向资源，拓展号码百事通的赢利空间。盈利模式有多种：①佣金：与预订类商家合作，促成交易，提取佣金；②商户加盟费：加盟商以年费方式收取加盟费；③广告费：通过联盟商家会刊/网站等渠道协助后向商家进行宣传收取广告费；④信息增值费：获得前向客户消费数据的分析报告提供给后向商家进行精确营销；⑤号码百事通电子支付手续费：使用号码百事通支付平台进行支付产生的手续费；⑥通信费：向前向客户收取基本通信费。以上多种盈利模式可以根据号码百事通电子商务发展不同时期随机组合，使业务发展与获取利润达到最优。

2. 移动互联网下“号码百事通”发展策略

近年来，我国移动互联网用户规模迅速扩大，为移动电子商务的发展奠定了庞大的用户基础，移动购物逐渐成为网民购物的首选方式之一。如前所示，《中国网络零售市场数据监测报告》显示，2014 年上半年，我国移动电子商务市场交易规模达到 2542 亿元，同比增长 378%，移动电子商务市场交易额占我国网络市场交易总额的比重已达到 1/4。

移动电子商务不仅仅是电子商务从有线互联网向移动互联网的延伸，它更大大丰富了电子商务应用，今后将深刻改变消费方式和支付模式，并有效渗透到各行各业，促进相关产业的转型升级。

“世界浩浩荡荡，顺之者昌，逆之者亡”，大力发展移动电子商务，是号码百事通必然的战略选择。号码百事通要深入地去探究和实践在移动互联网时代下机制创新，打造承载能力强、集约化度高、融合能力强的综合信息电子商务平台，形成公司差异化的比较优势和核心竞争力。

（1）建立以积分为纽带的 OPO（online - point - offline）运营模式

①打造通用积分平台。整个积分体系包括电信业务积分和号码百事通业务积分。电信业务积分为使用电信我的 e 家套餐、商务领航套餐、天翼套餐产生的积分，号码百事通业务积分为号码百事通订房、订票、订餐、百事通商城购物等业务获得的积分。用户在使用不同业务、不同场景下获得的积分可以统一按照个人身份证件归集，归集后的积分可参加电信 e 家积分商城的会员评级和使用，用户积分卡与号码百事通虚拟账户相关联，可以作为号百虚拟实体卡使用，使电信积分卡具备了支付功能，同时可以用积分在号码百事通签约商户进行小额支付。

②提高电信客户资源的转化率。通过语音门户、网络门户、移动终端三位一体的电子商务平台，将号百商旅服务积分系统作为其一个子模块存在，通知客户实现积分兑换，引导客户通过网站注册百事通会员并将电信积分兑换为会员账户的钱，将中国电信的庞大的客户资源尽可能转换为百事通会员，通过积分运营丰

富客户范围。公司多年沉淀的优质客户群和积分运营带来的上亿电信客户群为公司业务发展的核心竞争力。

③做好线下积分商盟组织工作。围绕本地餐饮连锁店、商场超市加油站、生活服务连锁店、电影票务、健身运动预订服务，组织本地商盟签约合作工作，建立积分商城/精品、线下商圈、线下周边生活服务圈。商家通过加入联盟，依托中国电信号百品牌，为自己带来更多的客源，前向用户在联盟商家享受用户消费折扣和优质服务，并累计消费积分，为自己带来更多的实惠同时也带动联盟商家的消费。

④关注客户积分消费体验。建立信息获取、信息查询、积分兑换、服务兑现、售后服务及客户评价的闭环积分消费管理流程，关注客户服务体验，提升客户消费活跃度，带动其他服务产品消费，同时对积分商盟组织实现优胜劣汰。

（2）打造“易生活”服务平台

一是加强自有移动互联网门户与行业内大流量门户的深度合作，例如做深与网易公司的合作，与各频道建立销售通道，稳步扩展销售渠道。二是开发应用面向前向客户在线预订、中台商家处理订单、后台结算系统等模块，实现与易信平台对接。三是利用商旅预订移动客户端在天翼手机中预装优势，借力微信、易信入口优化公众账号大力推广，满足客户通讯和社交需求，发挥移动互联网平台效应。

（3）打造自有支付平台

一般来说，影响电子商务发展有三大瓶颈：支付、物流和诚信。目前银行卡、支付宝、财付通等网上支付等方式已经比较成熟，在发展初期，采取与第三方支付公司合作，支持各种支付方式，以便快速开展业务。但从号码百事通电子商务长远发展来看，需要结合移动智能手机、客户积分卡、固网支付终端等多种支付手段，建立自己移动的号码百事通支付平台，通过虚拟账户进行商品支付，提供充值卡、银行、积分等多方式充值渠道，除了有效形成资金积淀外，还可以对号码百事通商城以外的商家开展第三方支付运营，拓展新的业务盈利模式，并且依托电子支付工具，有效地提供客户便利增值服务，如快速退换货退款机制，以提升客户服务感知。更重要的是，通过支付平台的客户消费交易数据，可以分析出客户的消费偏好、能力以及潜在需求，进而挖掘、培育和促进消费。

（4）提升集约运营能力

一是实现产品采购规模效应，虽然借助中国电信遍布全国各地分支机构，号百公司可以锁定土特产品、特色食品、特色餐馆、旅游点等与生活消费相关的服务产品，但要建立统一的信息收集、考核、认证体系，以及统一费率标准管理，才能打造高价值、高质量的号百精品商城。二是打造全国酒店、运营基地，统一管理自营自签、买断房及代理等三类房源，建立房态维护、酒店信息标准化管理规范，建立前台（四大呼叫中心），集中专人专席处理订单，底价有变时可以即时改价，发起支付，并集中处理房控，专人处理预付酒店的信息维护、价格录入，定期与同行、现付价格对标；最后集中对账结算，专人对账，统一按月结算给酒店合作商。三是建立统一的营销规范流程，确保营销传播宣传口号一致，提升品牌价值，统一提升呼叫中心销售能力和处理效率，定期宣传、促销优惠产品，提高客户感知度。

（5）线下做大政企商旅服务

充分发挥电信政企渠道优势，加大对党政军及行业客户商旅服务营销力度，致力于客户细分、客户需求差别分析，设计一些以客户需求为中心的号码百事通商旅增值产品包，为政企客户提供以机票、酒店、会务旅游、餐饮 、礼品预订等商旅服务为基础，以商旅管理服务为核心，并附加多种增值服务的商旅整体解决方案，如项目运营，高效整合旅游会务的产品及服务，提供旅游会务解决方案；围绕“食住行游购娱”搭建优质的、特色的、有竞争力的旅游会务产品“百宝袋”。

3. 号码百事通价值运营策略

根据国际贸易组织电子商务专题报告，电子商务定义为基于电信网络而进行的生产、营销及流通等各类活动，它包括了网络交易，同时也包含所有以电子信息技术为基础来降低成本、创造商机和增加价值的商务活动，以及通过网络实现从采购、生产、物流运输以及电子支付等一系列的商务贸易活动。以电子商务作为主营业务的网络企业即为电子商务企业，许多电子商务企业在拓展电子商务道路时依旧遵循传统路径，单纯追求企业规模化，力争企业规模、收入的快速提高，而忽视对电子商务企业涉及的资金流、物流、信息流、商流信息的运用了解，没有把握好企业战略、企业盈利和持续发展的关系，导致相当多企业面临困境，甚至是面对失败和破产的命运。

号码公司 2013 年商旅预订业务实现营业收入 12 亿元，同比增加 1.38 亿元（+13.10%），其中机票预订收入 18868 万元，宾馆预订收入 18432 万元，餐饮预订收入 11596 万元，商品预订销售业务收入 46527 万元，其他商旅业务收入 23985 万元；2013 年商旅业务实现净利润 7467 万元，占公司整体利润约 90%，其在企业价值运营方面取得了一些经验。

（1）树立成本全视角理念

电子商务成本是指在开展电子商务经营活动所耗费的人力、物力和财力等资源的货币表现。企业运营管理中往往只关注与收入驱动密切相关的显性成本，而忽视隐性成本。

显性成本可分为五个类别：商品成本、营销推广成本、网站技术成本（为保障电子商务实施而投入的硬件设施配置、软件系统平台以及后续设备维护与软件升级成本）、配送物流成本和行政管理成本。

隐性成本主要体现在三个方面：一是客户比较成本，即顾客网上交易所产生的产品咨询、支付直到得到商品的费用总和。假使消费者网上查询、挑选、支付以及后续所花费的费用超过实体交易的费用，消费者很容易便会放弃网上购物这一方式，这种作为用户成本的费用，是影响电子商务发展的关键因素，即便其不列入商家的运营成本。二是风险成本，其产生是外部不确定、难控制的因素造成的，比如核心人才流失、客户信息泄密、交易安全受阻、网络黑客攻击、技术更新替代等等。三是法律成本，电子商务企业在经营发展的过程中面临着许多法律问题，例如网上交易纠纷司法裁定、跨国（地区）交易法律适用性、税收法规遵从性、个人隐私权、知识产权保护等等。

（2）掌握好边际收益递增特征

电子商务企业成本具有“高固定成本、低边际成本”特点，其不同于传统的成本要素边际收益递减的特征，其呈现出明显的边际收益递增性。一方面其网络平均成本会随着入网人数的增加而明显递减，其边际成本则随之缓慢递减，但网络的收益随着网络用户规模的增加而增加；另一方面信息具有累积增值性，即信息网络能够发挥特殊功能，把零散而无序的大量资料、数据按照设定规则进行加工、处理、分析、综合，从而形成有关联的信息资源，而且信息使用具有传递效应，信息使用规模的不断扩大可以带来不断增加的收益。

（3）管理上下游供应链价值

合作多赢才能让企业长青。电子商务企业要作为“生态系统”平台的搭建者和运营者，在满足自身利益诉求基础上须协同价值链上的上下游企业，探寻做大整个供应链的价值。

电子商务企业与上下游企业合作，交换所得不仅仅是物质上，还囊括了一系列可见和不可见的有价值服务，特别如顾客、信息等等。例如加强与上下游企业的合作关系，通过物流服务、库存管理等方面可以降低价值链的总成本、减少库存成本；共享相互间的信息，企业相互沟通改善，能够提高业务流程协调一致性，改良产品服务质量，提高客户的满意忠诚度以及业绩销量；不单单是一个公司，客户对于某一类产品的认同将给整条价值链上的组织都带来效益。企业间互利互助，将获得长期共赢的效益。例如号码百事通营销目标从单纯地追求量收增长转向在整合营销过程中为商旅客户创造价值，为合作伙伴提升价值，达到多赢，通过开辟与酒店、航空公司、餐饮企业的直销渠道，降低采购成本，通过机票、酒店、餐饮、休闲、购物组合营销来扩大市场规模和与商旅客户建立长期稳定的关系。再如加强与供销商的合作及关系管理，基于定单和销售状况，实现企业有效的适时库存管理甚至是“零库存”管理；同时综合考虑库存和销售的实时数据，及时掌握市场需求动态等。

（4）完善客户关系管理（CRM）系统

对于电子商务企业来讲，经营的开放性以及信息化使得企业的产品很难有突出的吸引人的特点，产品日益趋同、功能、外形上的创新以及价格的降低不足以让一个企业能够获得持久利润，服务对于电子商务企业显得尤为重要。但是电子商务企业往往重视网站门户及交易系统，而忽视客户关系管理系统的建设和优化。号码百事通以客户服务需求为着力点，打造支撑有力的客户管理系统：一是通过客户管理系统，将服务高质量作为吸引消费者的重要砝码，提高消费者的好感和忠诚度，扩大企业的影响力，提高企业的知名度，以取得规模效应降低成本。二是借助系统与消费者进行互动和交流，帮助企业低成本甚至零成本地了解消费者的需求，以改善自身的产品质量、运营流程，甚至调整企业发展战略等。三是基于数据库系统所收集的客户信息，以多样的产品及营销方式来服务于不同群体的客户，有效对目标客户群进行分析、识别后推送产品信息，降低营销成本提高营销效率。四是网站门户设置退货窗口，详尽介绍退货规则，让客户明晰退货步骤，给予一定时间内退单选择，同时收集退货原因以促进产品优胜劣汰。

第7章　主要结论、研究的局限及展望

7.1　本研究主要结论

成本是决定电信企业盈利能力和市场竞争力的关键要素，因而成本管理成为电信企业管理的核心问题，然而在业务财务一体化运作的大背景下，传统的成本管理方法已经无法适应电信企业成本动因复杂、管理难度大的特点。目前在国内外竞争日益激烈的环境下，探索电信企业的成本管理、提高电信企业的价值进而实现其可持续发展的长远目标，就成为本书研究的主要内容。

本书在研读国内外文献的基础上，对国内外成本管理相关理论进行分析，揭露电信企业成本管理现状及转型，探究电信企业成本管理创新体系，结合中国联通成本管理的实践案例，论证了电信企业成本管理的实施要点。

1. 对应企业价值成长困局系统性提出成本管理的方向和转型路径

基于对电信行业全视角和结构性的分析，提出目前电信企业价值成长面临四大核心困局：收入增长和利润提升的盈利困局、日趋激烈失衡的行业竞争困局、可持续发展的资源能力困局和移动互联网的颠覆和替代困局，并呼应电信企业的成本管理的三大方向：从内涵上，是收入最大化逻辑的收入创造能力，成本最小化逻辑的成本管理能力；从时空上，是全过程、全方位和前瞻性、战略性的成本管理能力；从外延上，是立足企业进行竞争和价值链延伸的成本管理能力。本书围绕价值管理瓶颈和成本管理方向逐次、渐第展开，从理论、产业、行业、企业等不同维度，提出电信企业实施成本管理转型的路径，为中国三大电信运营商突破成本管理的瓶颈，实现企业价值增值提供有益借鉴。

2. 结合价值与成本两个领域，提出基于价值的成本管理研究框架

价值管理和成本管理两个领域的理论研究汗牛充栋，结合两者的研究也涉猎甚广，本书的创新之处在于结合理论研究和实务管理经验，提出基于行业特性的三层研究框架：以静态价值成本为显微镜，喻示着精细控制、精准投放、精益管理，对应微观的、内涵层面的成本管理方向；以动态价值成本为透视镜，喻示着成本管理是一座桥梁，起着对外联系和对接的作用，对应中观的，外延层面的成本管理方向；以战略价值成本为望远镜，喻示着成本管理必须高瞻远瞩、长远视角，对应着宏观的、时空层面的成本管理方向。通过理论框架的牵引，对具有体系性、穿透性、适应性的成本管理体系的构建起到奠基作用。

3. 深度透析三大运营商财务数据，构建电信企业成本管理逻辑框架体系

全面审视三大运营商业务发展、收入增长、资源能力和盈利结构背后的成本动因、趋势和逻辑，提出其成本管理需破除传统管理手段，视野、定位、架构、方法都需要体系性重构，并构建一个围绕价值管理的双层逻辑框架体系。

外层是从公司战略、财务体系到管理系统的决策层大循环体系：第一，战略管理指引公司价值管理的方向，将成本信息置于战略管理的广泛空间，从战略的高度对企业成本结构和成本行为进行全面了解、控制与改善，以寻求持续竞争优势的战略成本管理过程；第二，财务体系决定价值管理的能力，从财务定位、机制体制、管理授权以及一系列工具方法的组合应用，寻求企业成本转型的组织柔性层面的解决路径；第三，管理系统支撑价值管

理的实现，精益管理的核心是量化管理，以精确的数据和事实为驱动，构建起成本管理的大数据和小颗粒的信息基础。

内层是从发现价值、牵引价值到锁定价值的运作层小循环体系：通过预算管理、权责体系建设发现价值；通过价值链、作业成本等策略工具牵引价值方向；通过绩效考核、业绩评价体系锁定价值。

4. 探求构建电信企业全要素的价值管理体系

目前，价值的创造与实现已经受到越来越多企业领导者的高度关注，成为了企业追求的战略目标。本书提出，电信企业全要素价值管理体系指导思想是以公司基础管理流程为管理手段，重新整合各项流程与公司资产负债、现金流量、损益状况的内在联动关系，实现由财务报表出发对公司各个工作内容的逆向追溯和实时监控。本书从梳理再造流程、优化责权体系、聚焦价值重点、强化运行机制四个方面阐述电信企业实施全要素价值管理体系，验证了全要素价值管理体系指导思想的现实价值，本书结论期望对中国电信、中国移动、中国联通有所裨益。

5. 剖析中国联通成本管理的实践案例，为其他电信企业的创新成本管理模式提供经验借鉴

通过对中国联通在一体化精准投资管理、全过程的建设维护管理、全生命周期产品管理、强化资产经营、细化行政综合管理、深化新技术应用、优化人力资源管理以及深度合作运营等八个方面的先进经验和做法的介绍，探究了中国联通新型成本管理实践案例，案例分析结果证实了新型成本管理体系实施的有效性，为在中国电信、中国移动优化成本管理模式提供经验借鉴。

6. 探求移动互联网时代下电信企业价值与成本管理的持续创新，提出了中国电信企业成本管理的前瞻性思考

新一代信息技术是国家“十二五”确立战略性新兴产业之一。面对“互联网+”概念正式提出，必须全面应用“互联网+”手段与工具，创新商业模式、服务模式、管理模式，提升电信企业

的价值创造能力、运营效率、有效降低成本。通过 BAT 企业的价值管理案例，对未来电信运营企业与移动互联网企业的跨界合作提出了可操作的路径设计。对中国联通的平台战略、“沃易购”垂直电商平台、内部电子商城、沃传媒中国电信的“号码百事通”运行模式进行了研究，提出了国内电信企业成本管理的前瞻性思考。

7.2　研究的局限与展望

目前，电信企业的成本管理研究，一是面临复杂多变的行业变革环境，二是具有很强的专业性，迄今没有成熟和公认的研究成果，本书只是在理论探索和实践方面做了一些初步尝试。在研究电信企业成本管理问题时，存在着一些局限性以及有待进一步研究的问题：

第一，在实务领域，必须适应交叉渗透的外部环境影响和内部变革需求，目前有两个方向仍需作为关键变量因素作为进一步研究的内容。

1. 电信行业亟需加快推进供给侧结构性改革。电信行业供给侧对需求侧变化的适应性调整相对滞后，亟需加快推进供给侧结构性改革来矫正供需结构错配和要素配置扭曲，减少无效和低端供给，扩大有效和中高端供给，促进要素流动和优化配置，实现更高水平的供需平衡。从目前的形势来看，可以从以下三个方面着手：一是加快电信行业网络资源开放共享、共建共享，促进产能有效化解、提质增效。具体包括推进 2G 网络开放共享、推动 4G 网络跨网漫游、推动固网宽带开放共享等，为进一步降低成本、转型发展留出空间；二是紧跟市场需求变化，着力扩大有效和中高端供给。具体包括提升创新领域的服务供给，提升创新领域的共享合作等。以开放共赢的心态，加强与产业链上下游的跨界合作，真正让“互联网 +”加出“1 +1 >2”的协同效应和倍增效应；三是统筹协调“走出去”海外供给资源，支撑国家“一带一路”战略。建议与海外运营商互联互通，建立海外网络节点（POP 点）的过程中，从国家层面推动国内电信运营企业筹谋划、共建共享，提升中国互联网在海外的整体竞争力、降低成本。同时，鼓励通过股权投资等方式走出去，特别是参与“一带一路”国家的电信基础业务服务，开辟新的收入来源。

2. 5G 建设即将步入我们的现实生活，需要我们及早布局。根据工信部总体部署，我国的 5G 基础研发试验将在 2016 年到 2018 年进行，分为 5G 关键技术试验、5G 技术方案验证和 5G 系统验证三个阶段进行。之后将进入 5G 网络建设阶段，并有望最早在 2020 年正式商用。三大运营商有可能在 2018 年展开 5G 网络建设，第一阶段将覆盖国内主要大中城市，第二阶段覆盖全国主要地区。多数市场分析认为，根据以往经验，三大运营商前两阶段的网络建设投资将不低于 4G 网络建设，其总额将超过 3000 亿元。电信行业的技术革新和演进路径，将对其商业模式、盈利能力、投资逻辑、行业发展格局和态势带来颠覆性的影响，聚焦到微观领域，这当然也会对成本结构、成本管理模式以及财务价值管理带来深刻而广泛的影响。

第二，在学术领域，必须进一步寻找理论和实务研究的契合点。

1. 因国外的一些资料较难获取，使得本研究在对国外发展及实践成果比较方面不够深入，从而削弱了本研究。

2. 从研究方法上看，本书还缺少中国移动与中国电信实证的支持，虽然本书采用案例分析法和实地调查法进行研究，但难免有以偏盖全之嫌。

中国联通正在全面推进财务管理创新转型，运用现代成本管理理念对电信企业的价值管理工作进行了一定程度上的探索与实践，但如前所述，价值管理是企业永恒追求的目标，结合已经形成的成果，中国联通将继续运用战略成本管理、全面成本管理等新型成本管理理念，在价值管理上进行精细研究，进一步提升经营管理的效率与效益。

参考文献

[1] Aguilar, 0. How. : Strategic performance management is helping companies create business value. Strategic Finance, 2003 84 (7): 44.

[2] Alfred Rappaport. : Creating Shareholder Value. Free Press, 1986.

[3] Allen D. Strategic financial management: managing for Long – term economic success. Financial Times Business Information, 1994.

[4] Babita Mehra. Mar: Strategic Fnancial Management. Delhi: Finance India, 2002. 16 (1): 326 – 328.

[5] Barney, J. B. : Firm resources and sustained competitive advantage. Journal of management, 1991. 17: 99 – 120.

[6] Biddle, G. , R. Bowen and J. Wallace: Does EVA Beat Earnings? Evidenee on Associations With Stock Returns and Firm Values. Journal of Accounting and Economics, 1997. 24: 301 – 336.

[7] Booth and Rupert: The New Competitive Order. Management Accounting, Nov 1992. 70 (10): 34 – 36.

[8] Bromwich, M. : The Case for Strategic M anagement Accounting: The Role of Accounting Information for Strategy in Competitive M arkets. Accounting Organizations and Society, 1990. 15, 27 – 46.

[9] Campbell – hunt, C. : What have we lerned about generic

competitive strategy? Stratgic Management Journal, 2000. 21 (2): 127.

[10] Chandler, A.: Strategy and Structure: Chapters in the History of American Industrial Enterprise. Cambridge, MA: MIT Press, 1962.

[11] Christopher D. Ittner, David F. Larcker: Assessing empirical research in managerial accounting: a value—based management perspective, Journal of Accounting and Economics, 2001.

[12] Coase, R. H.: The Nature of the Firm, Economica (N. S.), Vol. 4, 1937.

[13] Condon J., Goldstein J.: Value based management - the only way to manage for value. Accounting Ireland, 1998.

[14] Copel and T.: Valuation: Measuring and Managing the Value of Companies. McKinsey & Co, Inc, 1990: 38 - 46.

[15] Cooper R, KaPlan R.: The Design of Cost Management System, Prentice - Hall, Englewood Cli. s, NJ, 1991.

[16] Garrison, Ray H: Managerial Aeeounting, Coneepts for Planning, Control, Deeision Making. Homewood, 111, RiehardD. Ivwin, 1991: 9.

[17] Charles T. Horngren: Management accounting - some comments. Journal of Management Accounting Research, 2004 (16): 207 - 211.

[18] Intenrnational Federation of Accountants: International Management Accounting Practice Statement: Management Accounting Conecepts, International Federation of Accountants, NewYork, 1998.

[19] Christopher D. Ittner, David F. Larcker: Assessing Empirical Researh in Managerial Accounting: A Value - based Management Perspective. Journal of Accounting and Economics, 2001 (32): 349 - 410.

[20] Johnson HT, KaplanRS: RelevanceLost, Harward Business School Press, 1987.

[21] John Shank & Vijay Govindarajan: Strategic Cost Analysis. Chicago Richard D. Irwin, 1989.

[22] John Shank & Vijay Govindarajan: Strategic Cost Management. Winter, 1992: 5-21.

[23] Ka Plan R, Norton D: The Balanced Scorecard: Translating Strategy into Action, Boston Harvard Business School Press, 1996.

[24] KPMG consulting: Value Based Management The growing importance of shareholder value in Europe, 1999.

[25] Miehael D Shields S Mark Young. Effeetive Long - Term Cost Reduetion: AStrategie Perspeetive, Journal of Cost Management, 1992 (1): 2.

[26] Romano, Patriek L: Where Is Cost Management Going. Management Aeeounting, 1990 (8): 5.

[27] Ronte H: Value based management. Management Accounting, 1998.

[28] Ryan HE, Trahan EA.: The Utilization of Value—Based Management: An Empirical Analysis. Financial Practice and Education, 1999, Spring/Summer: 46 -58.

[29] Shank J. Govindar jan. V.: Strategic Cost Management [M]. New York: TheFree Press, 1994.

[30] Stem J. M., Shiely J. S. and Ross I.: The EVA Challenge Implementing Value—added Change in an Organization. John Wiley & Sons Inc., 2001: 221 -230.

[31] Stewart G: The Quest of Value. New York: Harver Business, 1991.

[32] 阿尔弗洛德·拉帕波特 (Alfred Rappaport):《创造股

东价值》，云南人民出版社 2002 年版。

[33] BambaK 著、司徒淳译：《会计学大辞典》，湖北省会计学会，1981 年版。

[34] 布莱克等：《追寻股东价值》（第二版），北京经济管理出版社 2005 年版。

[35] 布赖恩·伯勒（Bryan Burrough）、约翰·希利亚尔（John Helyar）：《门口的野蛮人：史上最强悍的资本收购》，机械工业出版社 2010 年版。

[36] 蔡好东、杨志强："价值链会计的学科定位及问题"，《会计研究》，2005 年第 11 期。

[37] 蔡秀勇："企业成本动因分析"，《会计之友》，2007 年第 4 期（下）。

[38] 陈良华："价值管理：一种泛会计概念的提出"，《会计研究》，2002 年第 10 期。

[39] 陈轲：《企业战略成本管理研究》，中国财政经济出版社 2001 年版。

[40] 陈威如、余卓轩：《平台战略：正在席卷全球的商业模式革命》，中信出版社 2013 年版。

[41] 陈卫华：《中国电信市场的有效竞争研究》，经济科学出版社 2005 年版。

[42] 崔树杰："基于 ERP 系统的我国石油供应链成本管理问题研究"，北京交通大学博士学位论文，2011 年。

[43] 戴维·贝赞可：《公司战略经济学》，北京大学出版社 2000 年版。

[44] 大卫·J. 科利斯辛西娅、A 蒙格马利著，王永贵、杨永恒译：《公司战略—企业的资源与范围》，东北财经大学出版社 2000 年版。

[45] 邓正红：《左手价值右手利润：高成本压力下的企业抉择》，中国社会出版社 2011 年版。

[46] 杜胜利：《CFO 管理前沿：价值管理系统框架模型》，中信出版社 2003 年版。

[47] 范黎波、李自杰：《企业理论与公司治理》，北京对外经贸大学出版社 2001 年版。

[48] 范鹏飞：《电信企业精细化管理》，中央编译出版社 2012 年版。

[49] 冯建：《财务理论结构研究》，立信会计出版社 1999 年版。

[50] 冯建：《论财务理论结构》，经济科学出版社 1996 年版。

[51] 冯巧根：《竞争财务论》，立信会计出版社 2001 年版。

[52] 高晨：《企业预算管理——以战略为导向》，中国财政经济出版社 2004 年版。

[53] 桂良军："论供应链成本管理的概念框架"，《会计研究》，2005 年第 4 期。

[54] 林东平：《财务控制契约理念及应用》，中国财政经济出版社 2004 年版。

[55] 何瑛：《电信运营企业财务转型》，经济管理出版社 2011 年版。

[56] 何瑛，《2010～2011 全球电信运营企业发展报告》，经济管理出版社 2011 年版。

[57] 何瑛："电信运营商财务竞争力的全角化透视"，《北京邮电大学学报（社会科学版）》，2011 年第 6 期。

[58] 何瑛："电信运营企业价值管理提升战略探讨"，《财会通讯》，2014 年第 2 期。

[59] 何瑛、孟鑫、李思庭："互联网企业价值创造及其提升路径思考"，《财务与会计》，2016 年第 17 期。

[60] 何瑛、吕高宇、周慧琴："腾讯资本驱动型成长路径及关键成功因素分析"，《财务与会计》，2016 年第 17 期。

[61] 亨利·明茨伯格等：《战略历程——纵览战略管理学

派》，机械工业出版社 2001 年版。

[62] 胡国柳、卢闯、黄鹤：《企业财务战略与财务控制》，清华大学出版社 2004 年版。

[63] 胡奕明："ABC、ABM 在我国企业的自发形成与发展"，《会计研究》，2001 年第 3 期。

[64] 胡泳：《电信赢家》，机械工业出版社 2006 年版。

[65] 黄海波：《电信管制：从监督垄断到鼓励竞争》，经济科学出版社 2002 年版。

[66] 綦好东、杨忠强："价值链会计的目标确定与职能定位"，《会计研究》，2004 年第 2 期。

[67] 吉姆斯·D. 威廉森著、阎达五译：《主计长手册》，经济科学出版社 2000 年版。

[68] 吉全贵：《现代财务战略与策略》，中国轻工业出版社 2001 年版。

[69] 焦跃华：《现代企业成本控制战略研究》，经济科学出版社 2001 年版。

[70] 科普兰：《价值评估：公司价值的衡量和管理》，中国大百科全书出版社 1998 年版。

[71] 李秉祥："基于作业成本法下 SMT 生产线成本的分析及应用"，《工业工程》，2006 年第 6 期。

[72] 林万祥：《成本论》，中国财政经济出版社 2001 年版。

[73] 刘义东："电信企业战略成本管理应用研究"，燕山大学硕士学位论文，2011 年。

[74] 陆正飞："论财务战略的相对独立性"，《会计研究》，2000 年第 9 期。

[75] 罗纳德 W. 希尔顿：《管理会计学：在动态商业环境中创造价值》，机械工业出版社 2003 年版。

[76] 马俊霞、韦秀长、王顺领："财务共享服务在河北联通的应用"，《财务与会计》，2015 年第 5 期。

[77] 迈克尔·波特:《竞争优势》，华夏出版社 1997 年版。

[78] 迈克尔·波特:《竞争战略》，华夏出版社 2003 年版。

[79] 孟婧:“战略成本管理在钢铁企业的营业”，《财会通讯》，2012 年第 11 期(中)。

[80] 穆林娟、贾琦:“价值链成本管理为基础的跨组织资源整合:一个实地研究”，《会计研究》，2012 年第 5 期。

[81] 聂永刚、张晶:“试论基于价值的成本管理:一个文献综述”，《税务与经济》，2004 年第 4 期。

[82] P. 丁·路易斯:《电信运营商运营与管理》，人民邮电出版社 2005 年版。

[83] 史炜等:《中国电信业走向市场前的博弈》，中国财政经济出版社 2005 年版。

[84] 孙茂竹:《管理会计的理论思考与架构》，中国人民大学出版社 2002 年版。

[85] 孙彦永、姚继国、韦秀长:“激发基层单元活力促进运营体制改革”，《财务与会计》，2015 年第 5 期。

[86] 钱英、章仁俊:“战略成本动因的辩证分析”，《商业研究》，2006 年第 3 期。

[87] 汤谷良、林长泉:“打造 VBM 框架下的价值型财务管理模式”，《会计研究》，2003 年第 12 期。

[88] 唐南山、欧阳明德:“一种新的业务模式——价值网”，《科技进步与对策》，2003 年第 2 期。

[89] 唐守廉:《电信管制》，北京邮电大学出版社 2001 年版。

[90] 唐勇军:“价值管理研究综述与评价”，《财会通讯》，2007 年第 5 期。

[91] 唐勇军:“西方价值管理:演进与启示”，《财会学习》，2011 年第 11 期。

[92] 田宇:“中国电信企业战略转型研究”，东北大学博士

学位论文，2010年。

[93] 田熙清："GD电信划小核算经营体系的构建和实践"，《移动通信》，2014年第1期。

[94] 托马斯·沃尔瑟：《从财务管理到战略管理：再造财务（金融）总裁》，商务印书馆2000年版。

[95] 夏宽云：《战略成本管理》，立信会计出版社2000年版。

[96] 肖曼："基于价值管理视角的管理会计实证研究"，《财会通讯》，2010年第4期。

[97] W. 钱·金、勒妮·莫博涅：《蓝海策略——超越产业竞争，开创全新市场》，商务印书馆2005年版。

[98] 王斌、李苹莉："关于企业预算目标的确定及其分解的理论分析"，《会计研究》，2001年第8期。

[99] 王凤燕："高新技术企业战略成本管理绩效评价模式探析"，《商业会计》，2012年第24期。

[100] 王平心：《作业成本计算原理与应用研究》，东北财经大学出版社2001年版。

[101] 王平心：《管理会计应用与发展的典型案例研究——ABC/ABM在中国典型企业的应用研究》，经济科学出版社2002年版。

[102] 王顺领、韦秀长、姚继国："以市场为驱动的一体化精准投资管理策略"，《财务与会计》，2015年第5期。

[103] 王秀华："企业价值管理理论发展趋势研究：一个文献综述"，《财会通讯》，2007年第11期。

[104] 韦秀长："融合性竞争：电信运营商的未来之路－我国电信运营商竞合策略分析"，《中国电信业》，2005年第9期。

[105] 韦秀长、金高波："通信企业成本机制策略"，《财务与会计（综合版）》，2006年第11期。

[106] 韦秀长、沈丹："GX联通建立预算趋准机制"，《财务与会计（理财版）》，2009年第1期。

[107] 韦秀长、沈丹："GX 联通预算编制与执行创新初探"，《中国总会计师》，2010 年第 2 期。

[108] 韦秀长、王顺领、姚继国："突破固有思维 转变管理模式 助力企业转型——河北联通的管理会计实践"，《财务与会计》，2015 年第 5 期。

[109] 韦秀长、金高波："基于价值的成本管理研究——以电信市场为例"，《会计研究》，已录用。

[110] 魏春红："探讨电信运营企业价值管理提升对策"，《财经界》（学术版），2015 年第 5 期。

[111] 位春苗："基于价值导向的电信企业战略管理会计研究"，《财会通讯》，2014 年第 22 期。

[112] 翁世淳："从价值创造到市值管理：价值管理理论变迁研究评述"，《会计研究》，2010 年第 4 期。

[113] 吴少凡："电信运营商成长阶段论"，中山大学博士论文，2004 年。

[114] 希克斯 · J. R.：《价值与资本》，商务印书馆 1982 年版。

[115] 肖曼："基于价值管理视角的管理会计实证研究"，《财会通讯》，2010 年第 4 期。

[116] 谢华、姚继国、马俊霞："构建'沃易购'平台，整合产业链资源"，《财务与会计》，2015 年第 5 期。

[117] 亚德里安 · 斯莱沃斯基（Adrian J. Slywotzky）：《发现利润区》，中信出版社 2014 年版。

[118] 阎达五："价值链会计研究：回顾与展望"，《会计研究》，2004 年第 2 期。

[119] 阎达五、杨有红："论战略成本管理的基本思想与方法"，《会计研究》，2001 年第 2 期。

[120] 杨作良、韦秀长、王顺领："内部电子商城：控制采购风险的有效探索"，《财务与会计》，2015 年第 5 期。

[121] 尹美群：《价值链与价值评估》，中国人民大学出版社 2008 年版。

[122] 伊查克·爱迪斯：《企业生命周期》，中国社会科学院出版社 1997 年版。

[123] 余秉坚：《中国会计百科全书》，辽宁人民出版社 1999 年版。

[124] 余海宗：《战略管理会计论》，西南财经大学出版社 2004 年版。

[125] 余恕莲：《成本概念体系研究》，中国经济出版社 1986 年版。

[126] 余恕莲、吴革："价值管理框架下的成本管理"，《经济管理》，2007 年第 19 期。

[127] 袁清和："基于作业的煤炭企业成本管理体系研究"，山东科技大学博士论文，2009 年。

[128] 约翰·D. 马丁、J. 威廉姆·佩顿：《价值管理——公司对股东变革的反应》，上海财经大学出版社 2005 年版。

[129] 詹姆斯·奈特：《基于价值的经营》，云南人民出版社 2002 年版。

[130] 张鸿：《产业价值链整合视角下电信商业运营模式创新》，科学出版社 2010 年版。

[131] 张秋红："电信运营商间合谋行为的机理及对企业绩效的影响"，吉林大学博士学位论文，2012 年。

[132] 张纯："论新经济时代 EVA 的效用性"，《会计研究》，2003 年第 4 期。

[133] 张欢："初探当代价值链成本管理体系的构建"，《企业家天地》，2008 年第 8 期。

[134] 张明玉、张文松：《企业战略理论与实践》，科学出版社 2005 年版。

[135] 张晓铁：《电信资本运作》，北京邮电大学出版社

2002 年版。

[136] 张一维："企业集团财务战略定位与管理"，《企业导报》（上半月），2010 年第 9 期。

[137] 赵华赛、滕奎秀："作业成本法在我国电信企业的应用分析"，《商业会计》，2014 年第 19 期。

[138] 赵青云："成本动因问题的理论探讨"，《会计研究》，1998 年第 6 期。

[139] 周朝琦、赵遂群、孙学军、候龙文：《企业财务战略管理》，经济管理出版社 2001 年版。

[140] 周松："成本管理新理念：价值链成本管理"，《会计之友》，2010 年第 3 期。

[141] 信息产业部电信研究院、通信信息研究所：《中国电信运营商融资方式的演进》，2004 年第 7 期。

[142] 信息产业部：《中国电信发展指导（2005）》，人民邮电出版社 2005 年版。

[143] 信息产业部：《2010 ~ 2015 中国通信统计年度报告》，人民邮电出版社 2003 年版。

[144] 中国移动 2008 ~ 2015 年年报。

[145] 中国电信 2008 ~ 2015 年年报。

[146] 中国联通 2008 ~ 2015 年年报。

后 记

虽然身处电信行业从事企业实务工作，但我从没有放弃过学术研究的梦想，时常在想，如果不进入企业，我的理想职业是否应该是教书育人。本书临近收笔，这种潜在的意识似乎越来越强烈。

多少年来，我都孜孜不倦地在坚持自己的学术研究道路，对会计领域的理论发展、历史沿革和实践应用保持着高度敏锐触觉和持续探索，如海绵一般，几乎不间断地从会计学海的汪洋中汲取新的知识，同时也如饱蘸墨汁的毫笔，纵情挥洒在电信及移动互联网行业领域的青春才华。2002 年，美国萨班斯法案颁布后，短时间内深切关注内控机制设计对于国内企业的重要性，并就中国联通内部控制体系进行系统研究；2005 年，参与财政部立项的《中国联通企业内部控制制度设计》；2006 年，中国企业会计准则与国际会计准则踏出趋同第一步，出台新会计准则体系，第一时间撰写《新会计准则的承续、革新与挑战》；2008 年，电信行业第三次重组浪潮席卷而来之际，发表了第一本专著《中国电信运营商融资问题的理论与实践》，着眼资本视角，从理论和实证层面对中国电信运营商的融资效率、融资与产品竞争的互动关系以及融资策略优化等问题进行系统分析；2012 年，电信行业 4G 竞争前夜，正是业内竞争白热化和 OTT 产业替代化的关键时期，进行系统性的电信企业成本管理方面的研究，呼吁摒弃传统成本管理模式，从价值管理和战略成本管理视角出发，来重新定义和思考电信行业的竞争。而今天，时间进入 2017 年，正是移动互联网发展如火如荼之际，摒弃行业成见和壁垒，探求互联网时代下电信运营企业价值与成本管理的持续创新，全局性、结构性和系统性提出中国电信运营企业成本管理的前瞻性思考，这正是这本书的根本目的所在，也是承续我的研究脉络的最新成果。

本书付梓之际，首先需要感谢的是全国会计领军人才工程的老师和同学们。2005 年，我非常幸运地以第一名的成绩考入全国会计领军人才工程企业一期班。2010 年，同样幸运地以第一名的成绩毕业；2014 年入选全国财务人员“第一方阵”——全国会计领军人才培养工程特殊支持计划。一直以来，我都怀有一种学生情结，通过持续的理论学习来涤荡心灵，获得视野和思想的升华，而全国会计领军人才工程无疑是一个熔炉，它用知识之火、智慧之火、思想之火将来自于实践的领军（后备）人才进行熔炼再造：顶层设计者“铁肩担道义、妙手著华章”的殷殷期盼，“研经品典、启智取道”的谆谆教诲，境内外知名的专家教授的悉心传授，“魔鬼般”的集训方式，集中培训与在职学习、课堂教学与科研实践相结合的教学形式，都促使学员向“养我心”、“成我事”、“超自我”的境界迈进。这其中，特别要感谢暨南大学财务处处长丁友刚教授、北京师范大学经济与工商管理学院崔学刚教授、北京邮电大学经济管理学院曾雪云副教授，他们是我会计领军人才班的益友，更是我汲取理论知识的良师，在学术讨论和思想碰撞中提供了大量有益的思路和方法，使我少走了很多弯路。他们同时承担了第 2 章的写作任务。

本书同样获得了实践层面的大力支持和帮助，我在中国联通公司的亲密战友，分头协助完成部分章节的写作。广西分公司人力资源部总经理杨军（第 5 章）、深圳分公司总经理陈树雄（第 4、5 章）、河北分公司财务部原总经理王顺领（第 5 章）、中国联通学院副院长谢华（第 6 章）、中国联通国际公司财务部总经理孟欣（第 5 章）、河北分公司财务部总经理姚继国（第 1、2、3、6 章）、广西分公司财务部副总经理沈丹（第 5 章）、广州分公司财务部副总经理金高波（第 1、2、4 章及统筹校对）、河北分公司财务部成本主管杨作良（第 5 章）。另外，我的中国财政科学研究院的研究生胡希塔、苏婉婉也参与了本书的编写工作。同时，作为一项比较系统的研究，不仅需要大量的素材积累，也需要不断地收集各种文献和数据资料，正是因为他们提供许多相关素材和数据，大大地节约了课题的时间，有效地保证了写作的顺利开展。尤其需要感谢的是中国电信广东分公司财务部及财务共享服务中心总经理李少武、中国移动通信集团广东有限公司原财务部总经理许琦，学术没有企业界限，正是有了他们的无私帮助，才能使得全书突破单一企业的局限，完整搭建理论结合实际的分析框架，他们同时协同完成了第 4 章、第 6 章的撰写工作。

在我入选全国会计领军人才培养工程特殊支持计划并开展课题研究之际，正是我被任命为中国联通市场营销部总经理期间，随后又被安排在企业发展部总经理岗位工作，工作千头万绪、学习靠的是持之以恒、写作更是费神伤脑，三者都不能偏废。在此期间，需要感谢我的领导对我工作的大力指导、关心和爱护，我的同事们对我的支持、帮助和体谅，正是同事之间团队协作和拧成一股绳的氛围，才能使我极大地提高工作效率，保证有更多的可支配时间从事本书写作。

特别感谢我的家人，一直以来，我的妻子张秀菊女士虽然有自己非常成功的事业，但仍然承担起家里的大小事务，没有她默默地奉献和支持，我是无法以平静的心态从事研究工作的。我的女儿韦宛，从小独立、懂事、聪颖、好学，从来都不需要我过多地操心，虽面临环境的变迁仍能考上理想中的高中，特别令人欣慰。正是有了家人不求回报的支持，才给了我不断前行的动力。

特别感谢中国财政经济出版社的樊清玉老师，正是有了她的精心谋划、夜以继日的伏案审稿和斟字酌句的编辑、校对，本书才能这么快付梓并与广大读者见面。